Mein Paris trägt grüne Schuhe

Ingeborg Drews

Mein Paris trägt grüne Schuhe

Eine autobiografische Erzählung

Roland Reischl Verlag, Köln

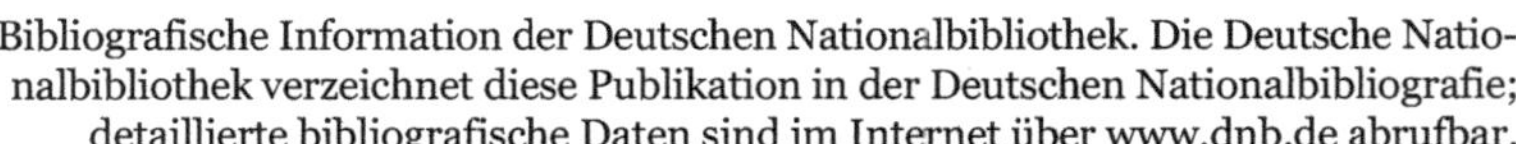
Bibliografische Information der Deutschen Nationalbibliothek. Die Deutsche Nationalbibliothek verzeichnet diese Publikation in der Deutschen Nationalbibliografie; detaillierte bibliografische Daten sind im Internet über www.dnb.de abrufbar.

Bildnachweis: Titel und Porträt S. 320 (von S.L. fotografiert; vgl. „Angekommen in der Lieblingsstadt"): die Autorin 1960 in Paris; Zeichnungen Innenteil (nach Teil I/ S. 240): aus der Lehrzeit der Autorin 1957-1959 (vgl. „Als Gretchen im Schlaraffenland"); Foto S. 315: Pariser Café 1996; Sämtliche Abbildungen: © Ingeborg Drews

Lektorat, Layout & Satz: Roland Reischl

Herstellung: BoD, Books on Demand, Norderstedt

Roland Reischl Verlag, Herthastr. 56, 50969 Köln

Originalausgabe 2012, 3. Aufl. 2020: ISBN 978-3-943580-04-4

Softcover Erstausgabe 2020: ISBN 978-3-943580-33-4

Für Werner

Wir lassen nie vom Suchen ab,
und doch, am Ende all unseren Suchens,
sind wir am Ausgangspunkt zurück
und werden diesen Ort zum ersten Mal erfassen.

T.S. Eliot

Teil I

„En avant“

Vorwärts!

„L’aurore s’allume“ – der frische Morgen

An gewissen Sommertagen haben die Champs-Élysées, wenn man sich ihnen vom Arc de Triomphe her nähert, elysischen Glanz. Das Licht bewegt sich beide Straßenseiten entlang bis hin zur Place de la Concorde in glaubhafter Leichtigkeit. Die Franzosen nennen sie einfach „les Champs“, was „die Felder“ heißt. Früher gab es hier einige Gärten, freie Landschaft. Jetzt die Avenue, die uns aus Dokumenten, Erzählungen und Filmen bekannt ist, weltweit gegenwärtig. Jeder glaubt, alles hier zu kennen. Vielleicht hält man inzwischen Paris für eine öffentliche Erfahrung, derer man sich bemächtigt wie einer gänzlich schamlosen Frau. Die französische Metropole aber bleibt ein Enigme, ein Rätsel, nicht auszuloten. In ihrer weiblichen Vielfalt erweist sie sich als geheimnisvoll, als die Schweigsame, ganz gleich, was der wachsende Verkehr mit ihr angerichtet hat. Und es bedeutet auch nichts, dass sie so viel von sich reden macht.

Von den ehemals ländlichen Gefilden der Champs mag in der heute hier ausschreitenden jungen Frau etwas anklingen. Hat es insgeheim mit ihrer eigenen ländlichen Herkunft zu tun? Mit ihrer Liebe zu Pflanzen, Wiesen, Bäumen? Unter ihren Vorfahren sind Bauern und Gärtner. Aber diese Idee würde Laura Wassenberg von sich weisen. Brüsk und entschieden macht sie jedem klar, der nach Gründen fragt: Sie kam mit ihren 21 Jahren in das swingende, kultivierte und verrückte, das geliebte poetische, vor allem aber in allen Sparten so wichtige künstlerische Paris und weiß genau, warum. Da sie nämlich all diese Seiten der Stadt seit Jahren erforscht hat von zu Hause aus.

Wie das Wasser der Seine sich gleichmäßig schwingend in seinem Flussbett fortbewegt, so bewegte sich der Traum von Paris in Laura fort und fort, bis sie vorgestern hier endlich ankam. In Paris, wo sie schon bald mitten in die ersehnte Bohème hineingeschaukelt war. In die Bohème, wie sie Gábor von Vaszary in Monpti beschrieben hatte: arm, poetisch, malerisch, glückverheißend – und stets begleitet vom berühmten Wermutstropfen der Melancholie. Sie wollte in keinen Garten. Oder doch?

Laura geht beschwingt, schon das Licht des frühen Morgens ist von unverschämter Großzügigkeit. Man kann sich an solchen Tagen nicht mit lauernden Ärgernissen oder Ängsten abgeben. Eigentlich ist es doch schade, dass die vergangenen Felder, „les Champs“, nicht mehr zu sehen sind. Sie, welche das französisch Ländliche selbst nach Paris eingebracht hatten. Das Paris der Kunst und der bedeutenden Architektur zählt natürlich mehr. Es ist die Hauptstadt der Welt. Und wie haben alle Schönheitsliebenden schon vordem Paris geliebt, in all den vergangenen Jahrhunderten – die Schriftsteller, die Maler, die Liebhaber hoher Kultur und Urbanität. Die, die herüberblickten von überall her. Sie atmeten auf in dieser Stadt, besonders, wenn sie aus der Provinz kamen.

Raus aus der Pedanterie, raus aus dem ewig Gleichen. Und für Laura heißt das auch: Raus aus dem Deutschen. Das liegt im Zug der Zeit, wie man sagt. Deutsche von Verstand wollen mit Deutschen erst einmal nichts mehr zu tun haben, sich nicht ohne Ende mit dem vergangenen Krieg befassen. Stammte man doch leider aus dem Land, das den Krieg verursacht hatte. Was jemals Gerechtigkeit in diesem Punkt werden soll, steht in den Sternen.

Ich kann es keinem erklären, aber ich denke, ich gehöre hierher. Hemingway meinte schon, murmelt Laura Wassenberg vor sich hin, dass Paris nie enden wird und dass hier jedes Individuum anders gelebt habe als das andere. Das ist es! Ich empfinde es auch. Und er hat dem noch zugefügt, diese Stadt habe immer zurückgegeben, was einer in sie eingebracht habe, sie sei jeden Aufenthalt stets wert gewesen. Das weiß ich. Es wird niemals umsonst gewesen sein. Was ich einbringen werde, weiß ich noch nicht, aber ich werde daran arbeiten.

Laura blickt auf ihre Schuhe. Sind die hier eigentlich elegant genug? Wie dem auch sei, sie geht sicheren Schritts. An Familie, Bekannte, Landsleute denkt sie nicht. Sie ist in erster und in zweiter Linie von der Grande Nation, ihrer kosmopolitischen Bedeutung, Größe und Geschichte angetan. Von französischer Literatur und Poesie, dem heiligen Rebellentum wie auch von den Legenden um dieses Rebellentum. Sie blickt auf zu den Mitgliedern der „Académie Française“, diesen französischen Eternels, gleichwohl aber auch zu den aktuellen Pariser Chansonniers, Regisseuren, Fotografen, Kurtisanen, Schauspielerinnen, Concierges, Artisten und Clochards. Und sie ist begeistert von allen modernen expressionistischen, surrealistischen, kubistischen und fantastischen Malern. Natürlich auch von den alten, fast herkömmlich gewordenen Impressionisten. Von den noch älteren hat sie weniger Ahnung, will aber auch diese früheren Epochen in der Malerei tief erforschen. In einer Kunstakademie.

Sie weiß, was die Kunst die Künstler stets gekostet hat, und sie selbst wird keine Mühe scheuen, das fortzusetzen. Sie weiß umgekehrt auch, was die Kunst dem Künstler gibt. Es ist eben eine ganz andere Welt, es ist die eigentliche. Und hier in Paris sind Kunst und Natur gleichermaßen angesehen. Man lässt das Verschiedene einfach gelten nebeneinander, Kokotten wie Kastanienbäume. Sie kennt noch nicht das akademisch-pedantische Trennen von Natur- und Geisteswissenschaft, oder in Moralfragen das strenge Oben und Unten, das sich sogar auf die menschlichen Körperteile bezieht. Ist ja langweilig. Hat nicht schon Oscar Wilde gesagt, die Moral sei immer die Sache der Leute, die die Schönheit nicht begreifen?

Ich kenne es, denn ich achte Schönheit, Kunst und Frechheit über alles. Ich fühle intuitiv, was echt ist. Die Schönheit, die für sich spricht und keine Erläuterung braucht. Ein Professor, ein Priester, ein Minister – sie könnten mir nicht auch nur annähernd einen derartigen Respekt einflößen, wie ich ihn vor Schönheit habe. Und ich liebe, was swingt. Das widerspricht sich nicht. Laura wird sich immer schwer damit tun, Berufserfolg, Ruhm und Profit als erstrebenswert anzuerkennen. Am besten gäbe es das gar nicht. Sie schlenkert etwas mit den Armen und geht swingend weiter. Das Kreatürliche des Menschen und seiner Sinne ist mehr zu schätzen als alles Wissen und all das Angelernte. Die Jazzmusiker, die großen, die haben es in sich. Auch ich fühle mich als Kreatur, obwohl meine Oberschenkel zu dick sind.

Auf den Fahrbahnen der Champs gleiten elegante Limousinen vorüber, die Laura nicht bemerkt. Manchmal ist sie durchströmt von großer Dankbarkeit dem Leben gegenüber. Und zufrieden, dass sie so eine ist, wie sie ist. Dann ruhen die Bedenken und Unsicherheiten, die jeden jungen Menschen so leicht aus der Bahn werfen. In diesen Momenten fühlt sie sich warm durchrieselt vom eigenen Blut und aufgewirbelt vor Freude zu leben, sie fühlt ihre Augen leuchten und merkt, dass andere es auch merken.

Wenn sie traurig wird, verliert sie alles Licht. Dann sieht sie sich erschlaffen und weiß, dass auch kein anderer sie beachtet. Das ist, als ob eine Kerze ausgegangen sei. Es macht sie hilflos. Aber nicht jetzt. Sie schwingt ihre Beine und die schmalen Füße auf dem Trottoir auf und ab, hebt leicht, fast tanzend die Arme. Aber man kann doch nicht einfach auf der Straße tanzen. Obwohl, auf den Champs-Élysées ... Bin ich hier nicht im „douce France" und auf der breitesten seiner Avenuen?

Von Zeit zu Zeit merkt Laura, dass sie es nicht übertreiben sollte mit der Freude, es ist gefährlich. Zu Hause sagte man ihr ein Sprichwort, das sie nicht mochte: „Hochmut kommt vor dem Fall." Das könnte auch für Freude gelten oder für das Schwärmen, wie man es in ihrer Familie nannte, natürlich abfällig. Es ist aber nicht, dass sie etwa nur schwärmt. Die Verwandten sind weit. Sie erscheint adrett in ihrem Baumwollkleid, und das Pariser Leben legt sich schmeichelnd um das junge Mädchen.

Papa könnte ich vermissen – er ist ein anständiger, eigensinniger Mann. Aber nur ihn. Ich werde Kunst studieren! So etwas wäre ihnen allen nicht in den Sinn gekommen. Kunst, das gilt doch nicht, das sind Spinnereien. Papa ist auch Künstler, aber er weiß es nicht. Wie er fotografiert hat, die Ausschnitte, der rechte Moment. Und mit dem Herzen dabei. „Wie ein zweiter Sander." Aber wie sollte er wissen, was er kann? Wer lehrte ihn zu beurteilen, wann und ob sein Werk gelungen war? Und, sich von anderen zu unterscheiden? Man muss professionell werden. Das war ihm nie möglich. Er wäre nie, nie nach Paris gekommen. Über seinen Schreibtisch hat Papa das Bild des Rubens-Kindes gehängt, das genauso aussieht wie ich als Kind. Ob er das überhaupt wusste? Warum hat er es aufgehängt, sah es da alle Tage? Ach, was weiß man schon voneinander in der brutal dahinschießenden Gegenwart. Aber das, was war, ist auch immer bei einem. Ich denke oft an ihn.

Sie blickt jetzt unruhig hin und her, scheu. Eine große Frage kommt in ihr auf, während sie geht, und vor allem, weil sie dorthin geht. Ich könnte vielleicht eine besondere Begabung sein. Aber ich kann mir das auch nur einbilden. Meine ganze Umgebung daheim behandelte mich wie eine Irre. Oder eine Missratene, ein Mädchen, das keiner versteht. So eine verrückte Person, ein wirres Mädchen, das meidet man.

Auch der Papa sagte: „Du bist bekloppt". Und meiner Schwester entfuhr einmal: „Wir mochten dich nicht. Du warst immer so anstrengend." Es tut weh. Ich bin doch mit meinen eigenen Vorstellungen und Träumen nur ein Quertreiber gewesen zu Hause, in deren Milieu. Ich war jedoch nicht böse, im Gegenteil, ich wollte ein liebes Kind sein. Aber früh schon nannte mich die Mutter böse, obstinat, extrem. Ich wusste gar nicht, was sie meinte. Ich glaube, dass sie uns schlicht für dumm hielt, ihre eigenen Kinder.

Laura geht langsamer. Die Sonne des Tages hat plötzlich nichts mehr mit ihr zu tun, und die Champs sind ihr jetzt eine Fremde wie die ganze Welt. Das Alleinsein packt sie, schlägt ihre Freude aus dem Feld. Sie denkt: Ein anderes Milieu habe ich nun mal nicht. Es ist nun auch nicht mehr ihr Paris. Sie hat kein Zuhause, und aus dem, das man so nennt, ist sie ausgerissen. Hier gibt es nur die „chambre de bonne“, das Kindermädchenzimmer, das sie sich ergattert hat. Und die Akademie! Ob sie mich wirklich annehmen? Aber auch das ist eine Fremde, diese große Stadt, diese Avenue – noch. Ob es wirklich mein Milieu wird? Wie hab ich davon geträumt!

Das Schmerzliche, das plötzlich in ihr hochkommt, sagt: Ich gehöre zu niemandem. Ob ich hier Fuß fassen kann? Wie soll es mit dem bisschen Geld gehen? Muss ich doch schon bald wieder zurück nach Hause, wieder zu den anderen, den deutschen Fremden? Zu ihnen, denen ich nicht geheuer bin? Nein, bloß das nicht! Erst haben sie mich hinausgeworfen, mit zehn Jahren schon, ins Internat. Die Schwester sagte dazu: „Du warst so wild. Sie konnte dich nicht bändigen.“ Jetzt ging ich selber fort, mit 21. Aber nichts ist ihnen recht, sie haben mich nicht unterstützt. Es überstürzt sich alles immer schon. Ich kann nicht erkennen, was richtig ist. Alle Menschen sinnen über einen Sinn, aber in der schnellläufigen Lebzeit ist doch gar keine Zeit für das Erkennen! Jeder ist ständig aufgeregt von unerheblichen Dingen, von Besorgungen, Nöten, Unglück. Manchmal auch von einer ganz plötzlichen, unerwarteten Freude. Da klärt sich nichts, die Fragen türmen sich weiter auf. Ich frage mich natürlich auch, ob meine Entscheidung für Paris sich als die richtige erweisen wird. Aber ich frage das selten!

Im Internat flüchtete ich in die leere Kapelle. Sie war kalt. Helle Strahlen fielen durch die farbigen Fenster wunderschön und sorgsam über mich, es war ein Teppich aus Licht, sehr kostbar. Vollkommene Stille, niemand erteilte Befehle, keine auferlegte Regel regte sich. Es wusste ja niemand, dass ich in der Kapelle war. Ich saß allein in einer der Bänke, in mir das Kirchenlied von Bach. Es war das Erste, was ich von Bach gehört habe. Ich war zehn Jahre alt. Die Nonne, die Musik unterrichtete und einen Kinderchor unterhielt, hatte es mich gelehrt. In mir sang sich das Lied jetzt nur für mich allein: „Oh Haupt voll Blut und Wunden." Ich weinte leise, dann hemmungslos mein Heimweh heraus. Ich bibberte vor Kälte und auch dem Glück einer Befreiung. Das Lied war schön, es tröstete mich, ich sah diesen Kopf mit den Dornen in seiner Haut vor mir, wie es blutete an den Einstichstellen, leise rann das Blut herab. So etwas taten die Menschen, so etwas. Sie quälten einen, ohne sich zu schämen.

Wenn der mit den Dornen so gequält worden war – was sollte ich mich beklagen? Ich bin in Paris und muss auf jeden Fall dazu stehen! In der Zeit ist keine Zeit für das Wesentliche, man kommt nicht drauf. Das Wesentliche wartet auf die Weisheit der Ewigkeit, ich werde vertrauen, warten. Es wird sich die Wahrheit schon einstellen. Jetzt fühlt sich Laura so fromm wie damals in der Kapelle des Internats. Sie will nicht in eine lähmende Stimmung fallen, das darf nicht sein, nicht heute. Es kommt ja gleich darauf an, gut und selbstbewusst zu sprechen, sicher aufzutreten!

Dennoch blickt sie jetzt wie blind in die Helligkeit des schönen frühen Vormittags. Als sei sie nicht mehr fähig, das Strömen des Lichts aufzunehmen, wie damals im Internat. In ihrem fahrigen Kopf meldet sich aber wieder etwas, das man „ungerufen" nennt. Und das dann oft sich als das Passende erweist. Hat sie es nicht einmal bei Jonathan Swift gelesen? „Wenn ein Genius in der Welt erscheint, werdet ihr ihn daran erkennen, dass sich alle Dummköpfe der Welt gegen ihn verschwören." Ob sie sich auch gegen Verbrecher verschwören?

Und ich, bin ich etwa größenwahnsinnig? Aber es ist doch oft so in meinem Leben, dass da keiner war oder ist oder ich die anderen wie eine Wand fühle. Niemand, mit dem ich reden könnte, auch jetzt nicht. Dazu fällt ihr nun auch noch, ebenso ungerufen, ein, dass ihre eigentlich liebste Tante zu ihrer, Lauras Denkart, schlicht bemerkte: „Es ist gut, dass du schreibst und malst. Das ist besser als saufen." Was für ein Vergleich. Als sei die Kunst bloß eine Alternative zur Verwahrlosung, ein heilsames Hobby. Wenngleich ein Körnchen Wahrheit darin steckt – aber wie brutal und beschnitten ist dieser Blick auf die Kunst und ihren Sinn. Wie kann man nur so reden, ohne sich dafür zu schämen?

In Lauras gesamter Verwandtschaft erachtet niemand Kunst als eine Arbeit. Sie gilt ihnen allen als leichte Nebenbeschäftigung, wenn man Zeit dafür hat. Keiner von ihnen kennt einen Künstler oder Kunstwerke, geht in ein Museum, eine Galerie oder in ein Konzert. Kunstmaler sind für sie Bettler, Parasiten, die sich kein Geld selber verdienen können und sich überall etwas erschleichen. Faulenzer, die Bilder malen, die keiner will, niemand braucht und die nur sie selber schön finden. Kunst gehört in die Freizeit, wenn man sie sich leisten kann und will. Auch Lesen ist Freizeit, aber nicht ganz so schlimm, Sport natürlich besser, gesünder. Kinder sollen was Ordentliches lernen, sich bloß nicht in komische Ideen verrennen.

Ihre Mutter hat auch nie auf die Ratschläge von Lauras Deutschlehrerin geachtet, die riet, das Mädchen Kunst oder Germanistik studieren zu lassen. Sofort geriet auch diese Lehrerin in die Kategorie der Spinner, wurde hämisch niedergemacht. Sie sagte: „Ach, so eine arme dünne Frau mit Pickeln im Gesicht."

Laura ahnte bald, wie sinnlos es ist, ihnen zu erklären, wie man eine Leinwand aufzieht. Oder welche Arten von Farben und Untergründen es gibt, welche Pinsel mit welchen Haaren, was bei der Komposition eines Bildes wichtig ist und wie man das Zeichnen, vornehmlich beim Aktzeichnen, zu lernen hat – dass aber auch ein Talent dazu vorhanden sein muss und es lange dauern kann, bis man das Aktzeichnen beherrscht. Letzteres würden sie verschämt hören oder vielmehr sogleich weghören. Das würden sie als unmoralisch empfinden. Nackte Körper zu zeichnen! Keinen blassen Schimmer jemals davon haben, noch haben wollen. Sie stand ganz allein mit dem, was ihr wichtig war. Ansprechen sinnlos, was sie doch längst wusste, reden mit ihnen hoffnungslos. Warum versuchte sie es nur immer wieder? Es gab aber doch auch Erklärungen, nicht? Wozu waren denn Erklärungen da!

Laura ahnte noch nicht, dass ein Angesprochener nur das erkennt, was er erkennen will oder was ihm irgendwie bereits vertraut ist. Sie ahnte es vor allem deshalb nicht, weil sie selber oft neugierig auf etwas war, das in ihrer Umgebung und auch in ihr selbst noch unbekannt war und im Tun ungekonnt erschien. Warum also wollte sie so etwas erkennen und lernen, das ganz aus dem Rahmen fiel? Sie kam den anderen damit wie eine Spinnerin vor, zog falsche

Schlüsse, ahnte nicht, dass es den meisten Menschen gar nicht möglich ist, über die Grenze des ihnen Vertrauten und Möglichen hinauszukönnen oder zu wollen. Oder vielleicht doch? Mit Lust, mit Neugier, mit Courage? Nein, es interessierte sie nicht. Das Unbekannte war ihnen zu anstrengend, das Begrenzte erschien ihnen gerade recht. Darin kannte man sich aus. Viele Jahre später las sie bei Hermann Hesse: „Die begabten und intelligenten Menschen sind den anderen immer unheimlich."

Sie lebte in einer anderen Welt, obwohl sie in die ihre hineingeboren worden war. Eben das war auch ihnen sonderbar; wieso war sie in ihre Welt hineingeboren worden, von der sie doch nichts wissen wollte? Sie kritisierte ihre Welt, ohne sie zu verstehen. „Dann geh doch!", rief ihre Mutter. Nicht uneingedenk der Tatsache, dass Laura keinen Pfennig Geld und keine Möglichkeiten hatte, zu gehen. Sie schien das süffisant auszukosten, konnte getrost rufen „Dann geh doch!" – ihre Tochter würde ja bleiben, bleiben müssen. Aber vielleicht würde ihr das ein Denkzettel sein. Der Satz tat Laura weh, machte ihr die Abhängigkeit vollkommen klar, und es begann, in ihr zu gären, wie sie dem nur entkommen könnte. Sie ahnte nicht, dass sie eben diesen Satz in ähnlich abhängiger Situation später von ihrem Ehemann hören sollte: „Dann geh doch!", und dass sie wieder entkommen wollte und nach vieler Mühe auch entkam. Noch weniger ahnte sie, dass sie am Ende ihres Lebens die Einsamkeit oft als gesegnete Heimat empfinden würde.

Die Verwandten staunten. Aktzeichnen? Warum hieß das „Akt", was doch „nackt" bedeutete? Es war ihnen unangenehm, schamlos. Nein, von so etwas wollten sie nichts wissen. Laura würde mit ihnen nicht mehr davon sprechen, auch nicht davon, dass sie in Köln nach dem Lyzeum abends zu Kursen in die Kunstschule ging, zu einem hervorragenden Professor. Der lachte sie an, als sie einem nackten Jungen, der abends Modell stand, eine schöne Weintraube auf das Lockenhaupt zeichnete. Auch hierzu würde die Mutter nur sagen: „Die Laura hat Ideen" – oder: „Sie spinnt, was soll man machen?" Und die Tante würde erneut ihre Betrachtung über „Malen statt Saufen" anstellen. Wenn die sich besprachen, wusste Laura, verstanden sie einander.

Ich bin in Paris, allein, was sonst? Ich war doch immer allein! Die daheim sprechen realistisch, das behaupten sie jedenfalls. Nur sie, Laura, „hat keinen Sinn für die Realität". Sie bleibt draußen. Auch ihre Schwester gehört zu ihnen, auch sie ist im Recht, also realistisch, so klein sie auch ist. Darum muss Laura bald auch gegenüber der Schwester den Mund halten. Sonst steht sie wieder nur dumm da. Sie nimmt wahr, dass in der ganzen Umgebung die Menschen ähnlich denken. Aber sie lernt es nur langsam und widerstrebend. Lange ist sie davon ausgegangen, dass auch die anderen Schönheit, Natur, Tanz, und die Poesie lieben würden. Dass auch sie darin und im einander Verstehen einen Lebenssinn anstrebten. Es ist doch ungerecht, nicht davon auszugehen.

Laura lernt jetzt, wie es sich realistisch verhält. Weil die anderen, die Vergleiche wie den ihrer Tante anstellen, so viele sind, sind sie sich sicher, auf dem rechten Weg zu sein. Alle haben sie schrecklich viel Arbeit, ihre Realität in Gang zu halten. In ihnen ist kein Interesse an überflüssigen Dingen. Das versteht Laura. Wenn ein Krieg herrscht, eine Hungersnot – sie kennt es ja, ihre ganze Kindheit war Entbehrung – jedenfalls in deren Sinne, nicht in ihrem eigenen. Für sie ist auch Entbehrung fruchtbar, sie lässt die Fantasie erblühen. Aber nicht bei allen. In Laura wuchs gerade darum die Liebe zu dem Überflüssigen, dieser „chose très nécessaire" – dem höchst notwendigen Ding –, wie natürlich ein Franzose gesagt hat.

Nach und nach wird sie merken, wie groß das Interesse der anderen an Kitsch und sentimentalem Trost ist, wie leicht sie sich verführen lassen, nur nicht von Kunst. Ihr Vater bildet eine Ausnahme, er hat Sinn für Musik und eine gute Stimme, singt ergreifend schön. Ihre Eltern beide singen und tanzen gern zusammen, so wachsen die beiden Kinder doch mit etwas Anderem auf als dem nur Notwendigen. Die Eltern sind gesellig, gastfreundlich, pflegen ihre Freundschaften. Das bringt neben all den Sorgen Wärme ins Haus und Frohsinn. Es wird das sein, wonach Laura, die immer weggeht, doch lebzeitlang Heimweh haben wird. Der Vater hört sich Märchen im Radio an, sonntags nachmittags. Halb schlafend liegt er in dem alten hässlichen Sessel, der erschöpfte Mann. Aber er horcht. Dann liebt sie ihn.

Von ihrer Mutter hat Laura viele melancholische Gedichte und Lieder gelernt. Wilhelmine Wassenberg sammelte Sprüche und Fremdwörter, vielleicht weil es ihr an geschulter Ausbildung fehlte. Mehrmals sagte sie zu Laura: „Du bist der Phönix auf der Asche“. Die Mutter wuchs in ein Leben hinein, in welchem sie von Toten umgeben war von klein auf. Von Toten, mit welchen sie die Beziehung nie aufgegeben hatte. Das kannte Laura an ihr gut. Als Laura selbst noch ein Kind war, sprach die Mutter von ihren Toten so, dass diese für Laura ganz natürlich auferstanden. Das verband sie mit der Mutter, aber sie sollte es erst begreifen, als sie selbst von Toten mehr als von Lebenden umgeben und begleitet war. Von diesen Toten wussten sie gemeinsam, dass sie ihnen in der Tiefe nie abhandengekommen waren. Dass sie drüben, im Garten der reinen Welt, von ihnen erwartet wurden. Jacques Prévert, Lauras Lieblingsdichter, hatte es ausgesprochen. Sie hörte es in sich, auch noch, als Prévert schon tot war: „Le jardin reste ouvert pour ceux qui l’ont aimé.“ Der Garten bleibt denen geöffnet, die geliebt haben.

Sie geht jetzt geruhsam auf den Champs, es ist ja noch früh, sie denkt und spricht mit sich: Vielleicht wissen die Eltern beide nicht, was in ihnen steckt. Später soll sie dieses Entscheidende lesen, das der humane, leiderfahrene Malraux so mutig vermutet hat: „Tenter de donner conscience à des hommes de la grandeur qu’ils ignorent entre eux.“ Das ist wohl das größte Wagnis, trotz allem so zu denken. Sich nicht eintrüben zu lassen von Erfahrungen, den unfassbaren Grausamkeiten des Menschen. Es wagen, den Menschen ein Bewusstsein von der Größe zu geben, die sie untereinander ignorieren. Sein Satz ist zu schätzen, vielleicht ist er noch wichtiger als der Christus-Satz: „Herr, verzeihe ihnen, denn sie wissen nicht, was sie tun.“ Oder ist das Menschenvolk in der Menge blöde und will auch nichts anderes sein? Jeder Erzieher sollte ihn sich merken, den Satz Malraux’. Aber auch die Erzieher werden müde an der Menschheit.

Jetzt, da sie sinnend stehen bleibt, kennt sie seinen Satz noch nicht. Vielleicht würde er ihr helfen. Die Wahrheit hilft, sei sie schmerzlich oder erfreulich. Wahrheiten erfrischen den Geist, lassen den Menschen weiter gehen, auch wenn es manchmal höllisch wehtut, ihnen zu begegnen. Laura wird von Malraux einmal denken: In ihm steckt ein heiliger Glaube an die Menschheit. Ein Glaube, den sie nicht hat. Oder der ihr abhandenkam. Sie glaubt an die Wenigen, die Meisten jagen ihr einen Schrecken ein. Mit den Jahren immer mehr. Jene Letzteren, die Blaise Cendrars einmal das Menschenpack nannte. Er hat es erfahren, er hat es mit ihm aufgenommen, mit dem Menschenpack. Er ist tief in dessen vielschichtigen Orkus gestiegen. Nichts aber hat ihn gebrochen.

Vielleicht hat man all die Armen, die Malträtierten, nicht an das Größere herangeführt? War das der Grund, warum sie es nicht schätzen lernten? Dass man es früh all ihnen nicht gestattet hat? So gehen manch brave Leute nur sonntags in die Kirche, und es ist des Höheren Genüge getan. Sie bleiben im Gewöhnlichen als einem Guten, im Gesetz als einem vorsorglich Eingrenzenden. Sie gehören nicht zu den Vernichtern, sind aber auch keine Heiligen. Sie halten das Leben in Gang, mit ihren Arbeiten und dem Aufziehen ihrer Kinder – oder sind diese Kinder dann eben nur „aufgezogene" – wie Spielzeug?

Meine Eltern gehen nicht in die Kirche. Wir Kinder sollten aber hineingehen, damit die Kunden es sehen. Es gehört sich so. Die Welt ihrer Eltern verwirrte Laura. Sie konnte sie nicht verstehen. Was ist denen eigentlich heilig? Sie sah täglich, wie viel diese Leute zu arbeiten haben, und dass der Krieg ihnen alles zerstört hat. Das machte ihr ein schlechtes Gewissen, denn sie arbeitete noch wenig. Sie half ihnen auch nicht. Sie fühlte schon als Kind, dass sich in ihrer Nähe andere Sehweisen kundtaten. Obwohl sie noch gar nicht verstand, was die Großen redeten.

Sie sind ihr fremd. Laura sitzt manchmal unter dem Tisch und lauscht, weil ihr all das wunderlich ist. Eine Welt, in die sie gar nicht hineinmöchte! Nur eine der Tanten, eine andere als die couragierte mit ihrem blöden Satz, eine stille, lebt in einer Welt, die Laura mag. Sie und ihr Mann haben eine Gärtnerei und leben in einem altmodischen Holzhaus mit Veranda. Das Haus, der Garten, überall Spuren von Muttererde, die Blumentöpfe und die Pflanzen, das Glashaus – hier ist sie gern zu Besuch. Im Wohnzimmer gongt eine uralte Wanduhr. Es werden Speisen aufgetragen in schönem Porzellan. Manchmal spielt einer Klavier, nicht gut, aber tönend. Hier ist es wie in einem alten Film, vor der Zeit des Krieges und der Bomben.

Zu Hause begreift sie langsam, dass sie wohl besser den Mund hält, wenn sie sich nicht schaden will. Sie ist ja nicht gegen alles, wie ihre Mutter glaubt. Aber sie fühlt, dass ihre Mutter von ihr nichts hält. Die Lieblingstante, jüngere Schwester des Vaters, hat zwar diesen blöden Satz gesagt, ist aber temperamentvoll. Sie kann vorzüglich nähen, hat Humor, ist dunkel und kräftig wie eine Italienerin vom Lande. Laura findet diese Tante hübsch, sie hat feurige Augen, mag die Männer, spricht lebhaft im Dialekt ihrer Heimatstadt, hat eine wohlgeratene Handschrift – „gelernt im Fach Schönschrift", sagt sie stolz. Es gibt viel an dieser Tante, was Laura mag, hat sie doch etwas Originelles und Zivilcourage. Gerade aus ihrem Mund trifft sie so ein platter Satz und macht sie traurig. Also auch diese Tante ... kein Verstehen?

Einmal liest Laura einen Text von ihr der Tante vor. Er handelt von einem dicken Onkel in der Nähe, der eine Fabrik und einen sehr eigenen Charakter hat. Er war ihres Vaters liebster Freund. Bis sein Sohn bei einem Unfall umkam und er sich mit seinem Revolver erschoss. Das ganze Viertel war schockiert. Die Tante merkt nicht, dass der Text den Mann erkennt, ansieht, auch kritisch geschrieben ist und diesen Onkel trifft. Die Tante hat kein Ohr dafür. Aber weil eine Antwort von ihr erwartet wird, sagt sie:„Ich konnte den nie leiden." Das ist alles. Wieder muss Laura feststellen, dass man in der Familie besser wohl nicht nur nicht redet, sondern besser auch nicht vorliest. Die Tante würde nicht verstehen, dass sie das trifft, denn so ein Text ist doch nichts Wichtiges. Man hat den Krieg erlebt! Was könnte sich damit messen? Mein Mann ist gefallen, die Not wurde ärger. Dann musste man alles wieder aufbauen und ein Kind durchbringen. Laura sollte Ähnliches erfahren, wenn auch nicht einen neuen Krieg. Aber wovon die Tante sprach, das war etwas Ernstes. Und wenn Laura von Kunst sprach, war es ihr auch ernst. Ich mag sie ja, die Tante! Laura sieht sie jetzt auf den Champs-Élysées vor sich. Aber dann kommt so ein Hammer, auch von ihr.

Laura weiß noch nicht, dass der Essayist und Übersetzer und Franzosenkenner Albrecht Fabri, der wunderbare Aperçus, kurze Abhandlungen über Kunst veröffentlicht, sie einmal „Scribapinga" – „die schreibende Malerin" – nennen wird. Dass sie bei ihm himmlisch gut aufgenommen sein wird. Sie weiß noch nicht, dass die Anderen in ihr Leben treten werden, die ein Ohr und ein Auge für sie haben. Fabri wird von ihr angetan sein, von ihren Gedichten und ihrer Malerei. Er wird ihr seine Bücher schenken, sie einladen zu philosophischen und satirischen Gesprächen, in der Südstadt, in einem Künstlerhaus, bei Nüssen und Rotwein, der alte Schriftsteller. Seine Frau wird ihnen den Wein bereitstellen, sie freundlich begrüßen.

Und was sie jetzt beim Einfall des noch kühlen Schattens auf den Champs-Élysées keinesfalls tröstlich voraussehen kann: Albrecht Fabri wird fast bis zum Schluss mit ihr telefonieren, sie nennt ihn dann „mon cher Albert". Einmal wird sie ihm ein Gedicht widmen, das wartet schon in ihr, ohne dass sie es ahnt. Eigentlich lebt er eher verborgen, aber ihr wird er sich öffnen, über die Liebe, über Ninon de Lenclos, über die Franzosen, über den Krieg reden. Seine Schriften hat sie schon lange mit großer Achtung gelesen, aber sie kennt ihn noch nicht, als sie nun plötzlich betrübt über die Champs geht. „Cher Albert" liegt noch in weiter Ferne, wenn sie es doch nur schon sehen könnte. Es wäre wie eine Leiter, die sie jetzt wieder nach oben brächte. Dennoch trägt sie es in sich, dass dies alles geschehen wird. Vielleicht geht von ihrer Zukunft ja eine Kraft aus, die sie oft aufrichten wird. Andererseits: Noch Jahrzehnte später fehlt Laura Wassenberg der Sinn für Argumentation und Logik der meisten sie umgebenden Menschen. Sie weiß, dass deren Ansichten und Vergleiche ihr nicht einleuchten. Die Frage ist nur: Muss man sich mit ihnen auseinandersetzen? Ja, man muss wohl, wenn man keine anderen um sich hat.

Ich bin auf meinem Weg und basta!, schnaubt es in ihrem Innern. Sie lässt die Bemerkung der Tante und vieles andere, das sie sonst noch aufregt, hinter sich, denkt an eigene Pläne. Aber dass sie niemals mit ihrem Vater, den sie liebt, ins Gespräch gekommen ist, macht sie traurig, immer wieder. Es ist, als stünde sie schon endlos lange vor einer gesperrten Brücke. Sie möchte an das andere Ufer zu ihm gelangen, aber wie? Auch mit ihm ist es besser, zu schweigen, weil alles Sprechen sich als Fehlschlag erwies. Dennoch hatte sie das Gefühl, dass er sie verstand. Das fühlt sie auch jetzt, und ihr wird warm. Manchmal brüllte er. Dann sah er hilflos aus. Sie dachte, dass sie ihn jetzt in den Arm nehmen wollte oder ihn streicheln, aber das wagte sie nicht. Vielleicht merkte er es. Hinterher tat ihm sein Brüllen leid, und er sagte zu ihrer Mutter: „Frau, das ist meine Krankheit." Und Laura denkt: Meine Krankheit ist es ebenso, auch ich kann gut brüllen.

Frühe Lehren

Was sie lernen sollte, das wäre die goldene Regel der Zurückhaltung. Oder sich eine Übersicht schaffen über die Menge zurückzuhaltenden Gedankenguts, oder sich vorher überlegen, was man sagt. Das wäre nützlich. Aber keinesfalls so ungeordnet zu schweigen wie ihr Vater.

Keck blickt sie plötzlich einem vorübergehenden Franzosen mit schwarzem Hut in die Augen. Der merkt es, ein schönes Blinken kommt zurück. Ach, da braucht man doch gar nichts zu sagen. Herrlich! Wenn es doch nur immer so wäre. Doch zum Mundhalten muss man streng erzogen sein. Dann hat man eben „Disziplin gelernt". Der Blick des Franzosen zählt. Aber wieder denkt sie an ihre Eltern. Streng waren sie nicht. Sie waren großzügig und nachgiebig. Sie stellt sich ihre Eltern auf den Champs-Élysées vor, einer Straße, die diese sich gar nicht vorstellen können. Es erschreckt sie, denn sie sehen da wie fremde Leute aus. Wie ungerecht. Es war doch schön bei unseren Sonntagsausflügen aufs Land! Als wir zusammen gesungen haben und Papa uns dann zum Kuchen einlud, in den schönen Cafés. Das sind keine fremden Leute!

Hier dagegen bin ich allein. Es ist niemand da, der mit mir singt. Ja doch – manchmal war zu Hause das Leben harmlos, als sei es nie kompliziert gewesen, aber dann kam es doch wieder, das, womit man nicht fertig wurde. Und es würde sich anhäufen, es würde immer mehr werden. Wie viele Kinder waren schon von zu Hause weggelaufen.

Jetzt ist erst mal Pause. Schluss mit dem Grübeln! Wieder ist sie froh, in Paris zu sein, und sie hat noch immer das Gefühl, dass es gar nicht wahr sein kann. Jetzt gehe ich meinen Weg, das ist wichtig. Vor was aber wollte sie wegrennen? Das würde sie vielleicht später einmal ausdrücken müssen. Jetzt ist es noch zu nah. Bäh, dass man sich so viel klarmachen muss! Das Zusammenkommen von Erfahrungen erscheint ihr wie die Ansammlung von Unrat, eine mit Unrat sich füllende Mülltonne.

Ach, hier in Frankreich sind die Menschen freier, lustvoller, rebellischer. Sie sind nicht so leicht zu überwinden, zu beeinflussen, nicht so brav. Vielleicht suchen sie sich einfach ihre Erfahrungen besser aus. Daheim hatte man doch weder Wahl noch Auswahl. Und was einem so alles passiert, das nennen sie Macht des Schicksals. Gerufen hat es keiner, vorhersehbar ist es auch nicht. Laura kannte schon früh die *Dreigroschenoper* von Brecht auswendig. Jetzt hört sie das Lied in sich, nach dem so oft sie schon gehorcht: „Ja mach nur einen Plan / Sei nur ein großes Licht. / Und mach dann noch 'nen zweiten Plan / Geh'n tun se beide nicht."

Stattdessen kommt die verdammte Erfahrung auf einen zu. Die Erfahrung mit all dem, was man nicht geplant hat, womit man nicht zu tun hat. Und die Älteren rühmen sich ja sehr vor den Jungen, Erfahrung zu haben. Wie blöde, die wurden doch gar nicht gefragt. Viele von ihnen glauben, das habe sie weise gemacht. Aber die meisten macht es bitter, schwach, wütend, klein.

Fast unbewusst stampft die Deutsche auf den Champs-Élysées mit einem Fuß auf, so, wie sie es als Kind getan hat. Ich bin in Paris, das war mein Plan. Er ist gelungen! Aber müssten sich nicht jetzt diese obligaten „Erfahrungen in Paris" einstellen? Igitt! Ungewollte natürlich, sie hatte von anderen jungen Mädchen einiges gehört. Vieles sinister, manches traurig, manches schockierend. Sie hatte Angst davor. Dieser Art Pariser Schicksal wollte sie entgehen. Die alten Germanen meinten ja, die Nornen, diese schicksalsbestimmenden Frauen, würden das Schicksal spinnen: „Urs, Verdandi, Skuld! Tak tak tak!" Kann man das Erfahren nicht verhindern?

Jetzt ist es so schön auf den Champs, wie blankgeputzt. Die Sonne spielt mit an so einem Tag, und mich macht sie froh. Also ich möchte verhindern, dass mich Erfahrungen beeinflussen. Jetzt bin ich mir noch geheuer. Vielleicht beschmutzen einen die Erfahrungen? Indem sie doch meistens alles eintrüben, dass man sich vielleicht dann schämt oder sich nicht mehr wiedererkennt. Aber auch dazu, ja auch dazu muss man vielleicht sehr streng erzogen sein. Nämlich den schlechten Erfahrungen aus dem Weg gehen zu können, so wie die Eltern es angeordnet haben. Und dass man auf Unbekanntes nicht so neugierig ist.

Ich bin aber mehr für Courage. Dass man auf etwas losgeht. Erfahrungen – „les expériences" – können natürlich auch die Courage ersticken, früher oder später. War es ihren Eltern mit unangeforderten Erfahrungen bereits ebenso ergangen wie deren Eltern? Dachten sie nicht alle am Ende: So habe ich's nicht gewollt, das hat mir nicht gefallen, das Leben? Vielleicht löst gerade die Courage unabsehbare

Erfahrungen aus, zusätzlich zu denen, die sowieso im Schicksal stehen. Hach, aber ich gehe jetzt auf einem Pflaster, das ich mir ausgesucht habe: „J'aime flâner sur les grands boulevards", wie Montand gesungen hat. Ich liebe das Flanieren auf den großen Boulevards. Dennoch sinniert Laura weiter: Zunächst kann man das, was einem widerfährt, doch gar nicht beurteilen, da kommen Ereignisse daher, die man verkennt, man hört nicht auf die eigene Stimme.

Eine sonderbare Dame in elegantem Mantel mit herbem Gesicht und starken Beinen kommt seitlich auf sie zu, sieht Laura neugierig an von oben bis unten. „Bonjour, jeune fille", wird sie zutraulich, „voulez-vous boire un café avec moi?" – „Guten Tag junges Mädchen, möchten Sie einen Kaffee mit mir trinken?" Laura hüpft förmlich von ihr weg: „Non, merci!" Die Dame wendet sich ab. Was war das denn für eine? Was wollte die Frau von mir? Vielleicht fand sie mich nur nett. Wenn sie ein junger hübscher Franzose gewesen wäre, hätte ich vielleicht Ja gesagt. Sie ließ mich dann ja in Ruhe, ein junger Mann hätte es vielleicht nochmal versucht.

Damit ich mich verteidigen kann, will ich Französisch lernen. Nur Maulhalten, Ausweichen, Aufpassen, das ist ja wie eine körperliche Anstrengung! So vorsichtig sein zu müssen wie ein kleines Tier. Wenn man alt ist, gibt es dann vielleicht Erholung?

Die goldgelbe Sonne, die nun immer kräftiger vor ihr erscheint, wendet ihre Gedanken. Ich werde es schon schaffen! Ich habe ja die Zusage in der Tasche. Laura denkt nun bewusst an ihre Vorstellung in der Akademie: Ich werde mich nicht vorschnell äußern und mir die Sache verpatzen, werde gut und wohlerzogen sprechen, französisch. „Vive la France!"

Ob wohl die Franzosen es leichter erreichen, die verdammte Grübelei zu übergehen? „Die Gedanken sind frei / Wer kann sie erraten? / Sie fliehen vorbei / Wie nächtliche Schatten", summt Laura auf den Champs. Was für ein schönes Lied. Die Gedanken sind frei, das hat ein deutscher Dichter geschrieben! Selbst im Gefängnis kann man denken, was man will. Wirklich? Haha, jetzt fällt ihr ein Psychiater-Witz ein: Zwei einander verfeindete Psychoanalytiker beschimpfen sich auf der Straße, und zum Schluss ruft der aufgebrachtere von beiden: „Ach gehen Sie doch weg, und denken Sie doch, was Sie wollen!" – Dann dreht er sich noch einmal herum und schreit hohnvoll: „Aber Sie denken ja sowieso nicht, was Sie wollen!"

Laura lacht, das war ein guter Witz. Sie hat einmal gelesen, schon Descartes beschäftigte die Frage nach den tanzenden Affen im Hirn, den Gedanken, die man nicht aufhalten und nicht steuern kann. Jeder, der allein ist, hat mit diesem Affenpack zu tun. Na ja, vielleicht werde ich es einmal lernen. Sie sieht zwei fein angezogene Kinder, kleine Jungen, Garçons, mit bunten Eishörnchen in der Hand. Sie hört sie frech miteinander palavern, wichtig, das hätte sie auch gern, und ebenso ein Eishörnchen. Wo haben sie es gekauft?

Eishörnchen spielen eine große Rolle in ihrem Leben. Eis, welch köstliche Erfindung – eine Eisdiele, welch erholsamer Ort. Bis ans Lebensende wird sie in jeder Stadt zuerst nach einer italienischen Eisdiele forschen, dort einkehren und sich wohlfühlen. Gibt es das in Paris? Die Hörnchen der Jungs hat sie wohl gesehen – aber – ein Eiscafé? Vielleicht gibt es einen Stand, wo sie es gekauft haben. Jetzt vermisst sie ihren Giorgio. Giorgios Eiscafé, diesen besonderen Ort, nach dem Krieg dort die ganz anderen Leute ... Sie setzt sich an der Avenue auf eine Bank, die Erinnerung holt sie ein, heftig. War sein Café nicht wie die erste Insel der Freude vor ein paar Jahren?

Nachkriegszeit: Das aller-aller-erste Eishörnchen kostete nur einen Groschen, und sie musste eine halbe Stunde laufen als Kind, um es zu ergattern. Dann kam Giorgio, den sie vermisst. Es war gut, durch die öde Stadt, in der gar nichts los war, zu Giorgio zu kommen. Das war doch endlich mal was. Was man früher die Jugendzeit oder die frühen Jahre nannte, war für unsere Generation Chaos allerorts. Wir waren groß geworden wie die Kinder in Bangladesch oder anderen Hungergebieten der Welt. Die Erwachsenen wollten nichts mehr davon hören, nur ein Dach über dem Kopf, nur endlich einmal sattessen. Die verbliebene Nation konnte nicht ernährt werden nach sechs Jahren Krieg. Und das Ganze sollte man nicht benennen, die deutsche Sprache war sozusagen ausgefallen. Aber es war Mangel, Leere, Kälte, Hunger. Man saß, wo auch immer, im Durchzug mit leerem Magen, bei innerer Verstörung oder krank in den Ruinen, Verschlägen, Kellern, halb abgerissenen Wohnungen, wenn überhaupt ein Stück Wohnung noch da war. Kinder irrten durch verwüstete Parks und Gärten, manchmal mit wildem Vergnügen, bis der Hunger sie wieder würgte. Für Kinder eine Zeit des Nicht-Wissen-wohin, in die Schule konnte man oft nicht, weil sie nicht zu heizen war.

Schon lange keine Regie ihres Alltags, kein Ziel, keine Erziehung, nur Not und immer noch das Nicht-Ahnen-wie-es-weitergehen-soll, das von den Großen ausging.

Wie jedes Chaos hatte es den Kern des Wahnsinns ebenso wie den eines neuen Wachstums in sich. Was wir gerade hinter uns hatten, war das, was die Erwachsenen früher und die heutigen Psychologen den Zusammenbruch nennen. Kapitulation, ein Kriegsende nach sechs Jahren. Überall in Europa hungerten die Menschen. Laura denkt an Filme, Dokumentationen, in welchen sie gesehen hatte, dass man auch in Paris hungerte und fror. Das alles hatte Herr Hitler auf die Beine gebracht, es war ihr andauernd peinlich, obwohl sie wusste, dass sie selber nichts damit zu tun hatte. Was aber war das für ein Gefühl, Deutsche zu sein? Nur bei Giorgio im Café war sie gut aufgehoben, nicht von diesen Fragen gequält. Er war jung und energisch und Italiener. Man lachte einander an. Auf einmal war das Leben leichter, entledigt all der Schuld- und Orientierungsfragen.

Der Krieg, die plebejischen Herrscher, Zerstörer mit lauten Parolen, die das Land im Verein mit den dann gegen sie aufkommenden Feinden in eine Trümmerwüste verwandelt hatten, waren endlich verkommen, gestorben, ermordet oder untergetaucht. Hier, bei Giorgio, der eigentlich Pierluigi Campi hieß, und den in Köln alle „Gigi“ nannten, war ein Stück anderer deutscher Boden. Hier war Laura von dem Erlebten frei. Hier konnte sie in die Zukunft aufbrechen. Giorgio verteidigte die Deutschen vor ihr, wenn sie wütend ihr Volk verurteilte: „Was willst du, die armen Menschen sind nach dem Krieg aus ihren Löchern gekrochen. Und heute sind sie anders im Denken, glaub mir, ich beobachte das hier jeden Tag.“

Draußen wurden die verbliebenen, in diesem Krieg gezeugten und geborenen Kinder einer neuen, Laura dubiosen Ordnung zugeführt, die alte kannte man nicht mehr. Was aber sollte die neue Ordnung sein? Man rüstete die Schulen wieder auf, so weit sie noch Wände, Decken und Dächer hatten. Die Menschen, die nicht mit dem kläglichen Wiederaufbau beschäftigt waren, handelten mit wild gemischten Waren, sie schoben, fuhren zum Schwarzmarkt oder aufs Land, etwas Essbares zu ergattern. Man zimmerte sich eifrig neue Provisorien zurecht und versuchte, das Thema Politik und Geschichte weiträumig zu umfahren – im Geiste, denn auf den Straßen gab es zum Fahren oder Umfahren nahezu gar nichts, weder Räder noch Motorräder, noch Autos, noch Roller, noch Rollschuhe. Der abgespannte, blasse Hans Albers mit den wasserhellen Augen, den Lauras Mutter mochte und von dem man wusste, dass er nur selten einer Regie-Anweisung folgte, sang: „Die Welt soll wieder schön / In Freiheit und Frieden ersteh'n." Wer aber die sechs Kriegsjahre erlebt hatte, wusste, dass es jederzeit umstoßbar war, welches Friedensgebäude, welcher Friedenspakt auch immer.

Als reich empfand sich ein Kind, wenn sein Vater ihm mit zwei kleinen und zwei größeren Brettchen Stelzen herstellte und möglichst sicher zusammennagelte. Lauras Vater hatte das getan. Sie bestieg diese Stelzen, er half ihr, dann ging sie stolz und steif über das schwer beschädigte Trottoir. Manch älteres Mädchen hatte sich aus der Lumpenkiste zu Hause ein Kleidchen zusammengenäht, sah darin komisch aus. Zerrupft waren sie alle, was ihr Haar, die Schuhe, die Kleidung betraf. In den Schulen mit ihren zugigen Klassen versuchte mancher Lehrer, den nie gesättigten Kindern etwas beizubringen. Hier nämlich lag das Problem: dass sie nicht so lange mit leerem Magen in den Holzbänken sitzen konnten. Die Amerikaner schickten die Schulspeisung, was für Laura biblisch klang und schon mal fürs Erste half. Man sah Kinder mit armen Gesichtern, geflickten kratzenden Jäckchen, ausgeleierten Kniestrümpfen und uralten, von den Älteren immer weitergegebenen Schnürschuhen.

Selbst in Paris denkt Laura jetzt an ihre erste Lehrerin, als habe sie in ihr eine geliebte Großmutter verloren. Ja, und dann bei Giorgio ankommen, nach der Schule, ein paar Jahre älter. Wie schön, dass ich ihn gefunden habe. Ich hätte auch weiter in seinem Café etwas vom internationalen Leben gewahren können. Aber nun bin ich in Paris: gut so!

Was vor der Kriegszeit lag, blieb für Laura zwar dunkel, aber doch hörbar: ein stiefelkrachendes Dunkel mit schrecklichen Stakkato-Schritten und ebensolchen Stimmen, einem häufigen Beben der Häuser und der Wohnungen, das nicht wenige einstürzen ließ. Und immer die Geräusche vom Rieseln des Mörtels, vom Schaben der Schuhe auf dem sandigen Asphalt. Plötzlich zu jeder Tages- und Nachtzeit Sirenengeheul, halbe Nächte, gestörter Schlaf, grausam für ein Kind. Kelleraufenthalte und zunehmende Unruhe, was noch wird. Alle, auch die Kinder, waren ständig getürmt, durch neue

Nöte und falsche Heimaten gezogen, aus den Bombardements doch noch einmal aufgetaucht. Ja, wir sind gerettet – keiner in der Familie ist umgekommen. Überkam uns je, was man in Friedenszeiten das Alter der Entwicklung genannt hat? Konnten wir uns denn entwickeln, oder begannen wir nur zu träumen, wie wir aus all dem wegkommen könnten? Es gab doch einfach nichts. So reden die Alten noch heute: „Es gab doch nichts!"

„La vie est dure" – das Leben ist hart

Wir Jungen waren vielleicht ungerecht diesen Eltern gegenüber, die uns nichts zu bieten hatten und nur über Notwendigkeiten sprachen, diesen armen Grauen gegenüber, die aussahen, als seien sie Entlassene aus einem Gefängnis. Wir sahen sie in einer Schande, weil Nazis dieses Land unterjocht hatten, und sie waren in Wahrheit wohl selbst eher geschändete, malträtierte, kriegsgezeichnete arme Schweine. Ganz normales Volk, das in die Mühle der Wahnsinnigen geraten war. Ob es auch hier in Paris lange und langweilig gar nichts gab, kein gutes Essen, keine Aperitifs, keine Zigaretten und keinen Rotwein?

Aber jetzt bin ich es, die hier angekommen ist wie ein Kriegsmensch und kein Geld hat. Hoffentlich reicht es bald für mehr als nur Baguette – vielleicht ein bisschen Leberpastete oder Käse, einen Tee. Ob ich mir auch mal ein Restaurant leisten kann, eines für die Studenten, im Quartier Latin? Aber wohl kaum, um ins Kino, Konzert, geschweige denn Theater zu gehen. Doch das wird mir nicht wehtun. Und das muss davon kommen, dass ich Mangel gewöhnt bin. Die Armut schenkt einem eine Freiheit, Mangel ertragen zu können. Eine Freiheit, die der Verwöhnte nicht kennt. Gab es in Paris damals auch keine Kohlen? Saßen nicht die Beauvoir und Sartre in den Cafés und schrieben dort, weil ihre Wohnungen nicht geheizt waren? Also auch hier weder Freude noch Fortkommen für lange Jahre, weder französisch-kultiviertes Schicksal noch Blick-in-die-Welt und erst recht kein Geld für Reisen? Auch hier?

Andererseits kennt Laura die Bilder, wie die Franzosen ausgelassen in den Straßen getanzt hatten, lachten, sich umarmten – nach der Befreiung von der Nazigewalt. Und jetzt blühen hier wieder die alte Kultur und die neue, auch eine neue Freiheit, neue Kunst, und hinzu kommt der Jazz, der im Krieg auch hier verboten war. Die Niggermusik. Und dennoch ist es eine erhalten gebliebene Stadt.

In Giorgios Café, da gibt es auch von morgens bis abends „Niggermusik". Aber war deshalb auch Köln noch intakt? Wo früher in den Bombennächten für Kinder kein Platz für Märchen war, gab es nun für uns junge Wesen keine Literatur. Kein Theater, kaum ein Kino, keine neue Musik, kein Schwung, kein Tanz, keinen Song, nicht einmal ein Liedchen. Alberne Schlager gab es wohl, meistens kitschige. Und die haben WIR NICHT mitgesungen. Bei den Erwachsenen war nach den Aufregungen der Bombennächte jetzt Stille eingetreten. Aber es war eine, die den grauen Charakter der Leere hatte, es gab eben nichts, lange lange nichts. Und die Winter waren kalt, kälter als zu Friedenszeiten. Nur wenig später sangen die Davongekommenen in den verbliebenen oder notdürftig ausstaffierten Kneipen abends diese Schlager, auch Operettenmelodien, nach Schallplatten. Tranken ihren „Knolli Brandi", den Schnaps aus Kartoffeln, und versuchten rührend, die letzten Jahre zu vergessen.

Für Laura stand fest: Mit so einer Leere wollte sie ihr Leben nicht beginnen. Da entdeckte sie die erste Eisdiele. Und Giorgio. Das war etwas Neues, anderes. Dass die erste Eisdiele in ihrer Stadt und in ihrem Leben DIE geistige Institution für Jahrzehnte werden sollte, konnte sie damals nicht wissen. Aber es roch so, es roch so ganz anders in dieser Eisdiele. Es roch nicht nach Leere und nicht nach Zeit ohne Lied, es roch nach Espresso, Vanille, Frascati. Die Besitzer sprachen mit ihren Freunden Italienisch, was ganz von allein wie Musik, wie Singen, wie Theater war. Sie lachten auf Italienisch. Sie lachten überhaupt! Es machte auf Laura den aufregenden Eindruck, dass sie hier die wahre Welt entdeckt hatte. Sie war zu ihr gekommen. Jetzt erst verstand sie das Kinderlied, in dem das kleine Hänschen in die weite Welt hineingeht – und das sie als kleines Mädchen ganz anders gesungen haben soll: „Hänschen klein – gingelein – inne wulle wellenein."

In Giorgios Eisdiele gab es eine lange, schöne, glänzende Theke und ihr gegenüber eine Spiegelwand, die das Café vergrößerte, das nur ein langer Schlauch von der vorderen zur hinteren Straße war.

Im Keller saßen die Eisköche, ein Ehepaar aus den Dolomiten, das man nie sah. Sie saßen als Geheimnis im Dunklen, und dieses unnachahmliche Eis der beiden war ein Geheimnis, das man unter Freunden einander weitersagte; wer sie einmal genossen hatte, diese kleinen kalten Bällchen bei Giorgio, vergaß sie nie. Vorne vor der Theke gab es Barhocker, man konnte an der Theke dazwischen auch stehen, all die Stunden, die man bei den anhaltenden Diskussionen sich eben bei Giorgio aufhielt.

Jetzt war ich schon an die 15, 16 Jahre alt. Sehr blond und sehr wütend darüber! Giorgio fand es wahrscheinlich eher schön, dass ich so blond war, „una bella bionda“. Zur gleichen Zeit hatten wir Mädchen im Lyzeum etwas von Jazzmusik gehört. Von der wilden Musik, die aus Amerika kam. Ein besonders gescheites Mädchen, das Ly Kindt hieß, spielte auf dem Klavier in der Turnhalle (da stand eines) den *Schättenuga-Schuschu* (oder wie das Lied hieß). Was „Chattanooga“ bedeutete, wusste ich nicht, wollte es aber herausfinden. Jedenfalls war der Song rasant und rhythmisch, wir Mädchen (welche man eine Generation früher „Backfische“ genannt hat) tanzten wie die Verrückten, wir lachten, gerieten außer Atem, wirbelten umeinander herum, bis eine von den Nonnen auftauchte und uns Stille gebot. Wieder die Stille der Leere. Die Nonne verbot auch, dass hier getanzt würde. Schon gar nicht auf solche Musik. Da war's passiert! Diese Musik würden wir uns nie mehr ausreden lassen und die Lebensfreude auch nicht, die uns zum ersten Mal gepackt hatte. Jetzt wurde überall Ausschau gehalten nach Jazz! So, wie ich es hier auch tun werde. Ich werde sie schon finden, die Jazzlokale von Paris!

Es gab bei uns dann bald einen Plattenladen und eine Zeitschrift, die sich nur mit dieser Musik befasste. Und es gab - was sich schnell herumgesprochen hatte – eben Giorgios Eisdiele. Der forsche Sohn einer italienischen Mutter, der ebenso nichts heftiger liebte als den Jazz, war unser Mann. Außerdem gab es noch einen neu aufgekommenen Schallplatten-Laden und einen berühmten Schallplatten-Collecteur, mit Namen Peters. Jeder versuchte, zu ihm zu gelangen, und dieser nahm alle bereitwillig auf. Man hockte halbe Nächte in seiner großen dunklen Wohnung und hörte die raren Platten, die er werweißwo ergattert hatte. Er gab wohl all sein Geld nur für Jazz aus.

Bei Giorgio hatte ich dann einmal einen ungarischen Gitarristen kennengelernt, Attila Zoller. An einem anderen Abend kam dieser Attila Zoller sozusagen hereingeweht, bei Herrn Peters, dem Schallplatten-Collecteur. Er war unruhig. Er sagte, er führe mit der „Liberté" in den nächsten Tagen nach New York (der Jutta Hipp hinterher, in die er schmerzensreich verliebt war). Wie hatte er sich nur die Schiffspassage verdient – oder zusammengeborgt? Attila Zoller redete falsches, komisches Deutsch, war temperamentvoll, lustig, auch unsicher und bescheiden, dann wieder frech-charmant, freundlich. Von Statur kräftig, dunkel, beweglich, ja, ein Ungar. Er fluchte ganz natürlich, wie ich so etwas noch nie vernommen hatte. Außerdem hatte ich seine Musik gehört, vor allem seine schwermütigen, traurigen Balladen. Sie waren gut, und der Titel *You go to my Head* ganz ausgezeichnet, ich hatte ja schon ein Ohr für Jazz. Hörte außerdem, dass ihn alle Welt „Shivi" nannte – das heißt auf Ungarisch „Herzchen", verriet mir einer. Nicht, dass man von ihm hätte sagen können „Ja, so ein Herzchen", wie man im Rheinland gern bemerkt. Oh nein, dieses Herzchen rief, wo es auftauchte, einen Tumult hervor.

Er war mitteilsam, rege, voller Ideen wie voll Wut, schlicht unwiderstehlich. Seine schönen braunen Augen ruhelos, hatte er diesen Zug der besonderen nervösen Energie, die sagt: Der Mann wird das tun, was er will, auf jeden Fall. Vor allem aber war er für mich junges waches Mädchen ein ungarischer Mensch, nie hatte ich einen solchen gesehen, einen aus der feurigen Rasse dieser legendären Ungarn! Ich hatte nämlich alle Klischees auf Vorrat im Gemüt, aus den Operetten und aus alten Filmen. Ich wusste nicht, wie sehr Zoller diese Klischees hasste.

Ich sah jetzt, seinen ungarischen Akzent hörend: Zigeuner, Csardas-Tänze, herrliche Pferde, Puszta, Budapest, Varazdin, und ich roch Gulasch. Einmal stellte er mich bei Giorgio einem berühmten Musiker als „my fiancee" vor, seine Verlobte. Also noch daheim – und bei Herrn Peters –, ohne noch alles Weitere zu wissen, fand ich den Zoller rasant. Ein Mann von bebendem Temperament, und natürlich schön. Wahnsinnig schön! Aber jetzt ist er in Amerika und ich bin in Paris – und ich sollte aufhören, an ihn zu denken.

Viele Jahre später soll sie hören: Attila Zoller hat tatsächlich den besten Gulasch gekocht, den es auf der Welt gibt, so erzählen es sich einige Musiker in Amerika. Man hielt dort viel von seinen ungarischen Kochkünsten. Und seine amerikanische Frau Helen Selma Gottenberg hielt viel von seinem K.u.K.-Charme, ihre jüdische Familie sah ihn auch so. Und noch viel später soll Laura von Attila hören, sie hätten ihn doch alle gehalten für einen Kiss-die-Hand-Madame. Und das hatte ihn sehr geärgert, es hätte ja nicht gut gehen können.

Wäre ich besser daheimgeblieben?

Bald kannten wir jungen Leute, die sich bei Giorgio einfanden und in den Milchbars, wo es auch die neue schwarze Musik gab, das Grundsortiment unserer Jazzmusik: den *St.-Louis-Blues* von Armstrong, das *Mood Indigo* von Ellington, das *Ain't Misbehavin* von Fats Waller, und Ella Fitzgeralds sowie Count Basie's *April in Paris*. Wie haben sie doch alle, diese Jazzmusiker aus USA, Paris sofort geliebt und in ihren Songs untergebracht! *April in Paris* wurde von uns schmachtend nachgesungen.

Wir reisten Ella Fitzgerald hinterher, zum Konzert in Frankfurt. Sie trug ein großes pinkfarbenes Kleid, und alles wogte amerikanisch an ihr, es war ein Erlebnis. Und dann wollten wir bald auch alle selber in die besungene Stadt, auf nach Paris, mit oder ohne Fitzgerald. Und jetzt bin ich da!

Auswendig kannten wir: Sidney Bechets *Sweet Lorraine*, Glenn Millers *In the Mood*, Benny Goodmans *I got Rhythm*, Nat King Cole's *Mona Lisa*. Und immer wieder hörten wir nachdenklich und traurig Billie Holiday's *Strange Fruit*; natürlich auch Gospel-Songs, swingende Tanzmusik und alles, was zu uns herüberkam aus dem uns blendend jung erscheinenden, dem warmherzig schwarzen, immerzu swingenden Amerika.

Zu Giorgio zu kommen, das war schon mal was, instinktiv wollte ich, wann immer es ging, durch seine vornehme Glastüre kommen. „Ja, ja", sagte ein Freund, dem ich davon erzählte, „das war der einzige kosmopolitische Ort in dieser Stadt, sonst gab es ja nichts. Er war wie das Bullauge, das einzige, durch das man hinausblicken konnte in die Welt." Zu Hause sah ich immer schon von weitem den Namenszug Giorgios als Leuchtreklame im Oval seiner Umrundung, die geliebte Lichtschrift über dem Café. Sie leuchtete nicht nur mir voran. Aber mir machte sie eine solche Freude, dass ich dachte, ich würde gleich über die Grenze nach Italien kommen. Und dazu noch zum Jazz – was eine sonderbare Kombination war und eine, die gerade mir gefiel. Dabei natürlich zu den „anderen Leuten", wie Albrecht Fabri das genannt hat. Er hatte im Krieg seine Nebenwege gefunden und sagte dazu: „Ich war bei anderen Leuten." Das hatte sie sich gut gemerkt. Schon der Fabri war bei Franzosen gut aufgenommen worden.

Bisher hatte ich doch nichts verstanden und nichts gefunden, das ich hätte lieben können. Die im Radio gehörten Nazi-Parolen nicht, dann das Reden der Nachkriegs-Deutschen über den neuen Mercedes nicht, auch alle Gebote und Predigten so wie die Lebensart der Nonnen in der Schule nicht. Sah ich die ovale Leuchtreklame, war das alles sofort aus meinem Bewusstsein verschwunden. Ich ging durch die Glastür in „mein" Eiscafé, zu diesem Giorgio, immer so schön wie möglich! Und Gleichgesinnte waren natürlich auch alle schön. Jeder auf seine Art „echt schön".

Sie waren eben „Typen", wie wir das genannt haben. Das war das höchste Kompliment: „Der (oder die) ist ein Typ." Niemand hat herausgefunden, wie die Bezeichnung entstand oder wer sie zuerst gebrauchte. Seltsamerweise sprachen wir bei Dingen, die uns gefielen, auch das Wort „dufte" aus, welches aus Berlin, wer weiß wie, herübergekommen war. Unsere Eltern finden unsere Sprache ja albern, sie äffen uns nach. Ob das immer zwischen den Generationen so ist?

Hier in Paris gibt es im Argot auch recht sonderbare Redewendungen. Zum Beispiel: „Elle est vachement belle." Die ist kuhmäßig schön. Oder, wenn einen einer nervös macht: „Tu me casses les pieds", was bedeutet: Du zerbrichst mir die Füße.

Der heftigste Ausdruck der Ablehnung einer Person hieß bei uns Jazzliebhabern: „Der (oder die) swingt nicht." Für uns Typen war von Anfang an wichtig der Jazz, unsere neue Welt, ebenso wie das zu ergatternde gute Buch, die freche Dichtung eines François Villon, Abhandlungen über Philosophie, Fremdsprachen, der Existentialismus, die schwarzen französischen Filme, Poeten wie Jacques Prévert und natürlich das anzustrebende Flair der alten Weltstadt Paris. Und: Jeden guten Song auf Englisch auswendig zu lernen, die Lyrics, das zählte, war uns wichtig, weltanschaulich sozusagen. In der Schule hätte man meinen können, das sei doch eine gute Übung für Englisch. Aber keine der Nonnen hätte das zugegeben, denn es war ja Niggermusik. Wir suchten das international Intellektuelle, die weltläufige Poesie, die absurde Literatur, wir liebten Stücke von Samuel Beckett sofort, als sie bei uns in den Theatern auftauchten, und man sparte sich das Eintrittsgeld von irgendwas ab. Da war auch Sinn für Ironie, – waren wir nicht selbst in ironischer Lage, in unserer ganzen Jugendzeit?

Aus dem Nachbarland Österreich hörten wir den Wiener Schmäh, den Humor und ätzenden Sarkasmus des Herrn Karl (des „Qualtinger") oder den des Herrn Kreisler (*Geh'n wir Tauben vergiften im Park!*) oder den des Herrn Muliar. Von all diesem gab es auch einiges bei uns im Theater, und nicht zu vergessen hatte Giorgio mit Hans Koller, Attila Zoller, Roland Kovac und Johnny Fisher, die aus Wien kamen, musikalisch zu tun. Ich kenne die Wiener jetzt gut, lernte in Giorgios Café auch perfekt Wienerisch, obwohl ich noch nie in Wien war. Ob ich auch dahin einmal komme? Auch das gehörte zu den Verrücktheiten in Giorgios Café.

Ich vermisse das hier. Aber ich bin auf dem Weg zur „École des Beaux-Arts" und zur „ Académie Julian". Oder wäre ich besser daheimgeblieben? Was aber wäre passiert? Ich hätte nicht studieren können ... Die Kunstschule – wer hätte es verstanden?

Wir suchten also schon bei Giorgio die ersehnte Weite der Welt. Und wir probten natürlich den Aufstand gegen die Alten, gerecht oder ungerecht. Das Fernsehen wurde erfunden, wir sahen mit unsagbarem Schrecken die ersten Filme über die Konzentrationslager und den Krieg. Als wir es im Fernsehen sahen, drang etwas Schreckliches in unser Bewusstsein ein, das wir zwar geahnt, aber nicht gewusst hatten. Etwas, das wir nun nie mehr vergessen sollten. Filme können eine Härte haben, die fast schärfer ist als die Wirklichkeit, die sie abbilden. Vielleicht, weil sie diese Wirklichkeit auf Dauer dokumentieren, anhalten, ansehbar machen. Jetzt war es aus, jetzt wollten wir nur noch weg von hier. Aber wir sahen auch heimkehrende Kriegsgefangene aus Russland, die erschütternden Szenen, wie sich die verloren Geglaubten nun um ihre Frauen und Kinder schmiegten, diese jammervollen Gestalten. Und wir weinten vor den neu erfundenen Geräten. Wir dachten dann über unseren Kanzler nach, Adenauer, den wir nicht recht beurteilen konnten. Er hatte das bewirkt, er war nach Russland gereist und hatte es fertiggebracht – eine große Tat, ohne Zweifel.

Die Musik der schwarzen Amerikaner, der Jazz, wurde nun erst recht unsere Erlösung. Er führte hinaus aus der Schwärze des Kriegs und der Schwärze der KZ, dem neu aufkommenden Katholizismus mit seinem Katechismus, den wir hatten auswendig lernen müssen. Ich erinnere mich, wie er mich als Kind gequält hat, dieser Katechismus. Darin stand: Geht man sonntags nicht in die Kirche, ist das eine Todsünde. Also ein Freifahrschein zur feurigen Hölle – für Nur-nicht-zur-Kirche-Gehen! Wenn man aber doch keine Lust dazu hatte ... Nichts wie raus aus der Schwärze des Katechismus, der Schwärze der Dogmen und überhaupt der Schwärze aller Ideologien. Jazz. Ein besseres Schwarz sozusagen, ein ganz anderes Schwarz.

Junge Menschen haben nichts gegen Gebete. Ich bete hier in Paris auch, so still für mich. Ich bin fromm. Aber wir hatten zu starken Druck erfahren, so wandten wir uns ab. Und dass wir jetzt Jazzfans und Sonderlinge für die Alten sind, aber unter uns umso einiger, das hilft. Es hilft mir auch in Paris. Geht man in einen Jazzclub, ist man unter Gleichgesinnten. Als Mädchen kann man auch spät abends ganz ohne Scheu alleine dort hingehen, niemand sieht einen schief an oder will etwas von einem – das ist beruhigend. Auch in Paris kann man also abends eigene Wege gehen.

In Giorgios Café war es natürlich ähnlich ... Ich hätte ja auch daheimbleiben können, und oft zu Giorgio gehen. Es gibt da gepolsterte rote Bänke vor dem langen Spiegel, das finde ich schön. Je öfter ich hingehe, desto mehr wird mir die Bank, der Kasse von Giorgio gegenüber, zum Zuhause. Einmal saß Louis Armstrong auf der Bank und lächelte breit. Man konnte seine behäbige Stimme aus der Nähe hören. Ein Bekannter raunte, er hätte in Köln eine Geliebte. Und er raunte singend noch weiter: „Jetzt hätt dat Schmitze Billa in Poppelsdorf en Villa." Das war ein Karnevalssong. Ich habe mir überlegt, was der wohl gemeint hat. Ob da etwas dran war? Und ob der Herr Armstrong überhaupt reich genug wäre für eine Villa in Deutschland? Das Ganze konnte auch einfach eine Unverschämtheit dieses Bekannten sein. Es war für mich schlicht eine Wonne, den lächelnden Armstrong zu sehen. Und ja, was immer im Café getratscht wurde – zu Giorgio zu kommen, das war doch was.

Mit der Zeit wurde unsere neue Welt immer toller. Die sechziger, siebziger Jahre in der langsam belebten Stadt, die Rundfunkstation wuchs zu einem Kulturzentrum ganz in der Nähe. Gute Konzerte, neue Musik, weltweit berühmte erste Aufführungen. Jazz, Swing, Elektronische Musik, Weltmusiker zu Gast in den neuen Orchestern. Da machten sie mit, Stockhausen, Luigi Nono, Bruno Maderna, Evangelisti. Sie tauchten bei uns auf, wurden erkannt, und plötzlich war es eine Weltstadt. Ja, als ich nach Paris wollte, war es eine Weltstadt geworden. Aber ich hatte doch meinen eisernen Plan.

Alle kamen jetzt in die Eisdiele. Sie wussten, da trifft man sich, also einsam war ich nicht mehr, und sie flanieren noch immer durch den Schlauch, spielen Schach, diskutieren mit Giorgio und untereinander bis in die späten Nachtstunden. Es ist ein besonderer Ort: Nicht selten leuchtet das Café-Licht aus der Glastüre ebenso wie die Reklame darüber bis um vier Uhr nachts hinaus. Auch aus dem Theater kommen sie noch spät herüber. Es gibt *Die Wupper* von Else Lasker-Schüler. Helmut Griem diskutierte mit mir über Malerei, Dichtung, Politik nach dem Krieg. Er las bei mir zu Hause Gedichte von Ringelnatz vor. Wolfgang Forester begleitete ihn. Von Anfang an verehrt habe ich Else Lasker-Schüler, las ihre Gedichte. *Helles Schlafen – Dunkles Wachen*. Wie sie die Liebe sieht. Ihre Sprache ist gewunden, graziös wie Jugendstil und jüdisch-reich: „Meine Seele, die die deine liebet, ist mit ihr verwirkt in Teppich-Tibet.“ Ja, ich bin ihr verwandt, aber wer weiß das schon.

Und dennoch: So ein Café ist kein Daheim und auch keine Aufgabe.

Das Leben hat Farbe bekommen

Hans G Helms, Halbjude, was wir lange nicht wussten – und dass er in den DP-Camps war, den Camps für Displaced Persons –, ist in seiner internationalen Wirkung noch nicht erkannt. Er war mit Konitz befreundet, wollte eigentlich selber Jazzmusiker werden und hatte Unterricht für Saxophon bei Hans Koller. Er meinte jedoch, sein Talent reiche nicht. Später ging Helms in die USA, lehrte dort an der Uni Geschichte und machte sich weltweit einen Namen als Literat und Kulturkritiker. Unserer Stadt wird er schließlich ganz den Rücken kehren.

In Giorgios Eiscafé sitzt Hans G Helms eher still am kleinen Tisch oder auch auf der Bank vor dem Spiegel, schreibt vielleicht an seinem *Fa:m' Ahniesgwow*, dem Kultbuch. Er hat so eine zarte Freundin, Chris, er und sie kennen alle Jazzmusiker. Helms schreibt für das *Jazz Podium*. Das kann sich Laura nicht leisten, es kostet fünf Mark. Später wird sie selbst weit über zehn Jahre lang für das ehrwürdige Magazin schreiben.

Irgendwann fing Giorgio an, Schallplatten zu produzieren; gründete die CBBB, die „Clarke Boland Big Band", das machte unsere Stadt auf einen Schlag international. Die Plattenhüllen gestaltet „der kleine Bähr", Heinz Bähr, der später ein bekannter Professor für Design werden wird. Er entwirft Cover, die in die Geschichte des Designs eingehen. Aus fast allen künstlerischen Berufen trifft sich bei Giorgio die Elite. Walter Hanel, der Satiriker und Karikaturist, malt ihm eine Karnevals-Dekoration, die von böhmischem Humor und Freude am Jazz gekennzeichnet ist.

Ich muss da hin! Wenn ich zu Hause bin, besuche ich Giorgio, zu seinem sonderbaren „Carnival". Da gibt es in Paris nichts Vergleichbares. Heinrich Böll steht oft an der Theke, unauffällig. Und mit einem Hollywoodrauschen kam neulich die Holzinger durch die Glastüre, gefolgt vom großen „Seehund" Chargesheimer, dem größten Fotografen, den Deutschland zurzeit hat. Sie lieben sich. Im Café erstarrt alles in Schweigen, wenn die Holzinger ihre schöne dunkle Stimme erhebt. Sie wissen es noch nicht, die Deutschen in dieser Stadt, welche Weltelite in Giorgios schmalem Schlauch ein- und ausgeht. Und Laura weiß noch nicht, wie eng sie einmal mit Gisela Holzinger befreundet sein wird, die öffentlich ihre Gedichte vortragen wird, die sie einlädt in ihre Villa.

Es gab in letzter Zeit, bevor ich nach Paris ging, bei Giorgio fast keinen Tag, an welchem die neue deutsche geistige und die neue internationale Welt hier kein Ereignis zustande gebracht hätte. In meiner Heimatstadt! Ich habe schon oft atemlos bemerkt, dass Giorgio und sein Café einzigartig sind. Langsam ist er mir ein großer Freund geworden. Es wird immer noch erregender. Dieser unvergleichliche Ort, der meine jungen Jahre bereichert hat und mich für das ganze Leben prägen soll – jetzt habe ich ihn erst einmal verlassen. Es war mir schwer, mich zu trennen. Kehre ich heim, ist mein erster Gang vom Bahnhof aus immer sofort zu Giorgio. Umso wichtiger, mein eigenes Leben in Paris zu suchen.

Graue Tage – auch im Café

Manchmal gab es ein Ausbleiben der Spannung. Es regnete draußen und Giorgio war nicht da. Manchmal war keiner der geistreichen Menschen im Café. Dann zog sich nur die Laufkundschaft durch den Gang. Sie redeten über Verwandte, Liebschaften, Käufe, Kinderplagen, Wohnungsmieten, Gehälter, Heizkosten. Sie machten Witze, die des Humors entbehrten. Rheinische Kalauer. Sie saßen da in ihrer unausgesuchten Kleidung, die ihnen nicht wehtut, wenn sich auch die Muster und Farben beißen. Sie saßen an den zierlichen Marmortischen, mit ihrer Behäbigkeit im Wohlgefühl des vom Bewusstsein unangetasteten Freimuts. Sie redeten über Belangloses, waren aber weithin zu hören. Man musste dann das Café sofort wieder verlassen.

„Das Menschenpack", wie Blaise Cendrars es genannt hat, hatte sich an solchen Tagen im Café verteilt und es eingenommen. So, dass das Café gar nicht mehr Giorgios Café war. Es war das einer Besatzung. Aber die brachte ihm auch das Geld ein ... Man muss diese Menge überall ertragen, und es wird lebzeitlang so bleiben, denkt Laura. Wie oft bin ich schon auf der Flucht vor ihnen gewesen. Sie sind anstrengend, für meine Freunde ebenso. Solche zählen nicht zu unseren Typen. Wie sie sprechen, lachen, das swingt nie. Keiner von uns würde sie bei sich zu Hause aufnehmen. Manchmal also auch in Giorgios Café: diese Alltagsdeutschen, beladen mit den ersten Plastik-Einkaufstüten und Notwendigkeiten banalster Art. Die Sprache – sie reden wie in Bruchstücken aus ihren Bäuchen. Und wenn sie lachen, wird es mir peinlich. Es ist, als ob ihr Lachen hinke, so bemüht. Dabei wird es immer lauter, besonders wenn sie merken, dass es anderen unerträglich wird.

Das Schlimmste am ungebildeten Deutschen sind seine Laute. Gibt es das in Paris nicht? Nein. So nicht. Mir ist in solcher Art hier noch nie etwas aufgefallen. Das waren also Tage der Lehre: Wir lernten zu schätzen, wie wir an den folgenden, wieder geistig bereicherten Tagen bei Giorgio von Göttern gesegnet waren. So, dass ich manchmal dachte: Warum noch nach Paris? In einem Café dort, an den berühmten Plätzen der Literaten um Sartre und Camus, auch denen der Maler und der Filmer, der Theaterleute um Jean-Louis Barrault, Gérard Philipe oder vielen der Beteiligten der Filme eines Marcel Carné würde es vielleicht wider Erwarten kaum so spannend sein. Ich fürchtete: Vielleicht würde dort gar nicht so nackt und unverblümt diskutiert wie bei Giorgio. Und in so vielen Sprachen. Keinesfalls würde anderswo in einem Café solch erstklassiger Jazz am laufenden Band zu hören sein, oder doch? In Paris auch? So viele der großen Musiker, „the cats", wie Giorgio sagt, sind in Paris zu Hause. Aber auch zu sehen? Und wenn, dann nur in den exklusiven Clubs?

Giorgio versteht es, uns alle zu begeistern, sein Enthusiasmus reicht für eine ganze Korona von Freunden und Vertrauten aus – oder für städtische Beamte, die er für sich einnehmen muss. Er setzt sich selber grandios in Szene – aber das ist nicht sein wirkliches Motiv. Die Treppe des Cafés herunterschreitend wie Napoleon, immer wieder unvergleichlich sein Stolz und seine Grandezza. Mit Kraft und festem Selbstbewusstsein.

Es ist eine Pracht, wenn er diese eigentlich doch kurze Treppe in der Mitte seines Schlauchs herabsteigt. Giorgio tritt auf, alles an ihm ist bewusst, leuchtend. Klare überzeugende Gesten und die Hände eines Architekten. Sein Lächeln eine Herausforderung. Am Tisch merkt man dann: Er spricht mindestens fünf Sprachen, und diese fundiert, gut und fließend; eine davon der Dialekt dieser Stadt in vollendeter Ursprünglichkeit. Wenn er von oben aus den Wohnräumen herunterkommt, bestens angezogen, macht er den kleinen Raum des Cafés zu einem Palast mit goldener Palast-Treppe. Ach, was für ein italienisches Auftreten, ich muss es hier vermissen. Ganz toll, sagen die Frauen. Er ist eitel. Das ist so auffallend, dass es kindlich wirkt. Aber es geht ihm um die Musik, die Kultur, darum, etwas zu bewegen und auch zu befestigen (wie in den Platten-Produktionen, Reden, Aktionen) und es geht ihm stets wie mir lebenswichtig um die Nähe guter Freunde. Ich glaube, Giorgio hat es mit dem Leben selbst, wie kein anderer Mensch, den ich kenne. Verve, Bravour! Er sagte mir auch einmal:

„Mein Lieblingswort ist lebendig.“ Giorgio geht es um Professionalität, nichts halb oder unfertig vorzuweisen. Sei es nun in den Jazz-Produktionen, in seinen architektonischen Werken oder seinen Reden, seiner Publizistik. Nun gibt er auch noch ein Magazin heraus und bat mich, dafür zu schreiben. Magazine, die man später aus den Archiven holen wird, dessen bin ich sicher: *Il Salotto, Jazzette* oder *Mittendrin*.

Noch dazu hat der Mann ein unerwartet klares Gedächtnis, er, der sich manchmal kaum um die Kundschaft kümmert und schlecht zuhört. Giorgio kann manchen Gast, der vor Ewigkeiten bei ihm verkehrte und vielleicht gar nicht mehr lebt, noch genau in Gestik und Sprache nachahmen. Er hat ihn also doch wahrgenommen, nur anders: leise, unbemerkt. Wie Chargesheimer seinerseits Menschen fotografiert – auch Giorgio beobachtet und schafft es, dass sie es nicht merken.

Zu Karneval spielten die Musiker aus aller Welt in seinem Eiscafé auf dem kleinen Zwischenstück der Treppe und einem Podium hinten im Lokal. Ich muss da hin. Ein Plakat hat sie angekündigt. Alle kennen diese Empore. Man spielt dort abwechselnd, einige sind zu diesem „Carnival“ engagiert worden. Ich kenne es vom letzten Mal: Wenn es sehr spät geworden ist und der Bassist Jimmy Woode plötzlich traurig wird, auch etwas betrunken, dann beginnt er, der Schwarze, zu singen: „Sometimes I feel like a motherless child – a long way from home.“ Ich sah so sein anderes Gesicht, das er gewöhnlich verbirgt. Er sang dunkel und leise, spielte dazu seinen Bass. Ich werde es nie vergessen. Auch er kennt sich in Paris aus, machte viele Aufnahmen hier. Sie sind alle Kosmopoliten.

Jimmy Woode soll später, wie auch der wunderbare Trompeter Benny Bailey, der auch privat so oft in Giorgios Café war, in seinem Zimmer einsam sterben. Man wird den einen wie den andern erst Tage später in ihren Wohnungen tot auffinden. Giorgio wird es ihr traurig erzählen. Beide werden vollständig verarmen. Echter Glanz und Stolz gehen nicht unter in der Weise, wie das Leben selbst uns verlässt. Sie sind sicher auch hernach noch im Vollbesitz ihrer wunderbaren Kräfte, der besten Vibrationen und Improvisationen, des starken Lachens des Schwarzen. Dieses Lachen, über das Johnny Griffin gesagt hat: „It is an inherent laughing. They could’nt beat that out of us in slavery.“

Sie brachten unvergleichliches, licht und kräftig swingendes Leben in unsere Stadt. Kamen zu uns lauschenden jungen Menschen, die mit ihnen den Krieg vergaßen. Das war ein Leben, das nicht – wider alle Realität – in einsamen Zimmern verkommen und zu Ende dämmern kann. Laura denkt: Jimmy Woode und ich kennen uns gut, wir haben uns schon jahrelang geschrieben, auch er liebt das Briefeschreiben. Er spricht im alltäglichen Leben manchmal reines „Shakespeare-English"! Einmal schrieb er auf einer Postkarte: „How inconvenient that we are here and you are there." Wie eine Ironie auf die Kolonialisten, gleichzeitig aber mit Respekt vor der englischen Literatur. Ich würde ihn sowieso nur sporadisch sehen. Jimmy trägt einen feinen Kamelhaar-Mantel und elegante Garderobe, meistens lebt er in der Schweiz. Als wir einmal zu Anfang über Rassenfragen diskutierten, sagte er: „It is not nice to be black." Ich antwortete (weil auch ich mich am Rande der Gesellschaft fühlte): „It is not nice to be violet as well." Da lachten wir. Fortan haben wir uns verstanden. Woode erzählt mir einmal, dass das Verbergen, wo immer es möglich ist, ihm wohltut. „My home is my castle. I close the door and I am safe." Wenn er sich bei Giorgio unten in der Toilette die Hände waschen geht, sagt er mit feinem Lächeln: „I am going for an ablution." Ich gehe zu einer Waschung, im Old-English-Style.

Trotzdem. Ich verziehe mich am besten für mindestens ein Jahr nach Paris. Auch wenn mir Giorgio hier immer fehlen wird.

Das sollte auch später in Lauras Leben so sein, wenn sie wieder und wieder in einer anderen Stadt war oder verheiratet mit großer Hoffnung oder sonstwie abhandengekommen. Sie liebte den Jazz, die relaxten Jazzmusiker. Besonders Kenny Clarke, den sie später auch in Paris wahrnehmen würde – und der mit allen anderen großen Musikern gespielt hat, besonders mit Bud Powell. Er stand wie ein Grandseigneur an der Theke Giorgios, souverän, gelassen, liebenswürdig. Giorgio empfand den Älteren als eine Art Wunsch-Vater, sie waren eng befreundet.

Hier wuchs ein Humor, dem sie nirgends sonst mehr begegnen sollte. Wenn „the little Giant" Johnny Griffin, der außer „Giant" auch „Chinese Field Mouse" genannt wurde, wieder einmal chinesisch in sich hineingrinste oder so richtig loslegte mit der Vehemenz seines Horns, war es die befreiende Explosion. Einmal sagte er zu ihr, als der swingende Wahnsinn wieder auf dem Höhepunkt war: „Oh, that's all literature." Sagte es, während seine schwarzen Augen in ihre blauen stachen.

Chargesheimer durfte eines Tages nichts mehr trinken. Kein Wunder. Also bestellte er wie immer seinen doppelten Asbach, stellte ihn aber vor Laura hin. Er sprach nicht viel. Sie trank seinen Asbach, den sie selber sich nicht leisten konnte, und sagte: „Danke, Bärenmarke." So nannte sie den Fotografen, weil er sie an den Bären aus der Werbung für diese Kondensmilchdosen erinnerte. Dann folgte ein langes Schweigen nebeneinander.

Das war mein Zuhause. Das geistige Zuhause. Langes Schweigen mit Chargesheimer. Oder das andere, was ich mit ihm erlebte, als ich mit ihm ins Kino ging und anschließend zu ihm nach Hause. Sein Schaukelstuhl. Oder: Reden mit Kenny Clarke, der neben Giorgio wie ein Vater stand und ihn „Gi-Son" nannte. Was mir hier begegnet ist, ist mir nicht mehr aus der Welt zu denken. Aber ein Dichter hat geschrieben: „Eines Tages ist alles fort." Geht dann das Leben in den Untergrund? So wie das Leben der Bäume im Herbst in seine Wurzeln sich verzieht, oder schläft?

Laura ist jetzt ganz in Paris, weil sie es gewollt hat. Das Grübeln ist ihre Natur, es ist der Begleiter einsamer Menschen. Sie weiß es noch nicht, wie sonderbar es ist, dass gegen Ende unseres Lebens all das mehr zählt, was in ihm schon vergangen. Es hat mehr sichere Zukunft als das Kommende, dessen Eintreffen ungewiss ist. Die Erinnerung hortet dieses Vergangene wie in einem Schrein. Ab einer gewissen Grenze ist es stärker. Sie legt schon jetzt die Kollektion dessen an, was einmal ihre Vergangenheit sein wird. Im Alter werden Laura die gestorbenen Freunde gegenwärtiger sein als die, die ihr noch zur Seite bleiben. Diese sind so, wie sie die Laufkundschaft bei Giorgio sah: nur noch Gespräche über Krankheiten. Versicherungen, Urlaubsreisen. Aus den früher Lebendigen aber kommt durch ihre immerwährende, feurige Ausstrahlung aus der Erinnerung und vielleicht aus ihrem neuen Verbleib: Wir werden zusammen etwas schaffen. Sie leuchten, gehen uns voran. Das sind eben die Typen, die swingen. Wer einmal swingt, swingt immer. Ja, eines Tages ist alles fort? Oder nur das, was schwach und blass war immer schon? Ja, es war gut, zu Giorgio zu kommen. Das war doch was! Laura möchte ihn umarmen und tut es innerlich, heftig und warm.

Die Akademie ist nicht mehr weit

Sie ist auf der Bank sitzen geblieben und merkt jetzt, dass sie weitergehen muss. Sie will ja zur „Beaux-Arts“ und zur „Julian“ kommen, sich der Aufgabe stellen. Sie kann sich jetzt nicht um Heimweh kümmern, muss sich konzentrieren. Da fällt ihr ein Lied ein, altes Volkslied: „Ich ging im Wa-ha-lde so für mich hin, und nichts zu su-hu-chen, das war mein Si-hi-hinn, das war mein Sinn.“ Sie singt es leise. Das Lied kam plötzlich, natürlich wieder ungerufen, aber irgendwie passend zu ihren Schritten.

Dann ist auf einmal die Ruhe des Boulevards gestört, es kommt eine aufgeregte Bewegung unter den Passanten auf. Noch weiß sie nicht, was es ist. Es ist so etwas wie ein Schrecken. Sie hört eine sehr laute französische männliche Stimme, und der Strom der Passanten teilt sich auseinander. Da kommt er, der junge Mann. Er ist auf rasendem Marsch und schreit: „Seul! Seul! Seul!“ Alles geht ihm aus dem Weg. Sofort wieder, weiter, im Stakkato seines Schritts: „Seul! Seul Seul!“ – und rast an ihr vorüber. Die Schneise, die er geschlagen hat, schließt sich sofort wieder. Mein Gott, was war das? Sein Alleinsein – das „être seul“ – hat er herausgeschrien. Wollte er das, oder wollte er nur „épater le bourgeois“, den Bürger erschrecken? Die ihn gehört haben, waren erschrocken. Sie werden diese Schrecksekunde nicht vergessen. Wie schnell sich die Schneise wieder geschlossen hat. Alles geht weiter seinen Gang. Manche schütteln kurz den Kopf, solche, die sehr korrekt angezogen sind. Haben sie ihn verstanden? Hat Laura ihn verstanden? Das fragen sich auch Schauspieler, wenn sie ein rabiates Stück aufführen und laut werden.

Jetzt kann Laura nicht mehr wie zuvor über das Mundhalten nachdenken. Wir sind junge Pferde, wild. Wir haben etwas zu sagen! Der da eben würde es auch rausschreien, wenn er es nicht dürfte. Rebellen passen nicht in brave Rahmen. Im Quartier weiß man, wenn einer nix sagt, kann er kein Rebell sein. Man hält nicht zu allem den Mund, man wehrt sich. Hier fühle ich mich wohl. Das passt zu mir! Aber betrifft das ganz Paris oder nur das Quartier Latin und die Arbeiterviertel?

Deutsche Psychologen meinen milde: Wer nicht spricht, dem kann nicht geholfen werden. Darum geht es nicht. Junge Männer von heute machen das Maul auf, laut und deutlich, auch aggressiv. „The angry young man“, sagt man in England; den Typus gibt es in vielen Ländern. Ich verstehe ihn gut, den zornigen jungen Mann. Gerade ihn. Tritt er auf, denkt der Bourgeois: „Oh, ein Gewalttätiger! Wo ist die Polizei?“

Paris hat viele Facetten eines Stadtcharakters, und in jedem Viertel gibt es eigene Aufteilungen und Spezialitäten dieser Facetten. Der Rebell – gibt es ihn auch in Auteuil, dem vornehmen Secteur Sud des 16. Bezirks, wo sie ihre „chambre de bonne“ gefunden hat. Dort, in der Nähe des „Lycée la Fontaine“, einer der vornehmsten Schulen, soll sie manchmal innerlich fröstelnd an der Mauer stehen und sich fragen, was sie hier eigentlich will. Das Viertel im Seizième ist ihr zu vornehm, und es wird ihr schnell langweilig werden.

Sie blickt jetzt erneut um sich und in die Prachtstraße, in die der junge Mann von eben so wenig passt. Jetzt ist wieder alles „bien en ordre“, was ein preußischer Ausdruck sein könnte. Er muss aus einem anderen Viertel sein, denken die wohlsituierten Flaneure, also aus Ménilmontant oder so. Die „besseren Franzosen“ sind durchweg streng erzogen, stammen aus „besseren Häusern“ in „besseren Vierteln“. Das ist ja nicht nur in Paris so, in London geht es ganz ähnlich zu. Dort soll sie einmal in Nottinghill Gate wohnen, was diesem Auteuil ähnlich ist. In ihrer Vaterstadt ist sie selbst in ein Lyzeum des vornehmsten Viertels gegangen – und obwohl sie sich nach all dem nicht gestreckt hat, sind ihr die „besseren Leute“ bestens bekannt. Sie hat nie zu ihnen gehören wollen, da ihre Regeln ihr fremd und unangenehm blieben – wenn auch nicht alle.

Die „besseren Franzosen“ erscheinen Laura häufig blasiert, „blasé“, was übersetzt „abgestumpft“ heißt, im Deutschen aber im Sinne von „eingebildet, übersättigt“ gebraucht wird. Vielleicht trifft das alles zusammen auf diese Blasierten zu. Jedenfalls haben sie mit Courage und offenem Wort wenig zu tun. Man pflegt die Floskel, bleibt künstlich, gelegentlich hochstilisiert und hat nicht die Absicht, des Lebens Dingen auf den Grund zu kommen, oder des Lebens wahrer Freude und Kraft, der Ars Vitae, zu frönen. Vielmehr kann man getrost feige sein, wenn man nur weiß, was man von sich selbst zu halten hat und sich an die Regeln hält. Was voraussetzt, dass man sich anpassen kann und will.

Contenance ist schön, scheint Menschen aufrechter zu machen, ihr Korsett aber ist wie alle Korsetts blass und hässlich, und ein Schwächling ist nicht stramm zu kriegen, auch nicht durch Contenance. Noch hat Laura nur eine intuitive Vorsicht der blendenden Gesellschaft gegenüber, denn obwohl sie vornehme Menschen mit guten Manieren schätzt, weiß sie, dass es in der High Society viele „Aufgesetzte" gibt. Über ähnliche Kreise und deren Haltung sagt man in Deutschland: Sie sind steif. Im Dialekt ihrer Stadt gibt es sogar die Wendung: „Er ist ein Steif." Solche mag sie nicht, sie möchte ein beweglicher Mensch sein, tanzen, rennen, springen, schwimmen, singen, klettern, schaukeln und sagen, was sie will. Das sollte nicht nur Kindern vorbehalten sein. Und was die Manieren betrifft, gibt es ja auch noch den „natürlichen Anstand". Ich möchte so aufrecht gehen und tanzen können wie eine Afrikanerin! Darum bin ich gern in den „boîtes", den Clubs, und will Jazz hören.

Sie verehrt Josephine Baker, ihre Grazie, kindliche Frechheit, ihr brüchiges Stimmchen, ihre eigenartige Eleganz. Dicke Lippen und lachen können wie Louis Armstrong! Dass Josephine so eine schöne Hautfarbe hat und ihre unübertrefflich langen Tanzbeine mit Bravour auf allen Bühnen vorzeigt. Außerdem gilt sie als ein anständiger Mensch, adoptiert viele Kinder. Was für eine Idee, in einem Bananenröckchen herumzuhüpfen! Wie mokant und zweideutig! Sie ist einzigartig mitsamt ihrer „Bananenprovokation", dabei fast naiv, harmlos, sie ist überhaupt nicht raffiniert. Natürlich lag und liegt ihr Paris zu Füßen, die echten Pariser lieben das Echte. Sie können unterscheiden, erkennen das Originale, Originelle, Einmalige. Sie fördern es und sind begeistert; das spricht für Paris, mehr als jeder Name einer seiner bedeutenden Hochschulen. Auch, dass sie diese extravaganten, einmaligen Weiber aller Professionen loben und schätzen, wie es nur in Paris geschieht. Man weiß, dass meistens hier eine solche Karriere ihren Ausgang nimmt. Das ist ein Merkmal dieser Stadt.

Aber auch in Frankreich ist in „besseren Kreisen" fast alles vorgeschrieben, der Tagesablauf, die Art der Kleidung, das gesellschaftliche Verhalten. Und: Die Krone dieser „Vornehmen" in Europa war Versailles. Man weiß heute nur zu gut, wie viele Intrigen diese Gesellschaft zersetzt haben, wie viel Machtanspruch und Lüge. Es ist aus, man weiß, dass man ihnen kaum noch Bewunderung zollen kann. Der Hof und all das Hofieren. Und das Volk? Sie haben Marie Antoinette den Kopf abgeschlagen und ihren kleinen Sohn verhungern lassen, das war auch nicht gerade die „feine englische Art". Die Königin hatte mehr Schneid als das grölende Volk, als sie zur Guillotine schritt und den Henker um Verzeihung bat, weil sie ihm auf den Fuß getreten hatte, auf Französisch zu ihm sagte: „Verzeihen Sie, mein Herr, ich habe es nicht mit Absicht getan."

Das Einzelschicksal und die Gesellschaft. Sicher sind die Champs-Élysées ohne Versailles nicht denkbar. Das Volk allein konnte niemals solche prächtigen Schönheiten hervorbringen. Mit welchen Mitteln auch? Selbst wenn man das Geld gehabt hätte, wer hätte welchen Stil angeordnet? Das heißt nicht, dass nicht auch der Adel, die Aristokratie große Ausrutscher in den Kitsch getätigt hätten, dass sie nicht auch gern mal billige Simili wählten, Übertreibungen liebten und eine Unmenge von überflüssigem Zierrat. Ein Künstler sieht es sofort. Dünkel ist also überflüssig, es gibt keine „besseren Leute". Es gibt nur ab und zu einen wohlgeratenen Menschen. Ab und zu, in jeder Schicht.

Im Quartier Latin diskutieren die Existentialisten und Kommunisten und Nihilisten in den Cafés, man darf, aber muss nicht mit ihnen übereinstimmen. Nur, was meinen sie denn, wenn sie die alten Schlösser und Prachtgärten der Aristokratie besichtigen, zu den prächtigen und erhabenen Entwürfen und Bauten? Oder gehen sie niemals dorthin?

Ich liebe Schlösser und wunderbare Gärten, wie ein Kind die Märchen liebt. Die Natur ist schön und wohlgeordnet ohne menschliche Betreuung, sie braucht sich nicht zu kämmen. Aber die Menschenwelt bedarf des Künstlers, der Gestaltung, um schön zu sein. Schlösser sind geschaffen von Künstlern. Vielleicht deren bis dahin verheimlichte Wunschträume? Bauten wie aus Märchenvorstellungen. Vielleicht ist die Aristokratie überall nur das gewesen, was man heute einen Promoter nennt. War sie nicht oft überaus grausam im Ausnutzen des Volkes? Aber ihren Schöpfern, den Künstlern, haben diese Bauten Geltung verschafft. Ich werde ins „Deux Magots" gehen – da ist das nicht die Frage: Hier trifft sich alles.

Warum nur ist ein Mensch unter Dichtern und Künstlern in so ganz anderer Gesellschaft, fühlt sich frei? Ich gehe dahin, wo ich Freiheit fühle. Und ich meide ganz natürlich die Orte, wo man sie mir beschneidet. In den Gärten der alten Schlösser fühle ich Freiheit, auch wenn es sie dort früher vielleicht noch nicht gab. Malraux hat es auf den Punkt gebracht, dass sich kein Individuum entfalten kann, wo es keine Freiheit gibt. Und wenn das Individuum sich nicht entfalten kann, in seinem höchsten Ausdruck, dem Genie, dann gibt es keine Kultur. Oder doch? Künstler wachsen nach, man weiß nur nicht wo, vielleicht sogar in der Unfreiheit. Gerade die Herkunft von Künstlern gibt immer neue Rätsel auf.

Malraux hat auch gesagt: Die Zukunft ist, was Künstler sind. Er, der Kultusminister des General de Gaulle, und obwohl er selber kein Künstler ist. Jedoch ein Rebell, einer der höchst couragierten Menschen ist er. Auch das ist Genie. Und wohin die großen, ungewöhnlichen Abenteurer in der Geschichte kommen werden, ist gewiss kein schlechtes Ziel. Das Drama hat diesen Mann nicht verschont: Die Frau, die er liebte, Josette Clotis, wurde von einem Zug zerschnitten, seine zwei Söhne starben im Krieg und ebenso seine zwei Brüder. Wenn es einen teuer zu stehen kommt, das Jenseits im christlichen Sinne, dann hat er reichlich bezahlt. Die Individualisten – was wissen „die besseren Kreise“ schon davon?

Laura wird in ihrer neuen Umgebung bald bemerken: Noch heute gelten straffe Gesetze in den alten Familienclans. Sie wird sie noch näher kennenlernen, diese hermetisch verschlossene Welt mit den prachtvollen Haupteingängen der Häuser für die Herrschaften und dunklen Hintertreppen für Dienerschaft und Lieferanten. Das sieht alles aus wie nachgebaut, Kulisse, wie aus einem Roman, wird sie denken, aber es ist noch heute so. Eine Welt, in der es düster ist vor Dünkel, Erziehung und Einschränkung. Man ist überlegen, aber dazuzugehören fordert den höchsten Preis: den der persönlichen Freiheit. Laura wird nie den Wunsch haben, in diese Welt aufzusteigen. Neben dem geliebten gibt es auch das fremde Frankreich; man kann sich besonders als Ausländer leicht davon fernhalten und wird kaum gebeten werden, dort einzutreten. Wenn nicht gerade eine große Prominenz den Zugang öffnet. Eine französische Mademoiselle dieser Kreise will und wird niemals ausbrechen, in eine fremde Stadt gehen ohne Geld, so wie ich.

Laura beneidet die jungen Damen nicht. Aber darüber wird sie den Mund halten, also hier „vornehmes Schweigen"? Sie wird artig mit diesen Mademoiselles umgehen, liebenswürdig sein, keinen Neid erregen. Oder ist das eine ganz irrige Ansicht, diese könnten sie – beneiden? Sie weiß, dass mit den jungen Französinnen erst gar kein Gespräch über solche Fragen und etwaige umgekehrte Auslandsaufenthalte in Gang kommt. „Das tut man nicht." Man lebt gewöhnlich zu Hause bis zum Ende des Studiums, die ausländischen Studentinnen sind kein Vorbild, Französinnen halten sich daher meist unter sich auf. Ein Au-pair-Leben, sich in fremden Haushalten das Geld für ein Studium zu verdienen, ist ihnen unvorstellbar. Man würde es in Frankreich Eltern sehr verübeln, wenn sie ihre jungen Mädchen in fremde Familien im Ausland schickten, dort niedere Arbeiten zu tun oder Kinder zu verwahren. Laura denkt hämisch: Im Krieg gab es für deutsche Mädchen das „Pflichtjahr" im Haushalt. Und immer noch streiten sich die Alten darüber, ob das gut war oder schlecht. Sie ist ein Wildwuchs und, wie man sagt, „schwer erziehbar" gewesen. Dabei ist sie neugierig und lerngierig. Wo aber zu viel Erziehung herrscht, kommt da die Poesie zu kurz? Für mich ist hier die Hauptstadt der Dichtung und des freien Wortes. Paris hat eine erhaltene Kultur, wohingegen in unserem Land die Kultur von den Nazis ausgelöscht wurde.

Wie wird ihr als Studentin aus Deutschland die Flirtbereitschaft der jungen männlichen Franzosen wohl gefallen? Dieses Näherkommen, das wusste sie von einer Freundin, ist ausländischen Studentinnen oft nicht ganz geheuer, weil es so wenig kameradschaftliche Verbindungen gibt. Immer soll es „amour" sein. Besser nicht, als so wohlfeil zu gelten. Laura wird in ihrer ersten Zeit kaum einen Franzosen kennenlernen.

Zurückhaltung. Kein Wort zu viel; so frech sein wie eine Französin kann sie nicht, dazu fehlt noch das Vokabular. Im Orient soll man viel von Schweigen und Meditieren in Stille verstehen, hat sie gehört. Und auch, dass ein Römer im Altertum sein berühmtes „Si tacuisses, philosophus mansisses" geäußert habe. Sie spricht kein Latein, aber merkte sich sofort den kurzen Satz: Hättest du geschwiegen, wärest du Philosoph geblieben.

Laura ist als Kind oft wütend gewesen, wenn sie einem anderen Kind viel erzählte und dieses sich darauf in Schweigen hüllte. Also von sich nichts preisgab – und auf solche traf es wohl auch zu, dieses „si tacuisses". Sie wollten, dass man sie für etwas Besseres hielt, oder dass man annahm, sie wären besonders klug. Ja, wie man bei uns sagt: „Stille Wasser sind tief." Wieso? Schon in der Schulzeit hasste ich die falschen undurchsichtigen Stillen! Jene, denen man nachsagte, „tief" zu sein, und die immer das Maul hielten.

Sie blickt jetzt auf den Champs eher in sich hinein als in die Avenue, geht vorsichtig weiter. Was sie denkt, passt gar nicht hierher. Denn so benimmt sich ein Mädchen nicht. Ha, wie habe ich mich gut mit denen geprügelt und gebrüllt und sie an den Haaren gezogen! Toll, das tat gut! Dem konnten sie nämlich nicht aus dem Weg gehen, stärker war ich ja sowieso! Überhaupt, da helfen doch nur Prügel. Wenn man das bloß als Erwachsener auch noch so machen könnte mit all den Indifferenten! Wer würde das hier verstehen? Oder die hier gar besser als zu Hause?

Sie hatte den aalglatt Verhaltenen als Kind weiterhin hilflos gegenübergestanden, die Prügel und ausgerissenen Haare änderten nichts. Sie fühlten sich nun erst recht überlegen, die wilde Laura stand als der Grobian da. Oder wie ein Junge, der nur raufen will. Es schien den schweigsamen Mutlosen das alles gar nicht wehgetan zu haben, sie plärrten bei ihren Müttern, schickten diese zum Petzen am nächsten Tag zur Lehrerin, was für Schwächlinge! Lauras Vater war dagegen immer großzügig gewesen, hatte sie für nichts bestraft und zur Mutter leise bemerkt: „Kinder muss man gewähren lassen." Bei ihm hätten keine Petzer landen können.

Im Anfang war das Wort?

Laura hat es nicht mit der Bibel, ihre Erfahrung in katholischer Erziehung macht sie der Religion gegenüber eher schwankend. Aber das Allererste, was es da zu lesen gab, gefiel ihr doch. Im Anfang war das Wort. Was hätte einer besseres sagen können? Nur, was war vor dem ersten Wort gewesen? Schweigen? Und was für ein Schweigen?

Sie hört das Gemurmel der Sprechenden vor und hinter sich, wie sie sich beim Gehen auf den Champs unterhalten. Ob das von Belang ist? Ist auch Smalltalk ein wichtiger Austausch? In Französisch klingt alles schön! Quer in ihre Fragen hinein singt Brassens in ihrem Innern, wie immer zur Gitarre: *A l'heure du Berger*. So was, was soll das? Also, er singt zur Schäferstunde und so weiter. War im Anfang vielleicht doch die Schäferstunde, ohne die wir alle nicht entstanden wären? Was ist wichtiger, das Wort oder die Schäferstunde? Sie hört um sich die schönen französischen Laute, die sie sofort geliebt hat. Schon in der Kindheit? Wann hat sie zum ersten Mal Französisch gehört? Ach ja, im Radio, die Piaf: „Quand il me prend dans ses bras ... je vois la vie en rose." Oder hörte sie es zuerst in Deutsch: „Schau mich bitte nicht so an?" In der Nachkriegszeit taute man auf zum französischen Chanson, das war auch eine Art Befreiung, es klang ungeheuer elegant, wie die Franzosen sprachen und sangen. Aus dem Radio konnte man sie fischen, mitten in Deutschlands ärmlichste Zeit französische Töne zaubern.

Was ist es nur mit der Sprache, der Sprache oder den vielen verschiedenen Sprachen? Kunstvolle Gebilde aus Wörtern. Sie verehrt die Sprachen, sie hatte sogar die Grammatik-Stunden im Nonnenlyzeum gern, die viele andere junge Mädchen langweilig fanden und anstrengend. Die Grammatik, das Gerüst einer Sprache, was doch auch viel über die Mentalität der sie sprechenden aussagt. Die „Fremdsprache" erschien ihr gar nicht fremd. Manchmal dachte sie sogar: Ich könnte Französisch aus einem früheren Leben kennen, es ist mir so vertraut. Laura spürte, dass sie in Englisch und Französisch einiges sagen konnte, was im Deutschen nicht zu benennen war, oder für das es darin kein Einfühlen gab. Sicher gab es das auch umgekehrt. Dass man sich befreien kann durch Sprache, ahnte sie. Durch das Wort, durch Nennen und Zur-Sache-Kommen. Kann man sich aber auch befreien durch Schweigen? Schon wieder kratzte das alte Thema ihr ins Gemüt. Sie würde immer damit zu tun haben. Die Ruhepause, die eines Menschen unumstößliches Schweigen ihm bei anderen Menschen verschafft, kannte Laura noch nicht. Sie ahnte aber schon die Grenze, die Schweigen zu setzen vermag. In Frankreich redet man gern! Französische Filme sind viel mehr angereichert mit Sprache als die

Filme aus anderen Ländern. Es gibt die geschliffenen Wortdebatten, aber auch viel „bavarder“, was man bei uns Geschwätz nennen würde. Selbst in den intimsten Liebesszenen hören sie nicht auf zu reden. Es gab darüber viel zu lernen, über Wort und Schweigen, über Botschaften, die in der Literatur und besonders Dichtung „zwischen den Zeilen“ zu hören sind und nicht zu lesen. Dass die klugen und unterdrückten Frauen des Altertums wussten, dass Schweigen Schutz und Stolz bedeuten kann und vielleicht sogar stärkere Wirkung hat als Reden. Im Schweigen kann eben alles sein – beim Reden kommt nur eine einzige Aussage zum Zuge. Und wenn man tot ist, sagt man den Hiesigen eben gar nichts mehr, das ist wohl „die höchste Konsequenz“.

Laura möchte gut französisch sprechen. Viele Jahre später wird sie auch ein Examen darin machen. Jetzt aber kommen schon wieder die gemischten Gefühle, beim Gang auf den Champs. Am liebsten würde sie mit jemandem, also dem netten Franzosen von eben, einen Kaffee trinken, in einem der schönen Cafés. So ganz leicht, nur eine halbe Stunde. Dabei eine „Gauloise“ rauchen. Am besten mit einem charmanten, einem dieser hübschen jungen Männer, vor denen sie sich immer etwas geniert und zu groß geraten vorkommt. Und der sollte ihr ein Kompliment machen, oder sie so ansehen, als sei sie die Schönste. Ja doch, wenn schon. Auch wenn das kitschig ist. Hier muss ich so oft schweigen und für mich sein, weil ich noch kaum jemanden kenne. Sie blickt wieder nach sich selbst im Spiegel, im Vorübergehen an den wohlgestalteten Schaufenstern mit ihren Etalagen und kostbaren Waren, so ist das Spiegelbild natürlich besonders vornehm. Sie blickt sich an wie eine Kameradin, ausgewählte Begleiterin. Dabei richtet sie sich stolz auf und schreitet auf ihr Ziel zu, bei welchem sie unbedingt stolz und aufgerichtet erscheinen muss, nicht schweigen darf, sondern möglichst glatt zu reden hat.

Papa war stumm

Es scheint viele verschiedene Arten von Schweigen zu geben. Was war ihrem Vater geschehen, der nie wie sie auf so einer Avenue gehen würde zu so einem Ziel, wie sie es im Kopf hatte? Sie hatte gelesen, dass auch der Dichter Tucholsky nach seinen Erfahrungen im Ersten Weltkrieg nicht mehr hatte sprechen können. Lauras Vater war aus dem Krieg in Russland, aus Zonen bekannter Kesselschlachten um Kiew, zurückgekehrt. Langer Fußmarsch, er war schrecklich blass und mager, hatte Ekzeme und eine bleibende Krankheit mitgebracht, das Wolhyn'sche Fieber. Er sprach kaum ein Wort. Etwas schien ihn verschlungen zu haben.

Laura hatte ihn als kleines Kind anders gekannt. Er hatte ihr an ihrem Bettchen lustige Gedichte in seinem Dialekt aufgesagt, Lieder mit ihr gesungen. Sie hatte ihn nach seiner Heimkehr lange angesehen, war oft hinter ihm hergelaufen, war von seinem Schweigen berührt und wollte ihm nah sein. Es war so, als spreche sein Schweigen mehr über das alles, was ihm passiert war, als das, was er hätte sagen können. Aber wie ging es ihm dabei, schwieg er freiwillig? Dachte er, dass die, die daheimgeblieben waren, ihn sowieso nicht verstanden und dass er ihnen gar nicht zeigen könnte, was er gesehen hatte? Oder aber er konnte es einfach nicht, es hatte ihm die Sprache verschlagen. Und dann hatte er vielleicht aufgegeben, es jemals sagen zu wollen oder zu können.

Dieser Vater war ihr fremd, der, der er in Russland gewesen war. Weil er davon nicht sprach und sie sich den ganzen Krieg nicht vorstellen konnte. Alle, die aus ihm zurückgekommen waren, wurden von den Nachkommen angegriffen, ihrer politischen Haltung wegen, von der sich ihre Kinder oft falsche Vorstellungen machten. So hätten ihre Erzählungen wahrscheinlich als ein Herausreden geklungen. Die schwer mitgenommenen Männer standen heimgekehrt vor einem neuen Dilemma, der Verachtung ihrer Kinder. Es schien nicht zu reichen, was der Krieg ihnen angetan hatte, jedenfalls den einfachen Soldaten. Laura würde später erst begreifen, dass ihr Großvater und ihr Vater sich beide einem Weltkrieg opfern mussten. Eine andere Schwierigkeit zu Hause war, dass ihre Ansichten – noch ohne die späteren, ihr ein Schweigen gebietenden Erfahrungen – in ihrem Milieu stets auf Widerstand stießen. Man hatte mit täglicher Not und nicht mit Träumen von Theater, Dichtung, Malerei und wilden Plänen, dem sogenannten Schöngeistigen zu tun. Das kam überhaupt an allerletzter Stelle. Eher noch neigte man sich dem Kitsch, dem Sentimentalen und dem Schnaps zu. Das schaffte mit Gewissheit schnellere Erleichterung.

Sie erschien aus einem ihr unerklärlichen Grund ihnen unangenehm – ja, ihnen sogar unheimlich, fremd zu sein. Vielleicht da sie, obwohl aus dem gleichen Haus, ihnen verrückt erschien. Ihr Vater merkte zwar sehr wohl, dass Laura sich völlig unpassend verhielt. Aber er konnte sich, obwohl insgeheim mit ihr solidarisch, die Herkunft ihrer Wünsche nicht erklären. Als sie merkte, dass der so heiß erwünschte Dialog mit den Ihren sich nicht einstellte, beim Vater aus anderen Gründen als bei der Mutter und der Schwester, fühlte sie sich einsam und ratlos. Was war es nur? Die Menschen taten einander am liebsten ab – war das im Allgemeinen so, nahmen sie sich nicht ernst? Fehlte ihnen die Geduld, und fand überhaupt einer den anderen häufig unzurechnungsfähig? Sie begann zu beobachten und zu horchen. Sie redeten aneinander vorbei, und dann stellten sich sofort Missbehagen, Missverstehen und Gezänk ein. Das war ihnen „das Normale“, jeder verstand jeden darin. Sie beschwichtigten einander schnell und übertünchten vieles. Was explodiert war, wurde zugedeckt. Echte Trümmer hatten sie ohnehin genug in der Umgebung, aber auch davon wollten sie nichts hören und sehen. Das Zudecken musste anerkannt werden; wenn einer es nicht anerkannte, war er draußen.

Wie viel Zeit hatte sie selber verplappert und sich anzupassen versucht? Sie hörte sich plappern, sie entschuldigte sich häufig, sie hatte dabei sogar oft eine ihr fremde Stimme. Und das war dann die Stimme, von der sie wusste, dass sie verwirrt klang. Alles geschah dann in der Absicht, mit Worten und Bitten bei den Menschen daheim anzukommen. Aber irgendwie machte sie auch das noch falsch, ihr Vater sah sie an mit einem Blick, der sprach: Was redest du für Unsinn? Sie hatte Komplexe, traute sich nichts zu. Wer sich aber nicht schätzt, schützt sich auch nicht. Sie sollte diese Schutzlosigkeit behalten und viel zu selten merken, wie sie ausgenutzt wurde. Hätte sie aber über das geredet, was sie interessierte oder wie ihr zumut war, hätte er nicht anders geblickt. Sprach sie etwa eine andere Sprache? Man sah sie an wie einen Tölpel, wie von einem anderen Stern. Oft merkte sie, dass nach dem Beginn eines Satzes, wenn er halb ausgesprochen war, ihr keiner mehr zuhörte.

Laura findet jetzt Halt in ihren eigenen Beinen. Sie schreitet nach dem Strom dieser stechenden Gedanken wieder forsch voran. Ich bin im Ausland!

Die Heimat verlassen? Ja!

Hier spreche ich französisch! Und es ist eine andere Sprache. Hier sprechen alle eine andere Sprache! Sie beherrscht diese noch kaum, aber fühlt schon eine Art Erlösung in ihr. Sie wird es ein Leben lang so empfinden; gleitet sie in das französische Singen, auf den Strom des Wortfließens wie auf das Boot ihrer Flucht, kommt sie, die Erlösung. Das könnte sie keinem daheim erzählen.

Zu Hause hatte sie manchmal bemerkt, dass weibliche Wesen das Täuschen und Tarnen – wie die männlichen beim Militär – sich zum Prinzip machten. Sie fragte sich: Haben die nichts zu sagen, oder wollen sie nichts sagen? Die Frauen tuschelten nur – heimlich, den Männern verheimlichten sie, was sie wirklich meinten. Ist etwa die Wahrheitsliebe der Frauen zu trennen von jeglichem Hang nach Aussage? Sonderbar, sonderbar ... Sie fand keine Antwort darauf. Und sie fand es lächerlich; in diesen Gespannen waren ihr die Männer Ochsen und die Weiber Ziegen. Bei den Französinnen ist es anders! Sie lassen sich nicht den Mund verbieten.

Ihr Heischen nach Antworten zu Hause hatte sich endlich erschöpft. Sie hatte jedoch schon früh Freunde gefunden, bei denen es anders war, mit denen sie reden und auf die sie sich freuen konnte – auch in ihrer Heimatstadt. Diese waren gewöhnlich Jazz-Liebhaber, und sie hatten alle einen rebellischen Zug. Noch ist Laura andererseits, reichlich spät, in einem naiv kindlichen Wesen befangen, das sie nicht aufgeben will. Was auch seine Vorteile hat, denkt sie. Es ist sozusagen eine bewusste Naivität, in der sie ihr Kindsein beschützen und bewahren will. Sie bleibt also grün und leichtgläubig, harmlos und ohne Vorsicht, wird dafür manchmal geliebt und öfter benutzt. Das ist in der Tat ein verwirrter Zustand, da sie etwas anstrebt, das ihr auch Zwang ist – und sie es sich als Freiheit herausnimmt.

In Paris wird sie keinerlei Zugang zu berühmten Zirkeln oder etablierten Kreisen haben. Sie ist hier, was man daheim einen „Habenichts“ nennt. Laura sieht manchmal die Fotos aus dem Familienalbum mit dem großen „Horch“ vor sich, Sechssitzer, in dem die Verwandten, ihr Vater und Großvater saßen. Das musste eine andere Ära gewesen sein, von der nichts mehr übrig war. Vor dem Krieg war ihre Familie wohl betucht und angesehen gewesen. All das ist ihnen „ausgebombt“ worden, denkt sie. Sie kennt sich selbst nur in Armut, Not, oder dem langsam wachsenden Erhalt des täglich Notwendigen.

Nun ist sie in der heiß ersehnten Stadt, aber ohne Geld, Einfluss, Förderung. Für sie gibt es hier keine Eltern, die ihr ein Studium bezahlen können, sie steht sozusagen auf der Straße. Es mangelt ihr jedoch an einem Bewusstsein davon. Sie wird lange den Mangel nicht fühlen und sich auf abenteuerliche Art durchschlagen. Und sie meint sogar, dass Geld, Einfluss und Förderung ihre wahren Bestrebungen und Ideen hemmen würden. Das Mädchen nimmt in sich eine Kraft wahr, die lautlos und namenlos ist. Sie wüsste auch nicht, wie sie sie nennen sollte. Das ist die Kraft der eigenen Überzeugung. Nichts in der Welt, besonders aber nichts daheim, konnte sie vom Strom dieser Kraft trennen. Später liest sie bei einem englischen Dichter, dessen Namen sie vergessen hat: „The strength of your character depends on the depth of your convictions.“ Ja. Die Stärke des Charakters hängt von der Tiefe der Überzeugungen ab. Auch in ihr beginnt sich die Tiefe und Unverrückbarkeit ihrer Überzeugung zu zeigen. Aber sie weiß nichts davon.

Brüderchen und Schwesterchen

Schon bald soll Laura im schönen Paris jedoch merken: Man kämpft auch hier unter manch munterem Gesichtsausdruck um die Existenz. Aber die unverbrüchliche Kameraderie gibt es trotzdem! Später soll ihr dazu die Hülle einer Schallplatte einfallen, die Frank Sinatra als Clown zeigt – und auf der Rückseite eine wunderbare, absolut französische Laterne, unter der ein junger Mann auf einer Bank sitzt. War es etwa nicht Claudio? Der Freund, der Laura die Platte empfohlen hat? Claudio, an den sie immer denken wird, wenn sie den jungen, besinnlichen Frank Sinatra mit seinem *Only the lonely* hört. Das ist die Stimmung, die Laura an vielen Tagen in Paris, oft in der Dämmerung, häufig heimsuchen soll. Daheim hatte sie diese Platte vielleicht bei Giorgio schon einmal gehört, mit seinem: „Each place I go / Only the lonely go / Some little small café ... / The songs I know / only the lonely know ... – Dann das unvergessliche *Angel eyes*, gefolgt von *What’s new?*

Auf der Platte aus dem Jahr 1958 sind sie wirklich alle erschienen, die elegischen Sehnsuchtslieder der „jeunes" in Paris, sie beschreiben die „solitude", leises Heimweh vielleicht, Trennungen, Armut, Liebeskummer. Ebenso eindringlich wie die Chansons der Franzosen. Auf gewisse Art war jeder eben allein, Bohème hin, Bohème her. Bald kannte sie alle Songs auswendig: „It's a lonesome old town, when you're not around." Und das sollte sie immer wieder hören, als Claudio wirklich nach Berlin zurückgekehrt war; und dazu passte dann auch: *Willow weep for me.* Er würde natürlich nicht sehen können, dass sie jetzt noch einmal bitterlich weinte. Oder beim *Gone with the Wind*, wenn sie dann an das „Café des Sports" dachte. Ihr Lieblingssong aber sollte das poetische *One for my Baby* werden. Das hatte eine nächtliche Klage: „So set em up Joe / I got a little story / I think you should know / I know the routine, put another nickel / In the machine." – Doch da war kein Joe, dem sie selber ihr Leid hätte klagen können. Etwas Optimismus hatte Sinatra ihr aber auch gelassen, mit seinem linden: *Spring is here.*

Und sie soll Claudio, der sich in der Welt herumtreiben würde wie sie, oft noch begegnen. Sinatra konnte ihr Erlebnis mit ihm vollkommen wiedergeben, noch jahrelang lauschte sie dem nach. Man schrieb einander und redete sich weiterhin mit Brüderchen und Schwesterchen an.

Wie waren sie eigentlich zusammengekommen? Es hatte mit Weihnachten zu tun. Außer ihr stand noch ein junger Mann in dem Pariser Reisebüro an jenem Morgen, ein junger Mann aus Berlin, wie sie erfahren sollte. Es ging um Eisenbahnfahrkarten für Studenten, Reisen zu den Eltern, vor Weihnachten, „Sonderangebote" sollte man das später nennen. Davon hatte sie gehört. Der junge Mann auch. Er hatte seine Sache mit dem Herrn des Reisebüros bereits abgewickelt und eine günstige Rückfahrkarte nach Berlin bekommen. Nun war sie an der Reihe. Der junge Mann verharrte auf seinem Platz, ging nicht hinaus, sah spöttisch hinüber. Laura wurde verlegen, aber auch etwas aufgebracht. Er lehnte weiter gelassen am Verkaufstresen, an dem man sie jetzt fragte, was sie denn studiere. „Kunst", sagte Laura. Der gelassene junge Mann hob eine seiner Augenbrauen. War es ironisch? Na klar! Er studiert bestimmt keine Kunst, dachte Laura; und: Du bist bestimmt ein Jurist! „Nun", fragte der Verkäufer Laura, „wo sind Sie denn eingeschrieben?“ – „Ich bin noch nicht eingeschrieben, ich habe aber die Prüfung bestanden“, antwortete sie schüchtern. Der, der Claudio hieß, hob nun auch die andere Augenbraue – so, als wolle er sagen: Du trägst ja hier allerhand vor, mein Mädchen.

Laura ist verunsichert, aber mehr noch wütend auf den feschen frechen jungen Mann. Den kann nichts erschüttern, scheint es. Er bleibt auf seinem Beobachterposten, und sie ist – was sie noch wütender macht – nicht frei genug, sich an ihn zu richten mit der Frage: Was geht Sie das hier eigentlich noch an? Stattdessen bekommt sie von der Wut jetzt auch noch rote Bäckchen! Das macht sie hilflos, und jetzt lächelt der Mann hinter dem Tresen sie freundlich an. „Eigentlich müssen Sie für die Fahrt mit dem Sonderpreis in ihre Heimatstadt eingeschrieben sein, also quasi eine Kommilitonin des Herrn gegenüber. Aber wollen wir es mal nicht so genau nehmen. Sie werden sich ja bald einschreiben.“ Laura gibt dem Verkäufer Namen und Adresse und das Geld – und bekommt das verbilligte Ticket ausgehändigt.

Der junge Mann steht immer noch da. Die Augenbrauen haben sich gesenkt, und unter seinem forschen Lächeln zeigt sich eine Spur Verlegenheit, dennoch geht er forsch auf sie zu und sagt: „Ah, Mademoiselle studieren also Kunst?“ Jetzt blickt sie ihn offen an, antwortet mutig: „Ja. Und Sie sind ein Jurist!“ Da ist das Staunen auf seiner Seite, überrascht fragt er sie: „Wie können Sie das wissen? Ja, ich studiere Jura.“ Laura: „Das sieht man Ihnen an.“ Nun sind sie schon aus der Tür, bei ihrem Reden haben sie sich gemeinsam zum Ausgang des Reisebüros begeben. Ja, und nun lachen sie einander an. Er: „Nun müssen Sie natürlich einen Kaffee mit mir trinken gehen.“ Ja, so hat das begonnen.

Und sie sollten noch jahrelang und an vielen Orten der Welt sich wieder begegnen. Zuerst aber kam es einmal so weit, dass sie mit Claudio in der Mensa in der Cité Universitaire essen ging und im „Café des Sports“ an der Metrohaltestelle Kaffee trank.

Sie trafen sich mehrmals im „Café des Sports“ – und einmal sogar in einem „Restau“, Nähe Place Saint Michel. Ja, da haben sie sich beide wohlgefühlt; in dem kleinen Restaurant, wo eine dunkel gekleidete Chansonette im Lokal mit Mikrofon stand und den Gästen das Essen, das diese leise verzehrten, mit Chansons belebte. Laura sollte außerdem die berühmten Jazz-Keller im Quartier kennenlernen. Der Pariser Jazz hat manchen jungen Menschen jede Nacht um den Schlaf gebracht, in der legendären Ära, in der die Musiker so viele Stunden lang spielten, wie es heute in keiner Stadt ein Nachtclubbesitzer bezahlen könnte. Sie spielten weiter, ohne Gage. Es ging wie auch in Deutschland damals in den Jazz-Nächten in Frankfurts „Domicile“, um eine Art Bewusstsein von Zeitlosigkeit, es war eine Art von körperlichem und gleichermaßen körperlosem Endlos-Gefühl. Das schwang immer weiter, über Bedenken und Schlafnöte hinaus. Zeitlosigkeit ist es ja auch, die dem Swing innewohnt, vergleichbar einem erdachten Perpetuum mobile. Der Zen-Buddhismus kennt das. Aber an solche Dinge dachten Claudio und Laura noch nicht. In ihrem Dixieland-Lokal, Nähe Rue de la Huchette, ging es ziviler zu. Es war eher bürgerlich, außerdem ebenerdig und „erträglicher“ als die klassischen, tiefen, oft so schmutzigen Jazz-Keller. Die Studenten und viele der Intellektuellen flanierten im Quartier Latin von einem der Cafés und einem der Jazz-Keller zum nächsten, obwohl längst nicht jeder ausschlafen konnte. Sie alle blieben bis in die Morgenstunden, um aus den Gewölben zu steigen, wenn im Pariser rosafarbenen Morgengrau die letzten Laternen „à la Magritte“ sich gelb gegen den Horizont abhoben. Auch für Laura und Claudio kam dann noch ein langsames, müdes Schlendern an der Seine entlang, oder zur Metrostation. Sie gehörten eben zu den besagten Glücklichen, denen keine Stunde schlägt.

Eines Tages meinte er, dass ihm das alles zu viel würde. Sie hatte ihm ihr stets überschwängliches Gefühl nicht verbergen können. Ja, und dann fing sie an zu weinen. Also wenn er meinte, das Glas würde nun überlaufen, dann war es ungewollt ihre Antwort, dass sie selber nun überlief. Da ertönte ihre Platte aus dem Automaten im „Café des Sports“, die Platte, die sie so oft gehört hatten. Ein kleines lächerliches Liedchen. Hatte es Claudio auflegen lassen oder der Kellner? Das Liedchen schwang sich aus dem Gerät hinaus: „Salade de fruits jolie, jolie, jolie – se plait à ma mère ce plait à mon père“. Laura weinte noch mehr. Der Kellner näherte sich ihr liebevoll: „Mademoiselle, ce n’ est pas l’amour, ce sont les oignons, qui font pleurer“ – Es seien die Zwiebeln, die einen zum Weinen bringen. Sie lief schnell zur Metro. Claudio rief danach noch tagelang an, sie meldete sich nicht zurück. Laura und Claudio sollten sich nun eine sehr lange Zeit nicht mehr sehen. Immer aber sollten sie einander poetische Briefe schreiben. Er würde auf all seinen verstreuten Wegen ihr Freund und Bruder bleiben; vielleicht würden sie sich sogar noch nach 30 Jahren „Brüderlein“ und „Schwesterlein“ nennen.

Viele Freunde soll Laura hier nicht finden. Aber sie ist neben dem Jazz von Museen, Galerien, Cafés, Büchereien in Paris angetan und neugierig auf all ihre Programme. Sie liebt das französische Leben und geht über alle Eintrübungen bald hinweg. Sie will nicht nachlassen, will die Pariser Pastellfarben, die frische Luft auf ihren Hügeln und den spürbar ebenso zwiespältigen wie erhebenden Zauber der Stadt bei sich haben. So wird sie natürlich weiterhin ungetrübt begeistert bleiben von ihren drei G's: den Pariser Genies, Genüssen und Gerüchen. Hat es mit ihrer Liebe zur französischen Poesie zu tun? Auch das weiß sie nicht.

Wie soll man vom Pariserischen nicht fraglos angetan sein, denkt sie nun beim Gang über die Champs. Und die Geschichte, die dahinter steckt! Das Paris der Maler und Dichter, wie eng sie beisammen waren. Picasso hatte an seiner Tür stehen: „Zum Treffpunkt der Dichter.“ Gertrude Stein kaufte Picassos und Braques' Bilder. Eine Literatin kaufte Gemälde. Braque und Picasso wagten den Kubismus, befassten sich mit afrikanischen Masken. Sie schockierten zuerst, und dann wurden sie berühmt damit. Die „fauves“, die Wilden, wurden abgelehnt und traten dann ihren Siegeszug an. Alle Künstler trafen sich ständig, wohnten nicht weit voneinander entfernt, sie waren wie Verwandte und besprachen gutwillig ihre Werke. Der berühmte Künstlerneid schien noch fern zu liegen. Braque soll von ihnen gesagt haben, sie seien „wie eine alpine Seilschaft“.

Die Künste gingen ineinander über, und man lernte voneinander. Von den „Ballets Russes“ waren alle begeistert; Djagilew, der Diktator, beherrschte die Szene und verstand sogar, das Finanzielle zu regeln, was ja immer eine Not ist. Der Impresario war ein kenntnisreicher. Verliebt in Nijinsky, setzte er diesen Tänzer ins Zentrum, einen Mann! Dann heiratete dieser, und die Eifersucht trat auf den Plan. Die Tragödien kamen natürlich hinzu, wie immer schon Tragödien hinter der Bühne wüteten, von denen keiner wissen soll. Es gab reiche Mäzene in Paris und ein gebildetes Publikum – wo in der Welt würde man denn so zahlreich Ähnliches finden? Strawinsky und sein *Feuervogel* – das alles wurde hier ermöglicht. So war es noch nie irgendwo sonst gewesen, auch dass die Künstler locker und nah zusammenlebten, zusammen aßen im ländlichen „Lapin Agile“ und anderen kleinen Restaurants. Die Dichter, die Gemälde zum Thema nahmen und die sprachlosen Maler derartig in die Lyrik einbrachten; Cendrars und Chagall waren Freunde, sie sprachen Russisch miteinander, und Cendrars schrieb ein Gedicht über ein Chagall-Bild. Beide waren schöne Männer, der eine romantisch, der andere rasant!

Laura erfuhr später, warum die Cafés in Paris so eine große Rolle gespielt hatten. Sie waren nicht nur zuständig für das Gesellige, sie waren Versammlungsorte, Brutstätten. Das Pariser Gesetz hatte etwas gegen Versammlungen, aber hier geschahen sie unbesehen, und das auf beiden Seiten der Seine: erst Montmartre, dann Montparnasse. Gertrude Stein hatte gesagt, Paris an sich verkörpere das 20. Jahrhundert. Natürlich gab es auch Streit. Die Stein wurde von Hemingway gefördert und tat ihm später nicht den Gefallen, ihn ihrerseits zu fördern. Er lästerte, ihr „a rose is a rose is a rose“ würde ja wohl nicht zu Literatur gereichen. Sie wurden Feinde. „American enemies“ in Paris.

Sie hatte all diese Geschichten schon zu Hause in der Nase, ging in ihrer Fantasie wie von Duftnoten getrieben an die richtigen Orte. In die „Rotonde“, das „Dôme“, das „Select“, das „Mabillon“, die „Coupole“, das „Deux Magots“. Sobald sie später ein bisschen Geld übrig hat, wird sie nun wirklich in diese Cafés gehen und dort – stundenlang allein sitzend bei einem einzigen Kaffee – deren Vergangenheit und die jetzt dort verkehrenden Künstlerfiguren in sich aufnehmen. Manchmal wird sie ein Gedicht schreiben an einem der runden Marmortische.

Der Mutter gefallen

Einmal wird sie auch ins „Café de la Paix“ gehen, nur weil es ein Nachkriegslied davon gibt, das ihre Mutter gerne sang: „Im Café de la Paix in Paris / Sitzt ein Mädel wie Honig so süß / Hand in Hand mit einem netten jungen Mann / Und sie schau’n sich so verliebt und zärtlich an / Die Musik spielt ganz leis’: Je vous aime / Und es gibt für die zwei kein Problem / Er ist jung, sie ist süß / Und die Welt ein Paradies / Im Café de la Paix in Paris.“

Das war nun eher nach Wilhelmine Wassenbergs Geschmack. Kein Brassens, kein Montand, keine Piaf – aber ihre Mutter hat ja auch nicht Französisch gelernt. Dies war ein deutscher Text, aber vielleicht doch ein französisches Lied? Wer hatte es komponiert? Wie dem auch sei, Laura fand das Lied kitschig, ja blöde. Dennoch ging sie in das „Café de la Paix", als es ihr einmal über den Weg kam. Ach ja, das „Café des Friedens", den es zwischen Wilhelmine und ihr so selten gab. Laura stellt fest, es ist ein Ort, der ihr nichts sagt. Sie zahlt und geht hinaus.

Sie setzt sich in ein anderes Café, das allseits beliebte „Deux Magots". Dort holt sie ihren Schreibblock heraus, den sie stets bei sich trägt. Sie trägt noch etwas bei sich – ein Gedicht, das aufgeschrieben werden will. Es ist ihr ein wenig einsam zumut, wie das oft ist, wenn ein Gedicht aufgeschrieben sein will – ja und sogar gelangweilt, das „Café de la Paix" hat sie nicht friedlich gemacht, eher unzufrieden. Aber da kommt es schon, das Gedicht. Sie schreibt:

Peut-être à PARIS

Vielleicht ist es langweilig
allein in einem Café zu sitzen,
selbst in Paris umgeben
vom Leben der andern.

Auch beim Pastis
ändert sich nichts.
Und Zigaretten machen
nicht rond et content.

Vielleicht früher Oscar Wilde
oder Charles Baudelaire.
Waren das schon Gitanes?
Ein Alter eilt hustend am
Bordstein entlang. Er ruft:
Merde!, als er gerade einmal
damit aufhören kann. Husten ist
sans doute etwas, das

ein armer Mann
so ansprechen kann.
Heute wieder schöne
Vedettes im Magots,

und an kleinem Tisch
vor der Tür sitzt der grüne
Poet Jacques Prévert.
Vor der Bar liegt ein winziger

Hund. Eine Dame verheddert
ihr Strumpfband im Sitz.
Wer da lacht, ist Zizi Jeanmaire.
Ne te moque pas.
Schwer duften die Café Crèmes,
und leicht vorüberziehende Parfüms
riechen nach Paradies.
On bavarde wie für die Akademie.

Nein, es ist nicht ennuyeux ici,
umgeben vom Leben der andern
in diesem alten Café Deux Magots
auf dem Boul'Saint Germain in Paris.

Es ging wie in einem Schwung! Laura ist stolz darauf, das Gedicht kommt ihr gelungen vor. Ja, so ist es doch, im „Deux Magots"! Aber was will ich eigentlich, sinniert sie beim Weitergehen. Zeichnen, malen, dichten? Ich bin nicht sicher. Am besten tue ich, was mir in den Sinn kommt! Cafés aber sollen ihre Leidenschaft bleiben. Deutsche „Kneipen" mag sie nicht. Am liebsten wäre ihr ein Atelier. Wie gut kann sie verstehen, dass der reich gewordene Picasso seine Zeit in der kalten, unbequemen Künstlerwerkstatt, die Jugend dort, als die schönste Zeit seines Lebens auch noch im Alter angab.

Laura ist nicht reich, will keinesfalls „arriviert sein", will wahrnehmen und nicht erobern. In Montmartre wird sie sich – wie geplant – in die Viertel verirren, die ihr schon zu Hause die richtigen waren; obwohl sie eigentlich als krankhaft orientierungslos bezeichnet werden konnte. Sie merkte dann das immer noch Ländliche, für das sie ohnehin einen starken Sinn hatte. Alles Ländliche empfand sie als besonders und wunderlich in dieser Weltmetropole. Um 1905 waren in Montmartre noch Ziegen durch Felder und Gärten gezogen und im „Lapin Agile“ hatte es die einfachsten Mahlzeiten gegeben, billig. Sie betrat es nie, denn jetzt war es ein bekannter Ort und für sie nicht mehr zu bezahlen. Sie sah es sich aber genau auf alten Postkarten an, Bilder, von denen sie entzückt war. In der Nähe gab es das Moulin Rouge, Lautrecs liebsten Ort, immer noch. Dahin wird sie nicht gehen. Den „Cirque Médrano“ hatte es dort einmal gegeben, und Maler traten auch im Kabarett auf! So etwas gefiel ihr, sie liebte den Zirkus. Und in dem von ihr verlassenen Deutschland hatte es nach dem Krieg nicht zu verachtende Kabaretts gegeben.

Die Künstler in Paris waren früher im Zirkus als Clowns tätig gewesen, das passte doch alles zusammen, die Farben, Vibrationen, Gerüche. Wie gern hätte sie mit ihnen gelebt in dieser vergangenen Zeit, bevor der Erste Weltkrieg auch Schriftsteller und Künstler verstümmelte. In den zwanziger Jahren hatten sie DADA kreiert, der ragte noch in Lauras Zeit hinein – vielleicht würden seine Wirkungen überhaupt nie aufhören. Entstanden war er im „Cabaret Voltaire“ in Zürich. Dort hatten sie es aus dem Wörterbuch gefischt, das Wort hieß „Pferdchen“ oder „Steckenpferd“. Längst hatte Laura sich mit Tristan Tzara und André Breton und dem Surrealismus befasst und vom frechen Wort eines Duchamps gehört: „Kunst ist Kunst, wenn der Künstler sagt, dass es Kunst ist.“ Und dass es die Auswahl sei, worauf es ankommt. Letzteres schien ihr den Individualismus zu fördern, seine „wählerische Kraft“, und genau das war ihr recht.

Laura mochte die Werke von Man Ray, Picabia, Miró und den anderen. Sie hatte in Raderberg, ihrem heimischen, damals noch ländlichen Kölner Vorstadtviertel, schon alles von ihnen gesammelt. Sie kannte dort keinen, der außer ihr so etwas begehrte oder beherbergte. Keinen. In ihrem Zimmerchen war ihre eigene Welt verborgen untergebracht, um sie herum brandete der Ozean des Alltäglichen, das an ihr keinen Anteil nahm. Sie hatte damals schon gehört, dass die Amerikaner, die Intellektuellen, Paris zu ihrem Mekka erkoren hatten, und dass der Jazz dort ein Zuhause fand wie nirgends bisher in der Welt. Es hieß, die Pariser schätzten den Jazz mehr als die New Yorker, jedenfalls würden sie ihn höher achten. Wenn man als schwarzer Künstler in die USA zurückmusste, bedeutete das wohl ein Dilemma. Furcht, wieder in die alten Einschränkungen zu geraten. Das Gleiche galt bestimmt für alle, die aus Paris nach Deutschland zurückkehren mussten. Und das hing wie ein Fluch über allen, die Paris liebten. Auch ich will nicht zurück! Ich wollte unbedingt hierherkommen, niemals zweifle ich das an. An all dem kann doch ungerührt nur der stumpfsinnige deutsche Ochse vorbeigehen. Nun ja, manchmal wird sie schwanken.

Es ist schwer für einen jungen Menschen, von seinen Überzeugungen überzeugt zu sein. Für die Alten ist es leichter, denn ihnen haben sich die Überzeugungen als wahr erwiesen, oder sie haben sie längst abgetan. Der junge Mensch kämpft für sie ohne jede Bestätigung. Er verteidigt sie immer erneut – aus Intuition und ganzem Herzen.

Laura trällert leise ein Lied vor sich hin: *Das kann doch einen Seemann nicht erschüttern*. Sie spürt einen kleinen Hunger, aber den wird sie wie so oft schnell wieder vergessen. Jetzt fällt ihr ein, dass Verwandte und Bekannte inmitten der Kriegstrümmer dieses Liedchen gesungen haben, und mit Schwung! Das heißt, wenn sie gesellig beisammen waren, selten bei einem guten Tropfen, öfter bei einem Schnäpschen, an Küchen- und an Kneipentischen. Dann hatte es häufig aus dem Radio geklungen: „Das kann doch einen Seemann nicht erschüttern / Keine Angst, keine Angst, Rosmarie! / Wir lassen uns das Leben nicht verbittern / Keine Angst, keine Angst, Rosmarie! / Und wenn die ganze Erde bebt / Und die Welt sich aus den Angeln hebt." Ja, die Erde hatte gebebt und war ihnen aus den Angeln geraten. Später sah sie in Filmen, wie die Häuser im Krieg zusammenfielen, als seien sie aus dünnem Kalk, und der Feuersturm dann durch die Straßen raste, während die noch Lebendigen in den Kellern vor Angst bibberten und an nichts mehr glaubten. Dann konnte sie über die Tatsache, dass man kurz darauf so ein Liedchen schmetterte, nur denken: Die Menschen waren verrückt! Und wenn sie nicht verrückt geworden waren, waren sie gerade im Bombenhagel umgekommen. Oder waren die noch Lebendigen so wie der Artist oben in der Zirkuskuppel, der losspringt und von den Händen des

Kollegen nach einem Salto im Fluge aufgefangen wird, jedenfalls meistens? Laura liebte ja den Zirkus über alles; ihr erster Schwarm war ein Dompteur gewesen, oh Gott, wie fesch. Aber daran dachte sie jetzt nicht. Warum singe ich das denn jetzt, frage ich mich.

Die Champs-Élysées bilden bekanntlich eines der Glanzstücke, ein „Highlight" der Stadt. So steht's in Reiseprospekten, und so etwas lernt Laura momentan kennen, das Kriegskind sieht ein Highlight. Obwohl sie nie einem Prospekt folgt, soll sie noch viele Pariser Glanzstücke kennenlernen, ohne sie zu suchen. Ich will in das gewöhnliche Leben in Paris, hier leben! Ich werde hier unter den anderen Künstlern Künstlerin sein.

En passant betrachtet sie die berühmte Avenue; natürlich wie der übliche Paris-Besucher. Oh doch, anders!, widerspricht sie sofort. Noch nie wollte ich Tourist sein, mit denen will ich nichts zu tun haben! Einen solchen Vergleich kann sie gar nicht leiden. Wenn man ein fremdes Land verstehen will, muss man in ihm arbeiten gehen, egal was die Aufgabe ist. Das steht schon lange für sie fest.

Über die splendide Avenue hat sich langsam eine große silbergraue Wolke gezogen. Am besten nimmt man die nicht wahr, heute darf es unter keinen Umständen regnen!

Laura beobachtet die anderen Passanten genau, sie denkt: Mancher erfährt Paris wohl nur neugierig. Mancher abenteuerlich, mancher geschichtsinteressiert oder um der Langeweile zu entkommen. Hier gibt es viele Anreize. Einer kommt im Liebeswahn, denn man sagte ihm, Paris sei die Stadt der Liebe. Ein anderer vielleicht in einer Art Goldrausch, denn er reist, weil er zu viel Geld hat. Mancher möchte zu sündigen Abenteuern kommen, Paris gilt ja als „Sündenpfuhl". Man sagte ihm vielleicht: „Da ist ein Nachtlokal am anderen" – und: „Überall gibt es die hübschen Französinnen, billige und teure." Kokotten, Hühnchen, denkt er, werden für alle da sein, genügend, wenn nicht hier, wo sonst?

Es gibt auf den Champs naive und raffinierte Menschen, da flanieren Jugendliche und alte Leute, elegante, geschmacklose und biedere Passanten. Einer kommt mit dem Rucksack her, der andere mit einem teuren Koffer. Manch eine Dame steigt aus ihrer Limousine mit großen Hutschachteln aus, der Portier nimmt sie ihr ab, und sie geht ins Hotel. Ein anderer geht zum Schlafen in ein billigeres Viertel.

Laura schreitet in ihrem Kattun-Sommerkleid frisch weiter. Mit festem Willen ist sie hergelangt, nun bewegt sie sich harmlos sicher im Pariser Publikum. Ist das nicht eine längst erwartete Wonne? Aber das soll überspielt werden, ich bin wie in Gewohnheit hier!

Auf ihrem Weg scheint ihr alles, was sie erreichen wollte, erreicht, und sie tut so, als sei sie unabhängig. Das gehört zu ihrem Wohlbefinden, „être de bonne humeur“, guter Dinge sein! Zu Hause die Freunde kennen an ihr auch die andere Seite, was „humeur“ – Stimmung – und ihre Launen betrifft. Das heißt: ihr unbeständiges Wesen, etwas, das man in Paris „die Capricen“ nennt; übersetzt: Grillen. Es passt gut; was bei uns mit launenhaft bezeichnet wird, nennen die Franzosen „capricieux“: grillenhaft. Und wenn's noch schlimmer kommt: „bizarre“. Bizarr! Das klingt so, wie es gemeint ist, ein starkes Wort. Sie erinnert sich, dass Baudelaire schrieb, das Schöne sei immer bizarr. Ja, ist das Schöne sonderbar, bizarr? Aber sicher. Was sich wiederholt, allgemeingültig ist wie die Vorstellungen der Bourgeois, der Spießer, besonders deren Denken über das ihnen Angenehme – kann nicht schön sein. Auch meinen sie, was immer schon war, solle auch weiter so sein. Ist das etwa schön? Schönheit ist erlesen. Anders als das Gewöhnliche, frei entstanden, eigenartig und eigenwillig von Natur.

Später in Gesprächen wird sie den Ausdruck „c'est bizarre“ oft unterzubringen suchen. Er bedeutet, dass ein Geschehen wunderlich, erstaunlich ist. Die Franzosen sprechen es selber genüsslich aus, und sie empfindet die Bemerkung im Klang als schöne Lautmalerei. Sie weiß noch nicht, dass sie lebzeitlang die französische Sprache ihres Klangs wegen lieben und suchen wird, und so auch immer besser mit ihr umzugehen lernt. Jetzt denkt sie: Deutsche sagen an dieser Stelle: „Das ist aber komisch.“ Wie blöde! Die so beschriebene Situation ist meistens nicht „komisch“, ist nur „ungewohnt“ – was wirklich komisch ist, davon verstehen die Deutschen wenig.

Hach, wie das alles leuchtet heute! Man kann so erleichtert gehen in der Sonne auf den Champs. Ob sich wohl jeder hier gekrönt fühlt und die Plackerei der Welt vergisst? Man ist an diesem Ort doch wie von Adel, man gehört dazu, vielleicht sogar zu allen, die in der französischen Geschichte hier einhergeschritten sind. Schönheit als oberstes Prinzip. Und jeder kann hier heute schreiten, braucht nicht mal einen Obolus dafür zu entrichten.

Ob dieser Gedanke den französischen Königen geheuer gewesen wäre? Wie war das denn in der Geschichte, und trugen sie nicht die aufwendigste Kleidung, bevor die Revolution über sie herfiel? Also eine Kleidung, die zu den Champs passte. Dahinter befanden sich insgeheim die Ränke und Intrigen des Hofes, all das Künstliche, die Gier, mächtig und beachtet zu sein. Aber eine Monarchie ist etwas Feines, ein wunderliches Vorbild, ein ständiges Theater, und man kann nichts Besseres erfinden, obwohl auch die Monarchien schrecklich fehlerhaft sein können, wie man weiß. Ach, ich lasse es mal, darüber nachzudenken. Das ist etwas, was der glänzenden Oberfläche der Champs am heutigen Tag nichts anhaben kann.

Die blonde Deutsche sieht gelegentlich auch kritisch auf Damen in noblen Mänteln und engen Kostümen, die hier flanieren. Was steckt dahinter? Manch eine hat einen absichtsvollen Blick, andere sehen eher unbeteiligt aus. Und dann gibt es noch einige Demoiselles, welche hoch aufgereckt auf ihren Stöckelschuhen gehen, sie stolzieren buchstäblich im Bewusstsein der Sicherheit ihrer feinen Gelenke, der „chevilles".

Laura bewundert das. Es ist die Fähigkeit der weiblichen Grazie und des fragezeichenhaften Körperbaus der Damen. Eine Fähigkeit, denkt sie weiter, an der es den Männern nun wirklich mangelt. Männer könnten nicht fünf Schritte so selbstverständlich aufrecht gehen, wenn ihre Füße in derart feines Schuhwerk mit hohen Absätzen gezwängt würden. Vielleicht bewundern Männer insgeheim die Frauen auf ihren Stöckelschuhen, weil sie deren Gang für akrobatisch halten? Oder weil es so schön aussieht, abenteuerlich, ja nahezu unwirklich? Und dass ihre Röcke über den Stöckelschuhen, Seidenstrümpfen und Waden bei jedem Schritt wippen, wirkt es nicht fröhlich? Obwohl doch die Frauen so ein beschwerliches Leben haben, wie man weiß. Das weibliche Wippen und Stöckeln ist etwas, das dem Alltagsleben einen munteren Anstrich gibt, wen würde es nicht freuen?

Auch verrückte Hüte haben so eine Wirkung, so etwas frech Überflüssiges. Sie sind wie kühne Erfindungen auf dem Kopf mit ihren Stoffblumen und gespreizten Vogelfedern und vielem Fantastischen mehr. Hutmacherinnen haben Laura immer schon neugierig gemacht. Was denken die sich bei ihrer Arbeit?

Natürlich wurden die „Stöckel“ eigens für die Frauen erfunden. Und ist es denn nicht erstaunlich, dass sie, unter den Fersen gestützt von starken „Stöckchen“, bis zu zehn Zentimeter größer werden, stundenlang so gehen können, noch graziöser als sie ohnehin schon sind? Wie kann man eigentlich die Frauen nicht lieben? Sie kümmern sich einfach nicht darum, ob das Gehen auf den Stöckeln ihren Füßen schadet. Und wenn sie alt sind, träumen sie von ihren früheren eleganten Schuhen, diesen verschollenen Exemplaren, die so anders waren als die praktischen derben, in welchen allein sie jetzt noch laufen können. Passt doch gar nicht zu mir, denkt eine jede. Beim Anblick der nachgewachsenen jungen hübschen Damen wird ihnen schwer ums Herz, nicht zuletzt wegen der verlorenen Fähigkeit, auf den berühmten High Heels glänzend balancieren zu können. Ansonsten aber genießen sie es, dass ihnen das Alter weiteren Liebeskummer und weiteres Verlassenwerden erspart. Sie werden älter als die Männer. Sie halten sich oft an Geistiges, im Lesen wie im Trinken, frönen gutem genüsslichem Essen.

Laura beobachtet alte Damen gern. Sie mag diese eigensinnigen Krähen, die herbe Stimmen bekommen haben und konkrete Forderungen wagen. Natürlich schätzen sie den hohen Genuss endlich errungener weiblicher Freiheit, was an den vielen schamlos lustigen Witwen überall zu sehen ist. Eine Karikaturistin hat von einem alten Ehepaar eine Zeichnung angefertigt, die Laura vor kurzem sah. Darauf sitzen beide auf einem großen altmodischen Sofa, sie rührt in der Teetasse, er hält eine kleine Zigarre in der Hand. Sie ist dicker, sitzt sehr aufrecht und hat hinter sich an der Wand ein Bild mit ihrem Porträt. Hinter ihm hängt nichts an der Wand. Auf dem Tisch in der Mitte die große Teekanne. Sie hat den Mund weit geöffnet zur Sprechblase hin, in welcher steht: „Wenn mal einer von uns beiden tot ist, dann zieh' ich nach Sylt.“

Diese alten Damen kommen Laura wie bewusste Clowns vor, die Altersnarrheit in sich pflegen. Das gilt ihnen so viel wie ihre eiserne Gesundheit. „Alte Männer werden senil“, sagte eine solche Dame einmal zu ihr, „Frauen verändern sich.“

Ein bedeutender Schriftsteller – war es Gregor von Rezzori? – meinte, Rasse und Feinheit der Frauen erkenne man an ihren Gelenken. Das blieb Laura im Gedächtnis. Auch sie hat, obwohl ihr Körper eher sportlich ist, feine Gelenke. Das passt doch zu Paris! Paris steht auf weiblichen Beinen, und ich stehe auf einem guten Paar davon!

Sie tritt jetzt betont sicher auf, Schritt für Schritt. Laura geht eben in die eigene Richtung. Die Frau ist hier freier als anderswo, denkt sie. Nun ja – sie weiß aber auch, wie sehr hier das Geschäft mit der Liebe blüht. Fremd ist ihr das, unheimlich. Pigalle ist ihr ein galliges Wort. Obwohl sie darüber wenig weiß. Da ist sicher alles bunt, denkt sie, schlüpfrig und teuer. Nächtlich, gefährlich, glatt wie Kopfsteinpflaster im Regen.Vielleicht sind dort die Frauen raffiniert ausstaffiert, vieles aufgesetzt und zurechtgemacht. Sie haben einen „Louis", Zuhälter oder Puffmütter. Ihr Tun und Wirken fördert bestimmt der armen Männer Illusionen, die dafür eben blechen müssen. Andererseits findet sie diese Damen reizvoll, ihre Reizwäsche fantastisch, einfallsreich, sehr dekorativ. Sie sieht in manchen Schaufenstern seitlich der Avenue derart ausgesuchte Sachen, schämt sich aber, da näher hinzusehen. Hat das auch seine Schönheit? Oder ist es möglicherweise eine Beleidigung der Liebe? Vielleicht ist deren Geschäft die einzige Möglichkeit für zu kurz gekommene Männer, zu einer Nähe zu gelangen, also in den Geruch einer Frau. Da wollen sie doch hin.

Das alles beschäftigt Laura in ihrem neuen Pariser Leben. Das ist das Ungeklärte. Empört denkt sie oft: Was hat Liebe mit Geld zu tun? Jetzt geht sie in sich gekehrt weiter. Chagall, der versteht etwas von der Liebe. Kurz bevor sie herkam, kaufte sie sich ein märchenhaftes Piper-Bändchen: *Arabische Nächte* von Marc Chagall – schöne Farblithos und Zeichnungen zu *Tausendundeiner Nacht*, die sie sich immer wieder ansah. Hat sich damit ein Geschenk ganz nach ihrem Geschmack gemacht, ein Kleinod, das sie bis ans Ende ihres Lebens hüten wird.

Marc Chagall. Alle könnten von dem jüdischen Russen lernen, was Liebe ist! Er ist ein schöner Mann, er ist rein, seine Zeichnungen zeigen deutlich, wie rein er ist. Sie sind zart, einfach, sparsam, innig. Nie ist auch nur eine Spur Raffinement in ihnen zu entdecken, er träumt von der Liebe wie ein Kind, obwohl er schon ein weltberühmter Mann ist. Bei ihm liegen sie anmutig und ganz leise nebeneinander, der Mann und die Frau. Oder sie schweben im Himmel, gleiten durch blaues Wasser, oft ist ein Vögelchen oder ein Fisch bei ihnen, eine Mondsichel, eine Geige. Einmal hatte sie ein Foto von Marc und Bella Chagall gesehen, sie erschienen ihr als das vollkommene Paar. Aber will es denn jemand lernen, muss es denn der überhaupt lernen, dem gleich ihr die Liebe heilig ist? Jeder, der Liebe versteht, wie Chagall sie malt, ist nicht gefährdet, ihm ist die Liebe der edle Traum. Es ist warm um die Liebenden, sie kennen Vertrauen wie Erlösung, auch das Beben, und trotz allem Feindlichen draußen ein frohes In-der-Welt-Sein. Das ist mehr als Religion; das Verstehen der Liebe ist wie die Brücke nach Drüben. Oder wie Prévert es in seinem Gedicht sagt: wie der Garten, der nur denen offensteht, die geliebt haben.

Wenige Menschen nur scheinen eine solche Welt zu kennen, sie haben keinen Zugang dazu, treiben es wie die Hunde. Und hier in Paris? Ist es hier anders? Gibt es nicht außer den Dichtern, Malern, Musikern, Tänzern und Feinsinnigen viele schnelllebige Tagesmenschen, nackt und realistisch, die rasch zu erreichenden Genuss suchen, solche, die Liebe wie eine gute Mahlzeit verschlingen?

Ganz Paris träumt von der Liebe?

In Laura Wassenbergs jungem Leben hat die Liebe bisher ihre eher schmerzvolle Seite gezeigt. Sie geriet in die Sehnsucht nach der besseren Welt und hätte sich manchmal gern in Abgründe fallen lassen, aus denen keiner zurückkommt. Sie weiß, auch in französischen Chansons gibt es diesen Unterton der Melancholie. „Combien de sanglots pour un air de guitare" – wie viel Schluchzen um das Air eines Gitarrenlauts, erklärt Brassens. Besonders die Sängerin Barbara, die später einige seiner Lieder in ihr Repertoire übernimmt, hat einen traurigen, oft abgebrochenen Laut in der Stimme, der nicht ohne Schönheit ist.

Was Laura über die Liebe denkt, hat ihr geliebter Jacques Prévert in Wortkaskaden eines langen Gedichts beschrieben. So, wie es jetzt beim Gehen wieder in ihr klingt. Sie kennt es auswendig. Sie kennt vieles auswendig aus dem Buch *Paroles*, auch Kurt Kusenbergs

Übersetzung. Préverts *Gedichte und Chansons* empfand sie als nachgedichtet in der rechten Manier. Er, Kusenberg, muss Prévert so geliebt haben, wie ich ihn liebe! Zum Beispiel „dans la forêt de la mémoire“, was Kusenberg übersetzte mit: „An der Erinnerung Waldesrand.“ Es passte, war wohlgeraten zur folgenden Zeile: „Reich uns die Hand und rette uns!“

Wenn sie nicht derweil so forsch ausschreiten würde, könnte sie auf der Stelle in Tränen ausbrechen. Es spricht in ihr, oder er spricht in ihr? Die zwei Dichterbrüder, einer aus Deutschland, einer aus Frankreich, sind übereingekommen! Das ist Können – und es ist Liebe. Schon werden ihre Schritte auf den Champs wieder fest. Der Gedanke an Prévert und seinen Übersetzer hilft ihr über die Missverständnisse unter den Deutschen und Franzosen hinweg. Wie gut, dass es solche Begegnungen gibt und sie davon weiß. Waren nicht früher schon gute geistige Verbindungen zwischen den beiden Ländern – außerhalb dieser fremden, überflüssigen Kriege? Es ist ganz Lauras Gedicht, *Cet Amour*:

Liebe

Liebe
So heftig
So zerbrechlich
So zart
So verzweifelt
Liebe
Schön wie der Tag
Und schlecht wie das Wetter
Bei Schlechtwetter
(...)

Es war also schon ganz früh ein Franzose, der so trocken bekannte, was auch ihr Liebe bedeutet. Kann sie sich jetzt vorstellen, was ihr die Liebe ist? Noch bevor sie es weiß? Können Gedichte es einem Menschen eröffnen, oder die helle Flöte sein, die gefangen nimmt und freilässt in einem? Der treue Freund der Jugend gab ihr Préverts Buch – war sie nicht erst 15? So sollte es sein, es war wohl gerade die rechte Zeit und der Meilenstein auf dem Weg hierher. So kommt zusammen, was zusammen gehört. Vielleicht gibt es doch dieses Strickzeug der Nornen. Jetzt bin ich in Paris, Préverts Heimat!

Sie soll ihn, den Dichter und Drehbuchautor, einmal sehen, im „Café Deux Magots“. Nur aus einiger Entfernung, sie wird sich nicht zu ihm trauen. Zu ihm, den sie so sehr verehrt. Jemand wird ihr sagen: Da sitzt Jacques Prévert. Sie wird sehen, wie er an einem runden Tisch sitzt, vor sich ein Glas Wein, und eine Zigarette raucht. Sie wird es nie vergessen. Er sieht unauffällig aus, denkt sie.

Jetzt kommt ihr wieder die Sache mit dem sündigen Hügel Pigalle und seinen Touristen in den Sinn. Man kann doch mit Körpern nicht wie mit Ware umgehen! Schrecklich. Sie denkt an Préverts Gedicht vom Park Montsouris im Wintersonnenlicht: „Où tu m'as embrassé / Où je t'ai embrassée / Un matin dans la lumière de l'hiver / Au parc Montsouris à Paris“ – „Da du mich küsstest / Da ich dich küsste / Eines Morgens unterm Wintersonnenlicht / Im Park Montsouris zu Paris.“ Und dann: „Sur la terre / La terre qui est un astre.“ – „Auf dieser Erde / Die ein Stern ist.“

Pigalle ist ein Markt der Liebe. Dass die Menschen sich nicht schämen. Warum kommen Männer und Frauen bloß nie zur Ruhe?

Amour, mon cher amour, hört Laura nun Yves Montand aus einem Café klingen, hört die Worte aus dem Hintergrund von einer Schallplatte: „On s' aimera toujours“ – So schmelzend! Aber nicht, was man daheim „Schmalz“ nennt. Ja, wird es halten? Was kann man tun, die Liebe zu halten? Wird Noel, mein Freund, mich besuchen?

Die wunderbaren Körper des Mannes und der Frau, denkt Laura. Sie sind wie geschaffen zu ihrer Vereinigung. Von Göttern gegeben scheint mir dieser zarte Traum, manche nennen es einen „entrückten Zustand“. Aber der kann so wirklich sein wie der helle Tag. Wenn sie sich liebkosen, welch feine und wahre Gesten, so eine sinnliche Grazie, das ist noch besser als Ballett. Ballett ist ja eben die Kunst, die die edlen Formen des Körpers, die Spanne all seiner kühnen möglichen Bewegungen zeigt. Das Ballett hat das natürlich den Liebesspielen abgesehen. Ihr fällt auch ein, dass sie als Kind ganz verliebt großartige Tänzerinnen gemalt hat, ganz allein im Zimmer und erregt. Noch ungelenk, aber kräftig! Diese wilden

Zigeunerinnen mit dicken Deckfarben – und zerbrechliche Balletteusen mit Wasserfarben. Beim Schwung ihrer Tänzerinnen auf dem Papier wurde sie selbst ganz berauscht, sie fühlt es noch genau. Es war das Schönste. Und als dann die Liebe kam, von der junge Mädchen aufgeregt träumen – war es anders?

Laura überlegt, was sie bereits erlebt hat, Gutes und Schlimmes. So wie mit den Tänzerinnen, so sollte es sein. Berauschend war es manchmal, aber meistens tat es weh. Sie lauscht der Stimme Montands aus dem Café: „Amour, mon cher amour / On s'aimera toujours / La Terre a beau tourner / Ça n'peut jamais se terminer." Er singt so hingegeben! Als ginge es um das Wichtigste überhaupt – die Welt dreht sich in einer Tour, man wird sich ewig lieben.

Ja, und in den tiefen, alles Niederen enthebenden Liebesnächten, sollte dann nicht auch ein Kind entstehen? Ein Wesen, das hier noch nicht war, ein einzigartiges Wesen? Noch hilflos, aber irgendwie schon klug und weise ... Das einen ansieht, als ob es aus einer anderen Welt käme. Geheimnisvolles kleines Wesen mit seinem blanken Blick. Ja, dem möchte ich einmal begegnen, ein Kind möchte ich haben. Ein Kind, das kann noch nichts, was die Menschen Können nennen. Dieser Winzling, der wittert, was ihn umgibt, hat so feine Nerven. Das Zerbrechlichste, das einem in die Arme gelegt werden kann, ist ein Kind. Und es macht in die Windel und stinkt. Was kommt da bloß alles zusammen!

Sie sinniert, während sie Montand nachhört. Bei der menschlichen Liebe geschieht mehr als bei den Tieren? Oder sind die Tiere ebenso zärtlich? Was wissen wir schon davon? Die Menschen sehen einander dabei an! Warum besingen sie das alles in einem fort? Vielleicht kommt der Mensch bei der Liebe über das gewöhnliche Dasein hinaus? Er kann dabei eine Vorstellung, eine Vision vom Jenseits haben. Und es ist wie Tanz, tiefes Spannen, Erfühlen, Courage, hohe Sprünge, langes Dehnen, ungekannte Weite. Es ist Ziel- und Zeitlosigkeit. Aber wie beim Tango gibt es dabei auch das unerbittlich kalte Begehren, Todesnähe. Eisige Gefahr, geheime Gewalt, Sog und Sucht und Unentrinnbares. Und wer es mit dem Jenseits nicht hat, wird auch keine Vorstellung davon bekommen. Es kann wie Zen-Buddhismus sein. Aber in der Liebe kann der Mensch wohl auch die Hölle erfahren. Ich möchte herausbekommen, was sich da oben in Pigalle abspielt.

Die Frage stellt Laura gleich wieder zurück, weil sie ihr unheimlich ist. Eines fiel ihr aber immer schon auf, in den Magazinen und den Filmen: Die in Pigalle stellen gern ihre Beine aus. Es wirkt wohl packend, die Reihe schöner Beine zu sehen, bei den so berühmten Cabaret-Balletts. Das war schon beim Cancan so. Sehr wild! Das Wilde daran gefällt ihr, das Rüschengerausche und die Tanzschuhe, die festeren, welche Cancan-Tänzerinnen trugen. Sie sah es in einem Film über Toulouse-Lautrec. Sie liebt seine Lithos, seine Plakate. Und der gewagte freche Spagat, in den sie sich geworfen haben am Ende, die Tänzerinnen. Eine hieß „La Goulue“ – die Gierige. Doch doch, sie waren beeindruckend, impertinent, rasant, und unwiderstehlich ihr Tempo. Tolle Weiber! Es muss ja doch etwas Berauschendes dran sein, an diesem „Nachtleben“.

Und was ist das bloß mit den Frauenbeinen, sind es nur Frauen mit hässlichen krummen, die die ihren nicht ausstellen? Sie haben doch daheim in den Gastwirtschaften, auch Tanzlokalen in der Nachkriegszeit oft das Lied von den Beinen der Dolores gesungen! Was war das denn? Gerade geht ein hübsches Mädchen an ihr vorüber. Ein Mannequin? Natürlich mit langen Beinen, mutig schreitend. Also das Lied: *Das machen nur die Beine von Dolores*. Laura summt die Melodie, und ihre Schritte gehen leicht mit im Rhythmus von Michael Jary, der ein Orchester für Tanzmusik hat. Es geht um die Verführungskraft der Frauen. „Schau, wohin die Caballeros gehn / Bei wem sie heute Nacht um Liebe fleh'n / Was erfüllt sie so mit Leidenschaft? / Ja, wer hat die geheime Zauberkraft? / ... / Das machen nur die Beine von Dolores.“

Laura denkt plötzlich: Meine Mutter ist so stolz auf ihre Beine. Frauenbeine, verführerisch. Ich weiß nicht, warum. Sie glänzen auch ohne Strümpfe, die feine Haut auf weiblichen Schienbeinen glänzt. Die der Männer ist an diesen Stellen eher behaart. Vielleicht wirken deren Beine sportlich, auch sportlich straff, aber allgemein doch reizlos. Mama – hat nie von Männerbeinen gesprochen, aber von Seidenstrümpfen. Natürlich gibt es auch schöne, wohlgeratene Männerbeine, möglichst mit blonden Haaren, mit schwarzen wirken sie brutal. Überhaupt: Sind nun die Frauen schöner als die Männer?

Der Frankreich-Kenner Georg Stefan Troller, der in Paris die besten Interviews für das Deutsche Fernsehen gemacht hat, konstatiert bei einem Gespräch mit Hélène Martini – der „Kaiserin der Nacht", die zahllose Striptease-Lokale unterhält –, dass Eva einstmals ihr Evakostüm wohl viel mehr geliebt habe als Adam das seine. Ob das stimmt? Ja. Die Frauen können sich in ihrer Eleganz und ihrem Schmuck „baden", der ihr Evakostüm betont; sie dekorieren sich mit Lust und Freude. Sie lieben ihre Körper wohl gewöhnlich mehr als die Männer die ihren, außer den homosexuellen Männern. Ob die homosexuellen Männer Angst vor der Schönheit der Frauen haben – und ob sie wie Frauen mit ihrer Schönheit verführen, fragt sich Laura insgeheim. Warum ahmen sie die Frauen nach, wenn sie doch so tun, als verachteten sie sie? Das alles erscheint ihr ebenso unheimlich wie die Frage nach der käuflichen Liebe. Die homosexuellen Männer sind oft schön; ob das die anderen Männer neidisch macht? Männliche Schönheit und Grazie, einige bekommen sie vom Himmel geschenkt. Dagegen sehen die meisten Menschen belanglos aus. Es ist fast peinlich; sie können machen was sie wollen, sie werden nicht wohlgeraten.

Laura ist hingerissen von schönen Menschen, schwärmt von edlen Gesichtern und stattlichen Körpern wie auch vom gut gestalteten Leben, höfischen Manieren, feinem Dekor beim Essen und Eleganz in der Kleidung. Das Leben selbst soll ein Kunstwerk sein. Sie bedenkt noch nicht oder beobachtet kaum, wie verhängnisvoll das Zeitliche gerade an den schönen Wesen und dem gutem Leben sein böses Werk tun wird.

Laura versteht nun, warum Frauen auf ihre Beine stolz sind. Sie denkt auch wieder an Josephine Baker und deren unvergleichlich schöne, braune, glatte Beine. Also nicht nur, weil Männer verhohlen nach ihnen schielen. Frauenbeine, ihre Gelenke und Waden, sind vielfältig beweglich –werden immer wieder anders betont, mit Stiefeletten oder langen Stiefeln, die wie Handschuhe sind. Auch mit feinen, fantastischen Sandalen, mit hübschen flachen Ballerinenschuhen, mit allerlei Pantöffelchen, vor allem aber mit der Krone der Damenschuhe: den Pumps. Davon wird noch viel in ihrem Leben die Rede sein, von Pumps. Obwohl sie doch ein Mensch ist, der mit ganz anderem zu tun hat.

Sind nicht gerade die Kessler-Zwillinge, Alice und Ellen, mit großem Erfolg in Paris? Seit 25 Jahren sind sie schon „ganz oben". Sie begannen im Düsseldorfer „Palladium“, ja, um dann auch im Lido in Paris zu starten, im neuen Lido auf den Champs-Élysées, sie tanzten in der Eröffnungsshow. Sie sind aber keinesfalls nur im „leichten Gewerbe“, sondern tanzten in Bert Brechts *Sieben Todsünden* im Gärtnerplatz-Theater in München die Hauptrollen der Anna I und Anna II; wobei sie auf ihre gewohnt üppige Gage verzichteten. Hier in Paris wurden sie international bekannt.

Laura denkt nach: Sie war daheim als Tochter sehr stolz auf die Beine ihrer Mutter, sie bestaunte deren elegante Schuhe und Strümpfe. Davon wird noch die Rede sein. Dem Vater war die Ansammlung der vielen Pumps unverständlich. Mutters Beine und die vielen Schuhe passten nicht recht in den Laden, in dem sie zu stehen hatte Tag für Tag. Da trug sie auch ein freches, seidenes Halstüchlein über ihrem weißen Kittel, das ebenso wenig passte. Gut so! Immer, wenn ihre Mutter etwas Unpassendes tat, gefiel das ihrer Tochter. Und das Leder der Pumps ihrer Mutter war fein wie deren Haut. Die Beine der Mutter glänzten längelang in ihren Seidenstrümpfen, die Mutter trug auch Strumpfbänder, die sie sorgfältig anlegte, Laura hatte es oft gesehen. Schon als Kind wollte sie die Seidenstrümpfe und die Seidenkleider der Mutter immerzu streicheln. Oder ihre Haut. Die Mutter war dann abwesend, sie neigte sich Laura nicht zu. Sie hatte lieber mit anderen Dingen zu tun. Das kommt Laura immer wieder in den Sinn.

Was war nur mit meiner Mutter? Konnte sie mich nicht leiden? In Laura ist ein Bedauern, das sie nicht benennen kann. Es hatte ihr etwas gefehlt, viel. War das nun etwas Gewöhnliches oder Ungewöhnliches? War es etwas Erlaubtes oder Unerlaubtes? Ihre Mutter war die Königin geblieben, hoch und weit entfernt. Obwohl sie doch täglich in diesem ganz normalen Laden stand.

Jetzt blickt Laura wieder auf die schreitenden Damen, deren Beine und Schuhe auf dem Trottoir der Champs, und lauscht, wie sich ihre Schritte anhören. Die engen wie die schwingenden Röcke über den Pumps betören sie. „Aux Champs-Élysées“. Das ewig Weibliche zieht uns hinan. Herr Goethe wusste davon. Und nicht nur er. Laura las einmal in einer Biografie Baudelaires, dass dieser viele Eigenschaften seiner Mutter nicht schätzte, aber ihre Eleganz über alles liebte. Geht es ihr ähnlich? Laura hat schon früh von den „Fleurs du Mal“, den Blumen des Bösen gehört; gierig Baudelaires Gedichte gelesen: Sie war sofort angetan von der Liebessucht und Liebestrunkenheit des Dichters. Sie spähte aus, was es wohl mit seiner Geliebten, der düsteren Gefährtin Jeanne Duval auf sich hatte. Wie tief beunruhigend und wie schrecklich aufregend musste die Liebe sein, wenn einer ihr so verfallen konnte.

Etwas erlöst sie: Laura denkt jetzt bei der Betrachtung der hübschen Pariser Damen und ihrer graziösen Schritte auch an feine Vogelbeine. Zum Beispiel an die von Flamingos. Bei den häufig betonten „fesses“, den etwas höher liegenden, fein abgezeichneten Hinterteilen, denkt Laura an solche von Pferden. Bei der Ansicht edler Pferde pflegte sie sich in der Heimat auf dem Land und an Reithöfen oft zu wundern, wie deren zarte Beine die großen Körper mit den schweren runden Hinterteilen, den „fesses“, stark und leicht zu tragen vermögen; ja damit sogar über Hürden springen!

Hinter mancher Dame gewahrt sie nun einen Herrn, einen Monsieur im „feinen Zwirn“, also dem guten eleganten französischen oder soliden englischen Anzug. Obwohl die Franzosen England und die Sprache der Briten nicht mögen, schätzen sie deren Tuche, den Tweed, vielleicht sogar mehr als italienische Stoffe. Einer der Herren geht gerade mit einem Lederkoffer in der Hand und einer Zeitung unter dem Arm zügig an ihr vorüber. Manche der Herren scheinen mit ihrem Äußeren den Hintergrund guter Familie vorzuzeigen: den soliden, althergebrachten Reichtum, stabile französische Kultur, darin auch straff anerzogene Disziplin; worauf bei uns die Preußen so stolz sind.

Franzosen sind fein und nervös, manchmal auch hypernervös, denkt Laura. Wie Ernst Jünger sie als Typen auf dem Schlachtfeld beschreibt. Die Franzosen schätzen Ernst Jünger, der in Deutschland eher verpönt ist. Man sprach später nur darüber, wie uralt er geworden ist. Laura las ein Buch von ihm, um etwas über den Krieg zu erfahren. Und erfuhr aus seinen Beschreibungen mehr Realistisches als aus den Erzählungen von Verwandten.

Manchmal haben aber auch die Franzosen einen Ausbruch, werden laut und frech, ungehalten. Das soll aus ihrem keltischen Erbe kommen. Laura hat einmal gelesen, dass sie bei Streiks sogar rabiater und lauter sein sollen als die Deutschen. Wenn einem Franzosen der Kragen platzt, kommt das gallisch Rabiate zum

Vorschein; das gefällt ihr, denn sie ist auch so – auch die Rheinländer haben keltische Vorfahren. Aber zu Hause hat man ihr das nie verziehen.

Die „Carmagnoles“, Revolutionslieder, hatten es immer schon in sich. Die schmettere ich von Herzen gern. *Ah! Ça ira* – „Ah, das geht ran, das geht ran, das geht ran! / Die Aristokraten an die Laternen!“ Unsere Helen Vita hat viele der Carmagnoles aufgenommen. Laura hat nichts gegen Aristokraten, wenn's nicht die schlimmen sind. Die „Carmagnoles“ zeigen, dass Franzosen musikalisch sind, sie haben es mit dem Lied, dem Chanson. Und es passt vielleicht auch zusammen, feinnervig, hochfahrend und musikalisch zu sein. Wer sensibel empfindet, ist eben auch leicht erregbar, und Laura fügt dem noch hinzu: Wer Schönheit liebt, ist auch leicht erregbar! Das Hässliche, Geschmacklose, Peinliche, Missratene regt die Franzosen auf; aber was will man dagegen machen, unter Menschen wimmelt es ja geradezu von diesen miesen Geschehnissen, Vorkommnissen.

Normalerweise ist jedoch die Wohlerzogenheit des französischen Menschen auffallend. Man bleibt dezent, so lang es geht. Franzosen vermeiden alles Grobe, Laute, besonders aber das Ungeschickte. Uns Deutsche nennen sie heimlich immer noch die „boches“, die Schweine. Oder „barbares“, die Barbaren. Außerdem weiß sie: Die Engländer nennen uns „the huns“, die Hunnen. Das alles macht einen im Ausland nicht gerade selbstbewusster. Deutsche Männer, denkt Laura, betonen ihr Ungeschicktes sogar, als sei es das Natürlich-Männliche. Überhaupt, warum sind sie so gerne grob? Laura macht eine wütende Miene. Sie wirken auf die Franzosen unzivilisiert. Aber das betrifft nicht alle deutschen Männer, es gibt auch die ritterlichen und kameradschaftlichen – Freimütige mit guter Haltung. Aber ungeschickte Deutsche fühlen sich in Paris nicht wohl, und dann lästern sie über die Stadt, verstecken ihre Unsicherheit. Diese Stadt, die die Frauen höher schätzt, ist ihnen nicht geheuer. Und der Lebensgenuss, die Lust des Franzosen an Delikatessen aller Art, eben ihre „ars vitae“, erregt oft Misstrauen. Sie schieben das ganze ihnen unangenehme gute Leben der „bonvivants“ auf die „Oberflächlichkeit des Südländers“. Ganz zu schweigen von deren Eleganz, die ihnen unerreichbar bleibt; sie muss wohl auf deren Eitelkeit, all dem Blasierten des Franzosen beruhen.

Bei uns gibt es Sportvereine, Männergemeinschaften, Jagdgesellschaften, Autoclubs und Stammtische, Fußballclubs oder Wissenschaftler-Symposien, Universitätsseminare oder Elite-Treffen der Finanzwelt, rein männliche philosophische Zirkel – oder gibt es das in Frankreich ebenso? Die deutsche Geselligkeit ist Laura in den meisten ihrer Formen zuwider. Gemütliches reicht ihnen, die Kneipen riechen nach Maggi. Butzenscheiben und Schmiedeeisernes sind beliebt. Frauen sollen einfach sein, fröhlich und adrett. In gehobenen Kreisen ist man besser ausgestattet, jedoch nicht geschmackvoller, und im Benehmen steif. Gut gestaltete Räume, Gärten, Häuser sind kaum zu finden. Es hat etwas Brävliches, das Deutsche – oder wie die Berliner kritisch sagen: Piefiges. Paris ist denen zu verführerisch. Ich aber bin der Stadt verfallen! Die Champs machen keinen Unterschied: Man sieht Gebildete wie Ungebildete, Deutsche und andere Ausländer, Geschäftsleute und Restaurantbesucher, alles mischt sich hier jeden Tag. Mein Paris ist das nicht. Laura kennt einige Studenten in ihrem Alter, die gerne bleiben wollen und die sich der andersartigen Liebeswelt stellen, dem anderen Leben und der ganz anderen Lust, so wie auch der ganz anderen Disziplin. Aber kaum ein junger Mann bekommt eine „chambre de bonne". Die sind schon an all die fleißigen Ausländerinnen vergeben.

Wir wollen alle raus aus unserem Nachkriegsdeutschland – aus dem Mief, der schon wieder entsteht. Nachdem der Schwarze Markt vorüber war, der ohne Frage Abenteuer bot, nahmen die Spießer wieder den Ordnungshüter-Platz ein. Ist das nur deutsch? Und der Bourgeois – ist er nicht auch hier schrecklich verbreitet? Es ist nicht zu verstehen, wie sich das wieder spießig regelt, obwohl doch all diese Menschen die Katastrophe, diesen jahrelangen Krieg, gerade erst überstanden hatten. Es wiederholen sich auch die Tyrannen. Könnte man von Tyrannen sagen, was von Verbrechern schon gesagt wurde: Jede Gesellschaft hat die, die sie verdient? Wir jungen Menschen kommen nicht dahinter. Wir wollen nur weg. Wer Charakter hat, der will doch nach Paris. Was sonst?

Wie schäbig es in fast jeder deutschen Nachkriegsstadt aussieht. Der Behelf ist und bleibt kümmerlich, das Gespenst Hitler hat uns die Kultur mit der Wurzel ausgerissen. Und die Amerikaner und Engländer? Haben sie uns nicht viel mehr weggebombt als „nur“ die Häuser? Was uns etwas Eigenes verlieh, scheint vergangen. Selbst die Sprache hinkt noch. Im Ausland denkt man sogar: Es war nie da. Doch was das Schlimmste ist in diesem eigentlich so tief getroffenen Deutschland: Sie sind nun stolz auf ihren „Aufschwung“, den man einmal „das Wirtschaftswunder“ nennen wird – mit all seinen materialistischen Folgen. Eine Blase, die mit nichts Geistigem etwas im Sinn hat. Aber sie haben eben nichts, sie sind „Habenichtse“ geworden. So wie einzig ein deutsches Wort das auszudrücken vermag. Die biederen Eltern schämen sich nicht, ihren Kindern zu sagen: „Hast du was, bist du was.“ Ein Satz, der in Paris so nicht gesprochen werden könnte, man kann ihn auch kaum übersetzen. Sagst du einem Franzosen, dass du kein Geld hast, so zeigt er meistens Verständnis und schätzt deine Aufrichtigkeit.

Sie blickt wieder auf die Passanten der Champs. Natürlich weiß Laura, dass es auch den hinterhältigen und raffinierten Franzosen gibt. „Falsche Fuffziger“, und hier vielleicht besonders schlau. Manche betonen ihr inneres Gehobensein durch die Zugehörigkeit zur „Grande Nation“. Unauffällige Herren dagegen scheinen verborgene Hoffnungen oder arge Bedenken zu haben – natürlich sind nicht alle selbstbewusst, einige auch ängstlich, von Befürchtungen, Sorgen oder durch Misserfolge gezeichnet. Nöte gibt es hier wie überall. Die typischen jungen Pariser Beaus aber glänzen in ihrer Leichtigkeit. Einige der grazilen Herrenfiguren mit besonders schönen Frisuren betonen wortlos: Solch superbe Mannsbilder gibt es nur in Paris.

Laura denkt heimlich: Sie haben leider manchmal den Touch Zu-viel-des-Guten, oder was der Engländer „overdressed“ nennt. Aber es passt zu den Champs, dem unvergleichlichen Elysium, es passt auch zu den mokanten, eleganten, den dezenten jungen Damen. Damen, die sich nicht einfangen lassen vom Charme der Pariser Beaus. Laura sieht mit verhohlenem Neid, wie sie in ihrer Wohlgestalt, die gewachsen ist in der selbstbewussten Kulturnation, in ihrer französischen Eleganz sicher einherstolzieren. Gute strenge Erziehung gibt ein Rückgrat, das durch nichts zu ersetzen ist. Das wissen die Franzosen. Das ist die eine Seite. Sie kann jedoch auch die Eigenart eines Menschen für immer zerstören.

Wie ich mich auf das „Chamäleon“ freue

Laura blickt auf, in ein Franzosen-Gesicht, und wieder: was für ein charmanter Blick aus einem dunklen Augenpaar! Unverwechselbar, solche Blicke gibt’s nur hier. Sie freut sich heimlich, dass sie gemeint ist. Ich glaube, sie mögen mich, die Franzosen. Alles Gesellige hier scheint einen tänzerischen Rhythmus zu haben, auch dieser Blick hatte etwas davon. Das helle Palaver der Damen ebenso wie der Klang ihrer Schritte auf dem Trottoir der Champs, die lästerlichen Reden der jungen Männer, Musikfetzen aus den Cafés. Am späteren Abend kommen die aus den „boîtes“, den „caves“ hinzu. Tolle Jazzkeller in Saint Germain.

Sie gewahrt bei ihrem Gang über die Champs viele Leute aus anderen Nationen, solche, die verschiedenen, ihr unbekannten Gesellschaftsklassen angehören – oder aus ihr fremden Umgebungen kommen. Leute, die andere Sprachen sprechen. Sie bleiben Fremde hier, denkt sie. Man muss sich mit der französischen Sprache ernsthaft auseinandersetzen, sie lernen wollen. Von Paris wirklich aufgenommen zu werden, ist nicht leicht.

Im „Chamäleon“, im Quartier Latin schräg gegenüber dem Hotel Saint-André-des-Arts, wird sie die Musiker und Jazzliebhaber nachmittags an der Theke sitzen sehen. Schon nachmittags hört man hier Jazzmusik. Unten wird Laura mehrmals das Trio hören, das so oft hier spielt: René Urtreger: Piano, Daniel Humair: Drums und Pierre Michelot: Bass. Der kleine Kellerraum ist wunderbar. Besonders wenn der Pianist Bud Powell hier seine Auftritte haben soll. Schon oft hatte sie ihn auf Schallplatten gehört und sein gläsernes Klavierspiel bewundert. Nun soll Laura ihn schon bald leibhaftig die Treppe des „Chamäleon“ herunterkommen sehen. Schwarz, im weißen Unterhemd, mit schwarzer Hose und schwarzer Baskenmütze auf dem Kopf. So leise, dass man ihn nicht bemerkt. „Ob er sich selbst bemerkt?“, wird Laura sich fragen, die weiß, dass er geistig bereits umnachtet ist. Als er jedoch das Podium betritt, steht kein Geringerer als René Urtreger auf und stellt ihn als seinen „maître“ vor. Powell setzt sich ans Klavier und spielt *Polka, Dots and Moonbeams.* Die Gespräche verstummen. Dann steht er auf und geht ebenso abwesend hinaus, wie er hereingekommen ist.

In den Winkeln des „Chamäleon" wird fast immer Marihuana geraucht. Die französische Polizei ist rabiat, ganz unerbittlich gegen Drogengebrauch. Laura wird das harte Durchgreifen mit Drohungen, lauten Auftritten und Gefängnisstrafen noch erleben. Aber trotz der allabendlichen Razzien in Saint Germain: Hier in der „Reine Paris" sind sie die „Rois", die Könige, „the Kings", „the Dukes", die „cats" des amerikanischen Jazz – und hier mehr zu Hause als zu Hause. Das Hotel verrät sie schon, wenn man das ungewöhnliche, dunkelbraune hölzerne Chorgestühl in dem von der Straße einsehbaren Foyer entdeckt – und sofort die Jazzmusik hört, den ganzen Tag! Thelonius Monk und Sonny Rollins, John Coltrane – alles quer durch die Gänge. Es ist so, als könne hier niemand wohnen, der nicht Musiker ist und seinen eigenen Plattenspieler in Gang hält; es sei denn, jemand hat gerade selbst einen Auftritt. Aber kann auch ich hier zu Hause sein? Wann beginne ich, mich hier zu Hause zu fühlen? Derlei wird sich Laura immer wieder fragen.

Paris ist anspruchsvoll, blickt scharf, kritisch oder völlig desinteressiert auf die Zugereisten. Zu dem Äußeren der touristischen Fremden würde die so beliebte pariserische, immer etwas arrogant ausgesprochene Bezeichnung „superbe" nicht passen. Die Franzosen lästern nicht schlecht über alles, was ihnen geschmacklich nicht das Wasser reichen kann. Manchmal auch schnell über das, was sie nicht verstehen. Sie selber mühen sich nicht mit anderen Sprachen ab. Ihr Französisch bedeutet ihnen genug. Laura weiß nicht, ob sie das arrogant oder ignorant finden soll. Auf eines ist sie als Deutsche stolz: das Offene, dem Fremden aufmerksam Zugewandte und die Bereitwilligkeit, fremde Sprachen zu lernen – was den modernen jungen Deutschen von den Nazi-Mitläufern unterscheidet.

Die Alten waren anders, sie versuchten zu täuschen, als das ganze Land verloren war und die Einsicht kam, wer ihr „Führer" wirklich gewesen war. Haben sie doch oft behauptet, sie hätten vom Unwesen der Nazis und deren Verbrechen nichts gewusst, nichts von Erschießungen und Konzentrationslagern. Aber sangen sie nicht im Volk ihre „harmlosen Liedchen" wie: „Krumme Juden zieh'n dahin / Sie zieh'n durchs rote Meer / Die Wellen schlagen zu, die Welt hat Ruh." Oder in Kölner Volksvierteln ihr: „Jüd, Jüd, Jüd, hepp, hepp, hepp / Hätt en Nas' wie'n Wasserschepp (Schöpfkelle) / Un wenn dr Jüd jesturve es / Stecke mir en in de Eierkess (Eierschachtel)“, wovon ihr später eine aus Köln emigrierte Schriftstellerin erzählte.

Vor uns Kindern wurde das ganze Kriegsgeschehen nach der Kapitulation bagatellisiert, verschwiegen. Laura gewahrte das als Zumutung. Den Erwachsenen entfuhren doch immer noch Sätze wie „Die deutsche Frau raucht nicht“, oder wenn einer bestimmte Farbkompositionen zu tragen wagte: „Grün und Blau, Pollacksfrau.“ Kinder fühlten sich insgeheim als Dumme behandelt, ohne klar sagen zu können, warum. Sie sangen nun ihrerseits unflätige Lieder, die sie irgendwo aufgegriffen hatten, und sie sangen mit kindlicher Lust und kindlichem Trotz: „Negeraufstand ist im Kongo / Schüsse peitschen durch die Nacht / In den Straßen von Katanga / Werden Weiße umgebracht / Umba-Umbuassa, Umba-Umbuassa, Umba eoh-ehoee / In den Straßen fließt der Eiter / der Verkehr kommt nicht mehr weiter / An den Ecken sitzen Knaben / Die sich an dem Eiter laben.“ Es gab noch viele Variationen der schauerlichen Strophen, eine davon: „Auf dem Dach, da sitzt ein Häuptling / Der verspeist grad’ einen Säugling / Und von dessen letztem Knochen / Lässt er sich ein Süppchen kochen.“ Niemand wusste später, woher die Lieder gekommen waren.

Gern sangen die Kinder im rheinischen Dialekt zu Karneval: „Ming Mutter, die hätt’ met ’nem Neger poussiert / Drum sinn ihre Kinder och schwarz-weiß-kariert.“ Die Frauen kamen in den frechen Liedern der Kinder als Opfer widerlicher Mannstypen häufig vor: „Banane, Zitrone / An der Ecke steht ein Mann / Banane, Zitrone / Der lockt die Weiber an / Banane, Zitrone / Er nimmt sie mit nach Haus / Banane, Zitrone, er zieht sie nackisch aus.“

Laura überlegt sich beim Gehen auf den Champs, was man in den heimatlichen Straßen und den geheimen Plätzen ihrer Kindheit miteinander gesungen hat. Das waren keine Chansons und keine deutschen Kunstlieder – was war es bloß? Sie muss lächeln, sie findet es nachträglich gewagt, dass Kinder solche Lieder singen, und kann sich so etwas in Frankreich nicht vorstellen. Da gab es noch eines im rheinischen Dialekt, das die heruntergekommenen Nachkriegsfrauen und ihre neue Lust am Mann betraf. Auch das fand sie lustig: „Leppe schminke / Tünnesse (Kerle) winke / Olala! / Fingernäl ruut / Dreck en dr Buud / Olala!“

Man wollte also anbändeln, wieder lieben, sich aufmachen. Egal, wie die Einrichtung zu Hause aussah, und eigentlich hatte man ja gar keine „Einrichtung", lebte im Keller oder in Verschlägen im Garten. Aber jede wollte endlich die „fesche Lola" sein, wie Marlene Dietrich. So sein, wie die blonde freche Frau, die nach Amerika gegangen war. Aus der Krieg, ran an die Freude!

Pariser Damen und die Kurtisanen

Mitunter sieht sie auf der Avenue unter den vorübereilenden Passanten adrett angezogene Kinder, auch ländliche Mädchen, die sich hierher verirrt haben. So hübsch angezogen war sie als Kind nicht. Sie sah auf den alten Fotos ganz mager aus, musste diese kratzigen Stricksachen tragen.

Besonders gern beobachtet sie die Damen der sogenannten „demi monde", Halbwelt. Die der billigen Sorte, und auch recht teure Ladys. Sie ist unsicher, ob sie das überhaupt unterscheiden kann. Da sind die Mademoiselles, welche sie allesamt als schöne Frauen wahrnimmt. Mögen die käuflichen unter den Damen vielleicht sogar die elegantesten auf den Champs sein? Solche Erwägungen kommen ihr jedoch nur flüchtig. Das alles ist ihr geheimnisvoll, Laura kann Menschen nicht gut unterscheiden. Was aber dem sogenannten Rotlichtmilieu angehört, kommt ihr malerisch vor. Und alles, was ihr malerisch vorkommt, betört sie ungemein.

Die „leichten Damen" machen sie neugierig. Wie sie angezogen sind, was sie bloßlegen. Ihre hübschen Dekolletés, die Schlitze in ihren engen Röcken. Alles, was sie freigelassen haben, mit feschen und frechen Bewegungen darbieten. Wie sie kokettieren und lächeln, manchmal jemanden ansprechen, lachen. Die feine Schminke, die zurechtgelegten Frisuren. Schöne Farben der Stoffe und das Licht auf den glänzenden Haaren. Jede ist wie ein gemaltes Bild. Das müssen die Maler immer schon bemerkt haben: Es gibt, wie Laura weiß, in den Museen viele Porträts von Kurtisanen, Mätressen, Hetären. Wenige dagegen von Ehefrauen, Verkäuferinnen, Studentinnen, Dienstmädchen, Nonnen, Midinetten. Die braven Frauen scheinen für die Malerei weniger interessant zu sein. Es sei denn, eine Reiche gab ihr Bildnis bei einem Maler in Auftrag. Dann wurde auch sie malerisch dargestellt. Was ist in der Malerei ein akzeptables Modell? Wenn die bürgerliche Dame das andere Extrem verkörpert, also barock und reichlich fleischlich ist, geht es auch. Dabei dürfen solche getrost engelgleich blicken.

Zur Prostitution haben die Franzosen eine andere Haltung, denkt sie, zumindest die französischen Künstler. Sie zeigen keine Häme und keine doppelte Moral. In den Texten vieler Chansons ist das zu bemerken. Es gilt auch für die französische, die galante Dichtung. Liebeskunst wird geschätzt. Liebe ist eine Kunst, auch wenn man dafür bezahlt. Sie kann es dennoch nicht verstehen, dass auf diesem Gebiet mit Geld etwas geregelt werden kann.

Laura hat ein großes Interesse an den Französinnen. Denen kann keiner ein X für ein U vormachen, sie weiß es. Französinnen sind nicht gutmütig-naiv. Nicht lieb und brav, wie deutsche Mädchen. „Liebsein" käme ihnen albern vor. Die französischen Frauen sind anspruchsvoll und aufmerksam, bleiben bei sich, sind verführerisch, aber wenig verführbar. Sie sind skeptisch und kaufen dem männlichen Gegenüber seine Schmeicheleien nicht ab, obwohl sie danach verlangen. Frechheit ziert sie ungemein.

Überhaupt, so stolz wie Arletty zu sein – und so natürlich wie sie – ist Lauras Idealvorstellung von einer Frau. Als Garance in *Les Enfants du Paradis* – zu Deutsch *Kinder des Olymp* – ist Arletty in ihrer Rolle die käufliche junge Tochter einer Waschfrau, die zu früh gestorben ist. Einer Arbeiterin also. Man weiß, dass sie mit ihren Regisseuren harsch umging. Besonders, wenn diese verlangten, was sie nicht wollte. Man kann es nicht mit dem deutschen „Anschnauzen" bezeichnen, aber es ist doch erstaunlich, wie nah das französische „gueuler" dem kommt. Das pflegt Deutsche zu erstaunen. Ein Franzose, eine Französin, welche „gueulen", sind uns beängstigend. Dazu kommt noch: Man entschuldigt sich nicht. Das Anbrüllen geschieht, wenn sonst nichts mehr hilft, und wird nicht zurückgenommen.

Später soll sie im Fernsehen einmal Cohn-Bendit sehen, der in die Europapolitik gegangen ist und im Europäischen Parlament bei einer Besprechung, als ihn jemand unterbricht, tatsächlich „Ta gueule!" – also „Halt die Schnauze!" brüllt. Das gefällt Laura. Sie hat daheim auch oft gebrüllt. Es wurde ihr nicht verziehen. Sie entschuldigte sich stets – ohne es aber einzusehen.

In den *Kindern des Olymp* spricht Garance einfach, wenn sie Baptiste des Nachts erzählt, woher sie kommt. Das ist die Prévert'sche Manier. Laura liebt Préverts Sprache, und das soll sich bis an ihr Lebensende nicht ändern. Solche Charakterdarstellungen – wie in Carné's Film nach dem Drehbuch von Prévert – gelingen, denkt sie, so perfekt nur den Franzosen. Es ist diesem Volk angelegen, besonderen Charakteren unter den Frauen Ruhm und Ehre zu verschaffen. „Attention, fragile!" – „Vorsicht, zerbrechlich!", ruft die Dirne Arletty. Und man tritt vor ihr zurück.

Die französischen Frauen beobachten Männer gelassen. Sie machen sich schick mit Fantasie und Pfiff, sie haben eben Lust darauf. Und es ist nie klar, ob für sich selbst oder für das andere Geschlecht. Sie flirten stolz, frech und liebevoll. Keine Frau ist so mokant wie die Französin; sie macht sich leicht lustig, und das ganze Volk hier ist lästerlich und gewitzt. Dem Deutschen jagt das einen Schrecken ein. Auch die Frauen haben Interesse am Abenteuer, das wird hier nicht versteckt. „Tout pour l'amour!" Moralische Bedenken kommen wenig zum Zuge, Amour ist Amour, zählt zum Wichtigsten im Leben. Unter der tändelnden Sonne auf dem Trottoir promenieren echte Glückliche, heute alle auf die gleiche Weise geschönt und liebkost von warmen Strahlen. Ich bin aufgenommen in die weiten Arme der Champs! Ach, ist sie nicht generös, diese Avenue? Und ich bin keine Touristin!

Ich bin hier nicht auf Urlaub – ich wohne hier

Einige der an ihr vorübereilenden Menschen sind ganz bestimmt keine Künstler und keine Käuflichen. Eher Verkäuferinnen, Kellner, Sekretärinnen, Geschäftsleute, Direktoren. Sie sind an die Avenue in ihrem Alltag gewöhnt. So ist es gut. Die Hergereisten sind doch langweilig, denkt Laura. Da sich Touristen offenkundig immer mit sich selber langweilen, verreisen sie eben. Oder warum? Was haben sie bloß in dieser fremden Stadt zu suchen? – Museen, Amüsements, Nachtlokale, Cafés, Restaurants: „Sehenswürdigkeiten"! Sie konsumieren alles und erobern nichts, haben gut geplant. Keinesfalls lieben sie Paris so wie ich! Und sie werden es auch nie richtig kennenlernen. Immerhin habe ich mir die „chambre de bonne" errungen.

Das offizielle Paris ist ihr nicht wichtig. Laura wird viele der „Sehenswürdigkeiten“, „Highlights“, beim Streunen durch die Straßen allein für sich entdecken. Zum Beispiel Napoleons großen, ehrwürdigen, rötlichen Sarkophag – im Invalidendom. Und die Vitrine, in der sein berühmter Hut liegt. Irgendwie geriet ich wie von selbst in das Barockwerk des „Dôme des Invalides“, der anspruchsvoll an den Petersdom erinnern soll.

Der Hut soll ihr gleich ins Auge stechen, er erinnert so wunderbar an den Hut von Picassos berühmtem „Harlekin“. Ein einmalig toll geschwungener Hut. Ein solcher Hut ist ein Kunstwerk an sich. Den möchte ich am liebsten selber tragen – wie zu Karneval.

Im Invalidendom wird Laura vor diesem rötlichen Sarg stehen. War da nicht auch ein berühmter Satz von Napoleon zu lesen? „Je désire que mes cendres reposent sur les bords de la Seine, au milieu de ce peuple français que j'ai tant aimé.“ Dass seine Asche an den Ufern der Seine ruhen solle, mitten im französischen Volk, das er so geliebt habe?

Sie wird dastehen mit neugieriger, unsicherer, fast auferlegter Ehrfurcht, stolz, dass sie den Sarg allein gefunden hat. Der Raum im Invalidendom vermittelt ihr einen kühlen Eindruck. Laura weiß nicht, was sie von Napoleon halten soll. Diktatoren sind ihr zu undurchsichtig. Vielleicht, weil sie zu wenig weiß? Später sollte sie mehr über ihn erfahren: ein Buch, ein Besuch in Malmaison. Der Hut fällt ihr deshalb auf, weil er ihr sehr gefällt. Schon immer mochte sie besondere Hüte. Vielleicht hatte auch er diese Vorliebe. Wer mag den Hut entworfen haben?

Der Sarg, in welchem, wie sie später hörte, viele verschiedene Särge – von klein nach groß – noch stecken sollten (als wäre er mehrfach geschachtelt, der längst gestorbene französische Feldherr) bereitet ihr einige Bedenken. Sucht man mit der Schachtelung, von der ja nur der riesige äußere Sarg sichtbar ist, bis heute eine körperliche Größe zu beteuern, auf die Napoleon zu Lebzeiten nicht blicken konnte? Böse Engländer sollen behauptet haben, das sei nur geschehen, damit er niemals wieder da hinauskäme.

Sie weiß, er war ein kleiner Mann, ein sehr kleiner. Sie hat viele gemalte Abbildungen von ihm gesehen. Er wirkte wie ein Püppchen auf sie, so viel Rundes hatte er an sich, Zierliches. Da fiel ihr doch tatsächlich noch das Liedchen ein, das man zu Hause auf der Straße sang, als sie Kind war: „Es war einmal ein kleiner Mann, hei-jup-heidi / Der hatte eine große Frau, hm-ha-hm / Die Frau die wollt zum Tanzen geh'n, hei-jup-heidi / Der kleine Mann wollt auch mitgeh'n, hm-ha-hm / Mann, du musst zu Hause bleiben, hei-jup-heidi / Du musst die Küh' und Kälber treiben, hm-ha-hm." – So ging das viele Strophen weiter, und am Ende nahm die Frau das „Stöckelein" und schlug dem Mann aufs „Röckelein". „Der Mann, der flog zum Fenster raus / Er flog bis in das Nachbarhaus" – wo er zum Nachbarn sagte – „Miene Frou, die häff mi schlaon (die hat mich geschlagen)." – Worauf der Nachbar sagte: „Dat häff de miene ook all daohn (Das hat die meine auch schon getan)." Laura weiß noch nicht, dass sie später in Malmaison noch einmal an das Liedchen denken sollte, bei der Betrachtung der Skulpturen von Napoleon und Josephine.

Malmaison wird ihr Eindruck machen. Er wirkt hier gar nicht wie „Der kleine Mann". Es ist so anders als die französischen Schlösser, die sie dann schon gesehen haben wird, dieses Gartenhaus der Josephine. Privater. Und man merkt: Sie haben sich gut verstanden. Vor Napoleons Bildern überlegt sie nun weiter: Bestimmt hatte er ganz kleine Füße. Er zeigt sich immer irgendwie gespreizt – damit man vielleicht nicht auf die „Püppchen-Idee" kommt? Wenn man ihn lebendig vor sich hätte – ob er dann auch so „rundlich" wirken würde? Laura hat nicht viel übrig für kleine Männer, damit steht sie unter den Frauen nicht allein, mit einer gewissen Vorsicht. Ob das ein Vorurteil ist? Sie denkt immer sofort das Wort „Gernegroß"; bei kleinen Machthabern denkt sie noch das Wort: „Oberbefehlshaber" hinzu – dieses Wort macht ihr einen besonders lächerlichen Eindruck. Sehr deutsch mutet es sie an, außerdem könnte es auch schlecht ins Weibliche gekehrt werden – also in „Oberbefehlshaberin", denn dann klingt es ihr noch komischer, noch lächerlicher.

Dennoch gibt es ja Frauen, die nach solchem Unsinn, nach Epauletten und Uniformen streben, wie sie weiß. Vielleicht hat Laura die innere Ironie gegenüber Oberbefehlshabern von ihrer Mutter angenommen, deren Vater früh im Ersten Weltkrieg – mit 30 Jahren – gefallen ist. Ihre Mutter lästerte über alles Militär. Sie machte, wenn sie bestimmte Musik hörte, den Stechschritt des

Militärs nach. Auch dieser wirkt lächerlich auf Laura. Wilhelmine Wassenberg sagte in ihrer Küche einmal lachend zu Laura, als sie Herrn Göring ihr beschrieb: „Rechts Lametta, links Lametta, und der Bauch wird immer fätta." Außerdem erzählte ihr die Mutter von einer Chansonnette. Diese soll nachts in den Berliner Cabarets gesungen haben: „Hermann heest er ..." Dem seien den Hermann Göring entlarvende Zeilen gefolgt: Er hätte die Theorie aufgestellt, man solle oft Eintopf essen – in einer Zeit, in der Essen an sich kaum zu bekommen war; dazu gab es auch reichlich Ironien, und mit dem französischen „Pot-au-feu" hatten seine Rezepte wenig zu tun.

Warum wird ihr Napoleon auf den Gemälden so weichlich vorkommen, obwohl die Geste der Hand auf dem Rücken doch eine Art männlichen Stolzes beteuert? Wenn auch die Maler das Heroische an ihm herausarbeiten sollten, so trug er gewiss gern und vielleicht sogar mit gutem Geschmack seinen schicken taillierten Militärmantel. Zu Hause hat sie ein Buch mit den Briefen Napoleons an Josephine gefunden. War bass erstaunt, weil es sich um schöne, poetische Briefe handelte, sogar liebevoll. So, als hätte sie ein anderer geschrieben. Nicht der kleine runde Mann auf den Bildern, von dem sie später erfährt, was er 1804 im Staatsrat verkündet hat: „Die Natur hat unsere Ehefrauen zu Sklaven gemacht", liest sie da, „kurzum, Madame, sie gehören mir mit Leib und Seele."

Ob die Menschen alle gespalten sind, fragt sie sich. Kleine Männer sind ihr bleibend unangenehm. Müssen sie nicht lebzeitlang etwas ausgleichen? Männer haben sonderbare Vorstellungen von sich, was sie „darzustellen" haben, meistens eben etwas „Großartiges". Sie forschte, wollte vom andern Geschlecht viel wissen, und auch, wie die Männer über die Frauen denken. Ihr Freund Giorgio sagte einmal: „Was ist denn an den Männern schon dran. Viereckige Schultern, alles vorne flach, hinten flach und dann ein Anzug drübergehängt. Frauen, die sind aufregend! Wenn eine plötzlich nackt vor einem steht, ist man ganz atemlos. Ja, atemlos von all den Rundungen und Formen, diese enorme Landschaft und was sich darin alles tut. Dann fürchtet man, zusammenzuklappen. Das ist die Angst des Mannes, dass er im rechten Moment – dass er dann keine Luft mehr kriegt." – Sie hatte es großartig gefunden, wie er ihr so ehrlich davon erzählte. So kannte sie es von niemandem. Giorgio selber war auch nicht gerade groß geraten. Aber seine Ehrlichkeit machte etwas Beträchtliches aus ihm. Er war anders. Und die Vielen: Wollten sie von sich selbst immer etwas auffällig Großes, eine Überlegenheit über die anderen erwarten? Oder dass sie von allem mehr hätten; Körperkraft, Schärfe und den berühmten „kleinen Unterschied" ganz groß? Ob sie denken, dass das die Frauen betört? Nahm Josephine Napoleon ernst? Liebte sie ihn? Und war es sogar sie, die über diesen „großen" Mann bestimmte?

Auf den Champs fällt ihr nun wieder Johnny Griffin ein, der „Little Giant". Der geniale schwarze Jazzmusiker, den sie in ihrer Stadt oft sah und hörte. Einer, der ebenfalls von zierlicher Figur – und von großer Ausstrahlung ist, von feurigem Willen. Dazu sein unverschämtes Lachen. Der Griffin, denkt sie, ist wirklich ein Gigant! Er muss nichts ausgleichen. Sein Spiel ist Können, energisch, die tiefe Vibration – als wäre er dreimal so groß! Wer ihn einmal hörte, vergisst es nie. Napoleon? Der ist gegen Johnny Griffin ein Muttersöhnchen.

Sie denkt über Diktatoren nach. „Die haben es nötig", wie sie als Kinder sagten, wenn einer zu dick auftrug. Was hat dieses Muttersöhnchen Napoleon alles unternommen, um der Größte zu werden? Er war einer der tyrannischsten unter den machthabenden Kleinen in Frankreich, und es kam ihm nicht darauf an, noch ein paar Tausende mehr an Soldaten draufgehen zu lassen. Was halten die Frauen von diesen Mächtigen? Die Marquise de Maintenon hat einmal gesagt, in jedem Manne stecke ein Tyrann – aber wie empfand sie es?

Hitler hatte auch etwas Rundes, Bauchiges. Laura denkt: Solche Männchen sind nicht markant, sie sind eher konturlos, und wenn man sie zeichnet, merkt man ihr Wesen deutlich, oder vielmehr, was dem an Charakter fehlt. Was müssen die Maler sich nur gedacht haben, die solche Mächtigen in Auftragsarbeit abgebildet haben? Beim Zeichnen merkt man doch alles. Das Zeichnen hat etwas von Abtasten, wie ein Arzt es tut, aber auch von Nachempfinden, Aufspüren. Die Linien sprechen eine deutliche Sprache, es fragt sich sogar, ob sie deutlicher sprechen als Worte. Sie werden durch Auge und die zeichnende Hand direkt und untrüglich wahrgenommen. Sieht jemand so aus, wie er ist? Ja. Aber nicht jeder kann im Aussehen des Anderen lesen. Der Zeichner, der Porträtist kann es, weil er zeichnend fühlt, wie jemand ist.

Später wird Laura bei Elias Canetti bestätigt finden, was sie über die Mächtigen denkt. In seinem Buch *Masse und Macht* beschreibt er die Typen der Tonangeber aller Welt – und was sie einander ähnlich macht. Sie wird es mit Wonne lesen, denn es ist, was sie zeichnend empfunden hat und was sie später zur Satire in der Zeichnung führt. Aber das Unwesen der Mächtigen lässt sie um alles Kultivierte und Schöne des Menschen auf der Welt bangen. Dass nämlich die Tonangeber jederzeit jedes Gebiet dem Erdboden gleich machen können, so wie es ihrer eigenen Vaterstadt geschah. Werden sie einmal Paris niedermähen, so wie sie viele andere wunderbare Städte erledigt haben, die an ihnen untergegangen sind, haltlos? Noch kann sie in Paris herumgehen, Paris lebt sein Leben, ist noch nicht zu seinem eigenen Chaos heruntergekommen. Sie hat zu jeder Stunde das Gefühl eines Geschenks, das sie sich erkämpft hat.

Laura will in Paris alles alleine finden. Ihre Stadt der Wahl entdecken, in ihr das Erhaltene, das sie daheim verlor. Als sei es eine Reise aus dem Untergang. Und sonderbarerweise war es ihr ebenso wichtig, dass sie in der niedergegangenen Stadt ihres Landes und ihrer Heimat, in all dem Kaputten, dem Chaos des Ausgebombten ihre eigenen Wege fand. Widersprüchlich – als ob es gegenseitig befruchtend wirke, das Erhaltene und das Chaos gleichermaßen zu kennen. Sie wird sogar unhöflich, wenn sie Anregungen ablehnt. Sie weiß, sie kann hier ihren eigenen Gedanken begegnen. Picasso muss das Gefühl gekannt haben, als er sagte: „Ich suche nicht, ich finde."

Das beruhigt sie sehr: Neben der den Touristen so bekannten Metropole gibt es ihr leises Paris, das sich selbst gehört. So wie dieses nicht, niemals umgebogen wurde, so möchte sie auch sich selbst bewahren. Das fehlt ihr im eigenen Land. Das leise Paris: zum Beispiel donnerstags Messe und Singstunde in der Kirche Saint Sulpice, die ihr gleich am Tag ihrer Ankunft in Paris aufgefallen war. Gestern hatte sie ziemlich aufgewühlt diese Kirche betreten, hörte sich auf einmal ein Kirchenlied mitsingen. Tief gerührt und hoch aufgeregt war sie bei ihrem Gesang. Sie atmete durch, kräftig, und sang mit aller Luft, die sie hatte. Man singt hier noch in Latein. Etwas, das sie aus dem Internat kannte. Diese katholische Anstalt, in der sie als Kind einmal gewesen ist. Sie liebte die Strenge der Nonnen nicht, aber die Gesänge in der Kapelle. Nun also erklang in der Kirche Saint Sulpice etwas aus der Hymne Pange Lingua von Thomas von Aquin. Eine Hymne, in der es um das Sakrament der Kommunion geht. Als sie es mitsingt, fühlt sie: Das Lied ist uralt. Entstand es nicht um 1250?

Ob man nun mit oder ohne Bindung an eine Konfession lebt – etwas von dem tiefen und lange durch die Zeiten getragenen Gehalt solch dichterischer Texte, über Jahrhunderte hinweg, macht erschauern. So geht es auch ihr, als sich nun in ihrer Pariser Lieblingskirche die lateinischen Worte in ihrem Inneren wieder einfinden:

Tantum ergo sacramentum
Veneremur cernui:
Et antiquum documentum
Novo cedat ritui:
Praestet fides supplementum
Sensuum defectui.

„Darum lasst uns tief verehren / Ein so großes Sakrament / Dieser Bund wird ewig währen / Und der alte hat ein End' / Unser Glaube soll uns lehren / Was das Auge nicht erkennt."

Da fragt eine Dame, die sich ihr nähert: „Mademoiselle, est-ce qu'on chante ici chaque Jeudi?" – Ob man hier immer donnerstags singt? Sie antwortet: „Mais oui – Madame", und singt weiter. Sie weiß, dass die alte Dame nicht bemerkt hat, dass sie eine Ausländerin ist. So soll es sein! Einerseits weiß Laura, sie gehört hierher – wie und warum auch immer. Andererseits war es doch schwer, über die Grenze zu kommen. Sie hat kein Latein gelernt, nur einige der schönen Kirchenlieder kennt sie noch. Meine kurze französische Antwort war perfekt!

Laura muss innerlich lachen, als sie aus der Kirche kommt. Weil sie von Georges Brassens' frechem Lied über die Messe gehört hat. Dieser hatte sich in mehr oder weniger Argot beklagt: „Sans le latin, sans le latin, la messe nous emmerde!" (Was quasi heißt, ohne das Latein sei die Messe Scheiße.) Das ist zwar ein verständliches Bekenntnis, dachte sie, aber eines, das von keinem der Kirchenväter wörtlich wiederholt würde. Nicht in diesem Ton! Manchmal mag sie sehr, was sich nicht gehört. Im Übrigen schätzt sie aber gute Manieren, so wie alle Französinnen nur Männer mit Manieren schätzen.

Noch etwas ist ihr eingefallen in der schönen Kirche Saint Sulpice, als dann das Singen aussetzt: Dachte sie beim „Der Herr sei mit euch", beim *Dominus vobiscum*, als Kind nicht stets an einen Omnibus, der sie aus dem Internat holen sollte? Sie dachte: Omnibus, wo bist du? Dann erklang auch hier in der Messe das *Per omnia Saecula Saeculorum* mit seinem Amen – was bedeutet: von Ewigkeit zu Ewigkeit. Also es klang immer noch so,wie damals, als sie nie in dem Internat bleiben wollte, in keinerlei Ewigkeit und keinem Amen! Aber das war nun alles lange vorbei. Jetzt wohne ich in Paris! Im Viertel Auteuil, Boulevard Murat, fünfter Stock, modernes Haus mit Aufzug! Oh ja, und wer hätte das gedacht?

In der Kirche Saint Sulpice wird sie sich noch manches Mal das Bild *Jakobs Kampf mit dem Engel* von Eugène Delacroix ansehen. Sie versteht es nicht ganz, aber sie studiert es immer wieder. Es beeindruckt sie mehr, als sie es verstehen könnte. Sie wird schon bald den schönen Place Furstemberg mit den runden Laternen in der Nähe hinter der Kirche Saint Germain kennenlernen. Dort hat Delacroix sein Museum mit seinem Hof und Garten. Ein schwarzer Herr wird ihr die Bilder zeigen, auch die hinreißenden der Tiere von Delacroix. Sie weiß sofort: Das wird einer ihrer Lieblingsplätze.

Jetzt schreitet sie weiter auf der großen Avenue, heute hat sie ihr wichtigstes Ziel im Kopf. Vorwärts, „en avant"! Immer noch liegen Gärten, Jardins, zu Seiten der prächtigen Avenue. Sie haben zu dem luftigen und weiträumigen Eindruck, auch dem Duft der Champs beigetragen. Das unglaublich splendide Gebilde ist ein großer Ort der Kultur, licht und legendär. Laura meint, das sei schon in das allgemeine Wissen, hoffentlich auch das Gewissen der Welt eingegangen. Es soll später einmal für solche Orte den gestelzten Namen „Weltkulturerbe" geben.

Ihr wird dieses Wort entsetzlich klingen, als enthielte es ein böses Omen. Aber vielleicht soll sie es doch in sich bewahren, bevor der Weltuntergang, an den sie viel zu oft denkt, sich nähern könnte. Laura hat gelesen: Im Jahr 1900 gab es nur 1,7 Milliarden Menschen auf der Erde. Dann wurde vorausberechnet, dass es 2050, eineinhalb Jahrhunderte später, 9,2 Milliarden Menschen geben soll, das wäre mehr als das Fünffache. Und für all diese Menschen soll Paris noch ein Juwel sein? Wie soll Frankreich, überhaupt die Erde, das bewältigen? Schrecklich zu denken, dass diese vielen alle auch noch Touristen würden! War wohl ein Missverständnis, der Rat: Seid fruchtbar und mehret euch – „n'est-ce pas?" Wie viele von ihnen werden noch Französisch verstehen?

Die Autoschlangen auf der Péripherique sind zurzeit erträglich. Aber es gibt bereits die Rushhour, selbst die Franzosen übernehmen all diese amerikanischen Bezeichnungen. Obwohl de Gaulle so sehr dagegen war! Sie ahnt, dass trotz der Warnung vor Stauungen das alles weiter zunehmen wird, der Autoverkehr wird wachsen, wachsen und sich mehren. Aber die besonderen Menschen und die Poeten werden sich nicht „vervielfältigen"! Oh Gott, was wird nur aus Paris?

Walter Benjamin hat sich viele Gedanken über das Zeitalter dieser Vervielfältigungen gemacht – bevor ihn der Emigrantentod auf der Flucht vor den Nazis ereilte. Es gab nie viele begabte Menschen, und gedankenloses Vermehren entspräche sowieso nicht ihrer Natur.

„The happy few?" Was Amerikaner so bezeichnen, mag für die materiell und geistig Begüterten gelten. Künstler sind selten „happy". Der Reichtum wird nur in wenigen Händen liegen, wie eh und je. Das hat seinen Grund in der Gier des gemeinen Menschen, der an nichts glaubt – das sind ihr die, die keinen Himmel über sich haben. Wie viel Arme auch immer noch dazukommen mögen, sie werden nicht teilhaben; schon François Villon hatte verstanden, wie es sich verhält. Sie erinnert sich, was er in seinem großen Testament niederschrieb, sie wird es in ihrem Kämmerchen in einem alten Taschenbuch nachsehen. „So manche Herren sind groß geworden und so stolz / Sie geben niemand was von ihrem Brot und Holz / In güldnen Wagen fahren sie mit weißen Pferden / Und haben Mohren in der Dienerschaft sogar / Sie haben schon ihr Himmelreich auf Erden / Und werden auch nicht eingehn zu der Engelschar / Wenn mit Drommeten über Nacht die Stadt / Zusammenkracht und niemand mehr hier seine Heimat hat." – Ja, vielleicht wird auch das schöne Paris einmal zusammenkrachen.

Später soll sie den deutschen Paul Zech, der Villon so gut übersetzt hat und viele Jahre freiwillig als Bergmann lebte (um dann im Exil in Buenos Aires zu sterben) als einen der größten Deutschen schätzen. Ob diese raren Exemplare, wie Villon und sein Übersetzer, im Himmel in der geretteten Académie Française sitzen, auch wenn sie hiesig gar nicht in sie aufgenommen wurden? Ob sie dort eine Zigarre zusammen rauchen?

Jetzt hier: Autos, Autos! Zu Hause hat es Heinrich Böll schon früher benannt: die Autostadt. Er fürchtete, dass eine jede Stadt Autostadt würde. Paris auch? Es ist schon nicht mehr die Frage, ob alle eins haben wollen, ein Auto. Sondern: Kann die Metro es auf Dauer schaffen, die Fahrgäste alle aufzunehmen? Laura hat kürzlich (als sie morgens in der Metro saß und beobachtete, wie viele Leute teilnahmslos aus den Fenstern blicken, zur Arbeit fahren und dann abends von der Arbeit kommen, ebenso teilnahmslos), „Der Witz in der Metro" geschrieben, ein kleines Gedicht:

Der Witz in der Metro

Zum Träumen will die Metro gar nicht taugen,
Doch klack! Spaziert ein Witz herein,
Der blinzelt ihr zu aus zwei alten Augen.
Das ist schön und soll doch nicht sein.
Denn Klack! Bald nicken die Leute wieder alle,
Das Türschloss ist lauthals eingeschnappt,
Und der Witz entfleucht in die Wartehalle.

Laura weiß nicht, dass die Alteingesessenen die Metro in zehn, zwanzig Jahren kaum noch benutzen werden. Einigen alten Parisern wird es darin zu eng, zu bedrohlich und vulgär. Aber noch ist die Metro unverzichtbar, und sie versteht die Vorliebe für die wunderbare Metro bei Künstlern und Amerikanern. Die Liebe zum Auto versteht sie weniger. Warum ist das Automobil überall so begehrt? Das Auto, das Auto! Man kann mit ihm doch gar nicht aus der Reihe tanzen.

Wenn man es doch tut, gibt's einen Unfall. Das brave In-der-Spur-Bleiben kann ich gar nicht leiden. Sie betrachtet auf den Champs die Autoschlangen. Die, welche zurzeit noch genügend Platz haben. Die Trottoirs zu beiden Seiten sind breit genug, geben den Passanten Freiheit zu jeglicher Gangart. Was ihr außerdem heimlich imponiert, ist die Fahrweise der Pariser, sie riskieren mit ihren Autos alles und gern, sie fürchten nicht hysterisch jede Schramme, wie es in Deutschland üblich ist. Aber sie sind auch geschickt, es geht oft haarscharf an einem Zusammenstoß vorbei! Wie man das macht, scheint eine rein französische Manier zu sein. Es knallt nicht, aber es erregt ungemein. Macht Spaß!

Lauras Vater liebt Automobile. Die schönen eleganten Limousinen der Vorkriegszeit gibt es kaum noch, waren es nicht Kunstwerke? Wie Skulpturen, recht geschwungen, so, als sei das alles Jugendstil! Jede Limousine und jedes Coupé in wunderbaren Farben lackiert, edle Wagen, berühmt und äußerst dezent! Laura sieht sie im Geiste auf den Champs fahren, alle diese herrlichen Modelle, sie passen exzellent hierher und sind vor ihrer Zeit gewiss mit eleganten Insassen hier gewesen. Sie hat als junges Mädchen daheim Postkarten berühmter Limousinen gesammelt, sie verstand ihres Vaters und Großvaters Leidenschaft. Es lag sozusagen in der Familie; der Großvater fuhr früher einen Horch und ihr Vater einen Buick – als der Wohlstand noch nicht dahingegangen war. Sie sah das alles auf ihren gesammelten Bildern und sieht es jetzt wieder vor sich: von 1928 den Mercedes-Benz SSK, dann die Grand-Prix-Modelle der legendären Bugattis, 1929 den schönen Bentley und den Maybach Zeppelin, 1933 den Rolls-Royce Continental Phantom II, 1934 den Rover P1, 1935 den SS Jaguar 100, 1937 den Lagonda LG 6, den Lancia Aprilia und den M.G. SA, 1938 den Triumph Dolomite Roadster Coupé sowie den BMW 327 Cabriolet, und ganz besonders elegant den neuen Packard 1601 Eight. Und so ging es weiter. In Frankreich gab es von 1934 bis 1957 den Citroën Traktion Avant, 23 Jahre durchgehend, aktuell, ohne altmodisch zu wirken! Couragiertes Design! Laura kann diesen auf den Champs noch ausmachen. Sie sieht auch ab und zu einen Bentley Continental, einen Riley 1 oder einen neuen Jaguar; die Rolls' wurden ebenso weitergebaut. Dennoch hat die Zeit der eleganten Limousinen etwas eher Ausklingendes, und die Autotypen werden einander immer mehr gleichen, Autos für die Menge. Ebenso wie die Kleidungen der Menschen, sie merkt es schon. Viele Automobile werden belanglos aussehen, wie sich aneinanderreihende Nummern sein. Das wird ihr missfallen.

Aber vielleicht ist es auch gut, dass sich so viele jetzt in ihren klobigen Kisten aufhalten! Besser, als würden sie alle in der Natur herumstreunen und deren Farben durcheinanderbringen. Sie vergisst dabei fast, dass sie selber kleinere Autos durchaus mag, lustige, wie den 2CV, die „Ente“. Und natürlich den praktischen Renault 4. Beide Typen sind beliebt bei jungen Leuten. Sie wird den R4 einmal selber fahren und sich in ihm wie in einem „Häuschen“ fühlen.

Jetzt überlegt sie, obwohl noch keine Rushhour ist, was die anschwellenden Menschenmassen wohl mit ihren zwangsläufig geplanten Autobahnen und Wolkenkratzern auf der Welt anrichten werden. Wird das nicht bald das alles Beherrschende sein? Wird die Stadt Paris einmal nur noch Museum sein? Ihre geliebte Metropole wird vielleicht zum „Kulturerbe“ gehören, wenn auch der Kranz fremdartiger, oft geschmackloser Neubauten – wie Jacques Tati sie so gut in seinen Filmen verarbeitet – und die allerorts verrottenden alten Häuser dabei geflissentlich übersehen werden. Ihr ist ahnungsvoll klar, dass sie vielleicht durch das letzte Paradies des kultivierten, geistreichen Menschen geht. Dessen Werke, Bauten, Schulen, Paläste und Wohnungen, Ateliers, dessen Vorstellungen vom Leben und die zu Stein gewordenen Erinnerungen, zu Büchern zusammengetragenen Bewahrungen, zu Bildern gewordenem Sinn für Farbe, Impression, Komposition, dessen zu Musik gewordenen, tiefen inneren Anliegen: Werden sie nach und nach verschwinden? Wird all das versinken? Sie kann es sich nicht anders vorstellen, sie fühlt die Bedrohung, und sie atmet jetzt noch aufmerksamer die Chanson-durchwehte Luft poetischer und rebellischer Franzosen. Schon als sie diesen unvergleichlichen Dichter und Vagabunden Villon fand, liebte sie seinen unverblümten Aufstand – bevor er unterging. Sie verstand seine Liebe zur Natur und seinen heftigen natürlichen Wunsch nach Liebe. Das ist keine Tändelei, dachte sie, der ist ein Mensch des Lieds, des wütenden Worts und der Jericho-Trompete! Sie staunte: dass ausgerechnet ein Franzose so deftig ist.

Eben dies Deftige sollte sie in Brassens wiederfinden. Beide kommen aus dem Volk, und das Volk ist treffsicher, nicht geschliffen. Brecht hat viel von ihnen gelernt. Und er ist im Deutschen ebenso stark, das macht Freude – da auch sie aus dem Volk kommt, nicht verwöhnt ist, Notunterkünfte und Kriegsgeschehen aus der Kindheit kennt, Flucht, Evakuierung, Heimkehr – und da auch sie Unabhängigkeit über alles schätzt, sind Villons Balladen wie ein Rausch in sie eingegangen. Seine direkte, erschütternde Wahrheit, seine Müdigkeiten, seine Armut, die bittere und böse Verteidigung seines Lebenssaftes. Sie soll immer, wenn sie unter einem weitem Himmel auf einer Wiese liegt, an seine Worte denken: „Es ist so schön (der Fromme denkt: wie abgeschmackt!), wenn rudelhaft die Wolken durch den Himmel fegen." – Das ist es, was nicht vergeht. Sein Satz blieb aktuell. Sie fühlt etwas, das noch nicht reif ist bei ihr selbst: Der Poet allein kann das Zeitlose fassen, es zu Sprache machen.

Ich habe Angst, es könnte alles zuschanden gehen! Paris könnte eines Tages nur noch im Film erscheinen, die Geschichte der Franzosen und ihrer Metropole eine beliebige werden, angeglichen all dem Abhandenen. Laura lenkt sich ab, sie kann diese Ängste nicht lange ertragen. Wie glänzt der Tag, und jetzt ist hier ihre Gegenwart. Dennoch läuft ihr die Geschichte hinterher. Franzosen haben es mit der Gerechtigkeit versucht. Liberté, Fraternité, eventuell auch Egalité. Obwohl sie Letzteres als Ziel bezweifelt hat: Gehört es nicht in den Traum von der besseren, am Ende sogar jenseitigen Welt, von der wir noch nicht wissen? Und: Sie haben Marie Antoinette geköpft ohne Ansehen der Person, sie, die aus den milden Gärten von Schönbrunn gekommen war und es sich nicht ausgesucht hatte, Königin der Franzosen zu werden. Sie wollten auch François Villon köpfen, was um ein Haar geschehen wäre. Was ist gerecht? Sieht es nicht nachher immer anders aus, und ist nicht jede Revolution ungerecht? Einer der alten Griechen hat gesagt, die Demokratie sei nicht für Menschen gemacht; Göttern vorbehalten! Das leuchtet ihr ein. Und in ihrem Lyzeum hatte jemand an die Wand des Flurs geschrieben: „Quod licet Iovi non licet bovi!" Das ist, was jeder Künstler fühlt. Jeder, der sich durch die feindliche Menge zu schlagen hat. Es ist, was Brassens so oft wütend besingt, und das merkt ein jeder junger Künstler schnell: Die Menge hat nichts mit ihm am Hut, sie steht ihm feindlich gegenüber.

Lauras Schritt ist plötzlich wie ein Stampfen aufs Trottoir. Sie wird dem nicht entrinnen, sie wird um den Lebensunterhalt in der unbekannten Menge kämpfen müssen und weiß nur noch nicht wie. Das wird ihr eigentliches Problem in Paris werden. Sie hat keine Unterstützung, keine Förderung, keine Geldquelle. Ich werde alles annehmen, alles in Kauf nehmen, wenn ich bloß nicht wieder abreisen muss!

Auf einer Plattenhülle hat sie gelesen, was Brassens an Georges Moustaki schrieb: „Die Poeten existieren noch. Sie verbergen sich hier und dort zwischen zwei Steinen oder in einem Nadelöhr. Man hetzt sie wie auf der Treibjagd ohne Unterlass. Sie sterben fast alle jung. Einige entkommen dem Massaker – dann feiert man sie wie einen nationalen Sieg. Man schmeichelt ihnen und nennt sie „cher maître" allen Ernstes, ergötzt sich an dem, was sie singen. (Aber die Bürger sind beunruhigt, die Liderlichen von Richepin oder anderen vorbeikommen zu sehen.) Wenn sie nicht berühmt werden, schlägt man ihnen die Tür vor der Nase zu." Hermann Hesse meinte, die begabten Menschen seien den anderen immer unheimlich. Dagegen haben die Franzosen das „l'art pour l'art" erfunden, die Kunst für die Kunst. Quod licet Iovi non licet Bovi. Ja, was Jupiter darf, darf der Ochse noch lange nicht. Ein Ochse wird niemals solche Worte an einen Ochsen richten.

Sie will Kunst studieren, und da jedermann beim Thema Kunst vom „Brotlosen" zuerst einmal redet, weiß sie, was die Welt davon hält. Sie kennt ihre Ängste jedoch auch von Gleichgesinnten. Es gibt nichts „Gerechtes" in ihrem Bereich; in der Kunst ist alles anders – und der Bürger, ebenso der Bourgeois, lebt in seiner Welt dem Künstler fremd. Weiß ich! Aber ich gehe zur Akademie! Und ich werde in Paris bleiben!

Meine erste „demoiselle": das Fräulein Winter

Das Schlimmste in meiner Kindheit war, dass dieses feine Fräulein Winter gestorben ist. Bin ich bei ihr nicht gern in die Schule gegangen? Wie war das noch? Es war das erste Schuljahr, nach dem wilden Spiel in den Trümmern. Es kam ein ganz anderes Leben. Und es hatte etwas Ordentliches, dieses Leben – das ich plötzlich sogar liebte. Die Tage waren geregelt, ich war „untergekommen". Es war eigentlich gar nicht so schlimm, dass ich nicht mehr unbeaufsichtigt herumstreunen konnte. Das Gute, Ausgewogene, das Neue kam alles von Fräulein Winter. Aber dann ...

Laura geht über die Champs weiter, ist plötzlich ganz abwesend, taucht in die Kindheit und die erste Schulzeit ein.

Ja, ich war sieben Jahre alt. Da kam dieses ganz andere Leben. Bekam ich schon eine Schultüte, wie die Kinder heute – mit Leckereien? Nein. Es gab ja nichts, nichts Süßes und auch sonst nichts. Wie sah die Schule noch aus? Die erste Schule – die ich doch liebte! Jetzt meldet sich die kleine Straße in ihr, in der die große Schule lag. Und sie fühlt, wie das Lernen ihr eine Freude war, eine bis dato unbekannte. Lange her. 1945. Der Krieg war aus. Sie, die Lehrerin, war alt. Eine Dame in solchem Alter würde heute niemand in den Schuldienst bitten. Da stand vor einer Klasse von 59 Kindern zerbrechlich diese kleine Frau – Fräulein Winter.

Da war sie zu Hause, in dieser alten Schule. Es fehlte ihr nichts! Diese wunderbare Lehrerin schien alles zu verstehen. Eine Großmutter aus guter Familie. Sie sah vollkommen privat aus. Sie entkam einem Ruhestand. Und den Kindern war es, als ob plötzlich das Langsame in ihr Leben eingezogen käme, in ihr verhetztes Leben. Welch eine Ruhe in der alten Frau – nach den Geräuschen der Verschüttungen, Explosionen, den Evakuierungen, dem Lärm der Sirenen, dem Aufkrachen der Straßen, dem Palaver der Flak. Und nach dem Rütteln der Lastwagen, auf welchen man mit der Mutter geflüchtet und wiedergekommen war.

„Guten Tag, Kinder."

Graues feines Haar, zu einem Knoten gewirkt. Gesittet. War sie eine Fortsetzung der Zeit vor dem Kriege, dem Krieg, der ohne Zeichen an ihrer Person vorbeigegangen war? Sie stammte gewiss aus diesen „Friedenszeiten". Davon war oft die Rede. Kriegszeiten, Friedenszeiten. So teilten die Erwachsenen etwas ein, das offenbar für sie wichtig war. Den mit „Frieden" bezeichneten Abschnitt hatten die Kinder nicht kennengelernt. Sie waren 1938, 1939 in den Krieg hineingeboren worden. Beim Ausgang der Verheerungen standen diese mit großer Mühe von Müttern ordentlich gekleideten Verstörten mit ihren heimgestrickten Westchen, die kratzten, und den Schuhen älterer Geschwister nun vor Fräulein

Winter. Man könnte sagen: Eine Horde Kinder, denen Erziehung nicht widerfahren war, wurde ab jetzt geleitet von einem edlen Gespenst der Vorzeit.

Das Schulgebäude, einzig erhalten geblieben inmitten der allgemeinen Zerstörung, war ein geräumiger Langbau. Darin stellte sich langsam ein Traum von Ordnung ein in der Wüste des rieselnden, allgegenwärtigen Schutts und der Trümmer. Fräulein Winter, die kleine Person in dem riesigen Bau – das passte zusammen. Eine Art umgekehrter Regel, in welcher die feine alte Dame auch vor die zerrupfte, teils verlauste Horde Kinder passte.

„Aus Friedenszeiten“, das klang in den Ohren der Kinder, als handele es sich weniger um eine Epoche als um ein anderes Land. Nicht das mit den bekannten Schuttbergen, den halb abgerissenen Eisenträgern der Zimmerdecken, den kraterartigen Bombentrichtern, den Blindgängern unter der Straße oder im Garten – und den todesmutigen Zündungs-Entschärfern von der Feuerwehr. Dort, in Friedenszeiten, hatten wohl auch andere Leute gelebt. Nicht die blassen müden, die etwas verscheucht aussahen und überall nach etwas zu suchen schienen. Man sah nur Leute, welche auf kaputte Steine klopften und alte Balken sammelten, oder solche, die in Aktentaschen Ungeklärtes an den Leib gedrückt trugen, oder Magere, die auf graue Märkte hasteten. Einige Kinder hatten wider das Geheimhalten herausgekriegt: Unter den Trümmern der Stadt sind Bekannte der Familie, junge Menschen, auch Kinder begraben. Und die Erwachsenen sagten, „dass es immer noch nach Leichen stinkt“.

Sie aber, das alte Fräulein Winter, war hinübergerettet. Das war wunderlich. Die Lehrerin ein „Altertümchen“. So nämlich benannten Erwachsene unversehrt gebliebene kostbare Möbelstücke und vieles andere aus den Friedenszeiten, das übrig geblieben war. Auch schöne Kunstgegenstände, die sich in den zerbombten Wohnungen noch gefunden hatten. Letztere waren dazu da, an Bauern auf dem Land verkauft zu werden, gegen Lebensmittel. „Butter–Eier–Käse“, sagten sie, wie in einem Wort. Und manch schöne Intarsien brachten sie weg, zum Tausch gegen Kartoffeln.

Die Lehrerin trug Schwarz. Kleine Kleider, kleine Blusen, kleine Röcke. Darüber am Hals fein gestickte oder gerippte weiße Kragen. Sie hatte erlesenen Schmuck, Broschen, Nadeln und blanke Knöpfe an den Kleidern. Manchmal trug sie einen schmalen goldenen Ring. Die Falten ihres ovalen Gesichts waren flach, in dünner Haut. War sie 70 schon? Feine Striche ihre Falten, wie Zeichnungen aus dem Märchenbuch. Auch ihre Hände hatten das fein Gezeichnete. Keines der Kinder hätte sie eine „Schrumpelige“ genannt, obwohl sie sonst im Dialekt von alten Frauen gern so sprachen. Oder gar eine „Schrumpels-Ahl“! Auch nicht „ahl Hex“. So nannten sie die Frau Bock, welche böse aus dem Fenster schrie, wenn sich Kinder an ihr Obst und die Möhren im Garten machten. Das Fräulein Winter hätte an Stelle der Frau Bock – weggeblickt. Kinder wissen ohne Beweis, was eine tut und eine andere nicht täte.

Fräulein Winter sprach leise. Sie erklärte die A's und die O's. Töne, Zeichen, welche nicht „summten“, wie die S' oder die M's und N's. Und sie erklärte ein andermal, dass die I's auf die Tafel gezeichnet würden wie ein Spazierstöckchen, nur umgekehrt. Da malten die zerfahrenen Kinder auf ihre Schiefertafeln vorsichtig Spazierstöckchen. Umgekehrte Spazierstöckchen, eins nach dem andern. Es war reine Freude, wenn es gelang. Und auch, wenn einige nicht gelingen wollten. Es machte auch nichts, dass man alles später wieder mit dem kleinen Schwämmchen, das man in der Dose feucht hielt, auswischen sollte. Morgen würde ja die Schule weitergehen und Fräulein Winter wieder da sein.

Die Griffel klapperten in den Griffelkästen, und Fräulein Winters kleine Schritte klapperten auf dem Boden der Klasse. Die Klasse, das war der Raum, und die Klasse, das waren die Kinder. Fräulein Winter ging gemessen in ihren geputzten Schuhen mit den runden netten Kappen vor der Klasse hin- und her, aber meistens stand sie ganz klein und fein davor. Hatte sie nicht schwarz glänzende Seidenstrümpfe an, die man an dem kleinen Stückchen Bein unter dem Rock manchmal sah? Woher hatte sie die bloß? Und überhaupt – wie sah es wohl bei ihr zu Hause aus? Waren ihre Schränke, Teppiche, Tischdecken, ihre Fenster, Vorhänge, ihr Ess-Service, ihre Sammeltassen, das Geschirr, vielleicht sogar eine Wanduhr – war alles bei ihr zu Hause unversehrt, also aus den Friedenszeiten? Sie wohnte „in der Marienburg“, dem stillen grünen Viertel der Stadt, das gar nicht zerbombt worden war. Da sah man überall das „Früher“. Natürlich wohnte sie da. Hölderlinstraße. Eines der Kinder hatte es erfahren.

Beim Blick auf die üblichen Verschläge, verstaubten Behausungen, Baracken, auch auf die zerlumpten Leute auf der Straße und im Vergleich mit ihnen schien Fräulein Winter aus einer Art ungekannter Ewigkeit – vielleicht noch viel weiter zurück als aus diesen Friedenszeiten – zu stammen. Und dahin ging sie auch bald wieder.

Eines Morgens trat eine andere Lehrerin vor die Klasse. Nicht alt. Größer, schwerer, gestreng. Eine aus dem Heer der blassen Leute auf der Straße. Sie hatte eine praktische Brille vor Augen und praktische Schuhe an den Füßen. Fräulein Eisen. In knappen Worten erklärte sie, die Lehrerin des ersten Schuljahres sei krank geworden, und nun werde sie unterrichten. Sie trat nun jeden Morgen auf.

Es dauert lange, dachten die Kinder, es dauert lange.

Was hat Fräulein Winter? Es dauerte drei Wochen. Die Eisen stand wieder so ernst vor den Bänken. „Fräulein Winter ist von uns gegangen."

Vorsichtig bildeten die Kinder in sich das Wort „gestorben". Fräulein Eisen sagte, und diesmal sprach sie ziemlich leise: „Es ist euch erlaubt worden, sie noch einmal zu sehen. Sie ist aufgebahrt in ihrer Wohnung in der Hölderlinstraße 10. Wer es möchte und wem es die Eltern erlauben, der kann am Donnerstagnachmittag mit mir hingehen."

Die Kinder zogen sich, so gut es ging, ordentlich an. „Fräulein Winter aufgebahrt." Was war das? Es war ernst. Der kleine Trupp tappte durch die Straßen in das vornehme Viertel, unter Leitung von Fräulein Eisen. Es war an einem violetten Nachmittag bei winterlichem Licht, kalt. Einige hatten das Zimmer schon betreten. Ganz langsam kamen die anderen nach. Sie standen klein und gar nicht wissend wie ergriffen. Sie standen eng beieinander, zu beiden Seiten der Lehrerin. Sie alle, die sie im ersten Schuljahr hatten. Und nur, weil Krieg gewesen war. Die älteste Lehrerin.

Durch ihre Köpfe ging der liebe Gott. Das Fräulein Winter. Ihre Schritte. Die Spazierstöckchen. Ein Niewieder. Aber das fassten sie nicht an, es war nicht sicher. Die Lehrerin still. Sie war wie in der Schule beim Beten. Sie konnte sich zwar nicht rühren, aber es war nicht, dass sie sich weggewandt hätte. Sie war da, in der Mitte des Zimmers. Da konnten sich die Kinder später auch gar nicht erinnern, hatte Fräulein Eisen mit ihnen in dem Zimmer gebetet? Das war nicht wichtig. Ja – so sah es also bei Fräulein Winter aus. Schön, wie sie es schon gedacht hatten. Und das war also „aufgebahrt". Das schmale Bett, und der Tote wird daraufgelegt und zugedeckt.

Aber sie sah gar nicht aus wie im Bett. Nie hätte man sich Fräulein Winter im Bett vorgestellt. Jetzt war es auch kein „Bett", wo sie war. Und sie schlief nicht. Eine Statue geht ja auch nicht ins Bett. Sie war blass, unbeweglich wie die Puppen, mit denen die Kinder immer noch spielten. Sie bewegt sich nicht mehr. Sie würde sich auf keinen Fall bewegen. Und es würde niemand wagen, sie zu bewegen. Sie war verändert und war doch Fräulein Winter. Sogar noch mehr. Die feine Stirn jetzt noch feiner, so gespannt. Ihre gefalteten Hände und die Art, wie ihre Haut glänzte. Eins der Kinder sagte leise: „Sie steht nun noch mehr vor uns als in der Klasse."

Aber das Unbekannte an ihr. Weiß nicht, sie ist so stumm. Wir auch. Man darf nicht darüber sprechen, auch nichts fragen. Es ist still. Nur hier ist es so still. Wenn man fragt, macht man einen Krach, das gehört sich nicht. Dann merke ich auch nicht mehr, wie es jetzt ist. Das Ernste ist schön. Und überhaupt, wie wunderbar sie ist, unsere Lehrerin. Ehrfürchtig. Unsere Lehrerin ist jetzt ein Engel.

Laura dachte: Das feine Fräulein Winter, und dass sie schon die ganze Zeit gefehlt hat. Wie sie uns überhaupt gefehlt hat, seit sie krank war. Jetzt sieht man ihr an, dass sie eben ganz fortgehen musste. Sie sieht uns an, obwohl ihre Augen geschlossen sind. Sie kann irgendwie anders sehen jetzt, und sie kann mit uns am leisesten reden. Sogar ohne den Mund aufzumachen. Wie immer trug sie Schwarz und oben einen weißen Kragen. Es könnte eigentlich immer wieder sie in unserer Klasse sein, dachte sie noch lang. Aber das Geräusch ihrer blanken Schuhe auf dem Boden war verschwunden.

Ach, diese süße Großmutter, denkt Laura. Für mich, die doch nie eine hatte. Als ich Kind war, waren beide Großmütter schon gestorben. Und so eine wie die Lehrerin, die hätte ich immer haben wollen. Wie schön war es, bei ihr daheim zu sein. Aber ich muss nun an die neue Schule denken!

Ob das alles einmal untergeht?

Was war eigentlich der Franzosen große Revolution? Hat sie die Franzosen verändert? Wir hatten keine solche. Laura denkt: Es gibt keine Gerechtigkeit, und was hat nur bisher der Krieg mit den Menschen gemacht, ob mit oder ohne Revolution? Die ganze Geschichte des Menschen ist der Krieg. Wann können sie sich davon erholen? Die Franzosen haben sich an den großen Traum der Gerechtigkeit gewagt – wie kein anderes Volk. Sie haben in der Tat die Bastille gestürmt, aber was ist daraus geworden? Ich möchte lernen, nicht nur, was die Kunst betrifft, auch einiges über die französische Geschichte. Bei uns ist der Geschichtsunterricht einfach ausgefallen, die wussten nicht, was sie uns erzählen sollten.

Es kamen natürlich auch hier viele Ungerechtigkeiten bei diesem Sturm auf die Bastille vor. Laura hat auch gelesen, was der berühmte deutsche Immanuel Kant über die Französische Revolution geschrieben hat: „Ein solches Phänomen in der Menschengeschichte vergisst sich nicht mehr, weil es eine Anlage und ein Vermögen der menschlichen Natur zum Besseren aufgedeckt hat." Was aber ist daraus geworden? Und – was wird aus Paris werden?

Sie hat eine Horror-Vision: Nachkommen werden aus den unterirdisch gelagerten Zelluloid-Dokumentationen dereinst einmal „Paris" abrufen, es herausfischen, sich die Filme ansehen. Wird man die Stadt erkennen, dieses Paris, das sie jetzt lebendig vor sich hat und liebt? Was werden diese Nachkommen denken? Falls sie für solche Feinheiten wie die Stadt Paris nicht schon allen Sinn verloren haben, werden sie vielleicht doch unendlich traurig sein? Paris untergegangen?

Im letzten Krieg haben sie es verhindert! Ihr ist bewusst, seit sie hier ist, dass die Rettung von Paris ihr ebenso viel bedeutet wie den Franzosen. Als sei sie hier – und nicht daheim – geboren. Wenn Paris untergeht, wie vielleicht alle Kultur, alles „superflu", das Überflüssige, von welchem Voltaire gesagt hat: „Le superflu, chose très nécessaire" (das Überflüssige, ein höchst notwendiges Ding); was wird das dann bedeuten? Niemals wird diese Stadt auf der Erde wiedererstehen. Niemals. Sie könnte nicht „rekonstruiert" werden, weil alles „Rekonstruierte" nicht ihrem Charakter entspricht. Paris lebt von seiner Vergangenheit und dem lebendigen Atem, den die Vergangenheit in der Gegenwart immer noch in sich hat. Sie spürte es sofort, sie war später neidisch und traurig, in ihrer eigenen Stadt nicht Ähnliches zu fühlen. Ja, nirgends sah sie so eine natürliche Verbindung des Vergangenen zum gerade ablaufenden „vie de chaque jour" – zum täglichen Leben – wie in Paris.

Vielleicht wird sie untergehen, verkommen, vernachlässigt werden, die Stadt Paris. Da es mehr und mehr darum gehen wird, Millionen hungriger Mäuler auf der ganzen Welt zu stopfen, werden Museen, Schlösser, schöne Gärten, die Malerei, Poeme, Chansons, die ganze Welt der Musik – des Menschen Fantasie und Kunstfähigkeit nicht mehr zählen. Vielleicht kommt es nur noch auf das Notwendige an, die große Menge der Menschen zu erhalten. Vielleicht wird selbst die Erinnerung an Kultur und Kunst ihnen nichts bedeuten. Grauenhaft!

Sie ist um ihre Metropole so besorgt, als gehe es um den leise lauernden Verlust einer Heimat. Laura ist so in Gedanken, dass sie einen Herrn, den sie übersehen hat, heftig anrempelt. Der lächelt, als sie „Oh, Pardon!" ruft. Da geht sie ruhig weiter. Diese Franzosen sind höflich, sie nehmen bereitwillig das bittende Pardon an, auch wenn sie sich einmal belästigt fühlen. Sie können leicht die Befangenheit des andern weglächeln – oder auch gelegentlich lästerlich vertiefen. Ach ja, und vor allem: Sie sind ja noch da!

„Mademoiselle – de l'Allemagne?"

Es gab natürlich Überlegungen, in die Alliance Française zu gehen wie fast alle deutschen Au-pair-Mädchen, dort täglich brav Französisch zu lernen, mit Abschluss. Statt der anspruchsvollen Idee, in Paris freie Malerei zu studieren. Doch sie hat sich schnell entschieden: Das macht sie nicht. Die Eltern würden annehmen, das sei ihre übliche Faulheit.

Der Herr ist stehen geblieben und fragt jetzt, ob sie Deutsche sei. Ja, wenn man einen so anrempelt ... Sie sagt: „Oui", und dann noch mal: „Je m'excuse". Der Herr darauf, wieder freundlich: „Pas de quoi." Was so viel heißt wie: Das macht nichts. Sie mag den leichten Umgang, wie man ins Gespräch kommt, es ist in dieser Stadt eine Bereitschaft zu sprechen zu spüren – allein darum soll man gut

Französisch lernen. Das alles liegt ihr, kommt ihr entgegen. Etwas, das in Deutschland schwerfällig nur in Gang kommt. Nun hat der Herr sich entfernt. Sie denkt wieder an die Alliance Française – mit ihrer notorischen Abneigung gegen Abschlüsse. Sie weiß selber nicht warum, aber mit Faulheit hat es nichts zu tun. Vielleicht erscheinen ihr Abschlüsse als etwas Unerreichbares.

Es wird noch ein halbes Leben dauern, bis sie – gegen ihre Abneigung oder ihre Furcht – die notwendigen Abschlüsse nachholen wird, weil sie selber es will. Jetzt denkt sie: Eltern rümpfen gern die Nase über solche Nachkommen wie mich. Sie ärgern sich schwarz über ihre „verzogenen Gören". Kinder, „die nichts fertig machen". Kinder, die Lehren abbrechen, keine realistische Berufsvorstellung haben, wenig an Verpflichtungen glauben, solche „nichtsnutzigen Kinder". In ihr regt sich ein schlechtes Gewissen, das mit ihrem anderen, dem ruhigen Gewissen, in Streit liegt. Dachten die Eltern vor ihrer Abreise, sie sei wohlgeraten, sympathisch? Dass sie eine gute Figur habe, gute Gesundheit und dass sie anständig sei? Oder dachten sie insgeheim eher: Was für ein widerspenstiges Mädchen, waren heimlich froh, dass sie weg war?

Sie ist verrückt, dachten sie bestimmt. Und: Man kann sie kaum gut verheiraten, ja, das wird schwer werden. Sie ist zwar ansprechend, aber sie macht nichts daraus. Man könnte sie längst in dem sehr vornehmen Tennisclub unterbringen, dort gäbe es passende Anwärter. Aber sie will ja nicht. Sie arbeitet jetzt als Kindermädchen, Haushaltshilfe! Und dazu will sie noch Kunst studieren, brotlose Kunst. Irgendwem wird sie dann auf der Tasche liegen. Sie will nichts, was ihr guttut. Plötzlich hört sie innerlich wie eine Antwort auf ihre Gedanken den Ausruf ihrer Mutter, der ihr übel hochkam: „Bei allem, was du vorhast, bei solchen Ansprüchen, brauchst du einen reichen Mann!" Das kränkte sie sehr. Sie war immer bescheiden gewesen. Sie hatte kein Geld und keine Möglichkeiten – und wusste es. Sie gab nicht an, trat gerne zurück, fühlte sich schnell als Last. Was nahm die Mutter bloß an ihr wahr?

Wohltuend dagegen, wie andere auf sie blickten. Als Mädchen von 15, 16 Jahren erschien sie manchen ihrer jungen Freunde bereits als ein Exemplar von griechisch-antiker weiblicher Ausstattung. Ja, mit ihren festen Schultern und Brüsten, guten Armen und Händen und der schönen Einbuchtung einer langen Taille. Da waren ja auch schon Künstler unter ihnen, von diesen erfuhr sie Aufmerksamkeit und Kameraderie. Manche machten ihr den Hof, aber niemand kam ihr zu nah. Man hatte gute Gespräche, machte Ausflüge, pflegte fröhliche Treffen, ging in die ersten Jazz-Keller.

An den Herren aus dem Tennisclub war sie nicht interessiert. Die kamen ihr eher blasiert vor; Tennisspielen langweilte sie, immer dieses Hin-und-Her mit dem Ball. Nein, sie mochte nicht – zudem kostete das ein Vermögen, in so einem Club zu sein. Die Eltern würden das Geld ganz umsonst ausgeben.

Es gab aber nicht nur die feinen Tennisclub-Anwärter aus reichen Familien, auf die ihre Eltern es abgesehen hatten. Bevor Laura Wassenberg die Champs betritt, haben ihre ansehnliche Figur und ihr helles Gesicht bereits einige Liebhaber auf den Plan gerufen. Auch ältere, die nichts mit Kameraderie im Sinn haben. Vielleicht ist die frühe Jugend im Leben der Frau immer eine gefährliche Zeit, denn Blender und Jugendverzehrer machen sich heran. Dank ihres Humors nehmen junge Mädchen diese aber oft nicht für voll, lachen miteinander über die „schmierigen Verführer", und in dieser Weise helfen sich die jungen Mädchen gegenseitig, was bei erwachsenen Frauen leider kaum noch vorkommt.

Laura hat umgekehrt neugierig und verliebt selbst schon einige zu sich gezogen. Sie hat sich nicht gerade geirrt, aber ihre Courage soll ihr Liebesfreuden mit dem gewöhnlich größeren Anteil Liebesleiden verschaffen. Schon die Liebesfreuden waren ihr nicht recht geheuer gewesen. Aber es gehörte sich wohl so, wenn man erwachsen wurde. Man musste da durch. So erlebte sie zum Beispiel viel zu früh „die unsterbliche Liebe", welche eine der schlimmsten ist. Jetzt in Paris fürchte ich mich nicht, ich werde auf mich aufpassen!

Die Eltern glauben vielleicht, die Tennisclub-Anwärter seien auch später noch vorhanden. Also „wenn das Mädchen zur Vernunft gekommen ist".

Wie das mit den Männern ist

Niemand hatte ihr gesagt, dass sie besser Abstand als Courage bei der Begegnung mit dem anderen Geschlecht sprechen ließe, oder dass Courage überall besser einzusetzen sei als im Kampf der Geschlechter. Rückzug und Flucht stehen Frauen besser zu Gesicht, weiß man in den südlichen Ländern, aber Laura Wassenberg hatte das immer albern gefunden, alle „Vortäuschungen". Es musste doch auch ohne das gehen!

Wenngleich sie mit ihrer Offenheit schon sehr auf die Nase gefallen war. Aber vielleicht wäre sie das ebenso beim Begleitspiel dieser Vortäuschungen und all den Raffinessen, die daneben noch angepriesen wurden. Strategisch brächte die Zurückhaltung jeder jungen Dame bessere Ergebnisse. Das behaupteten jedenfalls ältliche Damen in aller Welt. Wir sollen frech und kapriziös sein, dachte Laura, und: Oh, wie bin ich stolz auf die Liebe zumarschiert! Vielleicht war es allen jungen Mädchen ihrer Aufbruch-Epoche unmöglich, sich vorzustellen, ein Nein sei nicht nur stärker, sondern auch attraktiver als ein Ja. Zumal sie zu diesem Ja auch noch all ihren Mut hatten zusammenraffen müssen, später tuschelten sie darüber. Zwar macht das Leben mit uns viel mehr, als wir mit dem Leben, aber das zu wissen, war es zu früh für Laura Wassenberg. Sie war wie alle anderen in der sorglich gepflegten Umnebelung untergekommen, die später kein Mensch mehr versteht. All diese himmlische Verwirrung, und „ihn" wie etwas Überirdisches zu empfinden.

Jedoch die Damen haben es nun einmal zu bewahren, an erster Stelle, das Leben. Besonders das gerade gekeimte. Damit haben sie einen schweren Part, sind sich aber nicht klar darüber. Beim Schwung des ersten, zweiten, dritten Verliebtseins kommt die Frage erst gar nicht in Frage. So wird manche von ihnen in der Folge des schönen Schwungs für immer lädiert, und die Herren scheren sich wenig darum. Es geht doch bei all dem Spektakel um Aufregendes, ja Dringliches, es soll im Sinne der Herren oft auch möglichst schnell passieren. Das schließt nicht aus, dass ihnen auch wunderbare reine erste Romanzen den Weg säumen. Immerhin: Es gab Vorspiele in Sachen Liebe, bevor Laura von der Stadt der Liebe beherbergt wird.

Den Geschlechterwirrwarr hat Laura schon als Kind gefürchtet, sie wollte niemals da hineingeraten. Sie fand das Maß an Aufmerksamkeit, das diesem gewidmet wurde, übertrieben. Und jetzt: Sie wollte nur für die Kunst nach Paris – alles andere sollte nebensächlich sein!

Später wird sie sich mit Studentinnen und Au-Pair-Mädchen treffen, um über Paris und die Männer, über ihre Studien und ihre „Landladys“ zu reden. Sie sitzen dann im Café zusammen, meistens in der „Rotonde“. Sie, die Privilegierten, als junge Mädchen in Paris! Diese Freundinnen besprechen, verheimlichen, beschönigen ihre Erfahrungen. Eine wird zum Beispiel sagen: „Würde bei der Chose vom Ernst einer Zeugung gesprochen, wäre die ganze Stimmung hin! Wir wollen natürlich nicht gleich schon heiraten! Aber ernst genommen werden wohl, n'est-ce pas?“

Bald werden sie drauf kommen: Strategisch wäre Rückzug besser gewesen. Das teilen sie sich nun als guten Rat mit: viel absagen, wenig zusagen. Aber was soll man mit einer „retraite“, einem Rückzug, wenn man jung ist? Alte Leute machen das. „Er soll lieber dreimal anrufen!“, sagt eine andere.

Sie reden auch über die Erziehung von Italienerinnen, die sehr streng sein soll. Man behält die Tochter zu Hause. Vielleicht ist das moralisch gut – nämlich, um bei jungen Mädchen das schwerste Verbrechen zu verhindern, das sie sich selbst und ihrer kommenden Fortsetzung antun können. Da gibt es dann Maßnahmen, in die sie häufig durch ihr Unwissen und ihre Gutgläubigkeit geraten, illegale, schreckliche, schmerzliche ... Als es zu diesem Thema kommt, ruft eine aus: „Das geschieht immer heimlich, und das Geld muss dafür her! Und keiner wird dafür bezichtigt, keiner will's gewesen sein. Die Ärzte, die Methoden, es ist immer grausam. Ob das nicht auch manchem jungen Mann nachher leidtut?“ – „Na ja, was mit dem ungerufen kommenden Leben zusammenhängt: Wird es nicht wie eine Art Ausschlag behandelt?“, fragt eine dritte. „Das vergisst man doch nie“, ruft die erste, „das Leben ist kostbar, nicht wahr?“

Jetzt sitzt ihnen allen schon der Schrecken in den Gliedern. „Frage: Bleibt es bei Leichtsinn auf der Strecke, das Leben?“, hakt eine noch nach. Und: „Man muss sich doch davor schützen, zum Mörder zu werden!“ Die erste fällt ein: „Die Schwierigkeit aller Schwierigkeiten ist die, dass diese Dinge seit Jahrhunderten von Frauen allein bewältigt werden sollen. Und das, wenn wir noch ganz unwissend sind!“ Eine sagt kleinlaut: „Und dann sollen die Frauen auch gleichzeitig mit Charme ihnen die Verführungen besorgen, die uns so sehr schaden.“

Eins der Mädchen ruft jetzt frech: „Die Männer beachten in ihrem Hang zu schönen Frauen irgendwie nur die eigene Lust, so ein blöder Drang nach Erfüllung, auch wenn sie es verheimlichen. Soll immer alles ganz schnell gehen, die wollen ‚was hinkriegen', oder ‚eine abkriegen'. Sie haben nichts mit kommendem Leben im Sinn. Die aasen auch im Krieg damit, mit dem Leben. Sie schießen wild um sich, in jeder Beziehung!" Jetzt lachten sie alle.

Bei solchen Gesprächen wird Laura merken, welche Widersprüche ihrer harren in „der Stadt der Liebe" – und dass sie noch lange nicht so klug ist wie ihr Idol Arletty. Sie bereut auch nicht das erste Mal, dass sie die kindliche Zeit und Wildheit im eigenen Land hinter sich gelassen hat. Aber das wäre ohnehin nicht zu halten gewesen, sie ahnte schon, dass sie nie mehr so wild und sorglos ihren eigenen Kräften vertrauend würde leben können. Was hatten sie nicht schon alles gehört, was jungen Mädchen in Paris zugestoßen war. Aber muss das jetzt schreckliche Vorsicht nach sich ziehen?

Laura ahnt, dass die große Liebe im Kern Tragödie und Himmel in einem ist. Garance wird Baptiste nur in einer einzigen Nacht lieben. Sie werden auseinandergeraten, für immer. Ebenso sollte Marie Antoinette den geliebten Axel von Fersen nur eine einzige Nacht bei sich haben, heimlich, und bevor man sie köpfte. Sie wusste schon, dass ihrem jungen Leben und der einzigen selbst gewählten Liebe das Ende anstand. Ein mit nichts vergleichbares Juwel, solch einzige, vollkommene, niemals wiederholte Liebesnacht. Sie taugen nicht zur Ehe, diese tragischen, heroischen und todessicheren Paare. Es wird sich ihnen auch kein sie rettender Weg zur Ehe auftun, um gleichzeitig ihre Liebe zu zerstören. Aber die Tragik, diese eine Nacht niemals wieder zu erleben, sie auch nicht mit einem anderen wieder vollziehen zu können. Ist das der Preis für das größte Kunstwerk, das die menschlichen Körper einander zu schaffen verstehen? Die einsam einzige Liebesnacht der Auserkorenen, sie krönender und ihnen das Leben zerstörender Diamant. Ja, Marie Antoinette hatte es wohl kennengelernt und musste es teuer bezahlen.

Sie werden also im Café sitzen und in der Manier junger Mädchen im Ausland über die Liebe sprechen. „Es sind eben zwei sehr verschiedene Geschlechter", sagt Laura. „Früher war's einfacher. Wir gleichen Alters pflegten die Kameraderie mit dem anderen Geschlecht, wir fanden darin viel Freude. Es gab auch endlose Diskussionen in endlosen Nächten. Die ganze Begeisterung. *Les copains d'abord* – zuerst kommen die Freunde! –, wie Brassens gesungen hat." Ja, sie kannten es, das Chanson. Viele hatten den Film „Die Mausefalle" mit George Brassens in der Hauptrolle schon in Deutschland gesehen.

Laura geht weiter, sie weiß ja noch nichts von dem Gespräch im Café, sieht stattdessen die Vergangenheit, alte Bedenken. Da sie die schädlichen Wirkungen der frühen Liebeskummer schon kannte, hatte sie in der Schule verweigert, den „Werther" von Goethe zu lesen. Sie bemerkte in ihrem weisen Vorurteil, dass sie seine Story nicht mögen würde. Sie wusste in groben Zügen, um was es sich dabei drehte, und dass schon einige, die danach gehandelt hatten, wirklich umgekommen waren. Die hatten gewiss alle nicht von Paris, von der französischen Lebensart geträumt, die französischen Wonnen der Liebe inbegriffen. Hierbei dachte Laura keinesfalls an all die Klischees, die mit der „französischen Liebe" in Verbindung gebracht werden. Sie dachte eher an heroische französische Liebe, wie bei Héloïse und Abélard.

Dies ist mein Land – vive la France! Sie sieht sich in einer Glastür, nickt sich zu und sagt leise: „Bonjour, Madame."

„La douce France", das ist es ja trotz allem.

„Oh, Champs-Élysées!"

Über die Champs hat sie gelesen, dass der vollständige Name, den die große Promenade seit 1789 trägt, bereits von der Pracht spricht, die sie zur Weltberühmtheit machte. Champs-Élysées – der Name soll bis in alle Ewigkeit an die segensreichen Gefilde Elysions und seiner griechischen Helden erinnern. Das auf dem Boden der Grande Nation – voilà, im schönen Land der Franzosen. Und sie fühlt sich so, als hätte man sie „exprès" und als Heldin nach Elysion, also folgerichtig hierhin berufen. Die Deutsche fühlt sich mit all dem geheimnisvoll verbunden. Sonderbar, warum nur ist man einem bestimmten Land in der Fremde so sehr verbunden und einem anderen nicht? Sie soll bei ihren späteren, weiteren Reisen häufig dastehen in einem Hotel wie abgeliefert, unbeteiligt, und ihr Interesse wird nicht erwachen. Sie soll dann nur das Fremde fühlen, und ihr Aufenthalt soll für sie vergleichbar sein einer lediglich flüchtigen Film-Information. Sie wird sich einmal viele Gedanken machen über die „Erlebnisfähigkeit in der Fremde" – und die werden ihre unwiderstehliche Liebe zu Paris noch bestärken.

Jahre später soll es ein populäres Liedchen geben, das sie banal findet. Ein leichtes Liedchen, das die Champs, ihre Avenue von heute beschreibt: *Les Champs-Élysées*. Gilbert Bécaud singt es auf Deutsch und die Deutschen singen den Refrain nach:

Oh, Champs-Élysées
Oh, Champs-Élysées
Sonne scheint, Regen rinnt
Ganz egal, wir beide sind
So froh, wenn wir uns wiederseh'n
Oh, Champs-Élysées.

Von Joe Dassin weiß sie noch nichts. Doch die Melodie des amerikanischen Singers und Songwriters schwingt bereits in ihrem Herzen, obwohl dieser sie noch gar nicht komponiert hat. Geboren ist er 1938, im gleichen Jahr wie sie, mit den Champs wird er 1969 groß herauskommen – und 1980 auf Tahiti sterben, mit nur 42 Jahren.

Laura hält jetzt Schritt mit diesem Liedchen. Sang sie es nicht schon in ihrer Lyzeumszeit? Die Realität spielt oft eine viel unbedeutendere Rolle im Leben, als man denkt. Sie hat mit ihm zu tun – mit Dassin, der indes von ihr nichts weiß. Die Eleganz der Promenade klingt in all den Liedern über sie mit, ein Pariser Schwung, Pariser Verve.

Wie oft wird sie es hier erfahren, das „Froh, wenn wir uns wiederseh'n" – und wie ist man immer aufgeregt bei einem Rendezvous in Paris. „Aux Champs-Élysées", ein schwungvoller Refrain, ein Liedchen der Verliebten. Sie hat gehört, Paris sei die Stadt der Liebe. So ein Blödsinn. Aber sie ist doch neugierig darauf. Und das Lied passt zu ihr, hat auch in Französisch einfache Worte: „Au soleil, sous la pluie / A midi ou à minuit / Il y a tout ce que vous voulez / Aux Champs-Élysées." Das ist nur nicht ganz so romantisch.

Es schließt auch die andere Seite der Champs mit ein, dort, wo es „tout ce que vous voulez“ gibt, also alles, was du willst. Es ist außerdem eine Beschreibung des wilden Pariser Lebens ihrer Zeit: wildes Tanzen, Jazz, wichtige Gespräche nächtelang – und so etwas wie „urgefährliche Weltanschauungen“: „Tu m’as dit: J’ai rendez-vous / Dans un sous-sol avec des fous / Qui vivent la guitare à la main / Du soir au matin / Alors je t’ai accompagnée / On a chanté, on a dansé / Et l’on n’a même pas pensé / A s’embrasser.“ Das gefällt ihr: „Du sagtest mir: ‚Ich bin verabredet‘ / In einem Kellerloch mit Typen / Die leben mit der Gitarre in der Hand / Von morgens bis abends / Also begleitete ich dich / Wir sangen, wir tanzten / Und wir dachten nicht einmal daran / Uns zu umarmen.“

Besonders die letzte Zeile: Wer kennt schon gerade das? Dass es die Liebesnacht in der Liebe beim Verliebtsein hier erst mal gar nicht zu sein braucht. Wer vermutet schon so einen unschuldigen Zauber unter jungen Leuten – ausgerechnet im verrufenen, „liebestollen Paris“? Man hat eben in Paris zu leben, um die poetische Seite geschenkt zu bekommen. Sie weiß das. Die Zurückhaltung, das Dezente ihrer Manieren, die natürliche Scheu, Sympathie und Zartheit unter jungen Menschen, und das, obwohl sie auch wild und verrückt sind. Man fällt nicht aus dem Rahmen, Contenance zählt. In der letzten Zeile des Chansons steckt, was Laura Wassenberg immer an den Pariser „jeunes“ schätzen wird – und das, was sie frei von Angst lässt – neben Gefahren, die fraglos lauern. Wie zittern die Eltern, wenn ein junges Mädchen allein nach Paris will. Dieser Sündenpfuhl, da kommt sie unter die Räder!

Das Paris der Edith Piaf jedoch wird nie vergehen, auch nicht das eines Georges Brassens’ – und das der Dichter Prévert und Eluard und des Komponisten Joseph Kosma. Davon verstehen sie daheim nichts. Es ist so wie mit Rossini. Weil der Leichtes, Behendes und das große Lob des Belcanto zum Klingen brachte, weil er Beflügeltes schon zu Lebzeiten in sich fühlte, sehr italienisch, sonnendurchschienen – erschien er vielen Deutschen unseriös. Aber Heine in Paris schrieb lobende Worte, seine große Begeisterung über ihn nieder. Er zöge ihn und Mozart Wagner vor! Wie richtig, dass Heine in Paris lebte.

Das beflügelte, anmutige Paris zählt auch ihr. Ebenso wie das Paris der Zivilcourage. Die Poesie hat Flügel und Dolche. Der Dichtung gehört der Himmel und die Rebellion. Paris ist ihr die Stadt der Literaten, der Erfahrenen wie der Schwärmer, der Dichter wie der Akrobaten. Und natürlich leugnet sie daneben nicht – nicht darunter oder darüber – das Paris der Bourgeoisie, das sie alle umsäumt. Nur hat hier der Alltag, „la vie de chaque jour“, neben der Bourgeoisie auch die einfachen Leute zu bieten. Sie, denen man Chansons widmet, die in ihrer Armut und Tapferkeit von Prévert geliebt werden und die hier einzigartig sind. Immer aber wird sie sich fragen, ob Napoleons Spruch der Wahrheit entspricht: „au milieu de ce peuple français que j'ai tant aimé.“ Dieser Satz, den sie nie vergisst, seit sie ihn an seinem Sarg las.

Die Touristen in Paris sind dagegen wie eine Landplage. An hohen Feiertagen wie Ostern, Pfingsten, gehen Deutsche, die in Paris wohnen, gewöhnlich nicht aus. Man bleibt versteckt, um dieser Plage nicht zu begegnen. Die kommen mit Busunternehmen, je mehr, desto billiger ist es. Dabei gilt: Wenn ein Tourist sich nicht an die scheinheiligen Sonderangebote hält, bekommt er's vielleicht sogar noch billiger. Das mit den Sonderangeboten soll sich aber Jahr für Jahr noch steigern. Einmal, dachten alle immer schon, muss man in Paris gewesen sein!

Normalerweise dauert es acht Stunden Zug, über Namur. Dann der Gare du Nord. Das habe ich geschafft. Und jetzt will ich nicht zurück, jetzt muss es für länger sein!

Laura Wassenberg hört noch die Warnungen, Paris sei eine Großstadt wie alle anderen. Zu viel Verkehr, zu schlechter Geruch, schreckliche Vororte. Und wenn überhaupt, dann um den Gare du Nord herum ein einfaches Zimmer nehmen. Junge Leute haben nicht viel Geld. Ja und den, der gerade an der Rezeption sitzt, schwarz oder weiß, dann nach seinem eigenen Lieblings-Ausflugsziel in oder bei Paris fragen. Etwas Englisch spricht man schon. Deutsch nicht. Die befragte Person teilt vielleicht mit, sie führe des Sonntags in den schönen Parc de Sceaux, mit der Bahn. In einem viel näheren Park, den Laura wenig später entdecken soll, wird sie nur wenige Touristen sehen, in Belleville, einem Arbeiterviertel, im Parc des Buttes Chaumont. Der Park ist eine Erfindung des umstrittenen Baron Haussmann, der die schönen Pariser Grünanlagen anlegte. Wenn auch der gleiche Herr Baron andererseits Teile der mittelalterlichen Metropole rabiat abräumen ließ, um so für schnurgerade breite Straßen zu sorgen, die noch heute die elegantesten sind. Als Heeresstraßen waren sie heimlich eingeplant von „des Königs Haussmann". Die berühmten Avenuen stehen in jedem Reiseprospekt. Aber das Volk hat gelitten.

Nur am Rande dieses Parkes wird sie auf Touristen treffen, da, wo in früheren Zeiten der schreckliche Galgen Gibet de Montfaucon sich befand. Gehenkt wird da heute nicht mehr, anno dazumal war der Galgenberg die Attraktion, noch ganz ohne Fernsehübertragung. Blutrünstig das Zusehen, imposant der riesige Galgen. Später soll man das Mörderische in Fernsehübertragungen aus dem Krieg zu sehen bekommen.

Der Geschmack des Zuschauers hat sich von Jahrhundert zu Jahrhundert kaum geändert. Doch die „Reportagen" waren anders: Zum Beispiel schrieb damals der dem Regime unangenehme François Villon in die Gazetten seine „Ballade von den Gehenkten". Er, der außerdem noch Mitglied des Verbrecherordens der „Muschelbrüder", der „Coquillards", gewesen ist! Der größte Reporter seiner Zeit und wagemutige Dichter hat befürchtet, selber auf dem Berge gehenkt zu werden. Die Gazetten vergilbten, aber sein Gedicht ist noch da! Glühende Verehrer hat der rasende Vagabund später in aller Welt gefunden. Natürlich erst, als er selber hinüber war. Laura Wassenberg liebt ihn sehr, sein freches Maul und seine leise Seele.

Der Park auf dem Chaumont-Hügel hat aber auch feine Aussichtspunkte. Es gibt hier einen berühmten Brückenbogen, der sich zu einer Insel hinüberbeugt. Diese Brücke, die früher Selbstmörder anzog, lädt heute nur Spaziergänger zur Insel ein. Dort ist ein kleiner Pavillon, wo man verweilen kann, der Passant sieht romantische Grotten, künstliche Felsen und hübsch angelegte Hügel.

Der „Spatz" im kleinen Schwarzen

Laura weiß: In der Nähe des Parks befindet sich das Quartier Ménilmontant. Hier lebt die zarte Dame im „kleinen Schwarzen"; sie trägt eine Goldkette mit Kreuz um den Hals, wenn sie auftritt. Sie, die den Spatz im Namen trägt – „le piaf" – und die alle Welt den „Spatz von

Paris“ nennt. Die Piaf soll Laura Wassenberg auch viel später noch interessieren. Dann soll sie ihre Wohnung sehen und über sie schreiben fürs Feuilleton: „Sie singt und singt, besonders hier in Ménilmontant, obwohl sie jetzt schon 40 Jahre tot ist.“

Die Piaf wurde 1915 geboren und stirbt 1963. Ihr Leben geht bereits dem Ende zu, als Laura über die Champs schreitet. Der Name der Piaf wirkt magisch auf sie. Ihre Stimme klingt besonders in den einfachen Vierteln aus den Bistros bis auf die Straße. Immer wirkt in ihr eine Vibration nach, die in den großen Sälen auch das Publikum packt. Laura Wassenberg hat in der Zeitung gelesen, wie Edith Piaf zusammenbrach, im amerikanischen Hospital lag, dann doch wieder im „Olympia“ auftritt. Sie kann sich keine Konzertkarte leisten, aber kennt die meisten ihrer Chansons, hat ihre Stimme im Ohr. Die ist zäh, scharf und leidenschaftlich, frech und süß; sie kommt eben aus dem Schnabel eines Spatzen, in der Tat. Paris ist die Stadt dieser Piaf, wo sonst sollte sie herkommen?

Edith Piaf hat die meisten Chansonniers ihrer Zeit gefördert und geprägt, vielleicht mit ihnen geschlafen. Was eben hier nicht „schlafen“ heißt. Es intensiviert, man kennt sich besser, durch die Liebe geht einem vieles auf und gewinnt an Kraft. Montand, Moustaki, Reggiani waren einmal ihre Eleven, ihre Schüler. Die großen Chansonniers, welche alle später wunderbar über sie sprechen sollen. Sie wird es in Journalen und Büchern lesen.

Auch das wird Laura Wassenberg in dieser Stadt schätzen: wie der Künstler über den Künstler respektvoll spricht. Weniger Künstlerneid, der in Deutschland so peinlich gut gedeiht. Natürlich gibt es auch hier die Möchtegerns, eitle Angeber – aber sie werden schnell wieder aus dem Gedächtnis der Menschen verschwinden. Hier bleibt nur Qualität. Und die Qualität, die in Paris zählt, zählt in der ganzen Welt.

Laura nimmt alles auf, was sie von der Piaf erfährt. Fast täglich wird sie ihr Chanson *Je vous connais, Milord* im Radio hören. Das, denkt sie, hätte nie ein Deutscher geschrieben. Ebenso nicht das Chanson *Sarah,* das Georges Moustaki komponierte und schrieb. Schrieb er es für die Piaf? Davon wird noch die Rede sein, ebenso vom Chanson *Le Déserteur* von Boris Vian, von diesem zum Algerien-Krieg geschrieben.

Jahrzehnte später wird sie nach schwierigen diplomatischen Verhandlungen die Wohnung der Piaf in Ménilmontant betreten dürfen. Es ist ein Gedenktag, ihr 40. Todestag. Laura geht zuvor auf den Friedhof an Edith Piafs Grab, kennt schon den Weg. Dann schreibt sie – und sie beginnt mit dem Ende: „Wie ich feststelle, stehen wieder große Blumensträuße auf ihrem Grab. Sie hat immer die prächtigsten Blumen auf dem Père Lachaise." Die Piaf, die später durch ganz Frankreich und bis nach New York tourte, blieb innerlich immer in Paris – wie vielleicht jeder Pariser? Man ist dieser Stadt treu wie keiner anderen.

An Piafs Eingangstür Rue du Gast No. 5 wird sie ein kleines Emaille-Schild sehen mit einer langen Telefonnummer darauf. Es meldet sich der Konservator des privaten Piaf-Museums. Ja, sie könne kommen, er habe eine Viertelstunde Zeit. Einige Stockwerke, der Flur, endlich die Tür des Museums. Sie weiß: Das ist Piafs ehemalige Wohnung, in der ihre Möbel und persönlichen Sachen aufbewahrt werden, ihre Schallplatten, Bücher, Fotos. Dokumente ihres Achterbahn-Lebens. Neben der Eingangstür ein Foto von der Chansonette mit typischer Piaf-Haltung: Wie zum Gebet oder zum Himmel erhoben die schönen Hände, dazu ihr aufwärts gerichteter, flehentlicher Blick. Drinnen wird Laura sich umschauen, plötzlich berührt von den echten Gegenständen der Edith Piaf, wird erschrocken sein, wie sie das packt: der riesige Teddybär im Sessel, so groß, wie sie kaum selber war. Ein Foto von ihr gleich daneben.

Laura Wassenberg wird auf Piafs kleine Schuhe sehen, mit denen diese einmal auf der Bühne stand. So brav nebeneinander, so dageblieben. So „noch am Leben". Als könnte die Piaf diese gleich wieder anziehen, zum Olympia gehen, singen. Davor das kleine schwarze Kleid, auf einen Bügel gehängt, das winzige goldene Kreuz an der Kette.

Aus dem Grammophon wird sie eines der Chansons hören, das sie so gut kennt, über das Weihnachten armer Kinder. Eines, das eben auch zur Gestalt der Piaf und ihrem großen Kinderkopf passt: „Le noël de la rue / C'est la neige et le vent / Et le vent de la rue / Fait pleurer les enfants." Das Chanson, das all die Kinder der Arbeiterviertel um Weihnachten besingt, wie sie ihre Nasen an die kalten Schaufenster drücken und Spielsachen nur bestaunen.

Piaf scheint mit ihrer Stimme die Wände zu sprengen: so eine prägnante, klare Stimme – im Gegensatz zu dem Mief und Geruch der alten Wohnung. Aber ebenso auch im Einklang mit all den Sachen hier: seltsame Utensilien, die nicht verraten, dass der „Spatz von Paris“ irgendwann im Leben auch einmal zu viel Geld gekommen war.

Nach dem Besuch der Wohnung der Piaf wird sie zum Café in Ménilmontant gehen – hier schöne alte Plakate der Konzerte und Fotos von ihr an den Wänden, aufgeklebt, vergilbt. Auch von Aznavour, von Georges Brassens. Hier fühlbar das bekannte unverwüstliche Milieu. Nebenan sitzt ein schönes junges Mädchen, sie raucht aufgeregt, lächelt zu ihr herüber. Am Trocadéro gegenüber dem Théâtre Chaillot, 16. Bezirk, täte das keine junge Dame, denkt Laura Wassenberg, also eine Ausländerin anlächeln. Das Mädchen sitzt dort mit ihrem Freund, dieser gleich neben ihr. Sie mit betörendem Dekolleté, auf das er nicht blickt, der begehrte Beau Garçon mit seinen langen dunklen Augen und dichten Wimpern. Sie quasselt in einer Tour. Etwas Dringendes? Er sagt kein Wort. Dafür schlenkert ein hübscher Kellner von Tisch zu Tisch, sieht sie keck an, pfeift, lacht. Er ist einer von denen, die noch jedem trüben Tag seinen Charme abzugewinnen vermögen. Vielleicht weint das schöne Mädchen heute am Abend.

Eine ganz andere Atmosphäre jedenfalls als in den Cafés am Trocadéro oder auf den Champs, über die sie jetzt wieder schreitet; alles vermischt sich, die Zeiten, die Vorkommnisse, sie kommen und gehen. Vielleicht sind sie im Tiefsten nicht, waren nie kontinuierlich. So wie längst nicht alle Logik eine Frage ihrer Folge ist. Ereignisse verlöschen oder bleiben, sie richten sich nicht nach dem Folgerichtigen. Alte Ereignisse können nah sein und aktuelle fern. Wie schrieb schon Jean Paul, den man so oft in unseren Sterbeanzeigen zitiert: „Die Erinnerung ist das einzige Paradies, aus dem wir nicht vertrieben werden können“.

Laura Wassenberg weiß schon jung, dass dieses Erkennen ihr bis ins Alter Gewissheit sein wird – und vielleicht über alles Altern hinaus. Im Piaf-Museum, wird ihr noch eines gegenwärtig werden: Nur die Liebe bleibt. Wie Paulus an die Korinther schrieb: „Die Liebe höret nimmer auf.“ Sein Brief ist ein Teil der Bibel, der in ihr immer lebendig blieb. Sie denkt jetzt nach über „jeunes á Paris“, junge Leute hier, die gut erzogen sind. Diszipliniert UND freimütig. Uneingeschränkt fantasievoll, wie junge Leute überall, aber doch an der Leine der guten Herkunft; es hat mit Tradition zu tun – die sie im eigenen Land so häufig verneint hat. Die „provenance", welche immer mitzählt, also „die Kinderstube", wie man in Deutschland sagt. Vielleicht ist das auch hier manchmal spießig, kleinbürgerlich – und der Ausbruch der Jugend daraus noch viel schwieriger. Man scheint hier zu denken: Der Apfel fällt nicht weit vom Stamm – jedenfalls im Allgemeinen nicht. Aus gutem Hause zu sein ist etwas, das sich hier wohl jeder wünscht. Nicht zu verwechseln mit der Grande Revolution, auf die man in Paris allerorts stößt. Sondern es geht durch alle Schichten, die des Adels wie die der Arbeiter. Doch proben „les jeunes" auch hier den Aufstand, Auszug aus der Familie. Der Drang „hinaus in die Welt" ist jedoch viel schwächer. Der Franzose lernt nicht gern andere Sprachen, und meistens ist das Ausziehen schon finanziell nicht zu machen; man verlässt hier die Familie zudem nicht leichtfertig, bleibt gern identisch mit ihr. Was soll einem denn die fremde Welt schon geben, wie einen schützen? Und hat Frankreich nicht die schönsten aller Landschaften, auf die man stolz ist?

„Les jeunes" kennen die Revolte, sie verstehen zu parlieren, sind auch frech, aber mehr im Wort als in der Tat. Französische Schulen haben einen sehr guten Ruf und sind streng. Alle Revolte wird ein Ende nehmen, die alten Werte haben Gewicht, dennoch kämpft man feurig für Neues, für Umschwung – das ist ein spannender Widerspruch im Franzosen. Und: Paris ist eine Stadt, die den Geschmack prägt, die französische Kultur nimmt es genau mit dem „bon goût". Laura Wassenberg hat das lange schon gerochen, es gefällt ihr. Freiheitsdrang, was man bei uns die „Sturm-und-Drang-Zeit" nennt, gefällt ihr auch. Das ist die Lebenszeit, in der sie gerade steckt.

Die *Marseillaise!* Man kann hier gut schmettern: „Allons enfants de la patrie." Oh ja, immer noch. Und es klingt anders als das in Deutschland noch gar nicht lange vergangene „Die Fahne hoch"! Davon darf sie daheim in Deutschland nicht sprechen, man nennt sie einen „Nestbeschmutzer". Aber hier erzählt sie es jedem. Sie ahnt: Wer länger hier lebt, bekommt einen geschärften Blick für französische Schönheit, Anmut, Eleganz – obwohl man dem nie wird beikommen können –, vor allem für das „savoir-vivre"! Etwas davon zu verstehen bedeutet ihr ein Kunstwerk; nicht zu verwechseln mit „Kunststück". Das Wort „Kunststück" hat das Abfällige, auch der Kunst selbst gegenüber, das der Deutsche gern vorträgt und sich „all dem überlegen" fühlt. In der Kunstschule ihrer Heimatstadt sagten die Maler oft lachend, den „Volksmund" nachahmend: „Tut die Butterbrote weg, da kommt ein Künstler!" Oder erzählten, dass die Hausfrauen in der Nachbarschaft der Kunstschule über die weiblichen Studenten mit den kurzen Röcken riefen: „Da kommen die Säue!"

„Kunststück! – Das ist ja kein Kunststück." In dem Ausdruck „c'est une pièce d'art" klingt nichts dergleichen an. „Kunststück" beschreibt des Deutschen Zwiespalt den Künstlern gegenüber. Sie sah es noch nie abfällig, dass ein Mensch ein schönes Leben verwirklichen will, und fühlt sich in Frankreich darin besser verstanden. Sie meint es ernst. Sie sah auch das sagenhafte Versailles – dessen Verdrehungen und Bücklinge, künstliche Welten, Rankünen, Übertreibungen, Entgleisungen sie wahrnahm, die Vorkommnisse des Hofes, die heute respektlos analysiert und beschrieben werden. Aber hatte Versailles nicht seine guten Seiten, eine Hinwendung zu Schönheit? Das prägt die Franzosen bis heute, es ist eine andere Chose als Gerechtigkeit. Auch Schönheit hat Gewicht. Sie gehört zur Rettung des Menschen. Und die auferlegte Contenance? Man hat sich zu benehmen, wo käme man denn sonst hin! Das alles ist gefährlich, schwer zu beurteilen. Disziplin, Ordnung – darauf legten auch die Deutschen großen Wert. Der große Komponist Rossini hat gesagt: „Ordnung ist Reichtum." Welch sonderbares Wort – von einem Künstler.

Was bedeutet wahrer Adel – bei den Menschen? Haben die, die „alles haben", keinen Maßstab mehr – keine Leidenschaften? Sind sie zu satt? Wer große Leidenschaften erfahren soll, wird von ihnen nicht verschont bleiben. Die französische Literatur beschreibt viele „liaisons dangereuses" – die gefährlichen Liebschaften – sowohl als delikat wie auch als lüstern, kenntnisreich, erschütternd.

Ich will zur Kunst; natürlich nach Paris, und französisch leben und sprechen lernen. Zeichnen lernen, malen. In das „savoir-vivre" eintauchen. „En avant" – vorwärts!

Ist sie noch golden, die „jeunesse dorée“?

Laura ahnt: Erst mal tanzt man hier jung im gewöhnlichen Leben herum, stolziert mutig durch Saint-Germain, kleidet sich möglichst gut und gibt an. Das „bavarder“, die Geschwätzigkeit, kommt nicht zu kurz. Es kann auch enervierend werden. Sie lästern gern, die jungen Franzosen, machen Anspielungen, flirten mit ihren schönen Augen. Die jungen Französinnen sind stolz und „distinguée“, fein und überheblich. Die Ironie, das Wortgefecht, ist früh erlernt, schwer, dem beizukommen. Erst mal bin ich hier Ausländerin. Es ist so, als hätten die Franzosen das geistige Fechten ursprünglich und eigentlich nur für sich selbst erfunden, eine höfische, beeindruckende, unausrottbare Disziplin. Beängstigend. Sie denkt heimlich: Jedoch ein jüdischer Franzose versteht es möglicherweise noch besser! Irgendwoher muss der Antisemitismus ja kommen.

Sie soll sich selbst noch nach Jahren und der häufigen Wiederkehr nach Frankreich zu langsam in der Reaktion und in ihrem Französisch vorkommen – obwohl die Franzosen sie ihrer Sprachkenntnis wegen oft loben. Bei diesen messerscharfen Wortabschlägen bleibt sie auf der Strecke, und sie wird nicht versuchen, daran teilzunehmen. Besser versucht man das Kontern nicht auf dem Feld des französischen Geistesblitzes. Das heißt im Sinne ihrer jugendlichen Beobachtung: dem alles verheerenden, dem spitzen, dem schockierenden und dem köstlich erfrischenden Esprit!

Vieles ist schwer. Das Geldverdienen, das Erkunden, das Anpassen. Man ist ständig auf der Suche und weiß nicht, wie es weitergehen soll; trifft junge Männer, die hier studieren wollen, und die es noch schwerer haben. Laura und die anderen jungen Mädchen aus dem Ausland werden als Au-pair in Haushalten und als Kindermädchen angestellt, das ist zunächst die Rettung. Dann kann man aufatmen, hat einen Raum zum Schlafen.

Freude ist hier der pure Götterfunken an sich, kommt gleich wieder auf, wenn die Hürde genommen wurde. Ha, man kann in Paris bleiben! Vielleicht morgen früh um sechs nach einer Jazz-Nacht im „Le chien qui fume“, dem „Rauchenden Hund“ bei den Markthallen eine Zwiebelsuppe essen. Natürlich ist man übermüdet, und am nächsten Tag geht die Arbeit wieder los, für das wenige Geld. Aber nirgends so ein Lokal – und nirgends solche Markthallen! Was sich in dieser frühmorgendlich verräucherten Atmosphäre trifft, kann man nie vergessen: Lastwagenfahrer, Künstler, fein angezogene Menschen, die aus der Oper kamen und sich die Nacht um die Ohren geschlagen haben. Es gleichen die sonderbaren Gestalten hier auch zum Teil denen, die sich in einem ebenso schmuddeligen Bistro am Marché aux Puces, dem Flohmarkt an der Porte de Clignancourt, um die weinglänzenden rötlichen nassen Tische scharen – und dort einer betrunkenen Chanteuse des Mittags um eins zuhören, ohne Unterlass Zugaben verlangend, ob sie nicht vielleicht doch noch *Au Temps des Cerises* – „Die Zeit der Kirschen" – singt.

Ja, hier kann ich ganz ausgelassen sein, ohne dass einer Anstoß daran nimmt oder es mit den immer so spießigen heimlichen Liebeswünschen verwechselt. Die Schönheit hat viel zu sagen, zum Beispiel auch die des Genies, welchem auch immer, das die Natur entworfen hat. „Sauvage!" Das lieben die Franzosen, diese so disziplinierten, andererseits auch: das Wilde!

Aber Brigitte Bardot wirkt verfärbt, verstellt, puppig. Man hat sie verbogen. So wie in Amerika ihr blondes Pendant Marilyn Monroe. Schade. Man hätte diese Frauen auch ganz anders erleben können, doch man hat ihr Wesen und ihren Charme totgetrampelt. Echt französisch dagegen die Freude am Geistigen, am „goût", am Genießen. Nun ja, auch auf dem unbegrenzten Gebiet der Liebe. Keinesfalls nur im Bett – die Liebe spielt überall mit. „Amour mon cher amour, on s'aimera toujours", singt der von allen geliebte Montand, und fast könnte man es ihm glauben. Er ist ein sehr guter Schauspieler geworden und hat sich alles erarbeitet. Er blieb kein Charmeur. Die Signoret hätte ihn sonst auch nicht geheiratet.

Laura Wassenberg kauft sich keine Zeitungen, liest aber manchmal die Schlagzeilen. Aus dem Ausland, aus schiefen Winkeln beäugt, weiß man, wie die Welt den französischen Charmeur aufs Korn nimmt oder den „farfelu", den flatterhaften Franzosen. Ihm und der „courageuse", der frechen Französin, ist nicht recht zu trauen. Am besten würden sie immer bewacht von einer Concierge.

„Oh non. Vive la poésie!", denkt Laura Wassenberg. Wenn sie sich des Lebens freut, erblickt sie manchmal in französischen Augen den Spiegel ihres eigenen Wesens, der Bereitwilligkeit zu

Begeisterung. „Vif“, lebendig, nennt man das hier. Zu Hause fand man sie eher „übertrieben“. Aber in ihrer Heimatstadt begegnete sie vor Jahren einem französischen Studenten, der sagte: „Tu es plus vive que la plupart les Allemands.“ Lebendiger als die meisten Deutschen. Das hatte sie ganz stolz gemacht.

In der Tat, hier ist man kecker, verrückt, sogar lebensverrückt. In den Jazzkellern tanzen sie den Bebop mit dem akrobatischen Überschlag. Wo gibt es denn so etwas! Wagemutig, bei ganz normalen jungen Leuten, die tagsüber im Büro sitzen oder in den Bänken eines Hörsaals in der Uni. Nicht mal der später verrufene Cancan, der einmal ein beliebter Arbeitertanz bei wilden Festen war, ist dem vergleichbar. Hier geht es eher wie im Zirkus zu. „Akrobat schööön“, wie Charlie Rivel, der Clown, sagte. Man muss eben richtig toll sein, sonst hat die Sache keinen Schwung, und der Überschlag gelingt nicht. Angefangen hat es allerdings im Amerika der Schwarzen.

Ist das nicht schon in *Les Champs-Élysées* gesagt? Also ist der Song doch nicht so banal. Es ist echt. Und der, der es geschrieben hat – das Glück war trotz allen Erfolges nicht auf seiner Seite. Joe Dassin sang auch das zarte Lied *My Funny Valentine*, das Laura Wassenberg früher von Chet Baker gehört hatte. Ewas Vergehendes in diesem Lied, ein Weltabschied, den junge Leute gut kennen. Chet Baker selber, der den Drogen zum Opfer fiel, hatte es jung schon in seiner Aura, seiner Stimme. Es kündigte sich das Brüchige an, existenzielle Unsicherheit. Die Kriegskinder Europas kannten es besser als die davon unberührten jungen Amerikaner. Das Unsichere kannten sie ebenso wie das Wilde, Ausgelassene beim Tanz in den Jazzkellern.

Les Champs-Élysées war kein Jazz-Song – aber einer, der sich weltweit verkaufte. Auch die *Funny Valentine* sollte in der ganzen Welt gehört werden. Später sollte Laura Wassenbergs Lieblingslied *Les Feuilles Mortes* sein, die toten Blätter, von Jacques Prévert gedichtet und von Joseph Kosma komponiert. Weltweit berühmt wurde es durch Yves Montand – und als *Autumn Leaves* im Jazz verbreitet. Die Geschichte Montands sollte Laura an vieles erinnern, nicht zuletzt an die Lebensgeschichte ihres besten Freundes Giorgio. Das waren Biografien dieser Ära, zu der auch sie gehörte.

Dass man in dieser Zeit in Europa Sinn für Poesie hatte, die sich ganz allgemein verbreitete, sollte ihr erst viel später auffallen, als dieser Sinn mehr und mehr verloren gegangen war. Man genierte sich noch nicht wegen der eigenen zarten, schwebenden Regungen, über die junge Leute eine Generation später lachen würden. „La jeunesse" verwahrte sich auch nicht gegen den stets wartenden fahlen Schimmer der Tristesse. Sie gehörte zum Leben; die Melancholie wurde nicht als Kehrseite verstanden. Auch sie vermochte Schönheit zu zeugen, und sie gehörte zur Liebe. Wenn man aus den Abgründen des Liebeskummers wieder hervorkam, begann ein anderes Leben – zumindest eine kleine Nuance anders. „Jive!" Sich austoben! Es staubt, wenn sie tanzen. Die Schlagzeuger sind erster Klasse, vor allem Kenny Clarke, der spielt vorwiegend in der „Blue Note". Noch sind die automatischen Rhythmen, die einzig und allein zum Zerstampfen jeder Feinheit dienen, nicht zum Zuge gekommen. Unvorstellbar, was einmal alles „automatisch" werden soll.

Ist nun *Les Champs-Élysées* ein Schlager?, fragt sich Laura Wassenberg. Obwohl sie es nicht mit Schlagern hat – und das Lied noch gar nicht komponiert ist – nimmt die junge Deutsche es damit nicht so genau. Solche Lieder sind konventionell, wie auch die Haute Couture gelegentlich konventionell ist. Sie pfeift den Refrain – und geht weiter auf der besonnten Avenue. In Paris kann so etwas einfach in der Luft liegen.

Die touristisch wachsenden Gebilde des berühmten Nachtlebens, der vielen Cabarets, offerieren auch vorwiegend konventionelle Kunst, aber gekonnt. Höchste Vollkommenheit im Entertainment. Da hineinzugehen, kann sie sich nicht leisten, und Heinrich Heine würde es vielleicht als „geschönt" empfinden. Jedoch: So ein Wort kannte er noch nicht.

Das Zeitgenössische ist unbarmherzig, hat uns viel mehr in seinen Fängen, als wir denken. Früher schrieb Heine einmal die Zeile: „Das leichte Volk wird mir zur Last." Das ist so melodiös wie auch modern gesagt – er könnte es auch heute über die Franzosen geschrieben haben. Dichter sind zeitloser als andere Menschen, denkt sie. In jedem „geflügelten Wort" ist die Zeitlosigkeit der Dichter wahrnehmbar. Sie kennt viele geflügelte Worte, sammelt sie. Bemerkungen, die Jahrhunderte überdauern, haben sie immer schon über das Schnelllebige getröstet. Sie möchte auch solche Sprichwörter einmal von sich geben. Ja – sie sind geflügelt! Und sie überfliegen die Banalität.

Vielleicht kannte Heine die Pariser Freude, sinniert sie. Die damals schon vielen Belustigungen, wie die Impressionisten sie dargestellt haben. Wenn auch seine geliebte Mathilde dem mehr als er frönte, was ihn eifersüchtig gemacht hat. Er hat ihren Papagei vergiftet, dieser Heine! Der ging ihm auf die Nerven. Mag sein, dass es ihm hier alles zu viel Cancan, zu viel Chanson, zu viel Charme, zu viel Tütü und zu wenig Lied war. Das Heimweh kannte er gut; das nennt man hier „mal du pays“ oder auch „la nostalgie“, was ganz anders klingt. Niemand kennt das schwere Heimweh so gut wie die deutschen Juden im Exil, von denen Heine auch einer war. Sie ist sich mit Heine einig, auch sie liebt das deutsche Lied. Die Franzosen schätzen es, wie sie weiß. Sie nennen es „le lied“. Volkslieder, Kunstlieder, auch Kirchenlieder kennt sie auswendig – und wird nie verstehen können, wie Deutsche das Beste und das Feine ihrer Kultur so gern vergessen. Da müssen es erst die Japaner auf ihre Schallplatten pressen, damit Deutsche es wieder hören. Die Rheinromantik ist etwas Altersloses, sie wird in der Welt bleiben. Erfunden haben sie die Engländer; der Maler Turner war berauscht davon. Was für ein großartiger, behäbiger Strom, denkt Laura. Ich bin ein Kind des Rheins. Aber jetzt geht es ihr um die Seine, ausschließlich. Die ist ebenso romantisch und dazu noch französisch. Letzte Nacht, wie samtblau der Himmel war – oder besser: Pariser Blau? Ach, das ist die Farbe aller Künstler und aller Könige und aller Verliebten, das Pariser Blau!

Was das konventionelle Paris betrifft, so hat die junge Deutsche damit nichts zu tun. Noch nicht. Sie kennt keine „geschäftlichen Hintergründe“ in ihrer geliebten Metropole, und die ist unfraglich die Mitte der Welt! Hier regiert die Poesie, und dieses Paris hat die Poesie erfunden.

Diese Sprache ist ihr ein Gedicht

Laura denkt: Die französische Sprache ist ein Gedicht, durch und durch ein Chanson. Hier geht man deshalb beschwingter, man atmet leichter, jeder Satz ein Gesang! Stimmen und Farben haben

Gemeinsames. Die Farben des Tages und der Nacht zeigen einen Hauch von Pastell – selbst das Grau hat diese beschwingten Nuancen. Solche Mischungen gibt es in keiner anderen Stadt; Grau kann sein: Tiefgrau, Rosagrau, Blaugrau, Grüngrau, Violettgrau – je nach Stimmung und Tagesstunde. Es ist auch mit dem Lichterglanz so. Wenn es regnet, glänzt der Asphalt in Paris mehr als anderswo. Das ist, weil die Poesie hier den Regen macht. Es glänzt tiefer, feiner, auf Kopfsteinpflaster, auf den Dächern, auf den Schaufensterscheiben. Es glänzt vornehmer. Wie eben alles in Paris vornehmer ist.

Ha, und überall hört man das Akkordeon! Dieses schwere Instrument, das die junge Deutsche früher einmal über ihre Schulter hat heben und spielen wollen. Das Akkordeon – aus ihm kommt Tag und Nacht der ewige unzerstörbare Musette-Walzer. Töne wie Stufen – ach, wie die Stufen des Montmartre. Jetzt auf den Champs, ihrem schönen Umweg zur „Beaux-Arts" und der „Julian", ist ihr nach Walzer zumute. Sich-drehen! Linksherum, rechtsherum. Die Musette, wie sie gurgelnd klingt, immer weiter sich dreht. Als gurgelte darin das Wasser der Seine von morgens bis Mitternacht. Aber das Wort „Musette" – was bedeutet es wohl? Das Wörterbuch verrät es: Das ist der Fresssack der Pferde, oder auch der Dudelsack, die Sackpfeife. Weiß der Himmel, warum dieser Tanz so heißt. Was auf der Welt alles gedreht und verdreht wird, kann sie ohnehin nicht verstehen.

„Dem Reinen ist alles rein", heißt es in der Bibel. Jedoch muss der aufpassen, dieser Reine, dass er nicht zum Trottel und übers Ohr gehauen wird. Sie will nichts Schäbiges betrachten. Und wenn's denn schon sein muss, dann nicht so lange, bis ihr schlecht davon wird. Dummheit zum Beispiel, es gibt so grobe Dummheit, dass sie dem Betrachter wehtut. Es ist aber nichts zu ändern an den Blöden, selbst in Paris soll es sie geben! Genauso viele wie bei uns? Später hört sie einen Satz in einem deutschen Kabarett, der selbst im Deutschen ihr geschliffen klingt: „Das Recht auf Dummheit gehört zur Garantie des Rechtes auf die Entfaltung der freien Persönlichkeit." Als Erholung von der Dummheit denkt Laura nun an ihre Vorliebe für die Poesie. Das stimmt sie gut.

Wie schrieb der Dichter E. E. Cummings, den man auch in Paris schätzt:

immerdar möge mein herz kleinen vögeln
offenstehn denn sie sind das geheimnis des lebens
was sie auch singen ist besser als wissen
wenn menschen sie nicht mehr hören dann sind sie alt
immerdar möge mein sinn rumlungern
hungrig durstig beweglich ohne bang
und selbst am sonntag mög ich unrecht haben
denn wer im recht ist der ist nicht mehr jung
(...)

Man hat natürlich schon darüber diskutiert: Die Blöden kann man nicht umgehen. Außerdem vermehren sie sich viel mehr als die Gescheiten. Sie stören, ohne gestört zu werden. Eben unempfindlich. Vernunft hilft nichts dagegen, auch Nüchternheit nicht. In ihrer geliebten Metropole reden die Franzosen viel über die Blöden. Kluge Franzosen nennen sie „imbéciles", Schwachköpfe. „C'est si bon" – das tut gut. Sie lässt sich das Wort „imbécile" immer wieder auf der Zunge zergehen.

Poesie, das ist wie erfolgreiches Träumen. Was nutzt uns die Vernunft, wenn man die Dummen nicht loswerden kann. Es geht ihr nicht darum, nüchtern zu sein, wie ihre Mutter es sich so oft an ihr gewünscht hat, sondern etwas zu tun, in die Welt zu gehen, an ihren eigenen, ihr lieben Ort. Das Tun, das Handeln, bevor man untergeht. Wie den Baum hochklettern, genau so – ohne zu fragen, wie man wieder runterkommt. Das Finale kommt ja sowieso, man weiß schon so früh, dass man stirbt. Und man wünscht es sich oft, zu sterben – öfter als alte Leute.

Die Kunst lieben, die Wahrheit sagen! Laura denkt weiter: Man lässt die Kinder nicht raus – sie müssen erst mal unerträglich werden. Die verstehen nicht, warum ich hierher wollte.

Jetzt geht sie wieder fest, forsch, tritt auf das Trottoir der Avenue, als hätte sie den Boden käuflich erworben als ihr Eigentum. Ha, zum Mut gehört Richtung! Na ja, und manchmal auch eine große Portion Unwissen. Das kann ich mir erlauben! Sagen sie nicht immer, ich sei naiv? Sollen sich die Älteren bloß nichts einbilden. Wenn überhaupt, haben auch sie so angefangen. Eine Art heilbringendes Wissen oder Unwissen gehört dazu, nicht der Ballast der Vernunft!

Laura Wassenberg blickt stolz in den Himmel über den Champs, der an diesem Tag nur von ein paar fadigen weißen Streifen durchzogen ist, sozusagen mit Seidenfäden gesegnet. Sie blickt nach rechts und links, ohne die teuren Läden zu beachten. Träumen hat mit Kitsch nichts zu tun! Man hat ja seine Fantasie als Geschenk. Sie ist die schönste Gabe der Götter. Man muss natürlich was lernen, das fällt einem dann nicht in den Schoß. Ich werde mich anstrengen! Auch Henry Miller schätzte die Fantasie über alles. Auch er liebte Paris, hingerissen vom französischen Leben. Manche nennen ihn ein Schwein, weil er *Stille Tage in Clichy* geschrieben hat, worin er alles zugab, was er da trieb. Sie weiß nicht so richtig, was ein Schwein ist, fragt sich, ob die andern nur einfach nichts zugeben. Was er über Paris geschrieben hat, ist doch in Liebe gesagt! Manchmal ist er auch brutal. Er schwelgt, schreibt berauscht, flüssig und feurig über die geliebte Stadt. Wenn die Deutschen Paris zerbombt hätten! Das ist die schlimmste aller Vorstellungen. Ein Wiederaufbau ist nicht frisch, sondern nachgemacht, im Grunde immer „secondhand". So wie es bei uns aussieht! Besser, die sanitären Anlagen verrotten, als dass die schöne Baukultur untergeht. Alte Wasserkräne erzählen alte Geschichten, tropfenweise. „Sei doch vernünftig!", ruft hier auf den Champs kein Mensch. Laura Wassenberg denkt an ein Foto Henry Millers von Brassaï: Miller mit feschem Hut, intelligent durch die Brille blickend. Plötzlich hört sie ein mokantes: „Comme vous avez des belles yeux, Mademoiselle!" Das hat ihr einer der feschen Franzosen zugerufen. Das war aber wieder charmant, denkt sie. Sie blickt sich um, der junge Mann ist weg.

Wie schwer es war, bis ich hierhergekommen bin. Keiner hat es gewollt, nur ich allein. Den Eltern bin ich ein Rätsel, was mögen sie jetzt denken? Ich bin mit nur wenig Geld eingetroffen. Mama versteht etwas von Geld. Aber sie hat mir keines gegeben. So muss ich jetzt streng haushalten.

Obwohl die Sonne weiter prächtig scheint, hat sich etwas in ihr erneut verdunkelt. Solches Überlegen möchte sie lieber gleich abstellen. Gedanken können uns schwer überkommen wie grauviolette Unwetterwolken. Aber sie marschiert weiter drauflos. Bockig denkt sie, dass das Steppen und das Geräusch davon sie immer fasziniert haben. Sonderbar, warum das jetzt? Eine Idee, die zurzeit zu nichts passt. Aber das Steppen hat sie schon als Kind gewollt und geübt. Sie fühlte genau, wie die Gelenke spielten, ja spielten, wissend glatt und leicht. Dann das Klappern der Schuhe auf den Boden. Die Schuhe schienen an den Gelenken zu hängen und zu gehorchen. Wunderbar! Obwohl so verspielt, war es auch straff, man musste sich konzentrieren. Das war der Rhythmus, der alles trug. Also sich auf den Rhythmus konzentrieren, dann die Gelenke „einfach machen lassen". Entweder wussten sie, was Steppen ist, oder nicht. Sie fühlte als Kind, dass ihre Gelenke gut zum Steppen gewesen wären, und ihre Beine auch. Es war himmlisch, das Steppen. Es hatte so etwas Elegantes, die Schwere zu überwinden; etwas, das so nur der Mensch versteht: Erfindung und Fantasie und Fähigkeit in einem. Steppen hieß: die Gelenke musikalisch machen! Sie war sich sicher gewesen, wenn sie in eine Ballettschule ginge, würde sie es perfekt lernen. Sie würde es auch gern anderen vorführen, ihnen eine Freude damit machen. Aber wer schickte schon eine wie sie aus einem Viertel wie dem ihren in eine Ballettschule?

Steppen ist das Fröhlichste und Geschickteste, das ich mir vorstellen kann, denkt sie weiter, obwohl es zu nichts passt. Oder doch? Am liebsten würde Laura Wassenberg auf ihrem Weg zur Akademie steppen! Sie kann es noch immer ein bisschen, sie weiß, was man mit den Fersen macht. Aber das geht jetzt nicht. Natürlich wird sie später *Ein Amerikaner in Paris* sehen, Gene Kelly, den großen Star dieses himmlischen Tanzes. Überhaupt hat der Stepptanz etwas Zartes, wird getanzt von schlanken Männern mit zarten Gesten. Die haben's in den Beinen, Lust und Kraft und Sicherheit, und es geht immer so schnell! Ja, sie fand es als Mädchen im Kino betörend, wie Leslie Caron auch mit Fred Astaire aufgetreten war. Alle zukünftigen Generationen würden von ihnen lernen. Ihr Entertainment hatte Seele, Grazie und Humor; es würde nie altern.

Nun denkt sie: Sie haben das Musical 1951 in Paris – oder so wie in Paris – gedreht! Natürlich hier, wo sonst? Das gehört alles nach Paris! Dieser Amerikaner gehört nach Paris! Sie bekamen sechs Oscars. Die Gershwin-Texte darin zu hören, besonders das Lied *Our Love is here to stay* war überirdisch. Überirdisch! So nannten wir schon als Kinder alles, was uns imponierte. Später haben das Lied auch Billie Holiday und Ella Fitzgerald sowie

Frank Sinatra gesungen, was für ein geschmeidiges Lied. Es stellt noch immer genau dar, was ich mir unter der Liebe vorstelle. *That's very clear* – was ich mir wünsche; natürlich habe ich es sofort auswendig gelernt: „It's very clear / Our love is here to stay / Not for a year / But ever and a day / ... / In time the Rockies may crumble / Gibraltar may tumble / There're only made of clay / But our love is here to stay."

Noch ahnt Laura Wassenberg nicht, dass sie später einmal den Worten Georges Brassens' im Chanson eher glauben wird: „Il n'y a pas d'amour heureux" – glückliche Liebe gibt es nicht. Sie hat es mit den Extremen. So auch mit Georges Moustaki im Lied *Ma Solitude*, das seine immer wiederkehrende Einsamkeit beschreibt, mit der er so oft geschlafen hat, dass sie ihm zur Freundin und zarten Gewohnheit wurde: „Pour avoir si souvent dormi avec ma solitude / Je m'en suis fait presque une amie, une douce habitude."

Und doch wird Laura erfahren, dass es die Liebe gibt, und sich ihr ganz geben. Die Franzosen haben Respekt vor der Liebe, das schätzt sie. Irgendwo hatte sie gelesen, dass Fred Astaire über ihre Metropole gesagt hatte: „Wenn man nach Paris kommt, öffnet es einen. Und das bleibt dann für immer so." Die reine Wahrheit. Laura ist in Gedanken stehen geblieben. Zu steppen wagt sie nicht, an diesem späten Morgen, dem hellichten Vormittag. Die Stadt ist alt und der Morgen neu. Sie wird zur Kunstschule, zur Akademie gehen. *Es dat dann nix, Marie?*, überträgt sie ein Karnevalsliedchen, das sie von zu Hause kennt, ins Hochdeutsche. Heut' ist die Welt so frisch wie ein Tanz von Fred Astaire. Er ist übrigens oft in Paris, sie sah ihn gerade in einem Journal. Ich habe schon viel über Paris gelernt, bevor ich herkam, denkt sie, und sie kennt auch insgeheim schon den Unterschied zwischen dem weltberühmten Paris und dem Paris der einfachen Leute.

Sie hat Prévert gelesen und weiß Bescheid über die Individualisten, die in den verschiedenen Quartiers ihr Eigenleben führen. Sie will zu denen, zu diesen Menschen, für die der Dichter Jacques Prévert ein Herz hat. Prévert ist ihr Poet schlechthin, er war es sofort, als sie die ersten Zeilen von ihm gelesen hatte. Er ist zudem Idol aller Künstler hier, lebt mit ihnen. Nirgends passt die Zusammenstellung Dichter-Künstler so gut wie in Paris – man hat sich viel zu sagen. Die einfachen Leute haben hier jeden Angeber schnell durchschaut, und die Künstler lassen das gelten, fürchten es nicht. Existentialismus und Kommunismus stehen im Quartier Latin in Blüte. Es gibt zurzeit Probleme mit den Kolonien, den ehemaligen, vor allem Algerien. Razzien in den Straßen jede Nacht. Es heißt, die Polizei sucht dabei außerdem nach Drogensüchtigen.

Krieg ist Schweinerei: „quelle connerie la guerre!"

Laura Wassenberg kennt auch das eher bescheidene Lied *Rue Lepic*, das über eine ansteigende Straße im Quartier Montmartre erzählt. Schön, wie Yves Montand diese Straße besingt; sie hat es zu Hause unzählige Male gehört. Und auf der Platte auch das wunderbare Gedicht *Barbara* von Jacques Prévert. Ein Gedicht, das die Trostlosigkeit des Krieges beschreibt. Yves Montand spricht, und er spricht so gut, wie er singt: *„quelle connerie la guerre!"* – Was für eine Schweinerei, der Krieg. Prévert muss es gewusst haben. Laura weiß, wovon er spricht. Die Franzosen und die Deutschen waren „Erzfeinde", sie schossen aufeinander. Es gibt nichts, was sie lächerlicher und gleichzeitig trauriger finden könnte.

Oft dachte sie in der Schule schon, dass Franzosen und Deutsche einander lieben, vielleicht viel früher doch einander geliebt haben müssen. Jedenfalls die klugen Menschen dieser Länder. Am Hofe sprach man überall Französisch, was sonst? Und überall, wo eine schöne Sprache gewünscht war. In ihren Kolonien brachten die Franzosen den Okkupierten ihre Sprache bei – was die Engländer als verpönt zurückgewiesen hätten und nicht taten. Indem die Franzosen ihnen ihre Sprache nahebrachten, hatten sie mit den von ihnen regierten Menschen gut zu tun, denn Französisch ist nicht leicht zu lernen. Und Goethe soll gesagt haben, Frankreich sei das geistreichste Land Europas.

Rue Lepic, lustig! Leichte Worte über die einfache Straße in ihren frühen frischen Morgenstunden, die Worte scheinen zu hüpfen. „Rue Lepic, dans le marché qui s'éveille dès le premier soleil / ... / Et la rue, monte monte toujours / Vers Montmartre là-haut." – Vom ersten Sonnenschein an steigt die Straße immer nach Montmartre da oben hoch. Auch Laura steigt gerade nach oben, zur Moulin Rouge. Das ist ein richtig alltägliches Chanson! Viele sind auch frech und kritisch. Jedenfalls immer ist ein französisches Chanson authentisch. Sie fühlt wieder, wie sie es zu Hause alleine hörte, in dem Haus, in dem keiner Yves Montand kannte.

Sie denkt: Die Deutschen haben so etwas nicht. Was das Volk singt, sind „Schlager". Darin Banalitäten. Und überhaupt, was ist das für eine Bezeichnung für ein Lied, das im Klang gewaltgeladene Wort „Schlager". Nur zwei Pünktchen darauf, und es hieße Schläger. Und in der Tat: Das schlägt sich so herum. Sie geht, auch jetzt, gegen den Rhythmus der Schlager, sie hat diesen Rhythmus stets gehasst. Ihr fällt dabei ein, dass in Frankfurt in einem Jazzclub ein ehemaliger amerikanischer Soldat verkehrte, ein dicker, der sich immer recht jovial gab. Er probte in einem fort „das amerikanische Lachen", wovon er dachte, dass es ihn beliebt mache. Eines Tages hatte er sich einen Schlager erfunden. Den sang er, er kam sogar zu Schallplatten und ins Fernsehen. Der Text ging so – die Deutschen fanden es originell, sie sind ja überaus bereit, schon das Geringste originell zu finden: „Pigalle, Pigalle / Das ist die große Mausefalle / Mitten in Paris / Pigalle, Pigalle / Der Speck in dieser Mausefalle / schmeckt so zuckersüß." – Er selber war natürlich der zuckersüße Speck. So einer, wie ihn viele Deutsche für „bonne Cuisine" halten, kaufen und gerne fressen, ein ekelhafter Speck, gesalzen mit lüsternen Anspielungen. In Paris hätte man das nie als Chanson verkaufen können!

Einen Schlager hat Laura Wassenberg aber nach dem Krieg, als alles in Schutt und Asche lag, doch gemocht. Denn einmal erzählte ihre Mutter, sie habe in den Ruinen der Stadt einen Mann Klavier spielen und singen gehört, und es sei aus dem einzigen noch unzerstörten Souterrain geklungen: „Ich brauche keine Millionen / Mir fehlt kein Pfennig zum Glück / Ich brauch nur deine Liebe / Und Musik, Musik, Musik."

Jetzt geht es in der *Rue Lepic*, erinnert sie sich, um „die Mühlen da oben". Die Moulin Rouge! Diese glaubt Laura Wassenberg zu kennen, seitdem sie den Maler Toulouse-Lautrec verehrt. Natürlich war sie nie in dem berühmten Nachtlokal. Sie weiß aber, wie deutsche Touristen es sehen, sich lüstern nach Pigalle und Umgebung die Lippen lecken. Es kostet nur zu viel. So bleibt es beim Lippenlecken und Schmatzen, sie denken wohl an nackte Beine und mehr, immer mehr, und dass es im Zuschauerraum dunkel ist. Sie machen eine Pauschalreise mit Sonderangebot fürs Moulin Rouge. Man muss mal in Paris gewesen sein! Da sind sie brüderlich zusammen im Zuschauerraum, denken und lecken gemeinsam, wie nach dem berühmten Motto: Willst du nicht mein Bruder sein, so schlag ich dir den Schädel ein. So gefährlich wird es aber nicht, weil ja alles geregelt ist. Mit dem großen Bus ankommen, alle rein, Sonderangebot, alle wieder raus. Das Portemonnaie geklaut wurde keinem. Und der Bus steht immer noch da.

Aber viel früher: das Moulin Rouge eines Henri de Toulouse-Lautrec. Was für ein Könner! Der Strich, die Farben, die Verve. Unvergleichlich, was der für eine Sicherheit im Zeichnen hatte. Als wäre es Kaltnadel. Er hat sich gern aufgehalten in diesem nächtlich vielfarbigen Milieu, er hat es gesehen, aufgesogen.

Sie denkt schon jahrelang über die Maler nach, denn sie will professionelle Malerin werden. Dazu ist Paris unerlässlich. Wie ein Jazzmusiker nach New York muss, muss eine Malerin nach Paris! Toulouse-Lautrec und die anderen alle wussten es sowieso. Und was für Musik hatte man wohl damals im Moulin Rouge gemacht? Wer schrieb die schönen und feurigen Cancans?

Laura Wassenberg hatte oft gemerkt, dass Musik sie heilte, so sehr die Traurigkeit sie auch übermannte. Am zugänglichsten der Jazz; immer würde sie in einer fremden Stadt zuerst nach einem Jazzclub suchen. Doch jede Art geglückter Musik machte ihr Freude. Sie hörte gut und stundenlang zu. Mozart war ihr ebenso lieb wie Zigeunermusik, Jazz, Bach und Tschaikowsky, ein Kirchenlied oder ein Spiritual oder ein Revolutionslied. Wie hatte doch Seume schon um 1804 geschrieben: „Wo man singet, lass dich ruhig nieder / Ohne Furcht, was man im Lande glaubt / Wo man singet, wird kein Mensch beraubt / Bösewichter haben keine Lieder."

Das hatte sie schon oft bedacht, dass wohl ein guter Geist mitschwang, wenn gesungen wurde, und sie lauschte den kleinen Vögeln ebenso gern wie den großen Menschenstimmen. Sie hatte bemerkt, dass auch Vögel den Menschenstimmen und der Menschenmusik gerne lauschen. Aber sie wusste auch, wie Lied und Stimme missbraucht werden konnten.

Das Lied und das Chanson, seine rebellische und seine sanfte Wirkung, sollten sie stets begleiten – viele Chansons lernt sie auswendig. Später erfuhr sie: Der palästinensische Dichter Mahmoud

Darwish, der viel Erfahrung mit den Übeln der Welt hatte, besprach in einem Gedicht einmal „die Angst der Tyrannen vor den Liedern". Sie dachte über die den Liedern innewohnende Kraft nach, die sie selber so sehr spürte. Das Bild und das Lied – sind meine Sache!

Marlene liebe ich – und die Arletty

Zurück zum einfachen *Les Champs-Élysées*. Gab es das Lied vielleicht sogar schon zur Zeit des Marschschritts der amerikanischen Soldaten, die 1944 auf ihrem Triumph- und Befreiungszug in Paris die Champs bevölkerten? Marschierten die etwa auch in diesem Schwung? Aber nein, die amerikanischen Soldaten haben es in ihren freien Stunden weder gesungen noch gesummt, dazu war es zu früh. Außerdem: Der „touristische Schwung" passte nicht zu ihnen. Vielleicht hätten sie dem Lied gar einen amerikanischen Akzent beigefügt, den die Pariser gar nicht leiden können. Eher aber summten die Franzosen nun umgekehrt Jazz-Songs aus Amerika!

Die amerikanischen Soldaten kannten Marlene Dietrich, sangen ihr alles nach. Sie hatte in Amerika die Truppen besucht. In Deutschland schalt man sie eine „Vaterlandsverräterin". Die intelligente Frau sang in Englisch und Französisch. Ein Aufnahmeleiter beim Westdeutschen Rundfunk hat später über sie gesagt: „Es bedurfte keiner Probe. Die Dietrich war vollkommen sicher. Absoluter Profi, höchst diszipliniert."

Für Laura ist Marlene Dietrich die einzige Deutsche, die Jazz-Songs singen kann – und schon damals konnte, als das in ihrem Heimatland noch als „Niggermusik" bezeichnet wurde. Und sie verstand es, Chansons zu singen! Auch in einigen Pariser Nachtlokalen trat sie auf, die Franzosen schätzen sie. Später werden sie der Dietrich ihre Wohnung in Paris bezahlen – bis an ihr Lebensende. Auch das gehört für Laura Wassenberg zur Wesensart der Franzosen – den Künstler zu achten, ganz gleich welcher Nation.

Ich liebe die Dietrich, nach ihr kann ich mich richten, sie ist die selbstständigste Frau ihrer ganzen Ära. Später soll Laura Wassenberg in London ein Café in der Regent Street frequentieren, wo von morgens bis abends nur Marlene-Dietrich-Songs gespielt werden.

Eine Londoner Wunderlichkeit. Die Dietrich gilt ihr als erste vorbildliche Ausnahme, als eine „andere Deutsche". Mit Ruhm in der Welt, den sie sich mit preußischer Disziplin erarbeitet hat – in dem wirren Leben, das ihre Zeit ihr bot. Das alles gefällt Laura Wassenberg, ihre kühle Bravour, ihr Androgynes, welches als Pendant die französische Schauspielerin Arletty ebenso hat. Und ausgerechnet diese Französin hatte im Krieg etwas mit einem deutschen Offizier! Wie mochte der ausgesehen haben?

Laura Wassenberg verehrt beide Frauen, hüben und drüben. Sie, die einen ganz anderen Typus darstellten als sie selbst. Als sie älter wird, ist sie ihnen ähnlicher. Jetzt denkt sie laut: Ich bin stolz, dass ich auf eine Marlene Dietrich blicken kann, aus meinem Vaterland. Besser hätten zu ihrer Zeit alle „verraten" – damit hätten sie ihr Land gerettet!

Man kennt in Paris Bert Brecht und Kurt Weill, sie sind respektiert, ja bewundert. Der Franzose ist gebildet in der europäischen Kultur, im Paris der Künstler und der Theaterleute hat man Brecht einfach zu kennen. Ob der Weltkrieg nun gerade im Gange war oder gerade vorbei war – das spielte keine Rolle. Eben darin waren sie Europäer, immer schon. Und wenn Montaigne geschrieben hat, dass es nötig ist zu reisen, um seinen Geist an dem der anderen zu reiben und ihm so den letzten Schliff zu geben – „Il faut voyager pour frotter et limer sa cervelle contre celle d'autrui" –, ist das ein Zeichen für ihre Offenheit.

Man kannte die deutschen Klassiker in der Musik und in der Philosophie, was hatte die Klassik und auch die klassische deutsche Sprache mit den Nazis zu tun? Man verehrte Goethe. Kannte man aber umgekehrt in Deutschland den französischen Esprit? Geistreiche Deutsche hätte man aus Paris, auch wenn man es gekonnt hätte, nicht vertrieben. Die Stadt Paris hatten andere okkupiert, andere Deutsche, fanatische Angeber, verrohte mächtige Männer, die von der Liebe nichts verstanden.

Sie sah diese Sorte als junges Mädchen in Filmen, Dokumentationen – wie linkisch sie waren, unbedarft in Uniformen gesteckt, die wiederum ihr überaus geschmacklos erschienen. Diese Deutschen verursachten ihr ein Gefühl des Abscheus, sie sah deren Gesten, den hölzernen Gesichtsausdruck, ihren starren Gang. Nun wurde das alles präsentiert in den veröffentlichten Wochenschauen und anderen Filmen der Nazizeit. Ja, es waren Wölfe. Wölfe, die fast niemals Französisch sprachen. Sie verstanden nichts von Kunst, sie übergingen die deutsche Dichtung und alles, was in ihr Programm nicht einzustricken war. Eine Horde von Berserkern. Sie war angeekelt, sie würde nie einen Deutschen heiraten!

Zu ihrer Mutter sagte sie frech: „Ich will überhaupt keinen Mann. Ich will ein Kind und eine Katze!“ Die Mutter sagte nichts dazu. Es war für sie lediglich einer der sonderbaren Sätze ihrer missratenen Tochter, Sätze, die beunruhigend zeigten, was mit dem Kind nicht in Ordnung war. Und abfällig bemerkte die Mutter vor Verwandten: „Laura ist extrem und obstinat.“ Ihre Tochter hatte es aufgeschnappt, vielleicht sollte sie es hören. Dass ein Kind so wenig gehorchen will, war ihrer Mutter peinlich, sie empfand es als blamabel, empörend.

Sie blätterte später einmal im Wörterbuch nach, was „obstinat“ bedeutete. Da hieß es: „widerspenstig, eigensinnig, halsstarrig“. Warum wurde man so genannt, wenn man doch nur das tat, was einem richtig vorkam? Ihre kleine Schwester, lockig und lieb, die charmant all ihre Gegenwehr in charmanten Humor zu verpacken wusste, sagte zu ihr: „Sie kann dich nicht leiden. Du folgst ja nicht.“ Laura konnte sich das „Folgen“ nicht vorstellen – musste man dabei meistens etwas tun, das man nicht für richtig hielt? War denn ihre Mutter früher auch „gefolgt“, ihrer Mutter? Sie empfand oft ihre Mutter als ohne eigene Natur. Daher nahm sie deren Ansichten nicht so ernst, was die Empörung der Mutter noch weiter anstachelte.

Jetzt beobachtete sie: Die von ihr geliebten Franzosen machten Unterschiede zwischen diesen und jenen Deutschen, und zwar solche vor und nach dem Krieg, irgendwie von Anfang an. Sie merkte das schnell. Wider Erwarten wurde sie nicht „in einen Topf geworfen“. Außerdem hatte sie das Gefühl, dass das ihr immer wieder vorgeworfene Eigensinnige hier anders betrachtet würde. Wie erstaunte und beruhigte sie das! Differenzierung war den Franzosen offenkundig viel geläufiger als den ihr bekannten, verklemmten Deutschen. Auch dafür liebte sie das Land ihrer Wahl, sie bewegte sich spontan natürlich und hatte den Eindruck, dass es hier geschätzt war. Mit dem „Folgen“ hatten sie es nicht so. Sie fühlte sich in Paris mehr zu Hause als zu Hause.

Sie mochte auch die frischen Amerikaner, die sie hier traf, diese Paris-Begeisterten, die die französische Kultur wie glückliche Kinder in sich aufnahmen. Zwar mochten die Franzosen die amerikanische Sprache nicht und empfanden sie als bloßes Gequäke, aber der Marschschritt der amerikanischen Befreier sollte für immer im Gedächtnis der splendiden Avenue eingegraben bleiben. Diese Prachtstraße, auf der sie marschiert waren. Die Amerikaner, die sie viel später hier kennenlernte, waren immer noch solch fröhliche Soldaten, so schien es ihr. Sie hatten die Schlacht für Frankreich gewonnen. Das war und blieb ihr Glanztag! Sie waren herübergeflogen in die alte europäische Welt auf Order, die Grande Nation zu befreien. Das hatte geheißen: Auf Staatskosten zu kommen in dieses Paris, die europäische Metropole; es bedeutete: Ihre Kultur, ihre Bauten zu sehen – wenn auch zur Zeit etwas ramponiert –, französische Küche vielleicht sogar kennenzulernen, französischen Charme, französische Liebe, französische Frauen! Letztere natürlich an erster Stelle.

Dem allem trauten ihre jungen deutschen Augen kaum. Der Befreiungszug war einer, der wohl zu den legendären Champs in ihrer – wenn auch nun plötzlich amerikanischen Grandezza – passte! Dieser Aufmarsch wiederbelebte die Freiheitsliebe des „Citoyen Français“, weniger die des Bourgeois. Einige der letztgenannten waren womöglich gar Kollaborateure gewesen. Die Franzosen haben den eingesessenen Pharisäern in ihren Städten von Anfang an einen anderen Namen gegeben als ihren ordentlichen Bürgern. Man kann das nicht übersetzen, da wir nur das Wort „Bürger“ – Bourgeois – haben. Nicht das Wort „Citoyen“. Dass wir es aber nicht haben, lässt das nicht tief blicken?

Es gab frischen Mut, da nun „les loups“, die deutschen Wölfe – abgezogen und entmachtet waren. Sie hatten Scham und Hunger mit sich gebracht, den charmanten Franzosen, die stolz sind und das genüssliche Leben lieben, wovon sie auch viel verstehen. Die gewöhnliche unverfrorene französische Natürlichkeit war lange auf Eis gelegt gewesen und taute nun wieder auf. Wie hatte man auf solchen Aufmarsch gewartet! Jetzt brachen sich die Verve und das Temperament der Franzosen wieder Bahn, es wurde ein jubelndes Fest gefeiert! Nämlich der fortan ewige vierzehnte Juli, „le Quatorze Juillet“.

Sie wusste: Paris hatte hörbar aufgeatmet, damals 1944. Und es war, als ob Laura Wassenberg auf den Champs-Élysées jetzt dieses Aufatmen noch immer spüre. Mehr noch. Ihr war, als hätte sie selbst das Aufatmen, dieses Fest erlebt. Auch für sie waren die deutschen Wölfe entmachtet, auch sie bemerkte die Befreiung, aber sie spürte sie nur hier. Zu Hause war davon nichts, noch nicht. Die Deutsche fühlt sich frei, weil sie bei den Franzosen sein kann. Oh Paris, oh Champs-Élysées – wie immer sich das entwickelt, ob ich ein Leben in Frankreich finanziell und überhaupt schaffen kann?

Später entdeckt Laura das Geschäft, das der deutsche Autohersteller Mercedes-Benz auf den Champs eröffnet hat. Tatsächlich hier! Wo doch die Gestapomonster ihren Citroën damals entweiht haben. Von so manchem Franzosen jedoch wird Laura erfahren, dass sie den Mercedes immer bewundert haben. So weit ist es aber noch nicht, als die junge Frau für sich die blendende Avenue erobert. Ihr lang gehegter Wunsch war ihr Befehl. Ganz unmilitärisch, eher weiblich resolut. Jetzt schreitet sie aus, kühn und überrascht, dass sie hier geht. Sie geht schön und swingend.

Ja, Paris, das Großzügige, das kultiviert Städtische, das Elegante, die Lust am Leben und am Essen und am guten Wein, die Finessen und die Delikatessen in jeder Form, das kommt von hier. Paris ist die Metropole an sich: Die Theater haben Weltgeltung, der Jazz ist gut aufgehoben – besser als irgendwo anders in der Welt, der Begriff „Film noir" eine französische Erfindung. Und auch diejenigen „schwarzen" Filme, die hier produziert wurden, wird man nie vergessen. Das Chanson treibt seine Blüten wie eh und je, und die Dichtung ist in aller Munde. Es gibt richtige Stars, die richtig was können. Diese schwelgenden, anspruchsvollen und etwas anbetungserhöhten Gedanken, ihrer Mutter schon immer zuwider, spinnt sie bei jedem Schritt auf der Prachtstraße genüsslich weiter.

Jetzt ist die Seine ihr schöner Rhein

Die Pariser Seine-Ufer sind die besten Spazierwege, die ich jemals gefunden habe. Gestern Nacht noch. Was für ein Licht! Sie sind herrlich zu jeder Stunde! Doch besonders, wenn die Jazzclubs schließen und wir Freunde noch an diesen Ufern entlangschlendern. Man ist ziemlich hungrig, aber das vergisst sich sofort unter solch samtblauem Himmel.

Sicher ist es sogar schön dort bei schlechtem Wetter, überhaupt: frühmorgens, mittags, zur Nacht – so etwas gibt es bei uns nicht, vielleicht gab es das früher einmal, vor dem Krieg. Und es kommt ja immer die von den Dichtern besungene Seine dazu: „Sous le pont Mirabeau coule la Seine!“ Geliebter Apollinaire. Das ist was ganz anderes als „Einmal am Rhein und dann zu Zwei'n alleine sein.“ – Apollinaires *Pont Mirabeau* ist traurig, spricht vom Vergehen der Liebe und der Vergänglichkeit Zeichen in allem. Laura Wassenberg hat es ganz auswendig gelernt. Es ist ihr im Klang wie das Gurgeln eines Flusses des Nachts. So etwas hat sie bisher in Deutsch nicht kennengelernt. Heines *Loreley* ist ebenso schwermütig, wurde aber zu einer Art Schlager, der auf allen Rheinschiffen klingt, laut, wenn die Loreley am Ufer auftaucht. Heine aus dem Lautsprecher, für schlecht gekleidete Touristen aus aller Welt. Sie ahnt, wie sehr sie solche Respektlosigkeit das ganze Leben lang hassen wird. Wie gehen die Deutschen nur mit ihren Poeten um! Sie hat Hölderlins *Hyperion* mit seinem „So kam ich unter die Deutschen“ noch nicht gelesen; später wird sie ihn stöhnend vor Einverständnis verschlingen.

Von der Franzosen auch schändlichem Nationalismus weiß sie noch nichts. Hat man in der Schule im Fach Geschichte davon berichtet? Zum Beispiel, dass man Ende des 19. Jahrhunderts Emile Zola verabscheut hat, ihn ständig angriff, die Kirche seine freimütigen Werke auf den Index setzte? Und dass es den Prozess gegen den jüdischen Offizier Dreyfus gab, der wegen Landesverrats, den er nicht begangen hatte, gequält wurde. War es nicht auch hier auf den allgemeinen Antisemitismus zurückzuführen? Später weiß sie: Er wurde unschuldig verurteilt, in ganz Frankreich war er Streitthema, die nationalistischen Kreise nutzten das aus zu weiterer Verunglimpfung. Dann endlich wurde er – erst auf Einspruch gebildeter Kreise, besonders des tapferen Zola – freigesprochen. Dreyfus hatte von 1859 bis 1935 gelebt, starb also zu einer Zeit, als in Deutschland die antisemitischen Umtriebe erneut sich etablierten und Laura Wassenberg noch nicht geboren war. Sie sollte erst viel später geschichtliche Einzelheiten sammeln, denn der Geschichtsunterricht nach dem Zweiten Weltkrieg hinkte in jeder Beziehung, er verbrämte, verschwieg, brachte junge Menschen eher durcheinander, als dass er Übersicht verschafft hätte.

Sie weiß auch noch nicht, was sie später lesen wird: Es kommt einem Menschen schicksalhaft über den Weg, was zu ihm passt und ihn erweitern soll. Es kommt fast immer ungerufen. Laura muss an den Film eines Franzosen denken: *Nous sommes tous des Assassins – Wir sind alle Mörder*. Dieser Satz bedeutete ja schon, dass die einzige wahre Erlösung die ist, dass man die gesprochene Wahrheit plötzlich hört, rein wie aus dem All, stark und ungeschmälert. Der Satz hatte aufgedeckt, dass sich besonders in den Bourgeois aller Länder – die sich tief langweilen aufgrund der Nichtbeachtung ihrer Fähigkeiten, bis sie sich selber vergessen aufgrund ihrer fehlenden Entwicklung von Fantasie und Mut, aufgrund ihres eingleisigen Lebens voll Muff und Plackerei – ständig Mordgelüste, Neid und Rache rühren. Und dass es dieses, ihr tägliches inneres unbesehenes Chaos ist, das zu Kriegszeiten, und dann höchst rasend, ungerecht explosionsartig ausbricht, von den Schlimmsten unter ihnen ausgelöst, ja geleitet. Oder überhaupt in den vielen Verbrechen, die täglich in den billigsten Zeitungen stehen, offenkundig wird. „Jede Gesellschaft hat die Verbrecher, die sie verdient." Seit ihr dieser Satz über den Weg gekommen ist, geht er in ihrem Denken herum. Dieses Chaos, die völlige Ratlosigkeit derer, die gerne den Mord zu ihrer Hilfe oder Lust ausgeführt hätten, schien also in allen gesellschaftlichen Kreisen angesiedelt. Ein tiefes Geheimnis, an das man nicht rühren darf, denkt sie. Obwohl sich das Stechen und Morden in den billigsten Zeitungen täglich spiegelt! Es kommt nicht an die Oberfläche. Weder Bildung noch Geld und Gut noch Ansehen halten das Mörderische am Ende auf. Aber irgendwie bin ich davongekommen. Ich lebe.

Später erfährt sie, dass es Lacassagne war, der mit seinem Satz das Übel bei der Wurzel packte, gut so! Damit hat er ja das Unnatürliche, das Ungesunde und seine Wirkung angepackt. Das muss ein mutiger Mann sein. Sie braucht nicht weiter auszuführen, dass das elendigliche Sich-Entfernen des Menschen von der Natur vielleicht schuld an seinem Dilemma ist. Jedes weitere Nachforschen kann nicht so stark sein wie dieser Satz selbst. Wir sind alle Mörder. „Mais naturellement!"

Laura Wassenberg soll erst viel später erkennen, dass es in ihrem geliebten Frankreich auch (und schon früher) Hetze gegen jüdische Menschen und manch andere „Fremdlinge“ (unter ihnen auch Künstler) gegeben hat. Nein, sie stellt jetzt keine Vergleiche an, sie schwebt auf der Sicherheit guten Glaubens. Sie geht mutig, unbeeindruckt von Gefahren, Richtigstellungen oder der Mühe, etwas Objektives zu erkennen. Sie geht voran. Das ist schon alles. Voranzukommen ist fraglos kraftvoller als Philosophie, auch als Vernunft, und mit den Regeln all solchen Wissens geht es wohl nicht besser. Mit der Religion sah es für sie ähnlich aus: Man erhebt sich, aber kommt nicht voran.

Laura hat das in den Knochen, egal, was sie vielleicht einmal alles lernen, studieren wird. Sie hat es mit ihren kindlichen Luchsaugen gesehen – sie sah auch, was der alles verheerende Krieg, der ihr junges Leben bestimmte, mit Eltern und Verwandten angerichtet hatte. Sie waren nicht auf wilde Plätze entlassen wie die Kinder. Sie hatten eine Ordnung wiederherzustellen, eine Zivilisation wie aus einer Urwelt zu stampfen. Sie beobachtete die Erwachsenen in ihrer flachgeschlagenen, staubigen, unfruchtbaren, ganz und gar zerstörten Stadt. Es war abenteuerlich, was sie alles einsammelten und wie sie es verwendeten. Jeder Ziegelstein war kostbar, jeder ramponierte Balken wurde fortgeschleppt, jedes Stück Eisenstange verwendet. Einer sagte, er habe mit Straßenbahnschienen die Decke stabilisiert, ein anderer richtete sich das erste „Büdchen“ ein, was später so unaussprechlich „Kiosk“ genannt werden sollte, wo man Limonade und Lakritz kaufen konnte. Ein Dritter wagte es gar, an ein Kino zu denken, und suchte nach Stühlen, einer Leinwand, einem Saal, der noch vier Wände hatte.

In den Tagesstunden war sie wunderbar unbeaufsichtigt. Sie rief die andern Kinder zusammen – und man machte Pläne, wie die Erwachsenen zu ärgern seien. Es hatte sich ein Postbüro in der Straße etabliert, darin saßen zwei Beamte hinter Glasscheiben. Sie saßen so den ganzen Tag, während die anderen draußen schrecklich schufteten. Sie waren sozusagen die ersten Beamten. Auf diese hatten es die Kinder abgesehen. Sie formten sich zu einem Bündel – so war es stets ungefährlicher –, stürmten zu der Post, rissen dort die Tür auf. Jetzt hatten sie die Beamten hinter den Glasfenstern vor sich, die erschreckt aufblickten. Da brüllten sie im Chor: „Ihr seid Arschlöcher!!!“ Und schwupp ging die Tür hinter ihnen wieder zu, alle waren hinausgestürmt. Das Wort mit dem A... war natürlich das, was man am wenigsten sagen durfte.

Im Winter stahlen die Kinder zu Hause gern einen Kochtopf und rannten damit zu dem einzigen erheblichen Hügel der Straße, die tagelang vereist war. Autos, die wenigen, glitten aus. Einmal lief sie gerade herüber, als ein Auto die vereiste Bahn heraufkam, der Fahrer musste bremsen. Gerade dadurch rutschte er blitzartig auf sie zu. „Stell dir vor“, sagte dann ihre Mutter zur Nachbarin, „die Laura ist dem Fahrer einfach auf den Kühler gesprungen und mit ihm weitergefahren! Das hat ihr zwar das Leben gerettet, aber den Mann hat es zu Tode erschreckt!“ Seltsam, dachte das Mädchen, warum sorgt sie sich um den Fahrer.

Mit dem Kochtopf, wenn sie einen gefunden hatten, einen größeren, rasten sie selbst auf der Eisglätte den Hügel hinunter, es holperte wunderbar. Es gab auch bei den Kindern viel zu tun, aber am besten so, dass es kein Erwachsener bemerkte.

Das Allermutigste war die Sache mit den Matschbällen. Es regnete oft tagelang, und im Garten der Tante gab es viel aufgeweichten Boden. Den Garten säumte eine noch erhaltene Ziegelsteinmauer, und hinter ihr war die Erde erhöht, während die Ebene auf der Seite zur Straße hin abfiel, so dass man sich oben hinter die Mauer stellen und in die Straße hinunterblicken konnte. Am besten lugte man nach einer Person, die gerade vom neuerdings eröffneten Friseurladen durch die Straße kam, Dame mit Dauerwellen oder so. Sie hatten längst mit den kleinen Händen große Matschballen geformt. Jetzt flüsterten sie nur noch hinter der Mauer. Und es kam tatsächlich so ein Dämchen mit frischen Locken. Da gelang es einem der Kinder, auf ihr Haupt zu zielen, mit dem Matschbällchen, und genau in die Locken zu treffen. Das war natürlich eine sehr große Untat, und sie mussten alle sofort sehr weit weglaufen. Sie kreischten auch nicht dabei. Klar, weil man sich damit verraten hätte. Aber als sie dann zusammen im Regen in einer Kuhle weit hinten im Garten saßen, lachten sie sich kaputt. Allerdings hatte jeder von ihnen eine geheime Angst, es könnte an die Eltern verraten werden.

Die Kinder eröffneten aber bald einen eigenen Friseursalon. In einer Ecke des Gartens der Tante war er gut geschützt. Einer nahm sich Kamm und Schere von zu Hause mit, und es konnte ans Werk gehen. Dann überredeten sie Zenzi, die die schönsten Zöpfe hatte und auch ein wenig scheu war, zum Friseur zu kommen. Zenzi kam. Man hatte auch ein Stühlchen schon gefunden und eine Spiegelscherbe. Der Zenzi gaben sie die Scherbe in die Hand, und als sie auf dem Stühlchen saß, kam der Friseur, das war Laura Wassenberg, die ja auch die Idee gehabt hatte. Sie schnitt der Zenzi den rechten der dicken, glänzend schwarzen Zöpfe ab. Worauf die Zenzi losschrie: „Das dürft ihr nicht!"

Es war aber schon geschehen, und nach „Dürfen" hatte kein Friseur und auch keiner seiner Angestellten gefragt. Die Mutter von Zenzi suchte kurz darauf nach den Friseuren, wild schimpfend. Diese hatten sich längst in den Ruinen versteckt, das Stühlchen mitgenommen. Es war ein wunderbares Leben. Man konnte dauernd etwas Neues aushecken, ohne gefangen zu werden. Ja, denkt Laura Wassenberg, toll, so ein dicker Zopf! Und spürt wieder in den Fingern, wie sie mit der Schere daran herumgesäbelt hat. Die Finger erinnern sich an alles, vielleicht noch besser als der Kopf. Gleichzeitig wird ihr klar, dass das wohl eine „kriminelle Tat" war, was ihre so spät noch wiederholte Wonne daran aber nicht schmälert. Was war das gegen alles, was man ihnen und ihren Eltern angetan hatte. Was war das schon gegen den großen Krieg.

Die Gärten der Tante

Jetzt kommt immer mehr von ihrer unbehelligten Kindheit zurück, so als läge es in ihrem Schritt, würde von ihm aufgetan. Wie lange ist das her, warum jetzt diese lustvollen Erinnerungen? Ach, wenn das Leben doch noch mal so wild wäre und so heimlich wie in den Gärten der Tante – ob es in Paris auch einen solchen Ort gibt? Hat beides miteinander zu tun, oder ist es einfach, was in einem Chanson von Moustaki vorkam: „Mes souvenirs sont les seuls survivants" – Meine Erinnerungen sind die einzigen Überlebenden.

Vielleicht ist die Freiheit, in der sie schreitet, ein Schwung zurück in die Erfahrung der ersten Freiheit; eine Freiheit, wie nicht viele Kinder sie erleben, reiche, wohlerzogene, behütete schon gar nicht. Neuerlich Aufbruch jetzt, hinaus! Eigene Ideen! Als steckten in ihren ausgewachsenen Beinen drinnen die Kinderbeine, gerade, stramm, schnell, sicher.

Sie ahnte aber schon früh, was es mit der Einsamkeit auf sich hatte und der „solitude", die kein Chansonnier ausließ. Wilhelm Busch hatte die Vorzüge einmal in einem Geburtstagsgedicht aufgeschrieben: „Wer einsam ist, der hat es gut / Weil keiner da, der ihm was tut / Ihn stört in seinem Lustrevier / Kein Tier, kein Mensch und kein Klavier / Und niemand gibt ihm weise Lehren / Die gut gemeint und bös zu hören."

Laura Wassenberg weiß noch nicht, was ihre eigene Tochter später sein würde: auch ein Bandenchef! Sie wird in deren „Briefmäppchen" Gebote zu Mutproben finden, die die anderen Kinder zu bestehen hatten. Meistens missriet es denen, wie es auch den Kindern um Laura oft missraten war. Vieles wiederholt sich – bei wilden Kindern in dem gleichen, einfachen Viertel. Zuweilen befahl Laura – in dieser Zeit der großen, aber kaum empfundenen Entbehrungen und ihrer romantischen Wildnis im Garten der Tante – blassen, schwächeren Kindern, ihr ein Häuschen zu bauen. Diese gehorchten selbstverständlich. Sie stellten aus gefundenen Steinen, Brettern, Gittern, Wellblech und Dachpappe das Häuschen her. Laura kommandierte viel, aber half auch mit. Wenn es fertig war, saß sie darin ganz allein und hätte gern etwas gekocht. So wie für eine Familie, aber da war keine Familie. Die andern Kinder waren nach Hause gegangen. Es gab ohnehin nichts zu kochen.

Es sollte der Ausdruck: „Es gab ja nichts" von den Erwachsenen noch jahre- und jahrzehntelang gebraucht werden. Er beschrieb die Zeit in und nach dem Krieg. Womit „die Großen" dann nicht nur das Essen, sondern auch Kleider, Schuhe, Schnäpse meinten. Jedoch: An die „Knolli Brandi", die Schnäpse, kamen sie zuerst wieder dran. Wie, das konnten die Kinder nicht verstehen. Die Großen sprachen von „Schnaps brennen, heimlich". Das war wohl verboten. Dass der Schnaps „brennen" sollte, verstanden sie auch nicht. Diese Sache mit dem Brennen und dem „Knolli Brandi" sollte mit Kartoffeln zu tun haben – und es musste den Großen etwas Wichtiges sein. Den Kindern war es egal. Spannend war daran nur, dass es verboten war und heimlich gemacht werden musste. In Kellern, raunten sie – und man brauchte wohl große Gefäße dazu.

Kochtöpfe hatte sich Laura schon öfter besorgt, große verbeulte Aluminiumtöpfe, einerseits zum Schlittenfahren und andererseits, um damit auf etwas zu warten, was zu kochen wäre. Sie sammelte im Geröll und zu Hause auch weitere brauchbare Gegenstände, zum Beispiel von einem zertrümmerten Fahrrad die Speichen. Dann fand sie eine Zahnpastatube, in den Trümmern hinter der ehemaligen Drogerie. Die Paste löste sie mit Wasser in einem der Kochtöpfe zu „Milch“ auf. Dazu fand sie in der Nähe auch noch eine halbe Dose Körperpuder aus dem zerbombten Drogerieladen sowie etwas Gesichtscreme und sonstige Töpfchen. Es war immer spannend, etwas zu finden.

Nun eröffnete sie ihr Geschäft. Und zwar in einer Toreinfahrt zum Garten der Tante. Natürlich war es wichtig, ein Geschäft zu haben. Die Eltern sagten auch in einem fort, sie müssten doch das Geschäft wieder eröffnen. Sie scharrten und bauten und versuchten es, legten Bretter über die Trümmer und wollten in einem hinteren Raum, der noch erhalten war, etwas anbieten, irgendwelche Waren. Sie aber kam eher dazu! Und würde gewiss noch weitere Dinge finden im Geröll. Schneller als ihre Eltern! Es gab vieles, das zu verkaufen wäre. Sie stellte in der Toreinfahrt zur Straße hin einen Tisch auf: Brett, auf zwei Steine gelegt. Das war die Theke, worauf sie ihre Waren anbot und vorübergehende Leute ansprach. Dabei sangen die Vögel im nahen Kastanienbaum, der prächtige weiße Dolden angelegt hatte. Sein Reichtum war durch nichts beschnitten worden. Die Leute blieben bereitwillig stehen. „Das kostet eine Mark, und die Milch fuffzig Pfennige!“, rief Laura Wassenberg.

Sie lacht jetzt laut bei ihrem Gang auf den Champs. Eine alte Dame, die vor ihr geht, wendet sich um. Sie lächelt die Alte spitzbübisch an, und die scheint es zu verstehen: das kleine Mädchen mit seinem Geschäft in der Toreinfahrt. Sie lächelt zurück. Das gibt es natürlich nur in Paris!

Die Stricknadel-Speichen verkaufte sie sofort und besonders gut. Sie konnte auch noch Nachschub von dem beschädigten Fahrrad holen. Laura wunderte sich, dass die ramponierten abgemagerten Kriegsdamen die Fahrradspeichen nicht erkannten. Oder ob es ihnen egal war - wenn man damit nur stricken konnte? Ebenso wollte nun jemand, ein Herr, die gelöste Zahnpasta als Milch in dem Kochtopf kaufen und mitnehmen. Für ein Baby, wie er sagte. Der war sogar ganz wild darauf. Sie freute sich. Die Milch wurde allerdings nach einer Stunde von dem Herrn mit Geschimpf zurückgebracht, das Geld zurückgefordert. Der Mann sagte, die Milch schmecke nach Pfefferminz!

Eine von Lauras Freundinnen war die Tochter des Viertelspolizisten, eines strengen vierschrötigen Mannes. Die dünne lange Annemie, die später Tänzerin wurde, war gelenkig, konnte gut auf der Straße tanzen in ihrem komischen Kleid, das ihr die Mutter aus einem Brokat-Vorhangstoff genäht hatte – und konnte gut malen. Ihre Bilder stellte sie an die nahe Wand, angrenzend an Lauras Geschäft. Auch diese zum Verkauf. Die Bilder beachtete aber niemand. Mehr die gesammelten Gegenstände von Laura, weil diese zu gebrauchen waren. Natürlich sind Erwachsene doof, dass sie nur Gegenstände kaufen, die zu gebrauchen sind. Das lernte Laura hierbei schon früh, erstmalig und sofort, ohne davon angetan zu sein.

Viele Jahre später soll Laura einmal aus Paris im heimatlichen Bahnhof ankommen. Sie geht gerade mit ihrem Koffer zur Straßenbahn, als plötzlich die Annemie daherkommt – schlaksig und dünn wie immer, jedoch ohne Brokatkleid. Dafür aber ungeheuer aufgemacht und bunt geschminkt. „Isch kumm us Barzelona!", sagt sie stolz, „isch ben do Tänzerin" – und nennt den Namen eines Clubs. Das Malen hat sie aufgegeben. Vielleicht war das Tanzen besser zu gebrauchen als die Bilder, die sich nicht verkauften.

Nach ihrer „Geschäftszeit" und kurz nach dem knappen Mittagessen zu Hause saß Laura im Garten ihrer Tante in ihrem Häuschen, das sie sich hatte bauen lassen. Sie war dort schrecklich allein, aber zu Hause war es auch nicht besser, denn da war nach dem Essen keiner mehr. Manchmal sah sie sich, in dem Häuschen sitzend, langsam und besinnlich ihre gesammelten „Kamellenpapierchen" in einem kleinen Mäppchen an. Sie waren das einzig Bunte, das es in der ganzen Gegend gab. Nirgends sah man etwas Farbiges. Weder Malkästen noch Lackgeschäfte, noch Tünche noch Anstriche, noch Reklamen noch Luftballons, noch frische Kleider noch Märchenbücher. Der Krieg hatte alles geröllfarben gemacht. Sonderbar war das; es sprach niemand davon. Das Geröll war grau, der zermürbte Asphalt noch gräulicher, die verbliebenen Häuserwände grau, die Trümmer graugelblich, und selbst die Luft war grau, graubeige. Es grummelte hörbar in den Ruinen in Grautönen. Keine Farbe, nirgends.

Als aber die ersten Kamellen – Bonbons – wieder irgendwoher auftauchten, zur großen Freude der Kinder, waren sie in kleine Papierchen gehüllt, fettige Papierchen. Kleine Papiere, die bunt waren! Fast alle, besonders die Mädchen, sammelten diese Papierchen, nie wurde eines weggeworfen! Manche bügelten sie, natürlich ganz leicht, nicht zu heiß. Das war ein reiches Gefühl, in ein Mäppchen mit den bunten Papieren zu gucken, sie mit dem Fingerchen langsam durchzublättern. Wer viele gesammelt hatte, war sogar ungeheuer reich. Besonders, wenn es recht verschiedene waren, also das Papier verschieden, die Farben verschieden, die Stärke verschieden: Die Papierchen von Rahmbonbons, auch die von den Hustenbonbons, waren schön kräftig, gelb und grün. Laura sah in ihr Mäppchen in ihrem einsamen Haus im Garten, und dann ging es ihr gut.

Auf den Champs bemerkt sie eine junge Mutter mit kleinen Kindern, die an ihr vorüberziehen. Wie anmutig, diese Kinder! Nicht nur, wie sie sich mit den hellen Stimmen geschwätzig etwas zurufen. Was ist das nur, hier in Paris? Alles hat Grazie! Als hätte jedes Kind, jedes Hündchen, jede Katze hier viel mehr davon. Und als würden sich die jungen Frauen, die alten Frauen, selbst die Conciergen, diese Aufpasserinnen, ihre Anmut für alle Zeit zu bewahren wissen! Ja – Anmut, Maß, Eleganz, ein Sinn für Schwung und etwas Mokantes, ein bisschen Lästerndes beim „bavarder", sich den Tag zu versüßen. Dazu aber auch das Zivile, das Angemessene, welches Übertreibungen meidet. Die hübschen Pariserinnen sind nicht „niedlich", feingliedrig wohl – und in ihrer Zartheit kühl, selbstverständlich selbstbewusst.

Neben dem Kamellenmäppchen hatte sie auch ein „Briefmäppchen". So wie ihr Vater eine größere „Briefmappe" hatte, sie hatte es ihm nachgemacht. Laura trug darin selbst angelegte Ausweise sowie gemalte Geldscheine mit Zahlen, soweit sie diese schon kannte. Die Ausweise erlaubten ihr, in fremde Häuser zu gehen. Wenn sie die halbdunklen Flure betrat, zeigte sie die Ausweise imaginären Polizisten und Beamten vor, dann durfte sie weitergehen, auch die Treppen hinauf, sogar mehrere Stockwerke. Das war spannend – und es klappte immer. Sie machte ein ernstes Gesicht dabei. Mit spitzen Fingern zeigte sie die Papiere, ganz vornehm. Man glaubte ihr natürlich, denn sie war genauso ehrenwert wie die Großen.

Sie hortete sowohl das Mäppchen mit den Kamellenpapierchen als auch das Briefmäppchen mit den Ausweisen und Geldscheinen in einer alten kleinen Handtasche ihrer Mutter. Diese war ihr geschenkt worden. „Nappa-Leder!", hatte die Mutter dabei gerufen. Das Wort vergaß sie nie. Ebenso wie das andere ehrwürdige Wort: „Chevro-Leder." Das hatte die Mutter über ihre Pumps gesagt. Das Wort „Pumps" war ihr sehr komisch. Es sollte sie daran erinnern, dass ihre Mutter nicht von einem Pups, sondern einem Pumps sprach, wenn sie ein kleines Fürzchen meinte. Sie wunderte sich nur, dass man das U wie ein Ö aussprach.

Ihr erstes nun eigenes Täschchen war von einem wunderbaren Grün, „Lindgrün", sagte die Mutter dazu. Und es sei so ähnlich wie „Resedagrün", Letzteres aber noch vornehmer. Also diese Grüns waren besonders fein. Laura dachte manchmal auch, es gäbe „Ledergrün", denn woanders hatte sie dieses Grün noch nie gesehen. Sie war stolz auf das weiche Täschchen mit Lederhenkel und dem Klappverschluss, sie beulte daran herum mit ihren Fingerchen, es fasste sich wunderbar weich an. Diese Handtasche klemmte sie sich stets unter den Arm, wenn sie ausging. Damit war sie wichtig und zu allem berechtigt.

Die größere Laura Wassenberg, jetzt auf den Champs-Élysées, hat ebenso eine schmale Handtasche aus Leder unter ihren Arm geklemmt. Es ist ein gutes Gefühl, die notwendigen Utensilien wie Metrofahrscheine, Geld sowie die Papiere für die beiden Kunstschulen darin zu wissen. Und natürlich Gauloises, dazu französische Streichhölzer. In einem Etui etwas Schminkzeug.

Neue Farben: vom *Pelikan* und den Kamellen

Irgendwann hörte sie, sie solle, wenn sie sieben Jahre alt sei, in die Schule kommen. Dabei dachte sie sich nicht viel, weil sie das große Schulgebäude ja von ihren Streifzügen kannte. Da würde man also in den Bänken sitzen. Dann kam der Tag des Schulanfangs. Es liefen sehr viele Kinder in die kleine Straße, wo die Schule lag, Kinder, die sie noch nie gesehen hatte. Die meisten waren zerlumpt, aber zumindest gekämmt. Es waren ganz kleine und ziemlich große Kinder. Sie merkte, dass die alle in eine, die erste Klasse, sollten. Es gab auch ein paar feine, die hatten schöne Kleider an. Sie waren von etwas weiter her gekommen. Wahrscheinlich aus dem besseren Viertel, wie man dazu sagte.

Sie wusste sofort, dass diese nicht wild, nicht so rau und gelenkig waren wie sie. Sie wusste auch: Die müssten sich vor ihr fürchten! Sie war stärker. Die waren bestimmt nie in Bäumen, auf Mauern, in Ruinen geklettert! Aber sie waren nett, die feinen Kinder. Eines war sehr vornehm gekämmt, glatt und streng, es schien ihr überall blond zu sein, hatte helle feine Haut und leicht rosafarbene Bäckchen. Die Zöpfe gingen bis auf den Hintern, sehr gleichmäßige Zöpfe, daran hatte jemand lange und ordentlich geflochten. Die von Zenzi beim Friseurspielen waren dagegen dick gewesen und unordentlich, struppig schön. Laura ahnte, sie könnte von diesen blonden keinen abschneiden. Es würde zu unheimlich schrecklichen Sachen führen: Die vornehme Mutter von dieser Erika würde es Fräulein Winter sagen, dieser lieben alten Oma mit dem Knoten, ihrer Lehrerin mit der dünnen Haut im Gesicht und den lieben Augen. Das wollte sie auf keinen Fall riskieren.

Später sollte dieses Mädchen Erika, das blonde, das jetzt bereits reichere Fabrikantenkind aus dem vornehmen Viertel, eine Häusermaklerin werden. Eine, die Laura auf einem Klassentreffen nicht mehr wiedererkannte. Die Zöpfe waren ab. Die Frau trug nun eine blond gefärbte fesche Modefrisur und ein Kostüm. Aber glatt war das alles immer noch. Laura erinnerte sich: Es gab auch etwas, das man „Completchen" nannte. Das gab es meistens bei den Vornehmen, und es war „ganz auf Figur". Ihre Mutter hatte auch so etwas und sprach von dem hervorragenden „Tuch" des Complets, ihres Zweiteilers. Die Erika hatte nun viel Farbe an sich, sie trug einen rosafarbenen „Blazer". Dieses Rosa hieß neuerdings „Pink"!

Laura erinnerte sich, wie es zuvor so lange gedauert hatte, bis es überhaupt Farben gab. Pink schon gar nicht. Und Pink war dann wohl auch keine gute Lösung, es war so etwas „Herübergekommenes", also „nicht auf dem eigenen Mist Gewachsenes". Dieses „Pink" kam ihr amerikanisch, grell übertrieben, irgendwie lächerlich vor. Hatten sie zu Hause nicht „Erika" zu dieser Farbe gesagt, zu diesem

Lila-Rosa? Dann passte es natürlich später auch zu der Häusermaklerin Erika, die ehemals so feine Zöpfe hatte und sicher nicht begriff, was sie verloren hatte, auch ohne dass sie ihr von Kindern abgeschnitten worden wären.

Nach den Kamellenpapierchen gab es erst einmal wieder, endlich, die „Grundfarben", man konnte sie sehen! In Anstrichen, Kleidern, an wieder angebotenen Waren. Das erschuf natürlich ein ganz neues Sehen an sich, so als hätte man andere Augen bekommen. Es gab – sie sah es voll Staunen und Begeisterung – wunderbare und unglaublich viele Farben auf der Welt, und bei jedem Lichtwechsel sahen sie anders aus, stärker, schwächer, in vieler Art Schatten auch gemischter. Farben, von denen man noch nie gehört hatte! Sie waren einfach nicht vorgekommen. Blumen hatte es in den verwahrlosten Gärten fast keine gegeben.

Indem sie nun auftauchten, enthüllten die Farben eine den Menschen ungewohnte Welt. Die Leute auf der Straße nahmen es aber gar nicht wahr. Sie merkte, dass keinesfalls alle Leute scharf waren auf den einen Wasserfarben-Pelikan-Malkasten im Schaufenster einer Bude, wo er plötzlich angeboten wurde. Die Firma „Pelikan" hatte es ihr sofort angetan, mit dem sonderbaren Vogel auf ihren Produkten, auch auf ihren Tinten und Füllern. Sie kannte keine andere Firma, die solches bereits hergestellt hätte. Der Inhaber der Bude war ein sonderbarer dunkler Mann mit schwarzer Baskenmütze und schwarzem, pedantisch angelegtem, etwas glänzendem Schnäuzer. Er sprach scharf akzentuiert, herrisch. Er war offenbar sehr von sich eingenommen und gewiss eines schlechten Charakters – die Kinder sagten „injebildt", eingebildet. Sein Stolz stand in keinem Verhältnis zu seinem Besitz, bei dem es sich eigentlich nur um eine bloße „Bruchbude" handelte. Irgendwie hatte er etwas zum Fürchten, was aber auch neugierig auf ihn machte. Er schritt in der Bude herum wie ein Fürst und verkaufte seine Sachen, sah sehr französisch aus und galt als gefährlicher Frauenheld. Später sollte eine ihrer redlichen Tanten den Kerl ehelichen, mit ihm ein Hotel gründen und daran fast zugrunde gehen. Das war, wie Laura beobachtete, der Liebeszauber. Es musste etwas Schreckliches sein.

Das Holzbüdchen befand sich in ihrer Straße, dort gab es Zigaretten und Bonbons und Straßenbahnfahrkarten zu kaufen. In Frankreich nennt man so ein Büdchen „Tabac", einem solchen sah es in dieser Zeit in ihrer Vaterstadt ähnlich. Es war geheimnisvoll, hatte einen knarrenden Boden, eine brüchige Theke. Da roch es nach Tabak, Schnaps und Staub; Feuerzeuge gab es, und kleine viereckige Flaschen mit Bols-Likören in vielen Farben: Zum Beispiel Apricot, oder den knatschblauen Curaçao. Von Letzterem konnte man nicht verstehen, dass Menschen so eine extrem blaue Flüssigkeit zu trinken wagten und dabei nicht dachten, dass es pure und dazu giftige Farbe, so etwas wie Kobaltblau sein könnte. Ihre Mutter kaufte bei „dem Schnäuzer" gern solche Liköre, und für den Vater die Zigaretten „Simon Arzt" oder „Mercedes"; das waren feine flache Zigaretten. Beim Schnäuzer gab es auch Zeitschriften und Zeitungen, noch wenige, die Mutter erstand Mode-Journale. Im Schaufenster lagen außerdem Schulmäppchen und Radiergummis, Bleistifte, Farbstifte, Kaugummis.

Sie hatte bisher nicht gehört, dass man Farben mischen kann, und was sich dabei herausstellen würde – war aber jetzt höllisch neugierig darauf. Sie ahnte, der Farbkasten könne es ihr verraten. Dieser „Pelikan"-Farbkasten war das Ungeheuerlichste, was sie sich als Wunsch vorstellen konnte. Er war größer als jeder Weihnachtswunsch. Es war die reine Gier; sie lief immer wieder hin und besah sich die Farbtöpfchen. Sie wollte ihn, ihn allein, und sonst nichts haben! Und sie bekam ihn natürlich auch. Was sie so heiß und unbedingt wollte, sollte sie fast immer bekommen. Als läge in diesem heftigen Begehren ohne alle Frage eine Magie – die ihr nutzen, aber auch schaden konnte.

Laura Wassenberg wurde später als Malerin eine Spezialistin in allem, was Farbmischungen, Farbharmonien, Farbdiskrepanzen und Farbabstufungen betrifft. Sie sollte auch die psychologische Wirkung von Farben studieren, schwelgte einerseits darin und war andererseits pedantisch-kritisch, sie untersuchte das alles aufs Schärfste. Sie blieb ein Leben lang davon begeistert, denn Farben bedeuteten ihr reine Poesie; das heißt, in ihrer Natur an sich, so wie in der göttergeschenkten Grazie und Komposition der Farben aller Natur auf der Erde. Was nicht ausschließt, dass ihr ebenso bewusst war: Mit Farben sind ebenso Krieg und Kitsch, Maßlosigkeit und Krampf auszudrücken. Aber die Farben selbst meinen dieses nicht. Sie können, wie alles Schöne und jede gegebene Gnade, missbraucht werden. Nur die wenigsten Menschen befassten sich überhaupt eingehender mit Farben, das erstaunte sie. Sie wusste, dass der Maler Macke die Farben „Engel“ genannt hatte. Er hatte es lange vor ihr verstanden.

Einmal freute sie sich über ein großes Plakat an einer Litfaßsäule, von welchem keiner wusste, wer es dahingebracht hatte. Es war ein riesiges Plakat, gelb wie eine Butterblume, und darauf stand nur ein Satz: „Nichts ist gelber, als Gelb selber.“ Da hatte einer etwas vom Sich-selbst-Sein der Farbe verstanden, von ihrem starken Charakter. Sofort sprang ihre Aufmerksamkeit an, wenn es um Farben ging. Und wenn Menschen sich farbwidrig, „beißend falsch“, also offenbar geschmacklos angezogen hatten, fiel ihr das sofort als ein Defekt auf. Laura verachtete diese Leute und hielt sie später, als sie das Wort erst kennengelernt hatte, für „neurotisch“! Und wenn sie nicht zu faul dazu gewesen wäre, hätte sie die „Lehre der Farbenneurose“ begründet. Ihr geschärfter Farbenblick konnte sowohl als tiefe Kenntnis als auch als Tick aufgefasst werden. Er fiel aber gar nicht erst auf, da sie alle Geheimnisse ihres Sehens für sich behielt.

Jetzt hat sie auf den Champs plötzlich genau so etwas erblickt, was sie ärgert: In Paris laufen doch tatsächlich diese Amis herum, die gestreift und kariert zusammen und in den unmöglichsten Farben tragen! Also doppelte Geschmacklosigkeit – oder doppelt neurotisch! Dass die sich nicht schämen, hier am Ort der guten Manieren und Dezenz! Sie merken es eben nicht, es ist ihnen egal! So pflegt sie sich öfter höllisch zu ärgern über andere, die ohne jeden eigenen Ärger dabei wegkommen.

Da sie sich nun in der Zeit der Volksschule auch mit Musik befasste – man lernte ja das Singen und konnte auch Schallplatten, Radio hören – hatte das bei ihr mit dem Gleichen auf geheimnisvolle Weise zu tun. Mit Tönen, Tönungen, Tonigem, mit steigendem oder fallendem Rhythmus, Aufteilung, Abstufung, Geschmack. Es galten diese heimlichen Betrachtungen ihr ebenso als hohe Wonne wie auch als Resultate tiefster Neugier; man könnte sagen wie die Hingabe an eine „fröhliche Wissenschaft“. Wie Herr Friedrich Nietzsche es dann genannt hat.

Ein wahres Wunder, das durch den Malkasten von Pelikan, den es plötzlich zu kaufen gab, möglich wurde. Sie hatte sich den einen, der im Fenster lag, errungen – von Papa gekauft bei dem Mann mit dem Schnäuzer! Hier, wo ihr Vater auch den ersten wertvollen Füller und ein ledernes Schulmäppchen sowie Tafel, Griffel und Schwamm für sie erstanden hatte. Wochenlang hatte sie nach dem Farbkasten geschielt, der dort in dem ganzen Allerlei lag. Dann war er verschwunden – um zu Weihnachten auf wundersame Weise zu ihr zu kommen.

Ach, die Champs sind wirklich vornehm. So elegante Bauten, dezent, nichts falsch angemalt. Ebenso die Damen, die Herren. Man ist nicht „bunt“ in Paris. In Paris trägt man kein „Pink“. Ob die das hier auch so „amerikanisch“ finden? Die Franzosen lesen die „short storys“, auch amerikanische Romane, sie lieben den Jazz – aber in der Mode haben die USA hier nichts zu sagen. Man ist dezenter. Wenn ein Engländer oder Amerikaner sagt „I was decently dressed“, bedeutet das ganz etwas anderes. Es heißt so viel wie auf Deutsch „passend, angemessen“ angezogen zu sein. Die französische Dezenz ist das Zurückhaltende an sich, in allem, das Feine. Das Gegenteil von laut. Das Grobe und Laute, das bei uns so richtig als „ungehobelt“ benannte, mögen die Franzosen ganz und gar nicht. Sie bezeichnen uns Deutsche gern als „les teutons“, die Teutonen. Und von diesen Deutschen gibt es leider reichlich viele, ich mag sie auch nicht; hasse ihre Laute, ihre Bewegungen, das Breite und Dumpfe. Möchte immer sofort weg von solchen Leuten. Sie sind, wo sie auch auftauchen, wie ein wandelndes lautes Fußballfeld! Das betrifft die Stimmen, die Manieren beim Essen, ihre Ablehnung des Tanzes und der Eleganz, all ihre überflüssigen Verlegenheiten. Nachdem der jüdische Lyriker Paul Celan auf einer Tagung der Gruppe 47 diffamiert wurde, er lese wie Goebbels, soll er über die deutschen Nachkriegs-Intellektuellen gesagt haben: „Naja, diese Fußballspieler“.

Jetzt in Paris: Alle lesen Sartre und Camus! Im „Tabou“ in der Rue Dauphine trägt man abends nach wie vor Schwarz. Da gab es ja die kleine Treppe, die in ein Lokal geführt hatte, das die Polizei verbot, damals, als die Nazis Paris okkupierten. Dort tanzt man jetzt Jitterbug, es herrscht der Jive!

Juliette Greco hatte die kleine Treppe entdeckt, sie war hier allabendlich aufgetreten, den Deutschen entkommen, welche ihre Eltern deportiert hatten. Sie nannten sich und nennen sich immer noch „Existentialisten“. Die Greco war sehr arm und als Sängerin eine wahre „Entdeckung“. Eine typische Pariser Legende. Alle halfen ihr, Sartre und Boris Vian und Prévert und Kosma – alle, die ebenso arm waren in der Kriegs- und Nachkriegszeit. Diese Pariser Typen mit ihren dicken schwarzen und weißen Rollkragenpullovern, man fror ja immer; wie hab ich schon die Fotos in den Magazinen von ihnen geliebt, und sie in meinem Zimmer zu Hause an die Wände geklebt! Mama hatte dann wieder den Blick – und sagte nichts mehr.

Später gab es die sensationelle Nachricht: Die Greco, sie hat sich in Miles Davis verliebt! Das muss ja ein Paar sein, dachte ich, ein ganz ausgefallenes Paar – und gerade darum passt es. Er mit der klaren schwarzen Schönheit, er wusste es, es gab wunderbare Fotos von ihm – und sie, aus einer asiatischen Familie, auch „très distinguée“. Unnahbar beide – und je unnahbarer, desto einverständlicher beieinander. Sie wusste, warum sie das sogleich gedacht hatte. Auch sie sollte so etwas erleben, die Nähe untereinander – derer, der „happy few“, die nicht in die Menge gehören. Die Greco sang schon *Les Enfants qui s'aiment* – inzwischen kennt es die ganze Welt!

Zu Hause nahte für Laura, noch in der Kindheit, der erste Karneval. Einer, der Konfetti in die Straßen streute. Das war ein Fest, vor allem der Farbe wegen! Das Konfetti hatte etwas wie aus dem Himmel, es war auch noch nach Regen schön. Wenn es in den Pfützen herumschwamm, die kleinen runden Papierplättchen kostbar, sie leuchteten, wohin auch immer sie sich verstreut hatten. Das Konfetti trat mit seinen Blumenfarben, seinen hundert Pünktchen aus dem Grau des Gerölls – ein großer Segen.

Laura Wassenberg fasst bei diesem Gedanken fröhlich den Stoff ihres Kattunkleides an. Das soll sie noch öfter tun an diesem Morgen. Der Stoff gibt ihr geradezu ein Wonnegefühl. Es ist ein frisches Sommerkleid in Frühlingsfarben, hervorgegangen als Traum aus dem Grau des Damals. Kein kratziges, zerschundenes Überbleibsel aus altem Stoff oder rauer Wolle, das ihr Kinderkörper und ihre Haut hatten aushalten müssen. Jetzt kühle Baumwolle, frisch gebügelt. Die Mutter hat es ihr von der Tante – ehemalige Direktrice eines Modehauses und vorzügliche Schneiderin – nähen lassen. Den Stoff hatte Laura selbst ausgesucht, als es erstmalig wieder ein Warenhaus mit Stoffen gab.

Das war die reine Freude meiner Mädchenzeit, meine Tante – wie wunderbar französisch diese schon aussah! Das wollte sie auch, mit ihrer kecken schwarzen Locke auf der Stirn und ihrem Kurzhaarschnitt wie in den zwanziger Jahren. Eine Elegante, ja, eine elegante Tante! Und das Kleid kam natürlich mit nach Paris. Ich habe dieses Kleid an, wie gut das tut an einem Sommertag auf den Champs!

Das Fest – nach braunen, grauen Jahren

Da war also ein Karneval zustande gekommen, so als sei nichts gewesen. Das galt für ihre Heimatstadt immer schon: Der Karneval blieb von Schicksalsfragen, Kriegen, Nöten und dergleichen Negativem unberührt. Es gehörte sich so.

In den ersten Jahren des Schulbesuches hatten die Kinder sich aus diversen Lumpenkisten, die es überall gab, kleine Kostümchen zu Karneval gemacht. Sich vielleicht ein altes Stück Gardine umgeschlungen als Tanzkleid, dann noch ein verbeultes Hütchen hervorgeholt, fesch aufgesetzt; zu große Pumps oder Sandalen an die Füße getan. Das sahen sie sich im Spiegel lustig an und kamen in Stimmung. Man konnte noch eine Blume an den Hut nähen oder einen großen Knopf. Richtig elegant tanzte es sich in der Straße mit dem wehenden Stück Gardine! Dann mit Mamas Schminke das Gesicht fein vermalen, den Damen gleich oder den Clowns abgesehen, so war es noch schöner. Aus dem Hüppekästchen-Alter war man nun wohl endgültig heraus. Das waren die Jahre gewesen, in denen man mit Kreide auf die Straße Karrees – Vierecke – gezeichnet hatte, vielleicht von eins bis zwölf, fortlaufend, oben je ein Kästchen „Himmel" und „Hölle". Nun wurde mit dem einen Bein springend und schiebend ein kleines Stück abgebrochenen glatten Marmors oder ein alter Gardinenring oder ein unbrauchbares rostiges Schlüsselbund in die Kästen befördert, also zielgerecht nach oben geschoben. Mit einem Ball wäre es nicht gegangen, das Ding musste brav liegen bleiben. Irgendwie entschied sich, ob man in den Himmel oder die Hölle kam, genau kannte sie die Regel nicht mehr.

Jetzt näherte man sich fast schon dem Stadium einer feinen Dame, zog heimlich die hochhackigen Schuhe und Seidenstrümpfe der Mutter an und probierte sie aus. Die Brüstchen wurden betrachtet und erstaunt wahrgenommen, wie sie sich am eigenen Leib rundeten, ohne dass man etwas dazu tat. Andererseits war es lästig, ein Mädchen zu sein. Laura Wassenberg wollte rennen, rasen, auf hohe Mauern springen. Dass man einen Busen bekam, war hinderlich. Noch war er ja gottlob klein.

Längst vergangen waren da schon die „Volksschuljahre", wie das hieß. Laura fand sie gemütlich. Das Beste am ersten Schultag, erinnert sie sich erneut, war Fräulein Winter, die alte Lehrerin. Laura wusste sofort, dass sie dieser keinen Kummer machen, ihr sehr gerne gehorchen würde. Was immer sie von ihr verlangte! Sie war angetan von der alten Frau, die hier das Sagen hatte. Es wurde ihr ganz warm dabei. Ihr wollte sie gefallen.

Und jetzt, ruft Laura sich innerlich zu, werde ich in der „Académie Julian" den Lehrern genauso gehorchen! Sie werden mich in das Aktzeichnen einführen, in Farbkunde, Kunsthistorie und dann Ölmalerei. Das alles will ich in Paris lernen. Es wird sein wie im Himmel! Und nur Künstler um mich herum. Die alte ehrwürdige Akademie. Sie, die nur Begabte beherbergt. „Oui, Madame! Oui, Monsieur!" Schon hüpft sie – wenn nun auch schon als Mademoiselle – ein paar Schritte auf einem Bein, als ginge es hier auf den Champs um das Verrutschen eines Marmorsteinchens. Ein Passant neben ihr erschreckt sich, da geht sie ordentlich weiter.

Vor der Schule war sie frecher gewesen als in diesen ersten Tagen im Angesicht der feinen alten Lehrerin. Sie erinnert sich an ein Liedchen, das passte zu ihrem neuen Bravsein nicht. Warum kam es ihr ins Gedächtnis? Sie hatte es gern geträllert: „Ach wie war das früher schön, als wir uns vertrugen / Und beim In-die-Schule-Geh'n die ander'n Kinder schlugen!" Sie wusste nicht mehr, wo sie es aufgeschnappt hatte, aber es hatte Spaß gemacht.

Fräulein Winter in dem großen Volksschulgebäude erschien ihr wie ein kleiner Engel. So zart und streng, eine weise Großmutterdame. Es zeigte sich bald auch in ihrem Wesen, dass sie diese alte Frau zu Recht schätzte. Laura war keine Spur widerspenstig gegen die einfachen Dinge, die die alte Dame allen Kinder ruhig beibrachte. Sie wollte es gut, ihr recht machen. Das Schreiben, das ABC, ein Buchstabe nach dem anderen. Dann auch Rechnen, kleine Kästchen mit Additionen, Subtraktionen. Das war genauso aufregend wie Klettern, und doch anders: Man konnte dabei sitzen bleiben.

Sie lernten Lieder, das ging gleich los. Sie sangen alle ganz hell, so dass es fröhlich aus den Fenstern schallte: „Alle Vögel sind schon da“ und „Kommt ein Vogel geflogen“ und „Der Mai, der Mai, der lustige Mai“ und „Als wir jüngst in Regensburg waren“. Ein ganz neues Abenteuer! Manche sangen falsch, es klang schief; das hatte nichts zu bedeuten. Alle sangen mit, keiner genierte sich. Ebenso eine Neuigkeit diese Schiefertafel – und wie der Griffel darauf kratzte. Das feine Schiefergrau und die Schlieren auf der Tafel, das alles gefiel ihr. Der Holzrahmen um den Schiefer herum und auch das feuchte Schwämmchen, mit dem man all das Geschriebene wieder wegwischen konnte. Am nächsten Tag würde etwas Neues geschrieben, etwas Neues gelernt! Man konnte sich richtig darauf freuen.

Die Trümmer-Abenteuer waren anders. Als sie all die freie Zeit gehabt hatte – hungrig, aber wild war. Sie konnte streunen den ganzen Tag, das war frei – aber auch einsam. Nichts hatte ihr Auskundschaften behindert, das dem Spähen eines Tieres gleichkam. Besonders „die Großen“ hatte sie lange Zeit gut beobachtet. Diese waren ebenfalls nahezu ohne Essen, ohne Habe, ohne Mittel – aber ständig mit etwas zugange. Sie regten sich wie emsige Ameisen. So, als sei ein Bau zu errichten, damit man geborgen sei oder die Brut etwas zu leben hätte. Sie fanden auch etwas, wenig, aber genug, dass es weiterging. Nachdem in den Jahren des Krieges rund um die Erwachsenen herum viel mehr gestorben und zertrümmert worden war als je zuvor in ihrem Leben, fragten sie sich nicht, ob das Leben ein Himmel oder eine Hölle sei, sie merkten auch nicht, dass es in den „Hüppekästchen“ der Kinder um Himmel und Hölle ging. Sie sahen sich kaum etwas an. Gut nur, dass die Kinder mit sich zu tun hatten, sich selber beschäftigten.

Jetzt erinnert sich Laura: Man durfte in dem Spiel nie in das Feld „Hölle“ geraten, und auch der „Hüppestein“ musste dieses Feld überqueren, ohne darin liegenzubleiben. Das Verrutschen geschah auf einem Bein, also spielte auch das Gleichgewicht eine Rolle. Falls man in der Hölle landete, musste man ganz von vorn anfangen. Wie hinterhältig – man musste sich vor diesem Feld wahrhaft höllisch in Acht nehmen. Wer hat schon Lust, immer wieder von vorn anzufangen? Erst im Himmel durfte man auf beiden Beinen stehen, sich ausruhen.

Später las Laura in einem Buch, dass man dieses Spiel – mit kleinen Variationen – in fast allen Ländern der Erde kannte – und dass es vermutlich schon im alten Rom im Forum mit einem Stein in den Boden eingeritzt und gespielt wurde. Man nannte es auch das „Paradiesspiel". Also kam man letztlich vielleicht per „Hüpkästchen" in den Garten Eden? Da war also schon den Kindern einiges klar geworden – und sie wusste, dass sie es gefühlt hatte. Es musste Bedeutung haben – aber das Wort Bedeutung kannte sie noch nicht.

Die Erwachsenen schien es nicht zu interessieren. In der Zeit nach dem Krieg merkte sie, dass die Frage – um die, wie sie später erkennen sollte, die Philosophen seit Jahrhunderten feilschten – nämlich ob ein Gott existierte – gar nicht zur Debatte stand. Und das, obwohl sie doch alle des Sonntags in die Kirche gingen! Wer hätte für so etwas Zeit und Kraft und sein Gerede verschwendet? Das Leben muss weitergehen, sagten sie. Mehr nicht. Dass es weiterging, war ihnen Wunder genug.

Laura hatte das alles gesehen, in sich genommen, war dann aus ihm gewachsen. Sie hatte dünne Arme und Beine, fühlte darin eine sehnige Stärke. Vielleicht war sie mit Kraft gesegnet, schön angespannt: Sie ahnte es, oder vielleicht war es genau in dem Gefühl in den Muskeln. Als ob die Muskeln ein Bewusstsein hätten. Sie turnte wie ein kleiner Affe und genoss die Zuverlässigkeit ihrer Sehnen, ihre kräftigen kleinen Hände und die Sicherheit ihres Balance-Gefühls. All das Gute hatte sich ihr im Chaos der Trümmerlandschaft durch ihren Körper eröffnet. Dazu das schöne Freigelassensein in unbekannten Umgebungen.

Dass dort und in dem völlig Unbeobachteten, im wieder wachsenden bürgerlichen Denken der „Großen" auch eine Verwahrlosung drohte, Gefahr lag, kam ihr nicht in den Sinn. Sie wusste still verborgen: Das Wachsen im Wilden bot ungleich mehr Lebendiges und die eigene Direktion des Lebens war dadurch weniger bedroht, als später alle Erziehungsrichtungen sie bedrohen würden, ganz gleich welche. Man würde sie in ein Internat stecken und ihr die inneren Glieder brechen.

Man erkannte, dass sie ein Wildwuchs geworden war. Erkannte aber nicht, dass dieser auch tief verstört werden konnte durch plötzlichen Zwang und starre Ordnung. Sie wollten plötzlich den Wildwuchs erzogen haben. Sie gehorchen lehren. Das aber stand in der schönen Volksschulzeit noch nicht auf dem Plan. Laura hatte nichts gegen das Lernen oder dagegen, geleitet zu werden von Klügeren. Ja, sie hatte sich sogar danach gesehnt. Nur mussten sie wirklich die Klügeren sein. Nicht nur kommandieren. „Erziehung“ – was für ein komisches Wort. Sie hatte das Bild vor sich, wie man an Gliedern zerrt, oder als ob man an den Kindern herumziehen würde, wie man Tiere am Schwanz zieht. Das konnten Kinder doch unmöglich gern haben. Wenn aber so eine „Erziehung“ zum Lernen ausgerichtet war, ohne Strafen und Befehle an sie selbst gerichtet, war das eine gute Lage. Die „Großen“ sprachen von guten und schlechten Taten, sie belohnten die guten. Unter den Kindern war das gar nicht vorgekommen. Wenn einer stärker war, war er stärker. Gehorchen mochte sie nur, wenn es nicht sein musste. Schule empfand sie – jetzt dieser süßen Großmutter-Lehrerin unterstellt – nicht als Gehorchen. Das Lernen war schön! Und so ging es jeden Tag weiter, immer woandershin, ins Unbekannte, wie sie in den Kellern in fremde Schächte vorgedrungen war. Neugierig, was dort zu finden wäre. Das Lernen enthielt ja auch eine Portion Wildheit, ebenso wie ihre frühere Regung, in fremde Gebiete vorzustoßen. Vorwärtskommen, staunen, sammeln, entdecken. Üben musste man natürlich auch, auswendig lernen, sich etwas merken. Das alles durfte nicht gleich wieder „wegfluppen“. Denn dann verstand man das daraus Folgende nicht.

Sie liebte das Auswendiglernen. Wenn man sich so ein Lied geschnappt hatte, war es für immer im Kopf. Es hielt sich für einen bereit. Wenn der Himmel schön blau war und dazu noch „Alle Vögel sind schon da“ sich singen ließ, war er noch weiter, noch blauer. Sie kannte schon die Lieder, die ihr Vater ihr vorgesungen hatte und auf der Mundharmonika gespielt, auswendig natürlich. Dass der Kopf so ein Musikinstrument war – dass er ihr die Melodie immer wieder spielte, so oft sie wollte! Darüber redete kein Mensch – wie sonderbar. Nie sollte sie vergessen, was für ein Wunder darin steckte. Dass einem der eigene Kopf ein Schatz werden kann. Es war auch so, als könne man sich ein Glück einstudieren. Glück, das doch als so flüchtig galt, jedenfalls redeten „die Großen“ so davon: „Glück und Glas, wie leicht bricht das.“ Der Spruch war irgendwie schief, er stimmte eigentlich nur, wenn man ihn so sagte: Glück und Glas, wie leicht bricht daaas. Er kam ihr blöde vor.

Glück, das war doch für alle Zeit geborgen in jedem neuen Lied, Gedicht, Musikstück. Oder auch einem feinen Gemälde, einem besonderen Foto – das man sich merkte, fortan in sich trug. Ob das ein Wunder war? Aber niemand predigte in der Kirche davon. Sonntagmorgens sollte sie immer in die Kirche, zur Messe gehen. Es sprach da auch keiner davon, dass Wunder Spaß machen. Also die, von denen man in der Kirche erzählte, machten wohl keinen Spaß. Jedenfalls sagte man den Kindern nicht, dass der arme Lazarus richtig Spaß hatte, wieder aufstehen zu können. Die feine kleine Lehrerin war bedacht, dass die Kinder viele Lieder lernten. Sie wusste genau, dass das der Schatz für später würde. Auf jeden Fall. Und was kann sie jetzt schon auf Französisch alles auswendig! All die komplizierten Zahlen. Dann das Gedicht *Les Feuilles mortes* – und nicht zuletzt die Höflichkeitsformen; zum Beispiel, dass man nicht sagt wie bei uns: „Du musst das dann tun“ – oder: „Es ist verboten“; sondern „Veux-tu bien“ oder „Veuillez, s’il vous plait“ oder „Je vous prie bien de me rendre un service“. Oder sogar im „subjonctif“: „Il faut que je m’en aille.“ Richtig, dass die Franzosen sagen: „Würden Sie ...“ – und nie: „Sie sollen“, „sollten“ oder „müssen“. Befehle stecken in dem allem! Noch schöner aber ist, dass sie sich mit der Freude befassen wie mit einem guten Essen. Bei ihnen ist die Freude nichts Oberflächliches, nicht nur bloßes Vergnügen. Sie ist auch nicht nebensächlich, neben Gott-weiß-wie-wichtigen Dingen.

Der Dichter Jean Tardieu hat darüber geschrieben und Laura denkt, dieser Tag passt gut zu dem Gedicht über die Freude, welche den Raum befreit und den Tag erhellt wie ein Chanson: „Elle existe la joie / Sans arme elle demeure / Depuis les premiers temps / Elle est là pour nous tous / Elle franchit l’éspace / Le grand jour lui suffit / Qui tourne autour des choses / Comme un air de chanson.“ Was für ein begehrenswertes Dasein. Wo könnte man das besser, sich anpassen und gleichzeitig frei sein?

Sie sieht schöne Autos auf den Champs vorbeifahren und denkt an ihren Vater, der elegante Limousinen liebte, aber keine mehr hat. Die seine hat ihm der Krieg genommen.

Eine ungesunde Veränderung

Die Heimat ist vollständig zerstört. Wie war ihre Stadt vordem, was für einen Charakter hatte sie, wie sahen die alten Häuser aus? Und wie mag es gewesen sein, als ihr Vater blass und mager aus Russland zurückkam? Das Verlorene hat er kennengelernt. Wie andere es nur beim Sterben vermuten, „dass einem alles genommen werden kann". Wie abrasiert war allein sein Haus, der Rest der langen Straße war verschont geblieben. Sein Haus – und nahezu die ganze Innenstadt wie vom Erdboden verschwunden – nur noch Geröll. Das würde sich gewiss kein Mensch vorstellen können, der es nicht erfahren hatte, sie erkannte seinen Zustand erst, als sie selber älter war.

Laura Wassenberg würde in der Folgezeit alles, was ihr lieb und teuer war, immer bei sich behalten, ihre Bücher und Bilder mitschleppen überallhin, in alle Städte, in die sie umzog. Wie lange kann es dauern, bis etwas so völlig Zerstörtes wieder errichtet ist, und wird es überhaupt jemals wiedererrichtet werden können? Was wird man aus ihm machen? Ist es eine Frage der Mittel, oder eine Frage des Geistes? Das Chaos bietet alle Möglichkeiten – oder ist das eine Illusion?

Sie hat kein rechtes Zutrauen zu dem, was ihre Landsleute mit ihrem zerstörten Land anrichten. In den fünfziger Jahren, als man nicht mehr hungert, erfinden sie ihren lauen Kitsch: Nierentische und Tulpenlampen, Plastikautos, so wie allerlei gut brauchbare Haushaltsgeräte. Das Land ist zu gründlich zerstört, denkt sie. Vor allem fehlt hier der gute Geschmack, an ihn denkt niemand. Peinlich ist es und piefig ist es. „Piefig" ist ein Berliner Ausdruck. Aber Berlin war früher wohl eher rasant, man tanzte Charleston, man war elegant. Im „Adlon" trafen sich kluge Köpfe, wilde und arrivierte Künstler, ja sogar gescheite Politiker.

Es tut ihr weh, was in ihrem Land alles für immer vorbei ist. Nicht unter dem Motto „Früher war alles besser", wie alte Leute gerne denken. Eher Betrachten eines Verlustes, eines schmerzhaften Schwunds. Sie erinnert sich der ihr so widerwärtigen „Heinz-Erhard-Filme" im Fernsehen nach dem Krieg. Sie nennen ihn einen „verschmitzten Schelm"! Allein der Typus dieses Menschen – in keinem anderen europäischen Land hätte man ihn überhaupt wahrgenommen, seine törichte Physiognomie. Über so einen und seine peinlichen Kalauer lachen sie. Er spielt den deutschen Bürger perfekt – und er ist es selbst: Da können sie sich in ihm spiegeln! Aber Karl Valentin, den haben sie in der Nazizeit verhungern lassen. Berufsverbot. Und er hat buchstäblich nichts mehr zu essen gehabt, auch die knapp drei Jahre nach dem Krieg nicht, die er noch zu leben hatte! Seinen tiefsinnigen und hintergründigen Humor haben nicht nur die Nazis nicht verstanden – das geht bei uns alles noch weiter und weiter.

Sie überlegt: Als der Wohlstand kam, was sie überall „Aufschwung“ nannten, obwohl es mit nichts weniger zu tun hatte als mit Schwung. Da hatte Laura Wassenberg gefühlt, dass sie fortgehen musste. Wohin, wusste sie nicht genau. Noch nicht. Eines war sicher: nun endgültig Schluss mit ihrem wilden, einsamen, durch ihr schier endlos scheinendes Streunen als so frei gefühltem Leben. Da war kein Zugang mehr zu ihrer Trümmer-Einöde, die ihrem Eigensinn splendiden Raum geschaffen hatte. Die Ruinen wurden nach und nach aufgeräumt und aufgelöst – sie gingen ihr verloren. Nun hatte der „Wiederaufbau“ begonnen, sie hasste dieses Wort. Wie es geschah, gefiel ihr nicht. Die Stadt hatte ihr Gesicht verloren, das merkte sie. Was man jetzt mühsam herrichtete, hatte mit diesem früheren Gesicht, das nicht natürlich gealtert, sondern jäh zerstört worden war, nichts mehr zu tun. Dieses ursprüngliche Gesicht ihrer Stadt sollte sie ihr ganzes Leben lang vermissen.

Die Gleichgesinnten – „les copains“

Später sollte sie geistige Verwandte in ihrer Stadt kennenlernen, vor allem den provokanten und sensiblen Fotografen Chargesheimer. Er, der die Trümmerwüste zum Teil wie mit Blick auf das antike Griechenland wahrnahm, ihre Brocken adelte und dazu verteidigend bekundet hatte: „Wie die Bauten der Antike so sind auch die der Romantik bis zu denen des Barock aus schöpferischem Geist gezeugt: Darum redet in ihren Trümmern das kleinste Stück erhaltener Form eindeutig seine Sprache. Die Bauten sind zerschlagen, doch unzerstörbar ist der Geist, der sie schuf. So sind auch diese Trümmer schön.“

Sie liebte seine Fotos sofort. Man hatte ihn gerügt, er ästhetisiere den Schrecken und überginge das Kriegsleid. Man verstand seinen besonderen Schönheits- und Freiheitssinn nicht, der dem ihren glich. Was er schrieb, und er schrieb wenig, betraf eher die „stilvollen Brocken". Aber auch seine Fotos von zerrissen herabhängenden Betondecken, hinter deren Stahlrohrgespinsten manchmal ein Kirchturm wie aus einer märchenhaft gesunden Dorfzeit aufblickte – hatten eigenen Charakter. Hier ging es nicht um Antikes, sondern um die Sicht aus dem Chaos auf das Luftige und Lebendige, das möglicherweise im Kommen war. Diese Sicht – durch die Zerstörung hindurch auf das darunter immer harrende Leben – machte ihr den Fotografen bedeutungsvoll, sie war ihm stets verbunden und sollte nach seinem Tod eine Abhandlung über ihn schreiben für das „Museum Ludwig". Man begann erst Jahre nach seinem Freitod, ihn zu schätzen.

Bei einer Lesung sollte ihr einmal ein Gedicht von Robert Walser begegnen, das zu ihr und Chargesheimer passte. Von Walser, der sich den „verkannten Gedichtelidichter" genannt hatte und den die deutsche Welt ebenso nicht ernst genommen hatte wie Herrn Chargesheimer. Diese banale Welt, die seine späten Gedichte gern als dilettantisch hinstellte. „Sahen Sie schon einmal eine Ruine / Mit Lausbubenmiene? / Sonderbar, gnädige Frau / Ist solch ein Bau / Ich zweifle nicht, Sie erlabten / Sich sehr am begabten Abgeschabten." Wie er wohl darauf gekommen war, über eine Ruine zu schreiben?

In ihrer Kindheit, als ihr geliebtes Fräulein Winter gestorben war und es bei den Eltern „aufwärts ging", wie sie sagten, war ihr die Freiheit abhandengekommen. Keiner hatte zu „Kindererziehung" Zeit gehabt. So konnten sich ihr Hören, Sehen, Tasten, Hangeln und Klettern, ihr Geruchs- und Farbempfinden ungewöhnlich entfalten. Ein Wildwuchs war sie, wie er nur zu Zeiten eines wahren Chaos gedeiht. Und sie fühlte sich wie Unkraut.

Jetzt sang sie gerne mit, was auch Georges Brassens über sich bekundete: „Je suis d'la mauvaise herbe / Braves gens, braves gens" – Ich bin das schlechte Gras, das Unkraut braver Leute. Er singt es mir aus dem Herzen! Der freche Kerl, der Bürgerschreck, „pornographe du phonographe"! Ich höre ihn in Paris im Radio – er, dieses Lied, gehören nicht auf die Champs. Das ist hier nicht vornehm genug. Brassens hatte wohl das gleiche gefühlt, wie sie als junges Mädchen in Deutschland: Er ertrug es nicht, umgattert zu werden, kein Einfangen, Zurechtbiegen. Deutsche Eltern hatten früher ihre Kinder gelehrt: „Was ein Häkchen werden will, krümmt sich beizeiten." Idiotischer Spruch, hallt es in ihr. Von Domestiken für Domestiken!

Laura Wassenberg sollte dem lange, aber nicht für immer entgehen, und wenn sie dem nicht entgehen konnte, brach sie aus, so oft es ging. Flüchten aus Etabliertem, aus der Langeweile des Gewöhnlichen, des Geldgewinns und des Strebens nach Erfolg, das würde sich fortsetzen. Sie würde immer die grünen Winkel finden, in denen man eine Weile versteckt ist, in Ruhe nachdenken kann. Sie würde Vögeln und dem Rascheln der Mäuse lauschen, dort die unvermeidbaren Geräusche der Menschen nur gedämpft wahrnehmen. Hatte nicht der beste Freund ihrer Jugend gerufen: „Karriere ist unter meiner Würde!" Was für eine aufbauende Haltung in ihrem Sinne. Lernen wollte sie ohne Ende, aber ohne zu gehorchen; wieso hat man das immer miteinander verbunden? Das Gehorchen zerstört die Lust am Lernen. Langsam erkannte sie, wie viel die etablierte Welt ihrem eigenen Willen, ihrem Trieb und Geschmack, ihrer Lust und Kraft und all ihren Vorhaben entgegensetzte. Sie spürte erschreckt, dass die Welt dieser Anderen die Macht hatte, in der unübersehbaren Zahl ihrer Gleichgesinnten ständig Front gegen das Individuum zu machen, es zu oft zu besiegen. Sie wusste: aus gutem Grund. Denn das Individuum zeigt ihnen den Spiegel ihrer Langeweile, der wiederum sie durch nichts entkommen können, weder durch Erfolg noch Geld noch Ansehen. So lernte sie gern und aufmerksam, was junge Männer als Pflicht beim Militär lernen: zu tarnen und zu täuschen. Das war das Beste bezüglich Abwehr und Abkehrung, zeigte ihr die mögliche Flucht vor den überall lauernden Machtlustigen. Dazu kam noch die vielfältige Möglichkeit des Verbergens.

Ha, jetzt in Paris zu sein, das war mein größter Ausbruch! Da hab ich was geschafft. Egal, was daraus wird! Sie sieht ihr hübsches Kleid, das sich in einem Schaufenster spiegelt, und blickt sich selbst freundlich an. Bin ich nicht ein gut aussehendes Kind? Aber man muss aufpassen, wenn man ein gut aussehendes Kind ist. Überall giert die Gosse nach frischen jungen Mädchen. Man könnte mich schnappen, missbrauchen. So geht es vielen Mädchen hier. Besonders denen, die kein Geld haben: Keine Stütze von zu Hause ist nicht der beste Ausgangspunkt. Aber: Ich will nicht kläglich zurück! Und ich bin auch nicht die, die sie aus der Seine auffischen. Ich werde mich immer wieder freischwimmen. Jetzt muss sie lachen, weil man zu Hause früher im Schwimmbad eine Prüfung ablegen konnte, dann eine Auszeichnung erhielt, die „Freischwimmer" hieß.

Das ist keine Wildnis hier – das ist eine Großstadt. Und sie ist doch das, was ich will. Natürlich: Gefährlich ist es auch, man muss auf der Hut sein; ihr stolzer Schritt bekommt etwas Zögerliches. Sie geht fast ängstlich weiter. Aber das geht vorbei, ihre früh erprobten Muskeln und Sehnen sollen sie wieder sicher machen! Sollen ihren Gang stärken! Sie weiß, dass die dazu imstande sind.

Was kam dann eigentlich – wie ging es weiter, als der große Garten der Tante nicht mehr ihr Gebiet war? In ihrer Lyzeumszeit hatten die „Großen" langsam begonnen anzuschaffen, was sie nicht brauchten. Es gab das nötige Geld, die Geschäfte gingen gut, das Leben „normalisierte sich". Ja, so redeten sie und waren neuerdings auch von sich eingenommen. Bald glänzte einer vor dem andern, anstatt sich wie zuvor miteinander Lösungen auszudenken, in der Trümmerlandschaft erfindungsreich miteinander Pläne auszutauschen. Es war all das Hergestellte immer noch ein Provisorium, aber das wurde wie eine Glanzleistung begrüßt. Anstatt mit Freunden, Nachbarn auszubaldowern, wie das Leben zu retten sei, „war man wieder wer". Sie wollten ein achtbares Land wieder darstellen; das Land, das Hitler in den Ruin getrieben hatte, war eben weltweit „unten durch", das wussten sie, wurden als eine germanische Horde angesehen, als Wölfe, Berserker. Ihr Provisorium aber hatte nun leider schon etwas Endgültiges an sich, obwohl es „Behelf" blieb, wie sie es vordem auch richtig benannt hatten. Es gab noch kein Geld für Überflüssiges – und Überflüssiges, das waren Kunst und Kultur. Nur – gilt das? Gibt es sie nur „als Überfluss", oder hatten die, die wieder wer sein wollten, sich das so zurechtgelegt? Der Mercedes sollte es sein, nicht die geschmackvolle Wohnung.

Hatten sie nicht schon lange vorher, jedenfalls die meisten von ihnen, Schönheit und Kunst als Überflüssiges empfunden, Künstler als „dubiose Gestalten" gesehen? Dass die Nationalsozialisten alle Kunst und Literatur in diesem Land einfach abräumen konnten; war es vielleicht, weil es die meisten Leute dieses Landes kaum schmerzte? „Le superflu, chose très nécessaire“, das ist ein französischer Satz. Einem Deutschen wäre er nicht eingefallen.

Jetzt hat sie ihren forschen Schritt wieder. Auf wen aber könnte sie stolz sein? Als das Grandiose, das die Nazis hatten vorzeigen wollen, buchstäblich in Schutt und Asche endete, kam Herr Heinrich Böll aus dem Krieg zurück und fing an, für die übrig gebliebenen Deutschen zu schreiben. Eine ehrliche Haut. Die Zerstörung sei vollständig gewesen, stellte er fest, und die Bombardierung der Städte „kriegstechnisch vollkommen sinnlos“. Was also die Deutschen sich selbst nicht angetan hatten, diesen Rest besorgten „die Alliierten“. So war's gewesen. Sie empfand es deutlich: Künstler und Dichter, oder auch sonst – wie Rosa Luxemburg sie genannt hatte – alle „Andersdenkenden“ waren hier gründlich ausgemerzt worden. Es war zu gründlich geschehen. Sie wunderte sich: Davon sprach niemand. Es war so, als hätte es diese Andersdenkenden nie zu geben brauchen. Es ging ja wieder aufwärts.

Das alles habe ich gespürt, ohne Worte dafür zu haben. Aber darum musste ich raus! Nun meinen sie, dass sich alles „normalisiert“ hat. Was erscheint ihnen denn „normal“?

Laura Wassenberg kam die Sprache im Heimatland, die jetzt Gepflogenheit geworden war, künstlich vor. Eine, die zu all deren wirklich getanen Werken nicht passte. Ihren Humor, der doch den höchsten Rang in der Misere eingenommen hatte, hatten sie verloren. Sie hatten sich so sehr gemüht, das nackte Leben irgendwie zu erhalten. Darin waren sie groß, und wahrhaft auch „die Großen“ für ihre Kinder gewesen.

Darum ging es nun nicht mehr, ihr Reden war jetzt eher überlegt und angelegt, kaum noch spontan. So wie ein alter Kriegsheimkehrer im Volksmund bemerkte: „Dat soll sujet sinn ...“ Das soll so was sein. Es sollte was sein und war nichts mehr. Jeder war wieder wer, also jetzt ein Irgendwer. Dieses aber möglichst besser als der andere. Sie machten nun einander nach, einer dem andern das Vorzeigen bestimmter Sachen, natürlich immer dem besonders, der schon mehr „angeschafft“ hatte, als er brauchte.

Wie ehemals die Verdunkelung im Krieg, auf Befehl alle Lichter auszumachen wegen der anfliegenden Bombengeschwader, war nun eine Verdunkelung ihres Verstandes im Gange. Insgesamt wurden Kunst und Ästhetik ausgeblendet; vielleicht wusste man auch nicht, wo man denn ansetzen sollte. Ein „Zeitalter der Aufklärung“, „Siècle des Lumières“, hätte hier – auf Deutsch, auf die nun passende Art – hereinbrechen müssen! Aber hier ging's ums Geldverdienen, die Kohle leuchtete ihnen wie Diamant. Jeder Schritt voran war eine Mark mehr, und jeder der übrig gebliebenen Kerle, ob oben oder unten, wollte seinen Mercedes haben. Und so sprachen sie über die wieder entworfenen, die neuen Modelle der Limousine Mercedes-Benz, das war das Höchste, was sie denken konnten, und der tiefste Wunsch jeden Irgendwers. Sie wusste zwar, dass der Mercedes ein gut gebautes Auto ist, in allen Ländern begehrt, und den Deutschen auch Ehre macht. Dennoch verstand sie ihre Landsleute nicht. Laura Wassenberg fühlte nur: Ich will hier weg. Sonst nichts.

„Mais, quand meme“ – aber trotzdem – hier in Paris will man auch vorankommen! Nur: Dabei kommt das wahre Leben nicht zu kurz! Schönheit, Poesie zählen zum Leben, es fühlt sich einfach anders an! Man speist gern gut, man geht ins Kino, ins Theater – und versteht was davon. Die Piaf singt im Olympia, Jean-Louis Barrault hat gerade ein eigenes Theater bekommen! Die einfachen Leute wollen sich verlieben, aufs Land fahren, „pique-nique“ machen, Picknick, sie lieben die Natur und das Frühstück im Grünen, das „déjeuner sur l'herbe“ – mit oder ohne nackte Frau!

Im Heimatland war etwas schiefgegangen

Die Kinder in ihrem Stadtviertel früher hatten gerufen: „Aapen machen alles noh!“ Affen machen alles nach. Wenn einer wie der andere sein wollte und ihn nachahmte. Aber wer fragt schon die Kinder nach dem, was sie im Verhalten anderer bemerken. In dem neuen Streben war jeder dem anderen gleich; die Menschen hatten ihren schönen gesunden Kern aufgegeben, der im Chaos allein sich hatte entfalten können. Bloß: Warum hatten sie das nicht gemerkt! Warum? Waren sie im tieferen Grunde doch blöde – und waren sie gewollt so „allgemein“? Waren sie vielleicht das, was Edith Piaf so oft besang, wenn sie sich von einer Menschenmenge, „la foule“, weggezogen und in einen verrückten Farandolentanz geworfen fühlte? „Entraîné par la foule / Elle se lance / Et elle danse / Une folle farandole." Laura Wassenberg sollte sich diese Frage lebzeitlang stellen. Sie wusste aus Biografien, wie sehr sich Künstler gegen die Masse abschotten: je älter sie werden, desto mehr. Sie versuchte, sich gegen die negative Haltung zu wehren, die doch weiterhin in ihr lauerte: Ja, sie sind so blöde! Mit Ausnahmen natürlich.

Das Chaos hatte in ihrem Land aufgehört, und die „eiserne Ordnung", ein deutsches Gut, forderte erneut ihren Tribut. Es würde wieder ein Regime werden, in welchem es später erneut zu Chaos kommen könnte. Aber erst einmal würde es lange dauern und eine Ära eintreten, in der man den neuen eisernen Regeln folgte – und wo immer es ging, Grenzen gegeneinander errichtete. Man schützte und verrammelte sich hinter seinem neu gewonnenen Geld. Vorgärtchenmentalität, Schrebergarten-Philosophie, Wohlstandsdenken. Es würde ganz im Untergrund vielleicht etwas anderes wachsen, eine Variation – aber im Grunde sich immer das Gleiche ereignen. Es müsste tatsächlich wieder alles zerschlagen werden, damit der Kern der Fantasie und des Humors aus seinem Urgrund später wiedererschiene.

Als sie Jahrzehnte später Philosophie studiert, sagt ihr der geliebte Professor Radermacher (als er schon ein alter Mann ist, kurz vor seinem Weggang von der Uni Köln und in Paris von der Sorbonne): „Lesen Sie nicht so viel. Lesen Sie *Das Lachen der Thrakerin* von Hans Blumenberg. Das reicht. Und stellen Sie sich nicht alles so kompliziert vor (derweil er selbst höchst Kompliziertes gelehrt hatte): Es ist immer nur die Frage von ‚Herr und Knecht', das wechselt sich ab." Er hatte in seiner Jugend Ähnliches erlebt wie sie. Aber so einfach sollte es ihr nun doch nicht erscheinen. Sie war – wie man sagt – aus einem anderen Lager. Die Poesie erschien ihr – auch in seiner Lehre – ausgenommen! Und wie oft sollte sie das in Deutschland empfinden, im „Land der Dichter und Denker": Poesie galt hier nichts.

Sie wusste jetzt noch nicht, was sie in der Universität, diesem „Denkgebäude" einerseits freute – und andererseits schmerzen sollte. Ihre Erfahrung war am ehesten mit der von Karl Jaspers vergleichbar, der geträumt hatte, die Universität sei DER geistige Ort seit den Urzeiten, und er dachte an Griechenland. Wo sonst sollte er sein? Er, Professor der Universität Heidelberg, hatte die Dinge am klarsten zeitgenössisch ausgedrückt. Und auch er war enttäuscht vom Ort der Universität. Er hatte es dennoch mit ihr aufgenommen, das hatte ihr seine Erfahrung, sein klares Wort zu lesen ermöglicht. Warum allein schon die Universität wieder als das zählte, als das sie eigentlich gedacht war. Ja, dieser Karl Jaspers, ein redlicher Mann im besten deutschen Sinne, und ein guter Arzt. Auf ihn konnte man stolz sein, als Deutsche, aufatmen. Über den abendländischen Menschen sollte Jaspers sagen: „Selbstsein und Rationalität werden ihm Ursprünge, aus denen er die Wirklichkeit täuschungslos erkennt und zu bemeistern versucht.“ Und dann sagte er noch, schon früh: „Alles steht zu allem in Beziehung“, was ein hochmoderner Satz war.

Für Laura aber gilt: Die Poesie wird ihr geben, was ihr Licht ist und wesentlicher Lebenssinn. Der Arzt Gottfried Benn, dem auch Irrtum nicht erspart blieb, ist von scharfer Sprache. Sie las ihn schon früh mit ihrem besten Freund. Auch das Sezieren verträgt die Poesie. Benn gegenüber hat seine exotische Freundin Else Lasker-Schüler eine ganz andere Wortgewalt. Er hat sie hochgelobt – hat er sie auch verstanden?

Der Mensch soll wieder lesen, was er in seiner Jugend las. Manches wird ihm nach Jahren anders klingen; Manches ihm fremd werden; Weniges bestehen. Darf der junge Mensch herumirren, oder soll er das sogar? Ja, auch in der Verdunkelung, jedweder! Es kann lange dauern; so wie es lange dauern soll, bis Laura endlich begreift, dass es genau dies ist, was man in einem guten Sinne „Erfahrungen sammeln“ nennt. Dann kommen die Disziplinen: Philosophie, Soziologie, Kunstgeschichte, Psychologie und so weiter. Gern und wissbegierig ging sie dem allen später in der Universität nach. Aber die Poesie, zählte sie hier? Sie entgegnete dem Professor Radermacher nichts, war zu befangen. Es fehlte ihr die Ausdrucksmöglichkeit auf seinem Gebiet, oder auch ein selbstbewusster Stolz. Der Philosophie-Professor hatte es außerdem mit dem Rechnen. Er hatte oft erklärt, wer nichts vom Rechnen verstünde, solle sich nicht einlassen auf die Philosophie.

Herrlicher Tag. Sie sieht plötzlich mit weit aufgerissenen Augen in den Himmel, das blanke Licht. Sonnenschein in Paris, und ich bin jung! Hier kann ich nur Glück haben, allzu viel davon hatte ich ja noch nicht. Ich werde mich verlieben, das gehört dazu. „Amour, mon cher amour / On s' aimera toujours" – er sang es auf der einzigen Platte, die sie von ihm zu Hause hatte: Yves Montand. „La terre a beau tourner / Ça n'peut jamais se terminer."

Jetzt scheint Laura – so blond, betäubt und begehrlich mit ihren 21 Jahren – über die Champs zu fliegen. Das junge Mädchen versucht, seine Parisliebe zu begründen. Es geht gerade an schönen Auslagen, eleganten Mänteln und Kostümen vorbei, aber blickt nicht hin. Sagt man nicht: Paris la Reine, Paris die Königin? Oder: Paris, die schönste Stadt der Welt? Warum sagt man das nur von dieser Stadt? Gäbe es bei uns nicht doch Ähnliches? War nicht das Berlin der zwanziger Jahre, über das sie schon einiges gelesen hat, auch einmal so eine europäische Metropole? Wenn überhaupt in Deutschland, dann hätte sie gern um diese Zeit in der Stadt Berlin gelebt. Schon wegen der literarischen Cafés, der großen Ausstellungen. Wegen des wilden Nachtlebens und der wilden Liebschaften und der wilden Diskussionen. Aber Berlin war preußisch. Die Preußen sieht sie, wie Heine sie sah. Der hatte über einen Preußen gesagt: „Jede Geste ein rechter Winkel." Die Rheinländer hatten immer einen inneren Widerstand, wenn es um Preußen ging, auch Vorurteile. Manchmal hatte man sich etwas verbrüdert – aber immer lieber mit den Franzosen! Sie weiß, dass die Preußen auch ihre Qualitäten haben. Sie schätzt natürlich einige der Persönlichkeiten des damaligen Berlin. Solche, die in ihrem Land der derzeit erwachsenen Deutschen (von wo sie geflüchtet ist), nicht mehr vorstellbar sind: Die Emigranten, die Umgekommenen, die großen deutschen Literaten, die das Nazi-Regime vernichtete. Mit ihnen war die einmal glänzende Metropole verschwunden. Jetzt war Berlin eine zweigeteilte, ebenso gestörte wie zerstörte Stadt ohne Flair, ein Haufen Geröll mit Nachklang. „Ja, mach' nur einen Plan", wie Brecht geschrieben hatte. „Geh'n tut er leider nicht." Im Heimatland war etwas schiefgegangen.

Laura Wassenberg kannte die ganze *Dreigroschenoper* auswendig. Als das Stück ihr über den Weg gekommen war, hatte sie das Gefühl, es könne ihr das eigene vergangene Land vor Augen führen. Sie wusste ja, dass Brecht international eine Größe war, sie kannte seine Geschichte und auch seine Marotten. Es kam etwas Echtes, Forsches in seinen Sätzen zu ihr, und in der Vertonung von Kurt Weill das Swingende und Weltläufige, das sie befreite. Hier stimmte nun das Timing, wie die Amerikaner sagten. Zu ihr klang herüber, was Berlin einmal gewesen war. Aber müßig, heute dorthin zu reisen. Es war für immer vergangen. Auch dort immer noch „der Behelf". Es gibt eben Ursprüngliches – und das ist mit nichts, welches später daran erinnern soll, wieder herzustellen. Vielleicht ist das der Beweis der Einmaligkeit alles Wesentlichen. Es soll Paris sein! Jedes Hochgefühl in Bezug auf „Paris la Reine" ist echt.

Sie schreitet über die alte Prachtstraße, die für sie nie ihren Charakter verlieren wird. Sie weiß: Früher wurden die Champs „Grand Cours" genannt, das las sie in einem Fremdenführer. Doch der „Cours" hatte für sie eine zwiespältige Bedeutung – wie das im Französischen häufig ist. Denn die „Coureuse" ist eine Dirne. Es gab dort wohl immer schon verschiedene Arten von Damen zu bestaunen. Und die „Courante" ist ein Durchfall. Etwas Ordinäres, das auch vornehmen Menschen passiert. Dazu kommt noch hörbar die Redewendung „tu me cours", zu deutsch: Du langweilst mich.

So war also der Glanz der Champs zuweilen etwas brüchig – aber der Charakter der Avenue ist bis heute ungebrochenen. Sie denkt jetzt an Noel, den jungen Mann, Pianist, Belgier. Laura soll später ein schönes Foto von ihnen beiden haben. Er hatte sich verliebt in sie, in ihrer Heimatstadt im Café von Giorgio. Dann kamen Briefe, auf Französisch. Die Briefe des Belgiers sind im Geschäft ihrer Eltern angekommen wie aus anderer Welt. Außer ihr konnte zu Hause niemand solche Briefe lesen. Wie stolz ist sie doch gewesen, so eines schönen jungen Mannes Traum zu sein. Romantisch hatte er sie angesehen mit wasserhellen Augen, als man sich traf das erste Mal. Ob sie denn wohl schön war – so wie es in seinen Augen stand? Im Café hatte er ihr stundenlang von seinem Leben, seinen Reisen, von Philosophie und Musik erzählt – und natürlich von Paris, der Stadt, in der sie beide am liebsten leben wollten. Jetzt, da sie über die Champs schreitet, hat sie ihn noch nicht getroffen, aber sie will es unbedingt. Er hat viel von ihr gehalten, das merkte sie. Niemals hätte sie ihn nach Hause geführt, obwohl sie das sonst mit allen Freunden tat. Sie liebte die Gastfreundschaft und Großzügigkeit ihrer Eltern – aber für Kultur war wenig Zeit. In Paris würde es bald passieren.

„Tu me cours“ heißt also: Du langweilst mich. Sie sinniert weiter, noch bevor sie Näheres weiß. Und wenn sie ihn dann bald langweilt? Er ist so ein Musiker, auf dem Podium, den die Frauen mögen. Da gibt es auch ein Lied, dass sie sich in den Pianisten verlieben, die Frauen. Noch weiß sie nicht, dass er in der „Blue Note“ spielen wird. Solange ihr sein Dunkles im Dunkel bleibt, schwelgt sie in Liebe und wunderbaren Plänen. Sie soll sogar an ihre Mutter schreiben, welch wunderbaren jungen Mann sie jetzt in ihm getroffen habe. Die Mutter stellt sich, ihrer eigenen Natur gemäß, unter diesem einen wohlerzogenen jungen Franzosen aus betuchtem Hause vor. Einen mit vortrefflichen Eltern.

Laura Wassenberg sieht plötzlich starr geradeaus, als ginge sie gar nicht mehr auf den Champs, sondern einen steinigen Weg bergauf, irgendwo, woanders. Sie liebt es, den hörbaren Verwandtschaften der Wörter oder eines Klangs nachzugehen. Sie macht sich manchmal Notizen darüber. Also dieses Tu-me-cours ist ihr unheimlich. Sie fängt sich wieder und geht optimistisch weiter. Jede Art von „Beigeschmack“, den eine schöne Realität durch diese ähnlichen, oft auch ins Negative weisenden Wortklänge erfahren kann, ist ihr auf einmal betont gleichgültig. Das Abwägen hat die junge Deutsche nicht gelernt, sie ist auch unwillig, zu rechnen oder Vorausschau zu halten.

Stattdessen ist sie lieber in großen Zügen festen Glaubens. Es scheren sie die Kehrseiten schöner Medaillen nicht. Sie trägt in ihrem Herzen stolz das hohe Recht der Jugend, breit und glanzvoll zu hoffen; selbstgefundene Vorstellungen von der Welt – ihnen nachgehen, richtig dran glauben, basta! Sonst kommt man doch nicht voran. Was sind die Bürger bloß alle so stolz auf die Handbremse, die sie immer in der Tasche haben. Und natürlich (jetzt mag sie die Kehrseite der Medaille): „Bremse“– das ist ja auch ein Insekt, es sticht. So eine blutsaugende Fliege; ein Moskito.

Der Zweifel an der eigenen Idee ist immer eine schädliche Bremse, denkt sie. Ein Zweifel innerhalb eines Glaubens sollte verboten werden. Dass dieses sehr deutsch gedacht ist (und mit Descartes nicht das Geringste zu tun hat, der es wagte, den Zweifel zu verteidigen), kann sie nicht wissen. Noch nicht.

Verhasste Skeptiker, heute fallen sie aus

Skeptiker, mit ihrem Hang zum Vorausahnen, auch Rechthaben – sind sie nicht grässlich? Grässlich hässlich auf jeden Fall. Sie sind lediglich als „Hemmschuhe" gut geeignet. Dabei werden sie oft für ihre miesen Hellsehereien auch noch bezahlt! Obwohl sie doch beim Hellsehen vorwiegend Schwarz sehen. Wenn sie dann zu ihrem Recht gekommen sind und zu Honorar, werden sie auch nicht zufriedener, vor allem auch nicht schöner. Skepsis macht hässlich! Ebenso wie Misstrauen hässlich macht. Beides besorgt dem Menschen die abwärts gerichteten Mundwinkel, die Kinder noch nicht haben. Und diese vorsichtigen, argwöhnischen Blicke. Vielleicht auch noch einen hängenden Hintern.

Wie heißt der alte Spruch: Dem Mutigen hilft das Schicksal! Gibt es nicht einen solchen Spruch? Sprüche gibt's für alles, das wusste schon ihre Mutter. Heißt ein anderer nicht: Wer wagt, gewinnt? Ist also alles Vorausschauen Blödsinn? Man kann so etwas nicht wissen. Außerdem hat sie auch schon das Gegenteil gehört: Wer sich in Gefahr begibt, kommt darin um! Warum fallen ihr bloß dauernd Sprüche ein?

Sie tritt fest auf, fühlt ihre Sohlen. Ich verlass mich auf meine Füße! Die sind mir sympathisch, haben schon viel zu mir gehalten. Sie blickt an sich herunter auf ihre Füße, die über die Champs-Élysées gehen, als seien sie es so gewöhnt. Magisch sind sie nicht, denkt sie – aber ganz gut geformt. Feingliedrig und kräftig. Damit wird's schon klappen. Ich weiß, was ich will, komme, was da wolle.

Ihr Bild von Paris hat Laura schon lange. Was ist denn mehr wert als das eigene Bild? Sonderbar, dass man überhaupt ein solches haben kann. Irgendwoher war es ihr gekommen, woher nur? Es ist wie im Film, so ein Kunstwerk ist auch immer lichtdurchströmt – oftmals selbst bei den grausamsten Szenen. Und im Traum ist das Bild ebenso lichtdurchströmt – selbst bei geschlossenen Augen. Keiner konnte ihr erklären, wie das möglich sei. Auch Träume haben es an sich, wie Filme zu leuchten, von Licht getragen zu sein, obwohl es im Kopf doch dunkel ist! Oder nicht? Ist es im eigenen Kopf bei geschlossenen Augen nicht eigentlich dunkel?

Wenn die Augen – nach Pinocchios Meister Geppetto – die „Fenster der Seele“ sind, wie können sie dann, wenn geschlossen, Licht einlassen? Wie kann da nur Licht im Kopf sein, im Schlaf, im Traum? Wie konnte das Bild von Paris hinter ihren Augen leuchten? Ist es nicht dunkel in Räumen ohne Fenster? Was meinen sie nur mit „erleuchtet“? Das ist so ein albernes ehrfürchtiges Wort. Und sind nur bestimmte Menschen „erleuchtet“, wie das die modernen Prediger behaupten? Bekannte ihrer Eltern hatten behauptet, was sie, Laura, in sich trage, seien pure Illusionen. Und wenn schon. Solche Leute haben keine Fantasie, keinen Sinn für Schönheit – wahrscheinlich einfach kein Licht im Kopf. Diese anderen, hatte Sartre sie gemeint, mit seinem „l'enfer c'est les autres“ – „Die Hölle, das sind die anderen“? Anstelle des Lichtes ist bei diesen wohl Moralaposteltum im Kopf, sie predigen alle gern. Von Kunst verstehen sie nichts. Niemals würden sie die Kunst mehr lieben als das Geld. Diese Leute kannten allenfalls den sogenannten „common sense“, das Maßgerechte, und den Kant'schen „Kategorischen Imperativ“. Kant, der Zwerg, der morgens um sechs Tee trank und diszipliniert seinen ganzen Tag in seine Strategie legte – „durchstrickte“, würde es bei einer Frau heißen! Was verstand der von Wohlgerüchen, feinem Geschmack, von schönen Umarmungen, vom Schaukeln, von Lichtblicken im grünen Gezweig, von einem gelungenen Wein dank der Winzer und der Natur? Kannte er den herrlichen schwarzen Espresso, eine Erfindung der Italiener, dieses sonnigen Volkes? Hatten nicht solche Leute alle nur Haltungen, die jedes Wagnis ausschlossen? Mutig waren sie nicht, und so sahen sie auch aus. Sie dachten meist folgerichtig. Und das ist immer eine Einbahnstraße.

Laura begehrte immer schon im Innersten gegen sie alle auf, die in der Einbahnstraße. Jetzt hört sie sich denken: Oscar Wilde hat auch Paris geliebt! Aber der arme Dichter lebte zum Schluss verarmt und krank in einem gar billigen Hotel, nachdem sie ihn jahrelang so zugerichtet, ramponiert hatten. Und ins Gefängnis gesteckt, wo sie ihn nicht mehr hören mussten. Ins Gefängnis, wo der mutige Mann seinen berühmten Brief *De Profundis* schrieb. Hatte nicht der von ihr so geliebte Oscar Wilde, den sie der englischen Literatur, die das Lyzeum vorschrieb, schon lange vorgezogen hatte, in einem seiner stets schlagfertigen und nicht zu widerlegenden

Aphorismen geäußert, dass sich auf die Seite der Moral immer die schlagen, die die Schönheit nicht begreifen? Der Blick in die Schönheit und der Blick auf die Moral können nicht aus einem einzigen Augenpaar kommen. Die sind immer verschieden. Sie liebte diesen Oscar Wilde von Anfang an. Wer hatte ihr von ihm erzählt? Schon lange findet sie ihre Philosophen, Lehrer, Dichter für sich allein heraus – oder mithilfe respektierter Freunde; will selbst auch Nebenwege beschreiten. Sie ist sich noch nicht klar darüber, welch sonderbar strikte Folgen die Abwendung vom „Hauptprogramm" der geschäftigen Welt haben wird.

Erfolg ist auch so ein allgemeiner Hauptweg. Sie weiß nicht, was sie von ihm halten soll. Feuchtwanger hat ein Buch geschrieben mit dem Titel *Erfolg*, er muss sich wohl was dabei gedacht haben. Lion Feuchtwanger hatte es ihr zuerst mit der *Hässlichen Herzogin* angetan. Sie weiß, wie es ihm in der Emigration erging. Seltsam, Feuchtwanger hatte Erfolg, weltweit, gründete die „Villa Aurora" in den USA, hatte Geld und weniger Sorgen als die anderen. Erfolg „stinkt" also nicht unbedingt. Natürlich wird man in Paris Oscar Wilde und Feuchtwanger, beide Juden, kennen. Und sie müssen Paris gekannt haben. Laura ahnt auf einmal deutlich, dass in Paris alle Fäden zusammenlaufen. Es gibt nichts wahrlich Wichtiges, tief Wichtiges, das man in Paris nicht wüsste.

Für sich weiß sie längst, dass auf den Nebenwegen das Leben nicht langweilig wird. Natürlich ist der wahre Feind des Lebens nicht der Tod, sondern die Langeweile – „l'ennui" –, die Menschen sogar so weit treibt, sich in den Krieg und den Tod zu stürzen, nur damit sie aufhört. Was in den Hauptwerken und auf Hauptwegen der Gesellschaft sich hervortut, ist eher wichtigtuerisch, ohne „goût", Geruch, Charme, Widerspruch. Die leisen Nebenwege dagegen, die heimlichen, ungeachteten, sie bringen Aufregendes und Unvergessliches – daneben natürlich auch manch Grässliches – hervor. Manchmal muss man sich auf diesen Wegen tarnen und die andern täuschen. Ja, so wie es beim Militär gelehrt wird.

Laura wusste auch schon mit Sicherheit: Man musste mehr Mut haben auf den Nebenwegen. Natürlich! So wie früher in ihren heimatlichen chaotischen Trümmern und Ruinen. Am besten wie ein Tier sein, wachsam, angespannt, aber auch gedehnt und lustvoll. Ein

Tier, das stets flüchten kann, sich zu retten weiß, dann geschieht einem nichts. Wie oft war sie aus großer Höhe abgestürzt, und nichts war passiert. Paris, das ist meine wilde Stadt! Ich mag Frauen und solche, die sich nichts sagen lassen.

Blick zurück ohne Zorn

Wieder fällt ihr das waghalsige Klettern an und in den kriegsbeschädigten Häusern ein. An den Abrisskanten der Häuserwände hatte sie sich hochgehievt bis zum zweiten, manchmal dritten Stock. Dort kroch sie bäuchlings in die fremden Wohnungen. Als hätte sie sich, wie ein Tier, ein fremdes Terrain erobert, das für alle anderen unerreichbar war. Dann ließ sie sich mit wunderlichen Gefühlen, glücklichen, in der verlassenen Wohnung nieder. Vielleicht an einem Tisch, der noch gedeckt war und unbeschadet in der Mitte des Wohnraums stand. Einmal, sie sieht ihn wieder vor sich, so einen Kaffeetisch. Die Bewohner waren vom Fliegeralarm überrascht worden. Es standen sogar drei sogenannte „Sammeltassen" auf der feinen weißen, mit teurer Lochstickerei durchbrochenen Tischdecke, die kein Stäubchen abbekommen hatte. Dann saß sie da in ihrem Erstaunen, derweil die Gastgeber und Gäste dieser Tafel im Keller oder Hof vielleicht verschüttet worden waren – was sie nicht wusste. Und sie dachte gar nicht weiter an die Eingeladenen oder Bewohner der Räume, fragte sich nicht wirklich, wo sie denn geblieben waren.

Ganz unbeschreiblich hatte sie das Wunderliche genossen. Das Unerwartete, dass sie hier saß, und wie sie das geschafft hatte, allein! Dazu mussten die anderen, diese Bewohner – ja erst einmal verschwunden sein. War sie nun ein „Einbrecher"? Nein. Sie war jetzt ein Held und das Leben ein Abenteuer. Sie war an einem Ort, den sie sich auserkoren hatte. Das konnte außer ihr keiner, sie wusste es ganz genau. Sie fühlte sich erbeben vor den fremden Kaffeetassen. Himmlisch.

Vorgestern habe ich genauso im Gare du Nord gestanden am frühen frischen Morgen. Dann im Bistro auf die Kaffeetassen und mein erstes Croissant gestarrt. Als sei ich auch nach Paris an einer Häuserwand hochgeklettert.

Damals in dem Kriegshaus war dann ihr Blick auf die geschlossene, weiß lackierte Tür gegenüber gefallen. Die Tür, von der sie nicht wusste, ob dahinter noch etwas war. Oder war die übrige Wohnung abgerissen? Es war sehr schwer, der Neugier zu widerstehen und nicht nach der Türklinke zu greifen. Ein Instinkt hielt sie davon ab. Die anderen Kinder sahen sie nicht. Sie wagten das nicht mit ihr, nie so hoch. Sie blieben unten und glotzten. Dann gingen sie weg. Vielleicht erzählten sie es zu Hause ihren Eltern. Das, wovon Lauras Eltern gar nichts ahnten.

Laura Wassenberg soll noch Jahrzehnte später in ihren Träumen in Wohnungen sein, denen gerade eine Wand wegbricht, erleben, wie das Licht sich übermächtig freie Bahn in einen dunklen Raum schafft. Im Traum erlebt sie es mit Schrecken. Aber wie hat sie es tatsächlich erlebt? Sie wird nie verstehen, wo in ihrer Kindheit sich dieser Schrecken versteckt hatte. Jedenfalls war er damals nicht vorgekommen.

Manchmal hatte sie versucht, ihrer geliebten Mutter aus einer solchen Kriegswohnung etwas mitzubringen, es die Mauer hinunter festzuhalten. Einen bunten Teller, eine Kristallvase. Das machte den Abstieg noch schwieriger, ja richtig gefährlich. Ihre Mutter hatte sie aber wieder und wieder tief enttäuscht, indem sie streng sagte: „Das bringst du zurück. Das gehört uns nicht." Konnte sie sich denn vorstellen, mit welchem Mut das Kind sich an dieses Geschenk herangemacht hatte?

So lernte Laura Wassenberg die ersten tiefen Enttäuschungen, die Missachtungen ihrer Liebe, also gewöhnliche Missverständnisse kennen. Sie hatte sich dann etwas zurechtgemogelt, um das Geschenk nicht wieder hinaufbringen zu müssen. Wer wusste schon, aus welcher Höhe diese Gaben heruntergeholt worden waren? Und jetzt wollte sie ihr nichts mehr schenken! Nie mehr! Ich werde mir ein Atelier erwerben, peu à peu. In Paris. Entweder parallel zum Studium in der „Beaux-Arts" oder der „Julian" oder danach. Irgendwie!

Die von ihr eroberten Wohnungen bei den Eskapaden als Kind waren schon heller als alle, die sie später kannte. Denen fehlte eine ganze Wand. Und diese Seite bildete so das größtmögliche „Fenster". Es war eine ungewöhnliche Helligkeit in ihnen, fast wie im Freien. Das liebte sie sehr. Sie mochte das gedämpfte Licht bürgerlicher Wohnungen nicht. Derartig luftige Helligkeit in einer Wohnung sollte sie später nirgends mehr finden, auch nicht in Ateliers. Das Hinaufklettern an den Kriegsruinen war stets leichter gewesen, als von dort wieder hinunterzukommen. Ihre Abstürze waren bei diesem Hinunterkommen passiert, einem Ausgleiten auf einem lockeren Ziegelstein, oder durch Nachgeben des Mörtels. Viele Narben an ihrem Leib zeugten davon. Sie kannte das Stürzen, leichte und schwerere Verletzungen, sie machte sich nichts daraus. Ihre Mutter aber fuhr sie schrecklich an, wenn sie wieder einmal mit blutendem Kopf nach Hause kam oder mit aufgeschlagenen Knien, denn das alles musste gesäubert und verbunden werden. Die Mutter war dessen müde, es war ihr lästig. Getröstet wurde nicht. Was war das nur für ein verrücktes, uneinsichtiges Kind.

Laura Wassenberg kannte wie kein anderes Kind im Viertel das Hangeln an Eisenträgern und das sichere Balancieren über hohe Mauern und Dächer. Später sah sie so etwas in Gangsterfilmen, da war es aber eingeübt, sie merkte es. Das Schleichen durch finstere Heizungsschächte und Kellerlöcher, wo es viel dunkler war als in allen anderen Räumen, die sie kannte, es kam auch vor, im Film wie im Leben. Sie mochte in der Kindheit die Gerüche dort, in den leeren Fabrikhallen, schmutzigen Fluren, das Kühle und Staubige in Schächten und den faden Luftzug. Sie mochte den modrigen Erdgeruch undurchsichtiger, leer stehender Keller mit Gerümpel. In der verlassenen alten Volksschule liebte sie den sich ihr splendid-verschwenderisch bietenden Platz: die gähnend leeren Klassenräume, den Geruch der Holzbänke. Es roch nirgends reich, es roch überall arm. Es gab keine Öfen und keine Sauberkeit. Nur in den wilden, sie umgebenden Gärten brach im Frühling der Reichtum köstlicher Düfte aus, das war ein großer Gegensatz. Darum berauschte es ungemein. Dann kam das Obst, das man dort stehlen konnte. Das Mädchen erzählte ihrer Mutter nichts aus ihrem Leben, das sie täglich im Freien führte. Sie war bedacht, sich dieses Leben zu bewahren. Was „die Großen“ taten, war ihr langweilig und sie fürchtete Verbote. So bekam sie nichts verboten, man wusste ja nichts von ihren Abenteuern. Aber die Mutter lernte das Mädchen nicht kennen. Ihre kleine Tochter lebte in einer anderen Welt.

In Paris singt sie später einmal in einem der vielen Jardins das *April in Paris* von Ella Fitzgerald, das die Wonne all der Amerikaner im Frühling beschreibt, welche so parissüchtig sind wie sie.

Die Mutter hatte zu tun, den ganzen Tag, auch abends. Man hatte das Essen zu bereiten, für den Laden zu sorgen. Und abends nach Geschäftsschluss gingen die Eltern in die Gastwirtschaft nebenan, sich abzulenken von der Plackerei des Tages. Die Kinder lagen im Bett. Nebenan wurde gesungen, Schlager, aber auch Opern und Operetten. Und einmal hörte Laura im Bett, dass die Schallplatte lief mit diesem Lied: *Im Café de la Paix in Paris*.

Die Trümmerlandschaft ihrer Stadt hatte ihr unschätzbare Erfahrung eingebracht. Sie konnte klettern wie ein Affe, sich schwingen an einer rostigen Teppichstange mit gewagtem Überschlag, konnte rennen wie ein Hund und springen wie ein Hase. Sie hatte sich ein starkes Gleichgewicht und das Abwägungsvermögen einer Katze in den Ruinen zugelegt. Sie wusste aber noch nicht, dass all dieses sich auch in ihrem Hirn festgemacht hatte und ihr Denken all dem Hangeln und Klettern gleich geraten war: wild.

Ich will in Paris tanzen! Aber Tango kann ich nicht – das ist zu kompliziert. Er ist erotisch, der Tango! Sie geht weiter und sie weiß, sie ist zu scheu, irgendwo tanzen zu gehen. Und ihre Scheu verhindert, dass sie merken könnte, wie gut sie zu tanzen versteht.

Ich werde es schaffen

Sie liebt also Nebenwege. Alles, was nicht so „hauptsächlich“ erscheint, Details, Dinge am Rande, die unbemerkt bleiben – und eben das „superflu“, das Überflüssige, das keinen Zweck verfolgt. Doch fast alle Leute waren auf den „Hauptwegen“, die sie als Kind – wie ein Hase aus ihrem Gebüsch spähend – beobachtet hatte. Viele ohne Mut, ohne Fantasie, anscheinend ohne Licht im Kopf. Dazu noch erbarmungslos, indem sie immer etwas „Wichtiges“ zu tun hatten, darin mächtig waren, sich alle einig in dieser Art auch von eigener Wichtigkeit. Es schien deren Macht mit ihrer Schwäche und Erbarmungslosigkeit zusammenzuhängen. Sie mied die wichtigen Leute schon früh, erkannte aber bald bitter, dass ihnen kaum auszuweichen war. Tiere konnten erfolgreicher flüchten.

Die vielen wichtigen Leute aber hatten mehr zu bestimmen als mutige Menschen. Also war es hier umgekehrt: nicht eine Auswahl der Besten, der Kraftvollen – sondern ein Sieg der Mittelmäßigen! So war das bei „Meisteleute", „mostpeople", wie E.E. Cummings sie im Vorwort seines Gedichtbandes nannte, sie, für die er seine Gedichte nicht geschrieben habe.

Laura denkt darüber jetzt nicht weiter nach. Heute ist sie bestrebt, selber einmal auf einem Hauptweg ihr Ziel zu erreichen, vielleicht sogar Sinn darin zu finden. Diese „Académie Julian" oder die „École des Beaux-Arts" – auf diesem Gebiet konnte die Hauptwelt ja ihr Gutes haben! Sie will keine Karriere, das wäre ein Ziel in weitester Ferne. Sehr wohl aber will sie alles über die Malerei lernen, profunde Kenntnisse auch im Handwerk als Malerin erlangen. Und natürlich den Zauber, der um die Künstler ist, sowie das Glück der lichtdurchströmten Kunst an sich selbst erfahren. So hat sie festen Glaubens gekämpft, in der Akademie, der einen oder anderen, aufgenommen zu werden. Und der Glaube, wenn er Licht in den Kopf bringt, kann Berge versetzen.

Nun ist sie erst einmal zufrieden: Sie ist auf dem Weg zur „Beaux-Arts" und zur „Julian" und fragt sich nicht, ob das etwas mit „Akademismus" zu tun hat. Diese Bezeichnung soll sich erst später bilden in ihrem ruppigen Gemüt, später, nach zehn Jahren Universitätsstudium. Jetzt ist sie ihr nichts als eine Ehre, ein Leuchtturm, ihre Schule in Paris! Allein schon der Name „Académie Julian" ist unantastbar. Diese Akademie wird ein Wunderwerk aus Ateliers, mit kenntnisreichen, ehrwürdigen Lehrenden darin sein. Solchen, die es wissen müssen von alters her. Der Ort, den sie gleich finden wird, ist natürlich ein Ort der Wunder. Da wird alles anders sein, als es jemals in ihrem Leben war. Sie geht in der Betrachtung weiter: Das Ganze ist hier der Gipfel der Kultur Europas, wo alle Künste gedeihen und alle wilden neuen Ideen durchkommen und alle alten respektvoll gewahrt sind! Hier, wo das Licht selbst eine Balletteuse ist, die in jeden Winkel hineintanzt und ihre Keuschheit dem zu schenken bereit ist, der das sehende Auge hat. Besonders natürlich den Malern! Hier, wo die Geschmäcker der Menschen alle so verschieden und so gleichmütig angenommen sind, wo sich die Nationen endlich vertragen und sich neugierig aufeinander einfinden, ist das Leben prall wie ein

Kürbis. Also in Paris, wo die besten Gerichte aller Länder in den Restaurants geboten werden und wo der Jazz nicht weniger gilt als die klassische Musik.

Die ganz andere Welt

Diese Akademie, diese begehrenswerte Aura, die sie umweht, denn man arbeitet hier im Reich des himmlischen Segens der Farbe. Und wieder fällt ihr August Macke ein: „Die Farben sind Engel." Das heißt für Laura Wassenberg: Wer mit Farben umgeht, hat direkt mit dem Himmel zu tun. Und dabei ist schon das Irdische an ihnen berauschend. Die Farben, auch ihr materielles Wesen und der Umgang damit, zum Beispiel wie Ei-Tempera angerührt wird. Was für wonnige Beschäftigungen! Am ehesten kann das ein Kind verstehen, das dem Ursprünglichen, dem Matsch, dem Wasser, dem Schlammvermengen, den Moosen, Blättern wie den kleinen Blumen – und so natürlich allen Farben – näher ist. Ob Baudelaire insgeheim eine Malerseele hatte? Er meinte einmal, das Genie sei die willentlich zurückeroberte Kindheit. Und so etwas verstehen Maler besser als Philosophen.

Aus welchen Pulvern und Mischungen die Ölfarben sind, ist es nicht hochinteressant? Und wie sie entstanden, die feinen Pastellstifte, so pudrig und sanft. Die Maler sind stolz auf all ihr Material, sie wollen mit Leib und Seele malen, also mit den Fingern, den Händen, natürlich auch mit dem Kopf, mit großen und kleinen Pinseln, mit Schabeplättchen, mit Schwämmen, mit Lappen. Sie wollen mit den Armen rudern und schwingen vor der Leinwand, der entstehende Duktus ist wichtig, das Feine und das Pastose, auch die Frage, wie es die Leinwand verträgt und wie sie es behält. Die farbigen Flächen, wie sie trocken aussehen werden, derweil sie noch nass sind. Und hinterher den ganzen schwammigen, fleckigen Boden unter sich haben, diesen Saustall Atelier, das Gegenteil eines Büros, das ist herrlich!

Viele Ateliers haben hohe Fenster und lange Nesselgardinen davor, damit das Licht nicht gestört wird und andererseits auch nicht blendet. So etwas will ich haben und immer darin leben! Wohnungen interessieren mich nicht. Meine Wohnung soll sich nur an ein Atelier anschließen. Na gut, Bett, Waschbecken, die Bücher auch. Meine schöne Werkstatt Atelier, die Rahmen, Arbeitstische aus grobem Holz, Tuben, Verdünner, andere Lösungen, Töpfe, Dosen, Terpentin – alles riecht stark. Die Staffeleien sind wunderbare Erfindungen zum Halt des Bildes, dazu die Malstöcke. Paletten, all das, was man braucht, jeden Tag. Dann Mischen und Verschmieren und Bereinigen, das Abgrenzen und das Übergängige, das Reine und das Gebrochene, es gehört alles dazu. Natürlich muss man Aktzeichnen, das schwerste ist es, was hier jeder weiß. Der menschliche Körper stellt uns die schwierigste Aufgabe. Was Farben, Material, die Begegnung mit der leeren Fläche betrifft: solch Handwerk ist kernig! Die Leinwände fein und grob, und was das alles kostet und was es für Arbeit macht. Ein ernster Beruf. Er verbraucht die ganze Energie und wird mich zugleich berauschen, alles in einem. Aber überlegt muss sie sein, die Kunst, schärfer, selbstständiger, sicherer überlegt als gewöhnliche Entscheidungen. Man muss einfach mehr dabei denken und empfinden – und anders. Ein Kollege hat einmal gesagt: Malen ist anstrengender als Holzhacken.

Sie schwelgt jetzt in der Erinnerung, wie all die kleinen Kästchen der Aquarellfarben benannt sind. Dabei schreitet sie forsch weiter, blinzelt manchmal in die Höhe. Die Namen sind unter dem Boden angebracht, in drei Sprachen, für jeden Ton; gesprochen oder mit dem Pinsel gestrichen – malerisch, poetisch: Cölin, Karmesin, Kobaltblau, Ultramarin, Russischgrün (welches der gute Van Gogh anführte, als er Musikunterricht nahm; er sagte, dass ein Ton, den er gerade spielte, Russischgrün sei!) Laura weiß, wie tief die verschiedenen Künste miteinander zu tun haben. Sie weiß auch, dass die alten Namen der Blumen, die lateinischen und die ins Deutsche übersetzten – die sie leider nicht behalten kann – etwas ebenso Poetisches wie die Namen der Farben haben. Wie könnte es anders sein. In der Natur verstehen die Blumen von Farben das Meiste. Sie erinnert sich: Ein Gewächs heißt sogar „Zottiges Franzosenkraut“, ein anderes Pflänzchen „Gundermann“. Wie schön; also die Biologen hatten gewiss auch ihre poetische Ader. Sie hat es mit den Farben. Alles, was mit Farben zusammenhängt, behält sie.

Ihr erster Freund Paul, den sie während ihrer Zeit im Lyzeum in der Nähe der Kölner Werkschulen kennenlernte, erzählte ihr einmal, dass der Mensch in seinen mitgebrachten Fähigkeiten am stärksten sei – und alles Angelernte schwächer. Aber Laura wusste, dass man es oft so zu biegen versucht, als sei das Erlernte gleichwertig der angeborenen Fähigkeit. Ob man mich endlich gewähren lassen wird? Sie erinnert sich jetzt wieder, dass es in ihrer Kindheit nahezu keine Farben gab. Pflegt nicht der Krieg überall die Farben auszulöschen?

Farben ... Sie beobachtet ohne Unterlass Farben, Linien, Bewegungen – hat aber auch ein beobachtendes Ohr. Die Poesie des Worts, der Farben und der Stimmen, ihr ist das alles gleichermaßen erheblich. Die Dichtung ist wie Musik – und die Farben haben Musikalisches und Poetisches. Was die Farben betrifft, bemerkt sie deren Wirken in allen Bereichen, auch im Alltag, selbst in der Mode. Welche Namen zum Beispiel Stofffarben haben, wenn man Kleider und Kostüme anpreist: Taubenblau, Mausgrau, Schiefergrau, Resedagrün, Altrosé, Wollweiß, Aubergine, Fliederfarbe, Moosgrün, Weinrot, Elfenbein, Kamelhaar, Fuchsrot. Auch die Zeichner und Gestalter der großen Modehäuser haben Fantasie, wenn sie ihre Sachen beschreiben.

Jetzt also auf zum Studium! Die „Julian“ ist der Gipfel überhaupt – was für eine Tradition! Ebenso natürlich die „Beaux-Arts“; Letzteres eine Bezeichnung, die daheim kein Mensch aussprechen konnte. Und in beiden Kunstschulen hat man ihre Mappe – die Mappe von einem Mädchen aus einem Kölner Vorstadtviertel! – angenommen und sie eingeladen, sich vorzustellen. Würde etwa in Paris ihr Talent anerkannt? Davon war eigentlich kaum zu träumen, und sie würde es nicht wagen, dran zu glauben. Aber immerhin, voilà, sie ist hier und geht jetzt ihrem Ziel entgegen!

Ein fremder französischer Herr bemerkt sie, grüßt sie und tut so, als ob er sie verwechsle. „Bonjour Mademoiselle, quel plaisir de vous revoir ...“ Sie sieht ihn an. Dann sagt sie mit geschürzten Lippen, wie sie es bei den Pariserinnen gesehen hat, dass er sie bestimmt nicht kennt, sie ihm aber einen guten Tag wünscht: „Bonjour Monsieur, vous me ne connaissez pas, mais je vous souhaite une bonne journée“ – und geht stracks weiter. Gelungen! Die Französinnen haben nämlich beim Französischsprechen so eine Art Kussmund, dazu eingezogene Wangen, süß geschürzte Oberlippen mit spitzen Bögen. Das macht die Sprache, sie prägt der Französinnen Gesichter. Sie hat es oft beobachtet und jetzt genauso gesprochen.

Was das Liebesleben betrifft, den *Werther* und sonstiges zu Lesendes im Lyzeum: Sie hat es ja damals schon vermieden, zog parteiisch bereits die französischen Dichter den deutschen vor; außer natürlich Hölderlin und Heine, die sie zwar noch wenig kannte, aber schon ganz und gar liebte. In Sachen klassischer deutscher Literatur war sie flüchtig, das ist genau das richtige Wort, das die Lehrer sagen: flüchtig. Und: „Flüchtigkeitsfehler". Sehr treffend. Dass sie Bert Brechts Lieder und Gedichte auswendig lernte, war in ihrem Nonnenlyzeum nicht gefragt.

Als der Herr auf den Champs vorüber ist, sozusagen auf der Strecke geblieben, sieht sie sich in einem Schaufenster-Spiegel und ist stolz auf sich. Eitel beobachtet sie ihren Gesichtsschnitt, die Wangen, die Lippen, Letztere, mit denen sie französisch wie die Pariserinnen sprechen kann! Ihre gebogene Nase nennt sie jüdisch und denkt, dass sie zusammen mit dem schnellen Blick ihrer blauen Augen natürlich den Eindruck jugendlicher Intelligenz bewirkt. Sie hat in der Tat einen schnellen Blick, aber noch keine Übung darin, das Gesehene zu begreifen ... Vielmehr legt sie sich oft etwas Schönes zurecht, was das Gesehene sein könnte.

Vielleicht werden ihr solche Illusionen, der Hang nach Höherem und Berauschendem, zum Hemmnis für die alltägliche Erkenntnis. Ihre anspruchsvollen Träumereien und jähen Einfälle, das fantastische Begehren nach Liebe und Kunst sowie der damit gepaarte Eigensinn helfen dem Schicksal leider nicht auf die Beine. Zumal Laura all ihre Ziele höchst sprunghaft verfolgt. Das Ziel selbst wehrt sich eben oft gemein und hartnäckig dagegen, der jungen Frau nachzugeben. Es gibt also keine Ebene, auf der sie reüssiert, oder wenn, dann nicht lange. Halt ich etwa nichts durch?

Manchmal empfindet sie sich eher als Pechvogel denn als Phönix. Und die Asche! Überall, das ist eben der „Boden der Tatsachen". Daher kommen natürlich all die traurigen Tage ohne Lichtblick – und voller Asche! Sie lässt jedoch nicht ab von ihren leuchtenden Vorbildern und sehr geschmackvollen „Images" und Wünschen, möchte das kunstvoll zu lebende Leben ergattern. Laura sieht das Leben als Kunstwerk. Da sie zu diesem Kunstwerk keine Mittel hat, kommt es zu gelegentlicher Wirrnis; begleitend hierzu liest sie die Philosophen verschiedener Länder, hat aber keine eigene Philosophie oder Meinung dazu. Sie fragt sich, was das denn auch soll, denn die Philosophen denken jeder von sich, fundiert zu sein – sie behaupten viel Widersprüchliches, besonders einer wider den andern. Also Weisheiten, die sich untereinander ganz fremd sind! Vielleicht schlummert eine eigene Philosophie in ihr, die für sie selber richtig sein wird. Und ganz gleich, was Philosophen über die Weiber denken. Sie glaubt, dass die Frauen sich aufmachen sollten, ihre eigene Philosophische Fakultät zu gründen. Aber das kann sie mit kaum einem besprechen.

Wie sah der Herr eben aus? Es gibt viele hübsche Franzosen. Manche sind gar sehr zierlich, dazu würde sie wenig passen. Aber es sieht so aus, als ob die Zierlichen umgekehrt stattliche Frauen begehrenswert finden. Laura lächelt vor sich hin: Na gut, ich bin wahrscheinlich eine stattliche. Sie macht manchmal den Eindruck, als sei viel von ihr zu erwarten, ein andermal den Eindruck, sie sei zu nichts zu gebrauchen. Sie geht jedoch nicht als Touristin die große strahlende Avenue von Paris hinunter; sondern denkt: Ich bin bereits hier ansässig! Und noch kühner, aber auch leiser: schon als Pariserin. Sie weiß schon genau, wie sie als Pariserin sein wird, also was Gang und kecke Rede betrifft, denn die Pariserinnen strahlen eine Selbstbehauptung aus, die auch sie in sich fühlt. Sie lassen sich nichts vormachen! Das hat sie allerdings noch zu lernen; Pariserinnen sind nicht auf den Mund gefallen, den werbenden Herren zeigen sie mokante Geste, kokettes Wort, Charme und Humor – aber dazu muss man erst einmal sehr gut Französisch können!

Ach, die Französinnen sind einfach unschlagbar. Man merkt, dass sie sich mit Raffinesse ihren Liebsten eräugeln und mit den wunderbaren Wendungen ihrer Schultern prahlen, ihren Beinen, den kleinen Schritten. Man sieht ja auch, wie sie ihre graziösen Füße setzen und die Eleganz ihrer Kleidung, dass sie oft etwas mit Pfiff machen, ein rundes Haarsträhnchen auf die Stirn legen, eine verrückte Feder an den Hut stecken. Fantasie! Die männlichen Franzosen erobern doch nur ganz nebenher – die Französin erobert todsicher! Ich werde es bald ganz und gar werden, eine blonde Pariserin! Und natürlich Künstlerin. Deshalb gehöre ich hierher. Bei „blonde Pariserin" denkt sie an Filmstars, die diesen Typus schon verkörperten, sie wirkten alle etwas kühl – zum Beispiel Michèle Morgan und Martine Carol, ganz anders als die dunkle Arletty oder Danielle Darrieux.

Laura weiß wohl, dass sie etwas Blondes hat, das die Franzosen mögen. Und sonderbar, sie wird nie für eine Deutsche gehalten – eher für eine Amerikanerin, eine Britin, noch häufiger eine „Bretonne", eine Französin aus der Bretagne. Vielleicht habe ich doch etwas Ländliches? Na ja, wenn es bretonisch ist, ist es ja nicht schlimm. Sie weiß es nicht, aber besser passte sie in eine dieser alten Lichtungen der Champs, in ein „Cabinet de Verdure", die es hier im 18. Jahrhundert gab. In einem derartigen grünen Viereck hätte sie ruhiger träumen können. Die schönen Baumgruppen hätten sie vielleicht weniger beunruhigt als eben doch die anspruchsvollen Boutiquen, die Auslagen und überall die geschäftigen, rastlosen Leute auf den Champs. Aber das ist es ja gerade, das glänzende und poetische Paris, das sie erobert hat, die Weltstadt! Zuerst war es hier – wie heute nicht mehr vorstellbar – wirklich ländlich, erst 1828 gehörte der breite Weg zu Paris, und es wurden leise Brunnen und eine Straßenbeleuchtung, damals gasbetrieben, ihm zugefügt. Das alles weiß das junge Mädchen nicht, es sieht nur den großen Glanz der Straße und der passt vielleicht zum unerhörten Glanz in Lauras Innern.

Auf ihr unbändiges Haar, strohblond und ohne eine städtische Frisur, ist sie allerdings stolz. Sie trägt es kurz geschnitten: apart. „Apart" ist auch eines der Lieblingswörter ihrer Mutter. Und jetzt ruft eine Stimme in ihr: Mama hat nicht verhindern können, dass ich ausgewandert bin nach Paris. Ich werde hier bleiben!

Schicksalsfäden

Laura Wassenberg ist – ohne es zu wissen – schon die ganze Zeit auf den Champs-Élysées von zwei unsichtbaren Herzoginnen, großen dunklen „Duchesses", begleitet. Ihnen, die ihr Gedanken und Ahnungen einflößen, ohne dass sie es bemerkt. Sie soll es auch nicht wissen. Die Herzoginnen tun es leichtherzig, und sie leiten ohne Zwang, gehen geräuschlos an jeweils einer Seite neben ihr her, gehen jeden Schritt mit ihr als Feen, weise Frauen. Die eine ist die „Duchesse du temps passé", die Herzogin der Vergangenheit, die andere die „Duchesse de l'avenir", die Herzogin der Zukunft.

Jeder Mensch hat diese Herzoginnen als Begleiter – aber kaum einer will von ihnen etwas wissen. Keiner will wissen, dass man seine Vergangenheit und seine Zukunft immer bei sich hat. Da gibt es einen deutschen Fall, der wunderbar gezeigt hat, wie es sich verhält. Dass ein Mensch, zum Beispiel in einer bestimmten Zeichnung, seinen Selbstmord – lange bevor er ihn plant und ausführt – mit sich herumzuschleppen vermag, dass also diese Tat in seine Zukunft fest eingeschrieben ist und er diese Zukunft täglich bei sich, in sich trägt. Die Tat ist unverrückbar, auch wenn sie dann wie eine „freiwillige Handlung“ aussieht. Wie es nämlich der kluge Heinrich von Kleist bewiesen hat, der sich umbrachte mit seiner Geliebten und dazu einen fröhlichen Brief hinterließ. Er freute sich auf das Jenseits und hat gern von hier Abschied genommen – also am Ende nicht gezögert, es so zu tun, wie er es wollte.

Sehr lange Zeit vorher, als er noch nicht ans Sterben dachte, schrieb er einen Aphorismus nieder: „Ein Mann, der mit dreißig Jahren stirbt (und er selber starb mit 34 durch eigene Hand und Wahl), ist an jedem Tag seines Lebens ein Mann, der mit dreißig Jahren stirbt.“ Als er dies schrieb, kannte er seine Zukunft noch nicht, aber seine Zukunft kannte ihn. Er beschrieb, wer er alle Tage und in dieser Zukunft ist, schon viele Jahre vorher. Niemand hat so treffend Vorherbestimmung und freien Willen zusammenschließen und sagen können. Oder: dass der Mensch sein Schicksal selber ist. Herr von Kleist hatte sie also bei sich, und sie sprach durch ihn, seine „Duchesse de l’avenir“.

Laura denkt manchmal an Freitod, aber scheint sich ständig selbst zu widersprechen. Sie kann doch so vorzüglich klettern, schwimmen, Rad fahren, rennen und akrobatisch turnen. Ebenso akrobatisch versteht sie zu diskutieren, sie gibt kluge oder konfuse Sätze von sich, das kommt auf das jeweils herrschende Maß ihres Enthusiasmus, den Grad ihrer Euphorie oder ihrer massiven Traurigkeit an. Man könnte beim ersten Eindruck dieses Mädchens von „frischer Brise“ sprechen; sie ist ohne Arg, nicht falsch oder heimtückisch. Aber oft wirkt sie wie nicht bei klarem Verstand, spricht mal verträumt, mal heftig. Den einen Beobachter empört ihre überraschende Ungezogenheit, ein anderer stellt kindliche Naivität fest, ein Dritter meint, sie sei unsicher, weil künstlerisch begabt.

Ich werde in Paris bleiben! Allein der Gare du Nord, der legendäre Bahnhof. Da gab es den Film mit dem Titel *Hôtel du Nord*. Er spielte in diesem Viertel in Paris, darin Frankreichs erste Garde des Film noir. Der Gare du Nord ist geräumig und vornehm, hier anzukommen schon ein Privileg, besonders morgens früh, denkt Laura – und erst recht jetzt hier, auf den Champs zu sein!

Als Kind in der sogenannten „Volksschule" hatte Laura in Sport, Religion, Deutsch und Kunst sowie in „Beteiligung am Unterricht" (ein später umstrittenes Zeugnisfach) die Note „Eins". So wunderbar das auch ist, sie denkt zurzeit nicht daran. Die Schule ist erst einmal fern und das Leben nah. Es kommt überhaupt zurzeit immer näher, wird aufregend. Das einzige, was am Leben schädlich sein könnte, das weiß sie schon lange, ist Langeweile. Ihre guten Zeugnisse als Kind in der Volksschule scheinen Jahrhunderte zurückzuliegen, sie erinnert sich kaum, außer natürlich an die Begegnung mit der alten ersten Lehrerin, die ihr immer wieder einfällt. Dann kamen die langweiligen Sonntage in ihrem Vorstadtviertel: Wie ich sie gehasst habe, besonders bei Regen!

„Vive la France!" Jetzt beginnt das eigentliche Leben, „les choses de la vie". Und das ist, es kann nichts anderes sein, ein Pariser Leben. Sprache ist Laura etwas Sinnliches, Verführerisches. Es hat mit Klang und Magie zu tun. Sie hat trotz ihrer Faulheit ganz gut Französisch gelernt. Das hatte natürlich schon den geheimen, von ihr selbst noch nicht gewussten Grund, hierher zu gelangen. Sie ist nun schon ein großes Stück weit die Avenue hinuntergegangen, manchmal hält sie ein und scheint verstört, das behebt sich aber. Nun hat die „Duchesse du temps passé" entschieden, dass mal wieder ein Rückblick erscheint, und plötzlich fällt ihr ein, dass sie beim Abgang aus dem Lyzeum vor den versammelten Mitschülern aufstehen musste, um von Schwester Domenica, der Klassenleiterin, verkündet zu bekommen: „Laura Wassenberg, Sie haben das schlechteste Zeugnis der ganzen Klasse."

Sie hatte geradeaus geblickt, an der Leiterin vorbei, wie so oft in dieser Nonnenschule. Dann hatte sie geantwortet: „Das macht nichts, ich danke Ihnen."

Laura erinnert sich auch, wie sie einmal mit dem Ellbogen ihre offene lederne Schultasche, die vor dem Fenster lag, angestoßen hatte, die daraufhin aus dem dritten Stock fiel. Laura musste dann natürlich runter auf die Straße, um alles wieder einzusammeln. Aber damit konnte sie sich zumindest einen Teil der Stunde – war es „Geschichte"? – ersparen. Das war nicht der einzige Schauer, den sie ihren Lehrerinnen verursacht hatte, sie war unausstehlich, seit dem Aufenthalt im Internat, später nannte man das „verhaltensgestört" Das fällt ihr jetzt ein. Warum? Weil sie mit ihren Zeugnissen nicht glänzen kann? Aber was macht das schon!

Das Erinnern gibt jedoch nicht nach. Sie fragt sich: Hätte ich nicht an all diesen Fächern auch Spaß haben können? An Geschichte, Biologie, Musik, Geometrie, Sprachen. Irgendwie fehlt mir was. Natürlich hätte ich nie das Abitur geschafft, wie die feinen jungen Mädchen aus dem anderen, dem vornehmen Viertel. Niemals, ich habe es immer gewusst, obwohl ich auch wusste, dass ich nicht dumm bin. Es fühlte sich so an, als hätte ich im Kopf gebrochene Beine. Es ist ihr jetzt peinlich, das „schlechteste Zeugnis der Klasse", zum ersten Mal. Früher hat sie diese Geschichte immer mit Bravour den Freunden erzählt – heute erscheint sie ihr ungerecht und nicht zu ihr passend. Das hat sie wohl ganz allein verschuldet? Ich, die Faule, denkt sie, die nichts mehr begriff, als sei ich eine Zurückgebliebene! Es nutzt nichts, dass man ganz hübsch ist. Dann kam auch noch in Englisch Nachhilfe von dieser kleinen Frau mit dem Hinkebein. Eine ruhige, die immer zu uns nach Hause kam. Die hatte ich gern, bekam auch bald bessere Noten. Der Gedanke an das Lyzeum ist ihr jetzt widerwärtig, sie drängt ihn fort. Es ist ja nichts mehr zu ändern. Ob das nun im Leben immer so weitergeht? All die langen Jahre, diese Schulzeit, die die Eltern bezahlen mussten, und dann ihre beiden abgebrochenen Lehren. Es war fast alles umsonst.

Aber ich bin nicht schwach, ich habe es geschafft – gehe jetzt ganz allein in Paris über die Champs-Élysées! Und das Geld habe ich mir auch selbst zusammengekratzt, daheim, in meinem Vorstadtviertel!

Sie erinnert sich wieder tröstlich: In der „Volksschule" hatte ich sehr wohl gute Noten. Das hab ich mit Lust und Fleiß, nicht mit Strebertum erreicht, darauf bin ich stolz. Strebertum hat ihr noch nie gefallen. Es war schön und friedlich bei Fräulein Winter in der ersten Klasse, vielleicht ist es ihr noch nie im Leben so gut gegangen. Warum bloß ist mir später die Lust abhandengekommen, so ganz? Meine so echte Lust am Lernen. Damals, als ich aus dem Internat heimgekehrt war, überhaupt schon dort. Das Heimweh ist es, das einem die gebrochenen Beine im Hirn macht. Das Heimweh! Ihr Schritt auf dem schön erhellten Boulevard wird zögerlich, aber die Sonne scheint ihr direkt aufs Haar, sie spürt es. Es hilft.

Sie streicht ihr Sommerkleid glatt und sieht sich zufrieden das Muster im Kattun an. Schöner Stoff! Jetzt fühlt sie sich wieder gut. Erlebt sie nicht einen der Glanztage von Paris, der dem Namen der Stadt als Königin alle Ehre macht? Es wäre geradezu unanständig, heute traurig zu sein. Derart verzagte Menschen sollten lieber zu Hause oder im Hotel bleiben.

Die hervorragenden Auslagen in den Geschäften, die die Champs-Élysées auf beiden Seiten flankieren, liegen in ihrer hohen Eleganz und mit ihren hohen Preisen wie unantastbar vor den meisten Besuchern der Avenue. Sie liegen vor Kokotten, Lehrerinnen, Geschäftsleuten, jungen Damen und Herren, alterslosen Pariser Flaneuren sowie ältlichen Touristen hinter dem jeweiligen Schaufensterglas. Laura widmet ihnen kaum einen Blick. Eher scheint sie der schöne Bestand an Bäumen in Paris zu interessieren und die freien Zonen der Parks. Die palastartigen Gebäude der Stadt und die Avenuen faszinieren sie als Monumente aus großen Epochen, erhabenen anderen Zeiten, als Stolz wohlhabender Fürsten und Ausdruck ihrer königlichen Lebensweise. Sie liebt nun einmal Pracht, Eleganz und Schönheit.

Stolz ist sie, auf den Champs als junges deutsches Mädchen so frei gehen zu können. Ihre Vorfahren waren Bauern, Gärtner und Händler am Rand der Stadt; andere Winzer im Rheinland oder hatten Metzgereien. Manchmal ist es Laura unangenehm, von ländlicher Herkunft und aus keinem vornehmen Viertel zu sein. Wirkt sie vielleicht grob auf die Franzosen? Auf das Grobe schaute auch ihre Mutter herab. Entgegen ihren Bedenken scheint aber eine gute Gesundheit den Körper Lauras leicht zu tragen. Wenn es ihr gut geht, kommt auch das Ländliche, Urtümliche und Stürmische ihres Wesens zum Vorschein. Aber passt so ein Mädchen in die französische Hauptstadt, auf eine splendide, elegante und teure Avenue? Egal, ob es passt, ich werde Paris immer lieben!

Laura hat manchmal auch etwas Sicheres, von dem sie selbst nichts weiß. Es ist das gleiche Sichere, mit dem sie als Kind auf ihrem weinroten ersten Fahrrad durch den nahen Wald gerast ist. Die

Hügel hinauf und hinab, ach, war das Leben kräftig und sonnig bei jedem Wetter! Sie bemerkt die alte Kraft, steht vor einem großen Ziel, fühlt das kräftige sonnige Leben wieder durch ihren Körper pulsieren, auch hier! Sie würde gern eine Französin werden und in der Stadt der Künstler leben, bald große Bilder malen und all ihre Skizzen verwahren. Sie würde kluge, verrückte, begabte Freunde haben, viel Jazz in den Kellern hören. Alle würden die Bohème leben! Sie schreitet kräftig voran, blickt nicht nach rechts und links. Die Pariser Kunstschule! Und die „Académie Julian"! Unglaublich!

Hätte Laura schwarze Haare, wäre sie der Typus einer römischen Italienerin – das würde eher hierher passen! Alle dunkelhaarigen Verwandten der väterlichen Familie sahen wie Italiener aus. Ihre Vaterstadt wurde von Römern gegründet, und vielleicht gehen die italienischen Merkmale der Familie und die Vorliebe für das Sonnige in langer Linie auf die Vergangenheit des Rheinlandes zurück. Sie hat einen Hang zu Südländern, zu Menschen aus Frankreich und Italien, liebt des Italieners durchwärmte Beweglichkeit, seine Redekunst und -lust, seine Formenkultur und seinen vernünftigen, fröhlichen Hang zu gutem Essen. Sie liebt deren Wein, Kaffee, gutes reifes Obst, Salat und feine Gemüse. Schön und lebendig sind die Italiener und die Franzosen! Sie können sich allerdings wenig leiden.

In ihrer Heimatstadt ging sie regelmäßig in Giorgios Café, und jetzt geht sie über die Champs-Élysées, als sei der Boden der Avenue mit Marmor ausgestattet. Ihre kühnen Schritte verraten nichts von den tiefen Unsicherheiten, die sie oft heimsuchen. Sie ist ein Mädchen, das einen anständigen Eindruck macht, würde man zu Hause sagen. Ja, das weiß sie auch; und unbeachtet lassen würden die näheren Verwandten ihren Zug heftiger Eigenwilligkeit. Das Unerschrockene, das sie manchmal verrät, ist den Verwandten nicht geheuer. Es ist aber der Zug, der bei ihren Freunden beliebt ist.

Blick zurück in alte Wünsche

Laura fühlt: Das von anderen Epochen erzählende, so gelungene Pariser Stadtgefüge ist ihr eine Wonne. Ich hab es mir so gewünscht! Von Paul bekam sie vor ihrer Abreise ein Büchlein geschenkt:

Monpti. Es ist von einem adeligen Ungarn geschrieben, Gregor von Vaszary, eine Pariser Liebesgeschichte. Sie spielt natürlich im Quartier Latin und in der Bohème. Paul nennt Laura seitdem auch „Monpti", das gefällt ihr. Sie sehnt sich jetzt nach der Pariser Bohème, obwohl alles darin baufällig, arm, staubig und tragisch ist. Ja, obwohl alles ein eher trübes, trauriges Licht hat – oder gerade darum. Es ist eben poetisch. Man hat Toiletten und Wasserbecken im Flur, wenn man überhaupt so etwas hat. So ist eben die Poesie. Immer mit dem Wermutstropfen, hat einer gesagt.

Sie sieht Paul jetzt lange nicht. Stattdessen sieht sie auf den Champs Deutsche, die sie abscheulich findet. Ich sehe nicht hin, wenn die hier so herumlaufen, wie Nazis aussehen. Ich sehe nicht hin! Das ist so wie mit den Schlagern, die man daheim gesungen hat, da dachte ich: Ich höre nicht hin! Aber die Radios plärrten den Unsinn immer weiter heraus, so dass man sich des Vaterlands schämte. Hatte das Land seine Sprache verloren, kannten sie denn sonst nichts? Als seien die ganzen Kriegsgeschehen nicht schon genug gewesen! Dazu gab es als Erstes das in neuen Formen auftauchende „Plastik". Möbel, Hausgegenstände, Tischdecken, Plastik-Autos, Tulpenlampen, Nierentische. Es ist, als röchen diese Gegenstände nach schmierigem Fett. Die Erwachsenen rauchten viele Zigaretten und tranken abends Schnaps in den einfachen Kreisen, und in den besseren schwiegen sie vornehm darüber. Das Ganze war irgendwie ranzig. Es gab wohl das Kabarett, das sich langsam mit seiner Ironie breitmachte. In ihren Schlagern aber sangen alle, die aus dem Krieg noch einmal davongekommen waren: „Von den blauen Bergen kommen wir." Ein Lied vom Reiter, vom Pferd, vom himmlischen fernen Gebirge und so einer Art ewiger Harmonie, das sangen sie in den von Trümmern übersäten Nachkriegsstädten. Oder ein gefühlvolles Lied vom „Weißen Holunder", der den Liebenden blüht, immer und immer wieder. Dann gab es noch ein ebenso lächerliches wie diffamierendes Liedchen über zwei kleine Italiener, die so gern nach Hause wollen.

Laura war all das die ganze Zeit ihrer Jugend über peinlich, das eigene Land unverstehbar. Eine Blamage. Sie wollte wissen, was in seiner jüngsten Geschichte passiert war, das aber war von einem Dunst überlagert, und es sollte nicht erkennbar werden. Ihr war diese Umgebung unerträglich, und eine ihrer Tanten hatte eine Kneipe nebenan, in der die Herren über nichts als den neuen Mercedes sprachen, seine Formen, Preise, den Motor, die Bezeichnungen. Als sei nichts geschehen, als sei es immer nur um schöne Limousinen als des Deutschen Stolz gegangen. Sie wollte hinaus aus diesem Land, seinen Gesprächen, Schlagern, seinen Möbeln, Gerüchen, diesem Ranzigen. Sie kam nicht klar mit den Kriegsheimkehrern und den Hausfrauen, der Eltern Nachbarn, den Geschäftsleuten, den Beamten, den Kirchgängern. Die Kriegsheimkehrer waren so elend, dass man sie nicht ansehen konnte. Und die meisten sprachen nicht, also wusste keiner, was ihnen widerfahren war.

Mit den anderen Kindern vertrug sich Laura gut, es waren ihre Kameraden. Sie hatten frei miteinander in den verwahrlosten Straßen, Parks, Gärten und Trümmern gespielt, keiner hatte dem andern etwas zuleide getan. Die Erwachsenen hatten anderes zu tun, die Fantasie ihrer Kinder konnte sich frei entwickeln, und so waren sie friedlich. Die Armut machte ihnen nichts aus. Das war nun mal so – und ihnen fiel noch immer etwas ein.

Schon bald, als dieses vergangen war, hatte sie nach Frankreich hinübergeblickt. Sie wusste später weder warum noch wie es begonnen hatte. Es ging ihr nicht allein so, viele junge Menschen wollten nach Frankreich oder in die USA. Prévert hatte Lauras Lieblingsgedicht *Feuilles Mortes*, geschrieben, das Montand im Film *Les Portes de la Nuit* gesungen hat. Es war berühmt, und in einigen Kreisen kannte man es auch in Deutschland schon früh, denn es gab immer schon die Liebhaber des französischen Films, den man jedoch in den Kriegsjahren nicht sehen durfte. Später, als alles zur Ruhe gekommen war, lernten Gymnasiasten offiziell in der Schule die Dichtung Préverts kennen, die nun fast zur konventionellen Literatur zählte. Laura hatte auch sofort ein Interesse am französischen Film, sobald man ihn bei uns sehen konnte. Vielleicht war auch dadurch ihr Wunsch entstanden, nach Frankreich zu gehen.

Sie konnte sich nicht erinnern, dass in Deutschland ein Gedicht derart die Poesie in den Menschen weckte und so berühmt geworden wäre. Ausgenommen die Klassiker, die man früher in der Schule hatte auswendig lernen müssen, wie zum Beispiel Schillers *Lied von der Glocke* oder romantische Volkslieder. Ganz anders die Schallplatte von Yves Montand mit den *Feuilles Mortes*, die sie sich sofort gekauft hatte. Darauf auch das Prévert-Gedicht *Barbara*, das in Frankreich jeder zu kennen schien. Was in diesem Gedicht über den Krieg gesagt wurde, verstand sie. Es sagte ihr etwas, hier nahm ein Dichter Haltung an, kritisch und ergreifend. Prévert wusste zu sagen, wie es ist, der Krieg, und was er anrichtet, empört seine Worte: „quelle connerie la guerre!“

Die Deutschen versuchten, etwas in Ordnung zu bringen, noch bevor sie es sich erklärt hatten. Ihr Vater war aus Russland völlig abgemagert heimgekehrt. Was hatte er erlebt? Niemand, auch er nicht, gab es preis. Warum nicht? Die Arbeit zählte, nichts als die Arbeit, und wieder zu etwas zu kommen. Viel später im Leben konnte sie es verstehen, aber jetzt ärgerte es sie, dass ihr nichts mitgeteilt wurde. Sie empfand oft Scham, dass für ihren eigenen Erhalt so schrecklich gearbeitet werden musste von den erschöpften Eltern. Sie konnte sich selber nicht erklären und nicht ausdrücken, warum sie täglich Abscheu empfand vor ihrer Umgebung, oder vor den neuen Entwicklungen. Vielleicht hielt sich in ihr dieser Abscheu wach, weil sie kritisch, jung, begabt und heftig war – ebenso auch voreilig, wie junge Menschen eben gern urteilen.

Ihr Vater hatte einmal gesagt: „Ihr könnt gut kritisieren. Könnt ihr auch besser machen?“ Das war ihr noch mehr peinlich und blieb ihr im Gedächtnis, es war ein starker Satz. Und ihr Vater stand da als ein aufrechter Mann, gegen den nichts zu sagen war, als er den Satz sprach. Ein anständiger Kerl. Warum war da nur eine solche Barriere? Was hatte er mit ihrem Leben, ihren Wünschen, Vorstellungen, ihrem Fortkommen zu tun; er sprach nie mit ihr darüber, und sie selber fühlte sich zu gelähmt, ihm etwas zu bekennen. Er war abgespannt und immer schnell überfordert, etwas Unförmiges hatte ihn getroffen und innerlich verletzt, er war nun fleißig und stumm. Sie liebte ihn sehr, konnte ihn aber nicht erreichen. Er gab keine Antwort. Es empörte sie, wie er sie einfach mit einer Frage stehen ließ und sich nicht rührte.

Vorbei die Kindheit, in der sie sein Gesicht abgetastet und ihn um die Nase gepackt hatte mit ihren kleinen Händchen. Als er sie getragen, mit ihr über die Erde gekrochen war, mit ihr gespielt und Quatsch gemacht hatte, und Weihnachten das Zimmer festlich vorbereitet. Nun hätte man doch sprechen müssen – aber es schien keine Sprache mehr zu geben.

Mit Paul hatte sie Bach, Mozart, Vivaldi gehört, in seinem kaum geheizten hohen Raum im Winter, es war kalt hinter den dünnen Glasfenstern. Er hatte ihr erzählt, seine Mutter habe ihn in einem kleinen Ort in Westfalen geboren, in einem Zimmerchen mit Eisblumen an den Fenstern. Was von Paul kam, war ihr gut und reine Freude gewesen. Die Brandenburgischen Konzerte sollten lebzeitlang in ihr nachklingen. Bei Paul hatte sie mit dem Vaterland im Einvernehmen gelebt, diesem aufrechten blonden Menschen und seiner deutschen Musik, deutschen Dichtung, seinen Schallplatten von Gottfried Benn, diese Gedichte auch mit Jazzmusik vertont. Er kannte so viel, auch von der französischen und englischen Literatur. Und es gab ja auch die bedeutende deutsche expressionistische Malerei – aber das war den meisten ganz unbedeutend. Draußen war ihr das eigene stumpfe arme Land, das bei Paul wieder erblühen konnte, ganz unerträglich. Da lauerte schon eine andere Wirklichkeit, dass eine junge blonde Deutsche der Nachkriegszeit sich in ihrem geliebten Frankreich aufhalten könnte. In ihr ist immer noch Erstaunen über den eigenen Sprung.

Natürlich schämt sich Laura der Okkupation der Deutschen im Krieg. Ihre Landsleute sind es, ihre, die durch ihr Paris getrampelt sind und es besetzt haben, meistens kein Wort Französisch sprachen. Deutsche, die die Franzosen mit der Zerstörung ihrer Stadt bedroht hatten. Sie hasst noch immer den Anblick dieser Grobiane in ihren Stiefeln und steifen feldgrauen Uniformen, sie sah es in Filmen. Wie anmaßend sie in Paris in jedes Museum eingeschritten waren, diese törichten Kerle! Grob, formlos, ohne Manieren, eben Leute, die von Kunst nichts verstanden. Alle Orte der Kunst und der Kultur in Paris hatten sie eingenommen, die Theater, die Cafés. Die Jazzkeller hatten sich verbarrikadiert und getarnt. Obwohl das alles geschah, als Laura noch ein Kind war, wirkte die Geschichte weiter. Zur Zeit der Okkupation war sie selbst evakuiert, wurde mit ihrer Mutter und der kleinen Schwester herumgetrieben. Ihr Haus war vollkommen zerstört worden von Bomben. Laura wusste als Kind von Frankreich nichts. Jetzt aber hatte sie ins „Feindesland“ gewollt, weg aus dem eigenen. Sie war ein Überläufer, hätte man im Krieg gesagt. Paris ihre erträumte Stadt, die feine, erhabene, erhaltene, geschichtenreiche, internationale europäische Metropole.

Nein, sie wusste nicht genau, wie ihr das geschehen war, jedenfalls war es wie ein Credo, eine Überzeugung über sie gekommen. Und sie wusste, dass sie darin niemals wanken würde. Sie verehrte die französische Mentalität und Lebensart sofort, über die sie daheim schon viel für sich herausfand. Jetzt weiß sie, warum sie hier ist. Es ist kein jugendlich-dubioser Hang. Es ist eine Entscheidung. Ein Land, in dem man eine Hymne auf eine Hure als Vielgeliebte, die zu viel und falsch geliebt wurde, geschrieben hat. Eine Hymne, die das ganze Volk mitsingt! Sie hatte Ovationen im Olympia in Paris in Filmen gesehen, Auftritte von Jean-Louis Barrault, der Arletty. Da war nichts mit *Von den blauen Bergen kommen wir*.

Das Lied *Sarah* blieb ihr immer etwas Einmaliges, geschrieben und komponiert von Georges Moustaki, vielleicht nach der Begegnung mit Edith Piaf, die ihn gefördert hatte. Dann auch von Serge Reggiani vorgetragen, später von allen nachgesungen! Undenkbar so etwas in ihrem Vaterland, auch in einem Deutschland ohne die Nazis. Ein Brecht hatte es gewiss gehört und verstanden. Aber wer verstand in Deutschland Brecht? Auch die *Dreigroschenoper*, in Frankreich geschätzt, kannte man kaum. Vor allem aber kannte Laura schon in ihrer Lyzeumszeit Prévert, lernte auch ihn auswendig ohne Mühe – und hatte doch im Fach Französisch eine „Fünf". Nein, in ihrem Vaterland würde es das niemals geben, ein solches Lied wie *Sarah*: „La femme qui est dans mon lit n'a plus vingt ans depuis longtemps" – die Frau in meinem Bett ist schon lange nicht mehr zwanzig. Und weiter: „Les yeux cernés / Par les années / Par les amours / Au jour le jour / La bouche usée / Par les baisers / Trop souvent mais / Trop mal donnés / Le teint blafard / Malgré le fard / Plus pâle qu'une / Tache de lune." Wie man in Frankreich die Liebe versteht, dachte Laura: Eine Frau „mit einem zu oft gebrauchten Mund" zu besingen – und eine solche dennoch zu lieben. Das weiß sie dank der Poeten. Die Poeten werden angehört, sind angesehen, werden geliebt. Außer in Frankreich nur noch in Russland, wahrscheinlich. Wie entlarvend doch das Wort „angesehen" ist: Wer sieht bei uns die Poeten an? Gibt es überhaupt welche, nach dem Krieg, Poeten? Wo sollen sie Gedichte denn hernehmen? Es gibt keinen Prévert, der es mit allem aufnehmen kann.

Laura erinnert sich nun, dass sie die *Feuilles Mortes* mit 16 auswendig lernte. Sie soll es im ganzen Leben oft singen, auch noch, als ihre Stimme schon brüchig wird; Préverts Lied von den toten Blättern: „C'est une chanson qui nous ressemble / Toi, tu m'aimais et je t'aimais / Et nous vivions tous les deux ensembles / Toi qui m'aimais, moi qui t'aimais / Mais la vie sépare ceux qui s'aiment / Tous doucement, sans faire de bruit / Et la mer efface sur le sable / Les pas des amants désunis." – „Oh ich möchte, dass du dich erinnerst der glücklichen Tage, als wir Freunde waren. Das Leben war schöner und die Sonne glühender. Die toten Blätter schaufelt man zusammen, auch die Erinnerungen und das Leid."

Paris – und seine Ehrlichkeit

Die einfachen Worte, allen Menschen hörbar, verstehbar. So sah auch Jacques Prévert selbst aus. Sie kannte Fotos von ihm und sollte ihn ja später im „Café Deux Magots" einmal sehen. Wer hätte ihn auf der Straße als Poeten erkannt? Ein ganz unauffälliger Mann. Aber doch, die Pariser natürlich, und nicht nur die im Quartier! Wann war bei uns jemals ein Dichter so geliebt und verehrt? Es schmerzte Laura, dass sie so gut wusste, wie der deutsche Dichter von den Deutschen gequält wird. Wenn er sich nicht über irgendeine Prominenz in einem anderen Beruf identifizieren lässt. Einfach und respektvoll wahrgenommen, Jacques Prévert in Paris. Allerdings musste auch er frühe Querelen aushalten. Vielleicht war es das, warum es Paris sein musste, das sie ganz erfasst hatte, diese Stadt poetischer Menschen, die das Individuum lieben. Paris mit seinem Charme, Zauber, seinen großen Taten und kleinen Verrücktheiten. Respekt vor der Fantasie, den Blüten des Alltags, und seiner Liebe zu feinen, aber unbedeutenden Dingen.

Sie erinnert sich, wie Henry Miller Paris beschrieben hatte, und dass es ihn genau wie sie eingenommen hatte, das Pariser Leben. Das Großmütige, Großzügige, man kann eben nicht die Liebe lieben und gleichzeitig eine kleinliche Moral gelten lassen. Laura hörte es aus seinen Zeilen, wie Paris auch ihn liebevoll aufgenommen hatte, wie diese Frau in Moustakis Chanson. Paris, das sie immer wärmen würde, seit es ihr vertraut wurde.

Laura spürt es, sie ist nicht das dumme Ding aus Deutschland, jetzt auf den Champs-Élysées. Ihr ist hier nicht – wie den Touristen

– kitschig, süffisant zumut. Vielmehr ahnt sie schon jetzt, wie faul er ist, der Deutschen Begriff vom „Sündenbabel“: Paris ist nicht schlüpfrig, auch nicht in Montparnasse, im Moulin Rouge. Sie mag das reale Paris, das die kleine Heuschrecke mit den großen Händen großzog, das Straßenkind Edith Piaf, die über den eigenen Tod hinaus noch ihre Lieder in viele Cafés der Stadt schmettern sollte, diese Kleine mit dem „kleinen Schwarzen“, ihren kleinen Pumps, ihrem kleinen goldenen Kreuz auf der Brust, diese Kleine mit der eisernen Stimme. Oder dieses Frankreich des Boris Vian mit seiner Hymne an einen Deserteur, der dem Präsidenten einen Brief schreibt: „Monsieur le président / Je vous fais une lettre / … / Je ne suis pas sur terre / Pour tuer des pauvres gens.“ Dass er nicht auf der Welt sei, um arme Menschen zu ermorden. In ganz Frankreich, der Grande Nation, wird ein Deserteur in einem Lied gerühmt, das alle kennen und singen. Rebellen, die Franzosen. Das spürt sie. Es ist eben, wie auch immer, das Land der Französischen Revolution.

Aber ihr ist blümerant zumut in ihrer Lieblingsstadt, so als hätten die Deutschen der letzten Geschichte in Paris auch sie okkupiert, als hätten sie mit ihren polierten Stiefeln und den banalen lauten Liedern, ihren drohenden Geräuschen und ihren monströsen Verbrechen ihre, Lauras, Zukunft verdorben. Der natürliche Stolz auf das eigene Vaterland ist für alle Zeiten vernichtet, so wie in Deutschland die bedeutenden Bauten und ihre Kultur vernichtet wurden. Dennoch: Sie will nicht daran denken und singt jetzt lieber wieder vor sich hin: „Aux Champs-Élysées!“

In Paris war man schlau gewesen, das wusste Laura, und den Okkupanten überlegen. Und im heutigen Paris hatte noch niemand sie, die Deutsche, diffamiert. Das erstaunte sie. Paris war unzerstört geblieben … welches Glück, wie war sie froh darüber, dass man die Okkupanten an der Nase herumgeführt hatte. Aber auch die Franzosen hatten in diesen schrecklichen Kriegszeiten nichts zu essen, und keine freie Rede war möglich mit der sonst so frechen „gueule“. Nun ist sie da, da wo alles sichtbar blieb: Die unvergängliche Eleganz, Feinschmeckerei und Feinspöttelei, gute Rotweine in schönen Flaschen, die hohe Architektur, das ewig erscheinende Frankreich. Nicht zuletzt in ihr das täglich herrschende grauviolette Licht! Sie will nun ewig bleiben in der Lieblingsstadt aller Künstler.

Ich weiß nicht, wie ich es machen soll. Aber ich möchte dazugehören. Sie reckt sich hoch, geht rhythmischer, Schritt für Schritt, es soll graziös aussehen. Man soll ihr ruhig anmerken, wie sehr sie die Malerei und die Dichtung Frankreichs liebt! Zwar auch die ihres eigenen Landes. Dennoch wäre sie lieber keine Deutsche, solange bei ihr zu Hause die Kunst nicht angesehen ist. Aber das ist jetzt nicht so wichtig, sie wird einmal gut Französisch sprechen!

Maler und Zeichner kennen diese Freude

Was für ein Blick! Wie man durch die breite Lichtung der Avenue bis zum Concorde sehen kann. Es durchströmt sie das Wissen, dass sie in dieser Stadt leben wird. Aber auch andere Besucher sind beschenkt vom Licht der splendiden Avenue. Laura hebt den Kopf erneut mit stolzem Schwung, denn sie wird erreichen, was eher die Französinnen, welche aus guten Familien kommen, hier erreichen: in Paris zu studieren!

Sie denkt blasiert über andere Deutsche, die sie hier erblickt. Wie sie sich vorkommen, diese Provinzler. Die muss ich meiden, und ich zeige ihnen nicht, dass auch ich Deutsche bin. Wenn man hier einmal dazugehört, hat man mit Touristen nichts mehr zu tun. Keiner merkt mir an, dass ich eine Fremde bin. Ich bin eben schon wie eine „blonde Pariserin". Wenn die deutschen Provinzler die Champs-Élysées betreten, kommen sie sich groß vor, aber den Franzosen erscheinen sie wie Tölpel und werden sofort erkannt. Ob sie denken, sie seien bereits Weltbürger, weil sie hier spazieren dürfen? Was für ein Irrtum, allein der Franzose gehört hierher natürlicherweise. Und nur in ihm spricht es authentisch: „ma Grande Nation". Sie hadert weiter: Wenn der gewöhnliche Deutsche seine Füße in die französische Kultur setzt, bleibt er ja immer nur ein Trampeltier, wie zu Hause auch. Das haben Adenauer und de Gaulle nicht ändern können, aber sie haben viel erreicht. Es gibt doch einige feine Freundschaften wieder zwischen ihnen, den Urfeinden. Zwischen solchen, die Geist haben, französischen oder deutschen. Vielleicht haben sie sich doch noch immer etwas zu sagen und auszutauschen – so wie Prévert und sein deutscher Übersetzer Kusenberg. Das war doch was! Wie sinnlos aber haben die Mächtigen morden lassen, in zwei Weltkriegen, welche Schande, auf den Schlachtfeldern ganze Heere Unschuldiger zu opfern. Immer weiter, immer mehr. Und vorher, die Aristokraten, die das Köpfen in Gang hielten.

Laura gerät nicht selten in den Redefluss des Haderns, und sie fährt auch jetzt damit fort, während die nun bald schon mittägliche Sonne sie wohlig umgibt. Die Champs wirken wie beleuchtet – aber was haben auch sie in ihrer Geschichte verborgen, welche Gräueltaten? Die alte Frage: Ist der Mensch ursprünglich ein gutes oder schlechtes Material? Das ist nicht zu beantworten, also beobachtet sie die kleineren Dinge: Die deutschen Touristen müssen in den Cafés einen höheren Preis bezahlen als die Franzosen, die amerikanischen einen noch höheren. Wer hier lebt, weiß es bald. Es macht einen über die französischen Raffinessen auch gegenüber Touristen erhaben, und so spielt man das Spiel mit; in Cafés spricht man halt gut Französisch, das verwirrt die Kellner.

Wer Frankreich wirklich schätzt, kennenlernen will, sollte hier leben und arbeiten. Möglichst lange, und koste es, was es wolle. Laura hat schon einige junge Deutsche kennengelernt, die diesen Antrieb mit ihr teilen. Sie hat ihre Heimatstadt konsequent verlassen, obgleich sie dort auch geistreiche Freunde um sich wusste. Die französische Hauptstadt und die französische Lebensart erscheinen jungen Deutschen, besonders Deutschen aus dem Rheinland, das einmal von den Franzosen umgekehrt okkupiert war, schon immer erstrebenswert. Da ist eine innere Verwandtschaft, die nicht nur geschichtlich zu erklären ist. Paris ist gewiss das Schönste, das sie in ihrem jungen Dasein – und entronnen den Trümmern, dem geschmacklosen Aufbau der deutschen Städte nach dem Krieg, dem ganzen bekannten Desaster – hat anstreben können. Die Sprache dieses Landes klingt ihr gut, sie enthebt sie der Last, die die letzte deutsche Geschichte ihrer eigenen Sprache auferlegt hat.

Dennoch überlegt sie immer wieder, woher es kommt, dass sie fortgehen musste. Im heimischen Dialekt gibt es französische Wörter, die die Nachkommen sich mundgerecht verbogen haben, so in Gebrauch behielten. Lauras italienischer Freund Giorgio sammelt diese verbogenen Wörter wie Fundstücke: um Beispiel das „Föttchen an der Ääd“ für einen kleinen Menschen, der eben seinen Hintern näher dem Erdboden hat als andere. Das amüsierte ihn; zumal er der Auffassung war, dass der Allerwerteste durchaus einen dem Gesicht vergleichbaren Ausdruck hat.

Als es aber Laura damit ernst wurde, wirklich nach Frankreich zu entkommen, verstand Giorgio das. Er sprach nicht viel Französisch. Da sie ihn aber gerade mit einem runden schwarzen Hut besuchte, sang er ihr mit frech erhobenen Augenbrauen vor: „Joli chapeau que vous avez, Madame." Spottliedchen, sie lachte. Mit Giorgio lachen war immer gut, sie würde es in Paris vermissen. Sie liebt nun einmal schwärmerisch Frankreichs Dichter, darüber kann sie mit Giorgio nicht sprechen, wird aber immer, wenn sie zurückkommt, ihn zuerst aufsuchen. Die französischen Künstler des „film noir", Regisseure und Autoren, ebenso Italiens hervorragende Regisseure – darüber kann sie etwas mit ihm austauschen. Frankreichs Chansonniers, Fotografen, Maler, Zeichner, Karikaturisten sind ihm weniger bekannt – unter Italienern und Franzosen herrscht oft Konkurrenz.

Leuchtend erscheinen ihr schon lange alle Abbildungen der impressionistischen Malerei, und auch die poetischen Geschichten der Gegenden Südfrankreichs, wo sie entstanden sind. „Le méditerranée", das Mittelmeer, dessen Name ihr Musik ist. Das liebt sie, ohne es je gesehen zu haben, und genüsslich spricht sie von „le midi", das klingt kenntnisreich. Es hat sich alles gelohnt, alles, was ich schon zuvor in Erfahrung brachte!

Als sie die ersten Jahre zum Lyzeum ging, ganz hingegeben an ihre heimlichen Vorstellungen, sparte sie sich von ihrem Sonntagsgeld drei „Bilderbücher" zusammen. Diese hatte sie in der ersten Buchhandlung, die nach dem Krieg wieder geöffnet war, gesehen. Ein kleines Album mit Bildern von Auguste Renoir, einen DIN-A4-Band mit Zeichnungen Honoré Daumiers, und einen Band eines deutschen Malers aus der gleichen Edition – mit Bildern Hans Holbeins. Noch Jahrzehnte später wird ihr das zu denken geben, und es gilt ihr immer noch. Ja, sie liebt diese Maler und Zeichner. Die Bücher hütete sie und verlieh sie nie. Es fragte auch keiner nach ihnen, zu Hause las man illustrierte Zeitschriften oder *Das Beste aus Readers Digest*; Letzteres hatte eine Tante aus Amerika für Laura und ihre Mutter bestellt. Die gesparten Errungenschaften von Laura hätte keiner besehen, oder doch: ihr Vater. Aber der war abwesend, hatte zu tun. Man redete auch nicht darüber.

Ihre Mutter Wilhelmine war belesen. Jedoch hatte sie das Lesen von Literatur aufgegeben, weil die Familie, in die sie eingeheiratet hatte, sich nicht dafür interessierte. Jedenfalls bedeutete sie dieses Laura, sie habe es aufgegeben, sie sei so allein damit. Sie könne mit niemandem darüber sprechen. Auch mit Laura sprach sie nicht mehr darüber, las auch nie einen gelungenen Aufsatz ihrer Tochter, der dagegen der ganzen Schulklasse vorgelesen worden war. Sie hörte sich Laura nicht an und lobte sie nie, hatte nicht das Gefühl, in ihrer Tochter eine geistige Verwandte zu haben. Nur Laura selbst meinte, es müsse ihrer Mutter angenehm sein, dass sie sich für Literatur interessiere. Dass sie sich auch hierin irrte, machte sie ratlos.

Wilhelmine hatte aus ihrer Sicht als Einzige in diesem Haus Geistiges. Das Haus hatte jedoch ihre Wünsche und Talente verkümmern lassen.

Was die kleine Büchersammlung von Laura betraf, hätte Wilhelmine daran einiges über ihre Tochter lernen können. Das strebte ihre Mutter Wilhelmine aber nicht an. Die Wege des Menschen, sein leise vorgezeichnetes Schicksal, seine Fähigkeiten lassen sich leicht aus seinen ersten echten Wünschen und den Objekten und Erfüllungen dieser Wünsche ablesen. Aber nur wenige Eltern nehmen Notiz von diesen Erscheinungen, die ihnen Aufschluss geben könnten über Eigenarten ihrer Kinder. Wie leicht wären sie doch zu erkennen – und im Falle elterlicher Gnade – zu berücksichtigen. Anders fühlte ihr Vater. Der sollte ihr, als er ein alter Mann war, von einer ersten Reise in die Schweiz eine Biografie von Auguste Renoir in französischer Sprache, die er selber nicht beherrschte, mitbringen. Sie war tief erstaunt. Das Buch blieb ihr ein kostbares Kleinod. Mehr wert als ein ansehnliches Grundstück. Ihr Vater hatte sie vielleicht immer schon angesehen, erkannt. Und hatte er den Kauf ihrer ersten Kunstbücher beobachtet?

Seine widerspenstige Tochter, wie er sie oft nannte, wollte also nun dazugehören, zum französischen Leben und der dortigen Lebensart, die Sprache lernen und in Kunst unterrichtet werden. Er selber hatte als Kind Zither gespielt, später hatten alle darüber gelacht. Der Vater wurde zu Hause zu Lauras Absichten gar nicht befragt. Er wäre vielleicht auch verlegen um eine Antwort gewesen, da er ihre Welt so gar nicht kannte.

Sie wollte also hin zu dem französischen, ihm wenig vorstellbaren „savoir-vivre". Er fragte sich lediglich, warum seine Kinder immer reisen wollten. Er selber blieb am liebsten daheim. Die jüngere Schwester hatte weniger komplizierte Vorstellungen – oder war es, weil er von diesen nichts wusste? Später riss auch sie aus, sogar drei Mal. Was waren das eigentlich für Mädchen, seine geliebten Töchter? Er wollte sie doch nur ausführen in ein berühmtes Tanzcafé am Rheinufer. Das war nicht billig. Sie sollten dort einmal von passenden Anwärtern angesehen werden und sich selbst auch solche aussuchen. Sie wuchsen ja langsam in das Alter der Eheschließungen hinein. Die Töchter enttäuschten ihn. Sie lehnten alle Interessierten glatt ab, jeden von ihnen. So dass sich diese Anwärter beleidigt zurückzogen. Was sollte er nur tun, dass sie einmal vernünftig würden?

Er selber war in seiner Jugend nur in eine nahe fremde Stadt in die Lehre geschickt worden, das hatte ihm Freude gemacht, ihn erweitert. Ins Ausland zu gehen, wäre ihm nie in den Sinn gekommen. Im Krieg ins Ausland zu geraten und in all das Schreckliche, das blieb ihm wohl bleibendes Gräuel. Johann Wassenberg sprach keine Fremdsprache. Im Ausland war er im Krieg ziemlich herumgeworfen worden, auch in ein Lazarett. Man hatte ihn nach Polen, Russland, Jugoslawien, Dänemark, Norwegen geschickt, wo schreckliche Schlachten waren oder das Eroberte „zu sichern". Er hatte die Welt nicht verstanden, in die er hinausmusste zu Mord und Totschlag, während sein Haus bombardiert wurde zu einem „Totalschaden", wie man zu den Volltreffern sagte. Die ihm fremde Welt, die er in seinem jungen Leben zu erfahren hatte, blieb ihm unheimlich. Als er zu Fuß fast den ganzen Weg aus Russland nach Hause zurückgelangt war, wollte er nie mehr weg.

Das war kein Ausland, das er sich gewünscht hatte. Aber Laura, die war aus einer neuen Generation, da war vielleicht alles anders. Johann dachte darüber nach, aber verstand es nicht. Er sagte zu Laura: „Du kennst doch die Heimat noch gar nicht." Laura wiederum war das zu bieder, aber sonntags fuhr Johann die Familie mit dem Auto herum, um ihr die schönen heimischen Gegenden zu zeigen, die Eifel, das Bergische Land, die Rheinufer bis Boppard, das mochte sie schon. Als Laura viel älter geworden war, sollte sie innerlich all diese schönen Gegenden, die sie nun doch sehr gut kannte, wiedersehen und manchmal auch besuchen. Das vergaß sie ihm nie, obwohl sie es doch früher so wenig anerkannt hatte. Aber gerne mit ihm gefahren war sie eben doch, und dass man im Auto dazu gesungen hatte, was für eine Freude! Als seine Gegenwart in ihrem Leben geendet hatte, wäre ihr nichts lieber gewesen, als noch einmal mit ihm einen Ausflug zu machen. Aber all das hat noch Zeit. Jetzt will diese Widerspenstige in Frankreich leben.

Laura hat kein Geld. Viel Geld hatte der Vater auch nicht, und er musste für das Wenige täglich hart arbeiten. Sie fragte ihn also nicht nach Geld. Aber ob man in Paris ganz ohne Geld jemals „dazugehören kann"? Eine zaghafte Frage, die sie nicht zu beantworten gedachte. Sie hat also in der schönsten Stadt der Welt überhaupt kein Geld. Im fünften Stock wird sie in ihrer „chambre de bonne" hausen, in der kein junges Mädchen aus guter Familie in Frankreich wohnen würde. Französinnen gehen ja nicht ins Ausland, um dort zu studieren und sich in fremden Haushalten Unterhaltsgeld zu erarbeiten. Es gehört sich für sie nicht. So geht das hier seit vielen Generationen. Das ist ebenso Tradition wie die jungen aufsässigen Franzosen, die im rebellischen Alter sind, laut tönen, aber nicht die Familie verlassen. Laura fühlt, dass ihre finanzielle Situation sie in ihrem Hang zur französischen Lebensart vielleicht doch etwas hemmen wird. Sofort verbietet sie sich solch profane Betrachtungen. Wichtig ist nur, dass sie sich ganz allein ihren Wunsch erfüllt hat. Indem sie von Baguettes, Knoblauchzehen, Leberpastete und Tee leben wird, fühlt sie auch darin die französische Lebensart, wenn auch etwas reduziert. Immerhin soll sie literarische Cafés besuchen. Nur durch ihre Bescheidenheit ist sie überhaupt hier angekommen.

Zurzeit schreitet sie weiter fort über die Champs-Élysées. Und auch fort in ihren stolzen Gedanken: Die Kultur und die Manieren der Franzosen versteht der deutsche Grobian nicht, französisch sprechen lernt er natürlich auch nie! Selbst wenn er in der Schule in Französisch gute Noten hatte – nur ganz wenigen Deutschen begegnet man hier, die es zu sprechen wagen. Sie gesteht sich aber ein: Mir fiel es ja auch schwer. Was hatte ich für Ängste, bevor ich den Mund aufmachte. Und ich hatte im Lyzeum diese „Fünf". Ich musste ja immer aus dem Französischbuch vorlesen, weil ich eine gute Aussprache habe. Und dann sagte die Französischlehrerin aufgebracht: „Sie haben kein Wort von dem verstanden, was Sie gelesen haben, nicht wahr? Aber sie sprechen es gut aus, das können Sie. Lernen Sie doch mal die Vokabeln!“ In solchen Überlegungen befangen, hebt Laura ihren Kopf jedes Mal wieder an, wenn der sich zu senken wagt. „Sut alors!“

So, jetzt bin ich also hier. Wäre ich eigentlich an einem französischen Mann interessiert? Aber sie ist ja gar nicht mit Franzosen befreundet. Diesen unterstellte man ohnehin nur, sie wollten die blonden Ausländerinnen, besonders die aus Schweden, „abschleppen“. Was sie mit den Französinnen wohl nicht so leicht zustande bringen. Besonders Schwedinnen stehen im Ruf, hübsch, sinnlich und freizügig zu sein. Laura sieht sich als deutsches Au-pair-Mädchen ähnlich betrachtet. Also bleibt sie für sich, oder befreundet sich mit in Paris lebenden deutschen und nordischen Studenten oder Amerikanern. Besonders, wenn diese gebildet sind und sich wie sie für Paris entschieden haben. Man findet schon seine Leute, besonders in den abendlichen Jazz-Lokalen. Der Jazz in Paris ist das Kosmopolitische in dieser Stadt und in dieser Epoche.

In der Alliance Française, der Sprachenschule, wird heftig geflirtet. Sie steht im Ruf, eine Art „Anbahnungs-Institut“ zu sein. Laura beschließt, dort nicht hinzugehen. Sie würde auch ohne diese Schule gut Französisch lernen. Ihr Entschluss bewirkt, dass sie ein Examen viel später in Angriff nehmen muss, eines, das sie längst in der Tasche hätte haben können. Das ist nichts Neues bei ihr; ihre aufsässigen Entscheidungen haben ihr schon vorher allerlei Umwege eingebracht. Manchmal überlegt sie neuerdings, ob ihr Wanken und ewiges Ablehnen nicht auch etwas Schwächliches sein könnte. Aber wer weiß, was man auf Umwegen alles lernt. Damit ist die Frage erledigt. Franzosen sehen tatsächlich oft gut aus, viele von ihnen. Sie wissen es auch. Leider ist das aber nun mal der Haken an ihnen, das dauernde Bequatschen und Verführen. Laura findet es nicht charmant, sondern albern. Verführung ging ihr immer schon auf die Nerven. Sie will selber aussuchen: nicht mehr und nicht weniger.

Die französischen Frauen halten sich, weil sie „ihre“ Männer kennen, vor den Ausländerinnen zurück. So bleibt man für sich, in guten Kreisen ist sowieso niemand neugierig auf eine fremde Lebensart. Es gibt also in Wirklichkeit nur wenig Zugang zum „savoir-vivre“ der

Franzosen. Die jungen Mädchen hören auch viel von Übergriffen der französischen Hausherren auf die in der Familie arbeitenden Au-pairs. Das bedeutet, dass diese ihnen in jeder Hinsicht billig erscheinen. Sie kosten die Familie ja auch nicht viel. Nach einigen Monaten, beim Kaffee in der „Rotonde", wird eine Freundin zu Laura sagen: „Stell dir vor, ich steh unter der Dusche und wasche mich, da greift seine Hand durch den Spalt im Duschvorhang nach meiner Brust!" Kurz darauf berichtet eine andere: „Ich lieg in meiner ‚chambre de bonne' und schlafe schlecht. Da hab ich das Gefühl, dass sich die Türe geöffnet hat. Es ist mir unheimlich. Ich wage auch kein Licht zu machen. Bei mir ist doch gar nichts zu stehlen ... Plötzlich hebt einer die Bettdecke an und will zu mir ins Bett hinein. Der Monsieur ... Ich schmeiße ihn raus, als ich laut werde, geht er sofort. Aber, stellt euch vor, er versucht es immer wieder ..."

Die jungen Mädchen blicken ratlos um sich, keine von ihnen hat in dieser Minute eine Liebe zu Frankreich im Herzen. Die zweite beginnt wieder: „Ob ich es Madame sage? Oder ob die dann beide gegen mich sind und mich entlassen? Ich hab keine andere Stelle und gehe doch in die Alliance Française, eventuell möchte ich später, wenn ich das Französisch-Examen habe, an der Sorbonne studieren. Wenn die mich rauswerfen, muss ich mein Studium abbrechen." Das Besprochene verdüsterte ihnen sogar die Atmosphäre in dem Bistro, das man doch eigentlich gerne aufsucht. Sie sehen plötzlich auch gar keine bedeutenden französischen Maler und Literaten, die doch sonst die „Rotonde" frequentieren. „Na gut", sagte Laura, „wir müssen darüber sprechen, jeder von uns fühlt sich weniger allein, wenn es anderen ähnlich passiert, und man kann dann auch besser aufpassen." Mit den Übergriffen hatte keine von ihnen gerechnet.

„Man muss im Leben etwas wagen, auch wenn es Widerliches, Unvorhergesehenes gibt", sagt eine andere in der Runde, und dann: „Vergewaltigt werden Männer wahrscheinlich nie." – „Das gab's wohl schon immer, diese Annäherungen", fügt Laura hinzu, „meine Mutter zitierte oft einen alten Spruch: „Ein jeder Jüngling hat einmal 'nen Hang zum Küchenpersonal." – „Aber es sind ja nicht nur die Jünglinge", bemerkt die erste.

Bei diesen Gesprächen in der „Rotonde" wird herauskommen, dass man sich wohl bisher von der Begehrlichkeit des Mannes kein Bild gemacht hat. Da muss in der Erziehung der Eltern etwas ausgelassen worden sein. Eine der Freundinnen bemerkt: „Wir sind denen wohl Freiwild.“ Manchmal lachen sie zusammen über die gierigen, ihnen durchweg alt erscheinenden Hausherren. Eine sagt: „Dämliche Doppelmoral!“ Dann beraten sie, wie dem abzuhelfen sei, und eines der Mädchen kommt auf eine gute Idee: „Man muss dann so tun als sei einem schlecht. So, als müsse man gleich kotzen. Dann gehen sie.“

Laura wird etwas verlieren von ihrem Respekt vor der Grande Nation. Sie und die anderen Mädchen begreifen allmählich, dass sie ausgenutzt werden. Aber sie behalten dabei ihre eigene Rechnung im Kopf: Oft sind sie aus Familien, die sich für ihre Kinder kein Studium leisten können, oder haben Eltern, die ihre Wünsche nicht akzeptierten. Daher trifft sich so eine Runde ebenso eigensinniger wie eigenständiger junger Frauen in der „Rotonde“, die sich in deutschen Cafés nicht getroffen hätte. Und dabei hat manche von ihnen mehr Ahnung von französischer Kunst und Dichtkunst, als die sie umgebenden Franzosen. „Mais alors!“ Heute ist dieser helle Pariser Tag, an dem ich mich aufgemacht habe, in der „Beaux-Arts“ und der „Julian“ vorzusprechen!

Sie ist ein wenig unsicher, aber das kann sie sich nicht erlauben. Sie fragt sich, ob die an den Kunstschulen merken werden, dass sie nicht aus einer reichen Familie stammt, in der man gewöhnlich studiert. Bei ihr zu Hause studierte noch niemand. Ihre Mutter Wilhelmine, die ja wenig Komplimente auszusprechen pflegt, hat früher zu Hause aber einmal über ihr Gesicht geäußert: „Die Laura sieht so fein aus.“ Dann war sie fortgefahren, dass dieses Feine ausschließlich von ihren Vorfahren, aus ihrer westfälischen Familie stamme. Also dass Laura es aus dieser Familie hätte, dabei nannte sie ihren eigenen Mädchennamen. Sie erwähnte Lauras feines Aussehen lediglich, um zu betonen – in einem Kompliment kaschiert –, dass alles Feine und Vornehme von ihr herrühre. Als solle man bloß nicht denken, von Lauras Vater. Laura aber dachte: Gerade er sieht fein aus, wie ein Ehrenmann.

Manchmal schwankt selbst Wilhelmine und behauptet, Lauras Vater sehe aus wie ein Professor, die Leute seien oft sehr erstaunt, dass er Metzger sei. Dann wieder nennt sie ihn „den Russen“, was „grob“ bedeutet. Oder sie sagt abfällig, ihn beobachtend, zu Laura: „Oh Stumpfsinn, mein Vergnügen.“

Laura wurde schon immer von den geäußerten Betrachtungen ihrer Mutter und ihrer Liebe zu ihrem Vater hin und her gerissen; aber wie dem auch sei, jetzt hilft es ihr, in gerade dieser Stunde, sich an die Bemerkung mit ihrem feinen Gesicht zu erinnern. Sie sieht also fein aus. Auf dem Weg, der für sie alles andere als ein üblicher ist, scheint das nützlich zu sein, fein auszusehen. Laura ist außerdem froh, dass sie in ihrer Tasche eine Packung „Gauloises" hat. Sie nimmt sie kurz heraus und sieht sich das berühmte helle Blau der Packung an. Ist nun das ihre Lieblingsfarbe – oder nicht doch das Cölin, das noch viel vornehmere Himmelblau? Oder das Blau in der Malerei der berühmten italienischen Kirchenkuppeln? Blau ist immer betörend, die Farbe der Reinheit und der Poesie. Es ist, als ob die Farbe der Packung Laura tröstet.

Jedes klare Blau kann sie trösten, sie weiß es. Und ist es vielleicht auch ein französisches Blau, das der früheren Könige? Wenn auch fast jeder Franzose „Gauloises" raucht – das Blau dieser Packung ist edel. Sie hat auch französische Streichhölzer, „allumettes", hört sie in der Tasche rascheln, und bei dem Wort fällt ihr ein Liedchen ein, welches beginnt mit einem ähnlich klingenden Wort: „alouette."

Sie weiß nicht mehr, wo sie es zuerst gehört hat. Ach, diese schönen kleinen Lieder, wie besänftigend sie sind! Angefangen mit „Au clair de la lune, mon ami Pierrot" aus der Schule; und dann dem „Auprès de ma blonde / Qu'il fait bon dormir". Letzteres hatte ihr der große blonde Paul beigebracht, obwohl er selber kein Französisch sprach. Laura schrieb es mit 15 prompt im Nonnenlyzeum auf die Schultafel, sie fühlte sich dabei sehr frech, vor der Französischstunde. Da doch das Lied weiterging im Text, dass es sich bei seiner Blonden gut schlafen lässt, so etwas Obszönes! Davon hatte Paul vielleicht geträumt. Er sollte lebzeitlang davon träumen. Paul würde ihre große Freundschaft, ihr erster Maler, Zeichner, ihr Dichter sein. Paul würde ihr Poesie, Literatur, die Malerei und das Schöne im Leben bedeuten. Paul würde ihr immer schreiben und ewig zu ihr halten.

Ja, das Lied an der Tafel, dachte Laura, würde die frommen Nonnen erschrecken, auch die Französischlehrerin, die keine Nonne war. Aber es hatte eine andere Wirkung. Die Französischlehrerin kam herein und war über sie, Laura Wassenberg, zum ersten Mal erfreut! Die kleine schlanke Dame mit dem wirren dunklen

Haar, die stets etwas nervös war, sagte zu dem Text an der Tafel: „Ja, das ist ein Volkslied, Laura, das ist in Frankreich sehr bekannt.“ Und dann brachte sie den Text des ganzen Liedes, in mehreren Strophen, allen Schülerinnen bei. Laura tänzelt jetzt ein wenig, während sie „alouette, gentille alouette“ summt. Sie fühlt sich leichter. Ja, ja – alle Franzosen rauchen Gauloises, allenfalls noch Gitanes. Die Zigarettenpackung hat sie wieder eingesteckt. Zigaretten sind kostbar für die jungen deutschen Mädchen. Mit ihnen gehört man dazu in den Cafés, auch wenn man wenig Geld hat. Man raucht selbstverständlich. Die schwarzen Zigaretten riechen gut, stark, und echt. Manche der einfältigen deutschen Touristen bringen sich doch glatt ihre schwachen gelben Zigarettensorten mit. Lächerlich, fährt Laura fort zu hadern. Sie geht aber jetzt zügiger voran, will ihr Ziel unbedingt erreichen.

Im Lyzeum hatte Laura, obwohl ihre Mitschülerinnen sie für klug hielten, oft die zweitschlechteste Note der Klasse oder die schlechteste, in vielen Fächern. Zum Beispiel in Mathematik, Geschichte, Erdkunde, Chemie – sonderbarerweise auch in Musik. Am Ende kam sie in diesen Fächern gar nicht mehr mit. Weniger Schwächen zeigte sie in Fächern wie Kunst, Deutsch, Sport und Religion – darin war sie sogar ungewöhnlich gut. Sie hatte das Gefühl, dass die Fächer, in denen sie gut war, zusammenpassten. Das sagte Laura niemandem, aus Angst, man würde sie auslachen. Etwas peinlich ist ihr jetzt in Paris, dass sie nichts über Frankreichs Glorie der Vergangenheit und frühere Epochen aus dem Geschichtsunterricht kennt. Sie sieht ein, sie hatte in diesem Fach nicht aufgepasst und früh schon eingesehen, dass sie sich hier nichts merken konnte: keine Jahreszahlen, Namen der Könige, Daten der Krönungen oder Daten berühmter Schlachten. Unfähig. Es wäre ihr ohnehin, auch bei Bemühung, entfallen. Was ist das, denkt sie jetzt – andere behielten die Dinge spielend, ich spürte hier etwas wie einen Ausfall im Gehirn. Aber Chansons kann ich behalten, sehr schnell, überhaupt sprachliche und poetische Einfälle, ich behalte sie sehr genau.

Ob es so ist, dachte Laura, dass der, der starke Ausfälle hat, andererseits mit starken Einfällen rechnen kann? Aber schade war es doch, sie konnte nie an Gesprächen teilnehmen, die sich um Geschichte drehten. Sie merkte auch, dass sie sich nie würde merken können, was auf der Erde in der Welt der Menschen nach und nach geschehen war. Ebenso verlor sie immer wieder die Erinnerung daran, wie die Länder auf der Erde verteilt waren. Dennoch hatte sie sich nach Paris, in die fremde Stadt gewagt. Sie würde sich häufig verlaufen, das wusste sie. Jetzt plötzlich ahnt Laura Geschichte, nur auf ganz andere Art. Sie sieht im Sonnenschein auf den Champs-Élysées den Sonnenkönig mit großem Gefolge vor sich her schreiten, sie ist ganz dabei. Aber sofort wird sie wieder gestört. Es taucht erneut eine Gruppe von Touristen auf. Dass es diesen erlaubt ist, die Prachtstraße zu betreten, das bedürfte doch eines Kampfes, vielleicht sogar Krieges! Laura schimpft weiter vor sich hin. Es ist so, als würde das in ihr eine Art Berechtigung und Stärkung hervorrufen. Diese deutschen Spießer schlurfen selbst hier in so hässlichen Anzügen! Meistens grau, aber das falsche Grau. Dabei vergleichen sie sich womöglich gar mit Franzosen, obwohl sie gar keine Eleganz kennen! Sie verstehen auch nichts von den französischen Königen, Königinnen, von Versailles, seinen Gärten, dem Sonnenkönig und seinem riesigen Gefolge, den ich gerade sah. Sie versucht, die schöne Gesellschaft erneut zu erblicken. Aber der Spuk ist verschwunden.

Nun fährt sie empört fort: Schrecklich! Da die Törichten nicht einmal einen Obolus zu entrichten haben beim Eintritt in solch paradiesische Gefilde, ist es umso dreister, ihre ureigene selbstgestrickte, dabei majestätische Illusion zu stören! Sie bekennt vor sich selbst: Ich dagegen – immer fühlte ich mich in Paris zu Hause. Vielleicht schon, seit ich die Postkarte sah. Ja, da war die Sache mit der Ansichtskarte. Wer hatte sie geschickt, oder vielleicht in ihrem Elternhaus liegen gelassen? Eine Glanzpostkarte von Paris, schwarzweiß. Nie hat sie es herausbekommen. Aber eines Tages wurde ihr klar, dass es mit der Karte angefangen hatte.

Natürlich hatten sich dann andere wichtige Gründe gemeldet, warum sie nach Paris musste: Die Kunst, die Poesie, die Philosophie, die Sprache, der Kampf gegen die Bourgeois, überhaupt alles Französische. Es war mit ihr innerlich etwas Mächtiges geschehen, wie im Sturm hatte es sie erfasst, und das hat sie nun hierher gebracht. Tatsächlich: Es hat sie etwas hierher gebracht. Denn das tut man in meiner Familie nicht, das ist eine Nummer zu groß, dachte sie. Laura fühlt, was sie keinem sagen wird: Sie ist auserkoren. Sie gehört in diese Stadt. Und zuvor war sie eine Heimatlose durch und durch.

Sie geht und geht. Sie braucht ja nicht auf den Weg zu achten, denn auf der Avenue bis zur Concorde kann man sich nicht verlaufen. Wieder denkt sie an die „toten Blätter". Wie die Liebe sich von den Liebenden entfernt, wie das Leben sie trennt – „sans faire de bruit" – ohne einen Laut. Die Schallplatte hat sie zu Hause gelassen, hier hat sie keinen Plattenspieler. Der charmante Montand, der mit der starken Simone Signoret verheiratet ist. Was für ein Paar. Sie sinnt sich in ihre Gesichter, das der Signoret, das von Montand. Laura weiß mit Sicherheit, was die Franzosen wissen: Jacques Prévert, das ist die Seele von Paris.

Sie hat sich in Wahrheit mächtig angestrengt, viele Ängste gehabt, bis sie ihre Füße auf die Champs-Élysées setzte; niemand zu Hause sah ein, warum das für sie nötig war. Das Elternhaus sperrte sich dagegen, gab kein Ja und kein Geld. Das ganze Haus empfand sie, Laura, plötzlich als Fremde, und Paris blieb ihre ureigene Sache. Mit der hatte niemand sonst zu tun. Das war für sie etwas Verrücktes und Entlegenes. Wieder betrachtet sie – als sei das ihr Gegenentwurf – flanierende deutsche Touristen. Wahr ist aber auch, schränkt sie innerlich ein, dass es viele Besucher verwirrt, wenn das Pariser Licht nachmittags in seine berühmte grauviolette oder rosa Farbe übergeht. Es ist malerisch, ja romantisch betörend, und vielleicht kriegt es mancher Besucher doch mit – gesteht sie ihnen gnädig zu. Und: Das ist ja schon erdenfern, diese berühmte Pariser, oft rötliche Himmelstönung, ähnlich verführend wie *Tout pour l'Amour* oder das Piaf- Lied: *La Vie en Rose*. Alles ist langsam in diese Pastelltöne getaucht, bis zum Abend hin. Ich sehe es sowieso, ich bin eine Malerin. Und ich möchte eine vollkommen professionelle werden. Das ist meine Leidenschaft, keine Nebenbeschäftigung, ist sie sich plötzlich sicher. Fast fühlt sie jetzt das Pariser Pastell, als sei diese Farbe eigens für sie hergerichtet. Und die Tradition! Alle Maler liebten dieses Licht, wohl schon seit Jahrhunderten. Es gab in Paris große Zeiten für Maler, und diese Zeiten ziehen bebend durch ihr Malergemüt. Aber jetzt gibt es an diesem Ort zu viele Touristen, kaum betritt man die eleganten Champs-Élysées, hat man schon mit den Blöden zu tun!

Während Laura Wassenberg innerlich schimpft, hat sie äußerlich auf ihrem Weg – ohne es zu wissen – große Augen, einen deutschblauen Blick der Erwartung. Dazu trägt sie sehr passend ihr kleines hübsches Sommerkleid. Dass ich es überhaupt bis hierhin geschafft habe, fällt sie jetzt in ihre Schimpfkanonade ein, unglaublich! Der Weg zur „Beaux-Arts“ und zur „Julian“ – sie müssen mich akzeptieren! Je näher sie diesen altehrwürdigen Einrichtungen und dem Quartier Latin kommt, desto betonter fährt sie ihren Stolz auf. Das junge Mädchen geht mit geschürzten Lippen und gestreckten Waden, sie lächelt fremden Franzosen tiefblau in die Augen. Manchmal auch alten Damen. Sie weiß nicht, was von beidem ihr mehr Spaß macht; manch ältere Dame blickt zu dem kecken Mädchen zurück, verzieht freundlich ihren schmalen, gepflegt geschminkten französischen Mund. Die jungen Franzosen lächeln Laura anders an – da ist etwas dahinter; auf jeden Fall lächeln die französischen Passanten zurück. Und sogar der Asphalt grüßt Laura, wie die glänzende Oberfläche eines Sees. Heute wird alles in Ordnung kommen. Alles.

Das prekäre Geständnis

Vor einiger Zeit, als Laura 21 wurde, hatte sie zu ihrer geschäftstüchtigen Mutter, der diplomatisch-freundlichen, forschen und schicken Wilhelmine gesagt: „Du, ich fahre bald nach Paris.“ Sie hatte es eigentlich vorsichtiger ausdrücken wollen. Aber nun war es eben so knapp geschehen.

Sie hatten schon zu Abend gegessen, Laura befand diese Zeit als günstig. Wilhelmine hatte eine neue Dauerwelle und sich gerade ihre Nägel lackiert. Sie lackierte diese, ihre gewölbten Nägel, in einer rosa-perlmuttfarbenen Tönung, die Laura abscheulich fand. Nun stand die Mutter am Küchentisch und bügelte. Das gehörte zu der biederen Rolle, die sie im Leben spielte. Diese Rolle hatte mit ihrem Pflichtgefühl und ihrer Vernunft zu tun; die andere Rolle war die „femme fatale“, die ihrem Vater zu schaffen machte und die Wilhelmine wahrscheinlich großen Vorbild-Schauspielerinnen abgesehen hatte, wie Marlene Dietrich, ja und: Danielle Darrieux, Michèle Morgan, den feinen Damen des französischen Films. Man hatte erstmals nach dem Krieg auch französische Filme gesehen. Wilhelmine sprach die Namen der Schauspielerinnen gerne nach, obwohl sie kein Französisch gelernt hatte. Sie wäre selber besser

Schauspielerin geworden, musste in ihren wenigen Schuljahren in Westfalen häufig den andern Schülern vorlesen oder vor der Klasse deklamieren – was sie in ihrem späteren Leben in der Küche vor Laura tat. Diese bestaunte ihre Mutter, war von ihrem hohen Talent überzeugt, und ihre Mutter war in der einfachen Küche, wo sie gerade zuvor den Mittagstisch mit dem Hausmädchen besprochen hatte, eine große fremde, noble und bewundernswerte Figur, ein Mensch der Sprache, die Laura aus ihr hörte. Und das war eine kraftvolle, präzise und romantische, Tiefes sagende und hoch tönende Dichtersprache.

Wilhelmine Wassenberg redete als einzige Person im Haus Hochdeutsch, ein scharfes und striktes, das in ihrer Umgebung ungewohnt war und den anderen Respekt, aber auch Furcht einflößte. Die anderen sprachen Dialekt oder geschludertes Deutsch. Manchmal war die Stimme ihrer Mutter streng und ihr Hochdeutsch schneidend, „wie ein Messer", dachte Laura. So, wie man es bisher lediglich im Kino, bei Rechtsanwälten oder anmaßenden Politikern vernommen hatte. Wilhelmine sprach dieses Schneidende ganz bewusst, wenn sie aufgebracht war, dann, wenn sie etwas mit dem Personal zu regeln hatte oder ihren Kindern die Leviten las. Es wirkte immer, und jede mögliche Antwort erstarb vor Wilhelmines hohler, kalter Stimme. Dagegen ernst und ehrenhaft, wenn auch ebenso furchterregend erklang das dramatisch Deklamierte von Wilhelmine, das immer noch in ihr auswendige dichterische Gut, besonders von Friedrich Wilhelm Weber, aus der Schulzeit. Am häufigsten seine Poeme über den Tod. Jemand war damals in ihre Schule gelaufen gekommen, in Wilhelmines Klasse, und hatte gerufen: „Du sollst schnell nach Hause kommen, deine Mutter ist gestorben!" Seitdem Laura davon wusste, war der schreckliche Ausruf auch in ihr. Er gesellte sich zu den Bildern, Fotos der unbekannten schönen Großmutter. Ihr, die von Wilhelmine verzweifelt geliebt worden war und aufgegeben werden musste, was eine Bürde bedeutete, die ihre Mutter als Kind kaum noch ausgehalten. Sie war kränklich geworden, Wilhelmine, wenn auch ihre energische Erscheinung dies vergessen machte. Die Großmutter hatte aufgehört zu leiden. Wilhelmine und Laura trugen weiter an ihrer traurigen Geschichte.

Laura fuhr damals durch den Kopf eines Dichters Zeile über den Tod – sie wusste nicht mehr, von wem: „Tod, wo ist dein Stachel?“ Sie dachte, obwohl sie noch jung war, dass ihr der Tod gar nicht böse erschiene, wohl aber das schreckliche Leben. Und dass auch das vielleicht zu etwas gut sei. Sie spürte: Wenn ihre Mutter rezitierte, dachte sie an ihre verlorene Chance – oder die ihr nie gegebene –, eine große Schauspielerin zu werden; und zugleich an den Tod ihrer jungen Mutter. Diese war lange schwer krank gewesen und hatte ihr einziges Kind ungewöhnlich belastet. Dazu kam, dass Wilhelmines Vater im Ersten Weltkrieg gefallen war, als Wilhelmine erst vier Jahre alt war. Die Großmutter hatte Wilhelmine erzählt, dass diese am Tage des Todes ihres Vaters zu ihr gesagt habe: „Der Papa steht in der Deele.“ Es war noch eine Feldpostkarte dieses gefallenen Soldaten gekommen, die Laura ein Leben lang hütete, ebenso wie das einzige Foto des ihr unbekannten Großvaters: streng, aufrecht, etwas arrogant, in Uniform. „Der war ein Tunichtgut“, sagte Wilhelmine einmal, und dass er für die Frauen ein fescher Kerl gewesen sei.

Wilhelmine sprach oft von „Existenzangst“, die sie das ganze Leben lang gehabt habe. Sie war immer arm gewesen, Mutter und Kind lebten in Westfalen von der geringen Witwenrente. Wilhelmine vermochte ihr Leben lang aus einfachen Nahrungsmitteln wie Quark mit Zwiebeln, Pellkartoffeln, Bohnen mit Milch und Pfannkuchenstücken etwas Schmackhaftes zu machen. Das wiederum blieb ihren Kindern im Gedächtnis.

In ihrer Jugend war Wilhelmine dann in die große allgemeine Arbeitslosigkeit geraten, abhängig von Verwandten. Mit 15 stand sie schon allein in der Welt, was sich Laura nur schwer vorstellen konnte. Wilhelmine erzählte noch von einem geliebten Freund, vielleicht so etwas wie ein Verlobter, der sie aber ebenfalls verlassen hatte. Seine Familie wollte nicht, dass er die arme Wilhelmine heiratete. Sie machte noch immer seinen Pfiff nach, mit dem er sie abends im Dunklen ans Fenster rief. Der Mann war dann auch, wie die meisten Menschen im Leben der Wilhelmine, jung gestorben. Sie sagte einmal rau: „Ich hätte sowieso nicht lange etwas von ihm gehabt. Und als er in diese Stadt kam, um mich zurückzuholen, da hatte ich mich schon für deinen Vater entschieden.“ Er hatte es also bereut, sie verlassen zu haben.

Sehr viel später, ihre Mutter ist schon längst verstorben, wird Laura immer noch diesen Pfiff in sich hören, ihn nachmachen, den vertrauten Pfiff des vielleicht einzigen von ihrer Mutter geliebten Mannes. Der fröhliche Pfiff konnte Laura immer noch traurig machen. Dieser Pfiff des feschen Kerls, der Wilhelmine an Hans Albers erinnert hatte und auf Fotos diesem ähnlich sah. Er war ihre große Liebe gewesen, und vielleicht wollte sie zukünftig nie mehr wissen, was das ist. Komme, wer da wolle. Und sie kamen, sie fanden Wilhelmine anziehend und begehrten sie, wofür sie selber sorgte. Ab jetzt aber regierte sie und vermochte es selbst, unglücklich zu machen.

Wilhelmine, die eine gute Geschäftsfrau geworden war, rezitierte Webers Gedichte vom Tod vor Laura wie eine professionelle Darstellerin. Laura konnte sich gut vorstellen, sie auf der Bühne zu sehen. Ihre Mutter war selbstbewusst, hervorragend in Sprache und Gestik. Was für eine große Schauspielerin sie geworden wäre, dachte Laura – und: hätte das Schicksal es ihr nur erlaubt.

Es hatte kein Mensch ihren Weg gekreuzt, der sie aus dem Unerkannten erlöst hätte; jetzt war Wilhelmine die Frau eines Metzgermeisters, Lauras Vaters. Er war ein anständiger und angesehener Mann. Er hatte blaue Augen und schwarze Haare. Wenn Wilhelmine sich über ihn vor Laura beklagte, fragte diese manchmal: „Warum hast du ihn denn geheiratet, den Papa?“ Dann antwortete Wilhelmine: „Der sah doch so gut aus.“ Und das war alles, dachte Laura, fragte aber nicht weiter nach. War es auch, weil die Familie ihres Vaters betucht war? Wilhelmine nannte sie manchmal böse „die Protzen“.

Im Laden war sie korrekt, freundlich zu den Kunden. Forsch leitete eindeutig sie das Geschäft ihres Mannes sowie sein Personal und seine Kinder. Eine fesche Dame und: Ja, sie war eine Besondere! Lauras Vater hatte diese Besondere heiraten wollen, unbedingt. Darüber sprach man im Viertel, dass sie aus der Fremde kam, so deutlich sprach, elegant war, anziehend und lustig – und wen sie traf außerhalb des Ladens. Dass die Kasse klingelte, gefiel Wilhelmine, sie konnte sich elegante Kleider kaufen – und auch Laura kleidete sie vornehm ein. Laura konnte sich nie mehr in ihrem späteren Leben eine so teure Garderobe leisten. Und war es nicht auch etwas übertrieben, so ein junges Mädchen im teuersten Geschäft der Stadt einzukleiden? Hatte Wilhelmine mit ihrer hübschen Laura vielleicht etwas vorgehabt? Aber was?

Gute Einkünfte sind nicht zu verachten für einen Menschen, der Not und Armut kennt. Wilhelmine trug täglich einen frischen, gestärkten weißen Kittel und ein fesches seidenes Halstuch darin, welches zu dem Kittel nicht passte. So regierte sie die gut ausgestattete und renommierte Metzgerei; das Metier hatte sie widerstrebend gelernt. Sie trug weiße Söckchen gegen die Kälte im Laden. Darüber sah man ihre schönen straffen Beine. Sie war eine charmante Frau mit guten Manieren, belesen, gepflegt und gebildet, wie es sie in diesem einfachen Vorstadtviertel gewiss nur einmal gab. Fein und schlank war sie hergeweht – und so nicht nur Lauras Vater eine Besondere, sondern jedem, der ihr begegnete. Auf diese Weise spielte sie am Ende doch eine größere Rolle, als man einem armen Waisenkind zugetraut hätte.

Wilhelmine trat gerne und sicher auf. Wo sie erschien, war sie sogleich die Hauptfigur. Der brave Johann hatte sich zuerst in ihrem schillernden Glanz gesonnt – mit der Zeit musste er erfahren, dass dies auch andere taten. Ein jeder überließ Wilhelmine die begehrte Hauptrolle, manch einer verfiel ihrem Charme, und auch ihre Kinder gehörten zu jenen, die zu ihr aufblickten, zu ihren Zuschauern, Bewunderern.

Laura machte sich überflüssige Sorgen um Wilhelmine. Das war wegen der Geständnisse, den dunklen Geschehnissen ihrer Kindheit, Krankheit und Tod, die sie früh umgeben hatten. Laura war, und sie empfand es als Ehre, Mitwisser geworden. Wilhelmine hatte sie ganz auf ihre Seite gezogen, was keine Mühe kostete, denn Laura hatte sie wie eine Heilige verehrt. Nie trug sie ein Kostüm in einer Rolle eines Theaterstücks, dachte Laura, ein Kostüm, das sicher besser zu ihr gepasst hätte als der weiße Kittel in der Metzgerei. Der Gedanke stammte eigentlich von Wilhelmine. Laura konnte nicht mehr unterscheiden, welches ihre und welches der Mutter Gedanken waren. Dass ihre Mutter die ganze Umgebung zu ihrem Theaterstück machte, wird Laura erst spät bemerken. Aber sie selbst soll einmal einen „abgebrochenen Schauspieler“ heiraten, wie das ein Freund nannte, der ihr dazu noch die erschreckende Auskunft gab: „Das ist immer gefährlich. Ein abgebrochener Schauspieler spielt im Privatleben weiter.“

Einmal nahm Wilhelmine Laura mit ins Theater, wo es Ibsens *Gespenster* zu sehen gab und die hervorragende Schauspielerin

Hermine Körner. Laura war hingerissen von dem unheimlichen Stück und der Körner. Sie merkte in dem dunklen Zuschauerraum, dass ihre Mutter sich dieser Schauspielerin gleichstellte, sich selbst auf der Bühne sah. Sie fühlte das Denken ihrer Mutter: Ich wäre auch so gut gewesen. Die Tochter verstand ihre Mutter an diesem Abend sehr gut, aber Wilhelmine merkte nicht, dass das junge Mädchen sie erfasst hatte. Dachte sie vielleicht: Ach, die Kinder, was wissen die schon? Sie sprach jedenfalls mit Laura nicht über das Theaterstück, so als wisse ihr Mädchen eben von all diesen Dingen gar nichts. Sie beklagte sich aber, dass Lauras Vater nie mit ihr ging, obwohl sie ein Abonnement hatte.

Bevor sie das Abo dann auflöste, lud sie Laura noch einmal ins Theater ein. Diesmal gab es Eugene O'Neills *Eines langen Tages Reise in die Nacht*. Laura sah das hervorragende Berliner Ensemble, ein Gastspiel. Das Stück beschrieb einen Tag und die hereinbrechende Nacht in der beängstigend brüchigen Familie O'Neills. Der Autor hatte bestimmt, dass das Stück erst 30 Jahre nach seinem Tod aufgeführt werden durfte. Ansonsten hätte er die Familie wohl zu sehr blamiert, dachte Laura.

Beide Stücke waren ausgesuchte, große Literatur, hervorragend in der Aufführung und in der Wirkung auf Laura eines „gespenstischer" als das andere. Ibsen wie O'Neill beschrieben des Menschen unheimliches Leben, Zusammenbrechen und verstörtes Zusammenleben. Laura fand Unheimliches darin bestätigt, das sie selber zu Hause spürte; etwas, das keinesfalls ausgesprochen werden durfte. Es war in ihren Augen mutig und beneidenswert, dass ein Autor solches so ehrlich und unbedingt zu Papier gebracht hatte. Und wie es dann inszeniert wurde, das sprach von höchstem Können. Laura war erneut völlig und nachhaltig beeindruckt. Beide Aufführungen würde sie nie im Leben vergessen – und alle weiteren an ihnen messen. Nur Weniges konnte dem standhalten.

Hatte nicht Wilhelmine ihr zu diesem Maßstab verholfen? Warum hatte man nie darüber gesprochen? Wie gut hätten wir uns auf diesem Gebiet miteinander austauschen können, ja harmonieren, bereichern, dachte Laura. Sie verstand den Verschluss ihrer Mutter nicht, den sie oft fühlte. Wilhelmine war nicht auf Austausch bedacht, sondern auf Beachtung. Weshalb sie in ihrem Dasein auch mehr Bewunderer als Freunde gewann. Sie fragte sich nie, ob diese wirklich ein Gewinn seien. Laura sollte das Umgekehrte anstreben.

Wieder hatte Wilhelmine kein Wort mit ihr über die Aufführung gesprochen. Sie gingen miteinander, beide auf verschiedene Weise verstockt, nach Hause. Laura fühlte sich wie vergessen, obwohl sie doch von Wilhelmine eingeladen worden war. Sie dachte am nächsten Tag wieder elegisch, wie allein doch ihre arme Mutter mit ihren Wünschen war. Noch immer dachte sie über die Wünsche ihrer Mutter mehr nach als über die eigenen. Leise schlich sich dazu eine Vermutung ein: Vielleicht war ja auch ihr Vater allein, in seinen Wünschen, den in der ganzen Familie unerkannten.

Laura hatte ihre ganze Kindheit und Jugend lang ein trauriges Mitgefühl mit Wilhelmine, welches ein vergebliches war, denn sie fühlte parallel dazu stets die Ohnmacht, ihr nicht helfen zu können. Sie dachte viel mehr an ihre geliebte Mutter als an sich selbst. So ging sie nicht den eigenen Vorstellungen nach, eher denen ihrer Mutter. Sie hörte Wilhelmines traurige Legenden wieder und wieder, sie wollte sie auch hören, denn das war Teil ihres eigenen Lebens geworden. Mehr und mehr gab es ein bildhaftes Geschehen in Lauras Innerem, das sich abspielte mit lauter Toten. Die schönen vergangenen Gestalten, die sie nicht gekannt hatte, bauten sich aus den wenigen Fotos auf, die Wilhelmine ihr gezeigt hatte. Schemenhafte, bedeutende, elegische Wesen, die sie immer wieder in ihr eigenes Leben rief. Sodass die wirklichen, lebendigen Personen um sie herum keine große Bedeutung hatten. Auch ihre jüngere Schwester Hella übersah Laura, obwohl diese an ihr hing und zu ihr hinblickte.

Laura lebte mehr und mehr in diesen halbdunklen magischen Welten, die bereits untergegangen waren. Auch Lauras Vater Johann geriet in den Hintergrund. Er hüllte sich ohnehin gewöhnlich in Schweigen, hatte es aufgegeben, von einem Menschen verstanden werden zu wollen. Er hatte Wilhelmines Redegewandtheit nichts entgegenzusetzen. Wenn sie ihm allzu lange kein eigenes Wort gegönnt hatte, brüllte er. Das nannte sie „einen Ausbruch“. Dann bezeichnete sie ihn vor den Kindern und dem Personal als „brutal“, wobei immer das Wort „Metzger“ mitschwang.

Auch Laura schrie, aus dem gleichen Grunde, und auch Laura hatte folglich „Ausbrüche". Johann und Laura gerieten in den Verdacht, tumbe Personen zu sein. Aber Johann war klug und hatte viel mehr Einfühlung als sie.

Er erkannte seine Umgebung, weil er sie still beobachtete. Johann war ein feinfühliger Mensch, er liebte die Musik. Und er liebte die geschulte und wohlklingende menschliche Stimme, solche von Sängern und Sprechern, die er täglich im Radio hörte, ja, schöne Stimmen liebte er über alles – aber mit der Zeit hörte niemand mehr, dass er selber so eine schöne und starke Stimme hatte, dass er Opernsänger hätte werden können. Und vielleicht war sie, Wilhelmine, ursprünglich einmal seine Sirene gewesen.

Johann stockte, wenn er auch nur einen Satz sagen wollte, denn sie wusste das, was er sagen wollte, ohnehin besser. Er sank im Laufe der Jahre immer mehr in sich zusammen, oder er flüchtete mit dem Auto in die Welt der Kundschaft, schöne Restaurants und Gastwirtschaften, wo man ihn schätzte und wo er gottlob Lieferungen vorzunehmen hatte. Da gestattete er sich einen Cognac mit dem Koch und ein kleines ruhiges Gespräch in der Küche – oder eines an der Theke mit dem Inhaber.

Er verstand Wilhelmine schon lange nicht mehr. Sie, die er sehr liebte und die so wenig Bedauern mit ihm kannte. War sie nicht fähig, seine Gedanken, Gefühle auch nur ein Mal zu erkennen? Er wusste, dass sie ihn für stumpf hielt. Wie sollte er ihr erklären, dass er empfindsam war? Sie wiederum sagte zu Laura, seinen Stumpfsinn, seine fehlende Einsicht ihrer und seiner Tochter darlegend: „Er ist grob, er kennt keine Rücksicht. Einfühlung fehlt ihm. Und was einer nicht hat, das kann man ihm nicht erklären." Was einte nur die beiden, fragte sich Laura. War nicht eine große Fremde zwischen ihnen, von Anfang an und immer geblieben? Sie passten nicht zusammen. Aber Laura wusste, dass der Vater ihre Mutter ewig lieben würde. Er war eben treu. Johann konnte lange vor sich hin stieren, immer häufiger. Laura wusste nicht, was er dachte, worin er steckte, und da sie es so oft gehört hatte, empfand auch sie ihn als stumpf. Das ging so lange, bis sich kaum noch jemand fragte, was mit dem Johann wohl sei. Laura wusste, dass er niemanden umarmen konnte, aber unsagbar glücklich war, wenn ein Vertrauter ihn umarmte. Obwohl er nicht einmal die Arme heben konnte, als sei er gelähmt. Wenn man ihn liebend anfasste, blickten seine langen blauen Augen weich und hilflos. Was hatte ihn so wehrlos gemacht?

Ihre Familie hatte bisher das Innenleben von Laura bestimmt, war ein anhaltender Tumult in ihr gewesen. Viele Fragen, wenige Antworten. Nun, da sie ihren innigsten Wunsch, nach Paris zu gehen, endlich auszusprechen beschloss, hatte sie eine andere Lebensspanne erreicht, sie wollte nicht mehr an sie denken, nicht mehr an ihre Mutter und nicht mehr an ihren Vater. Sie sehnte sich jetzt danach, dass ihre Wilhelmine ein Mitgefühl mit ihr, Laura, habe.

Nach dem Abendessen war es ruhig im Haus, das Personal auf seinen Zimmern. Der Vater hatte das Fernsehen noch nicht eingeschaltet, er saß unbewegt in seinem Sessel im Nebenzimmer. Als Laura den gewagten Satz gesagt hatte, möglichst natürlich, sah die Mutter nicht zu ihr hin. Wilhelmine fuhr mit Bügeln fort und sagte dann ebenfalls möglichst natürlich: „Nach Paris? Wieso? Und von welchem Geld?“ Laura antwortete: „Von deinem.“ Ihre knappe Antwort erschreckte Laura, sie wusste nicht, wie sie zu solcher Courage gekommen war. Die Antwort war wie herausgeschossen. Courage ja, aber klug war das nicht. Laura merkte es sofort. Sie wusste: Wilhelmine hasste Unverschämtheiten ihrer Töchter und bestrafte sie immer und sogleich. Ihre Mutter begehrte, dass man ihren Anordnungen Folge leistete. So wie es sich für Kinder gehört, Kinder müssen folgen.

Jetzt erinnerte sich Laura jäh an ein Gespräch: Als Laura Wilhelmine einmal neue psychologische Erkenntnisse über Kinder schilderte, dabei durchblicken ließ, dass in ihrer Mutter Generation – und auch verursacht durch die Regeln in der Nazizeit – noch kaum Kenntnis darüber herrsche und Kinder allgemein infolge dessen wenig zu ihrem Recht gekommen seien, meinte Wilhelmine: „Ach ja, das wussten wir ja gar nicht. Dass Kinder schon so kleine Persönlichkeiten sind, da können wir nichts dafür.“ Jetzt war Wilhelmine aufgebracht. Hatte sie sich nicht Lauras Berufswunsch – wenn auch in ihrem, Wilhelmines vernünftigem Sinne, gebeugt? Erst in diese Gebrauchsgrafik-Lehre eingewilligt, und dann war man auch noch zu einer Kunstschule nach Frankfurt gefahren, dort hatten sie in der Nähe übernachtet – aber die Prüfungen verpasst. Wilhelmine hatte diese Fahrt genutzt, einen alten Freund wiederzusehen und mit ihm und Laura ein Nachtlokal zu besuchen. Laura erinnerte sich dunkel, dass in diesem Lokal eine Striptease-Tänzerin aufgetreten war. Die Mutter hatte vielleicht vermutet, dass Laura eine solche Erfahrung „spannend“ fände, oder warum war sie mit ihr in ein solches Nachtlokal gegangen? Wieso kannte sie so etwas überhaupt – oder kannte es dieser sonderbare Freund, den sie traf und der ein Bayer war. Woher kannte sie diesen Mann? Laura war ratlos gefolgt. Sie merkte: So hatte sich die Sache für Wilhelmine als ein Ausflug nach Frankfurt gelohnt.

Nun aber wurde Wilhelmine alles, was mit Lauras geplantem Studium zusammenhing, lästig. Nicht zuletzt, weil sie erkannte, dass Laura wieder nicht gehorchte. Dazu wurde alles mehr und mehr kompliziert. Wilhelmine registrierte mit höchster Ungeduld, dass Laura immer wieder etwas aus dem Rahmen Fallendes zu tun gedachte. Das versponnene Zeug! Der Mensch muss doch Geld verdienen. Laura vermutete manchmal, dass ihrer Mutter Geld mehr als alles andere bedeute. Und „Vorwärtskommen“, und, wie in der übrigen Familie: Es muss etwas „dabei herumkommen“.

Wilhelmine hatte sich plötzlich aufgerichtet, ihre Stimme klang fest, etwas Schrilles in ihr unterdrückt, sie sprach zu Lauras Paris-Ansinnen: „Dafür kriegst du von mir keinen Pfennig.“ Laura fühlte, dass das Gespräch damit beendet war. Ihre Mutter würde nicht einmal fragen, was ihre Tochter in Paris wolle. Erst recht nicht, da sich in ihr eine Ahnung regte, dass es mit deren erträumtem Malerei-Studium zusammenhinge.

Das war der Beginn; Lauras Reise nach Paris würde eine unerquickliche, heimgestrickte Odyssee in ihrem kleinen Kölner Vorstadtviertel vorausgehen. Und Wilhelmine hatte nun schon ihr Bestes dazu getan. Laura hatte sich nicht weiter gefragt, warum die Mutter ihrem, dem lang gehegten Plan gegenüber so abgeneigt war. Sie sah im Badezimmer die Puderdose „Soir de Paris“, das war vielleicht alles, was Wilhelmine mit dem Namen Paris verband. Das kalt Konsequente aber, das Laura an ihr fürchtete, gab ihr ein Gefühl von Eingesperrtsein zu Hause, so als gäbe es da nirgends einen Ausgang. Es war jeder Befehl von Wilhelmine immer schon eindeutig und unumstößlich gewesen. Als Laura sich einmal darüber beklagte, hatte Wilhelmine gerufen: „Dann geh doch, wenn es dir hier nicht gefällt!“

Laura hörte, wie sie es bravourös rief, wissend, dass Laura keinen Pfennig zu einem Unterhalt draußen hätte und gar nicht gehen konnte. Wohin denn? Bei diesem Ausruf hatte Laura sich arm gefühlt wie nie im Leben. Man hatte sie hier ernährt und großgezogen, was oft genug betont wurde – das aber hob die schreckliche, absolute Armut nicht auf, die sich in der Unfreiheit durch einen völligen Geldmangel zeigt. Der Ausruf hatte die Wände des elterlichen Gefängnisses verstärkt. Er bewirkte aber, dass Laura aus dem tumultösen Haus mit den Demonstrationen unmissverständlicher Machtbekundungen hinauswollte. Sie wusste das alles genau – und hatte sie nicht die größte Scheu davor gehabt, ihre Mutter zu fragen? Wie lange hatte sie damit gezögert! Immer diese alte Angst, wie sollte sie das nennen, war sie, Laura, etwa doch feige?

Nach der knappen Ablehnung Wilhelmines war ihre Angst plötzlich vergangen. Hat sie erst ein Gesicht, das sich zeigt, die Angst, ist sie weniger unheimlich. Gleichzeitig aber hatte sich Laura die ganze Schwierigkeit ihres Vorhabens gezeigt. Nun begann sie eisern, sich von ihrem Lehrlingslohn etwas abzusparen. Sie wollte sich selbst einen Anfang in Paris ermöglichen. Dabei half ihr, dass sie nicht die geringste Ahnung hatte, was so ein Anfang kostete. Ihr Lohn war mehr als dürftig, aber anders war für Laura nicht an Geld zu kommen. Und sie hatte lange schon geahnt, dass ihre Mutter jede Art von Studium ablehnte; einmal hatte Wilhelmine geäußert: „Was braucht man zu studieren? Man kann ja aus Büchern lernen. Ich bin doch recht belesen, nicht wahr? Am besten ist, rasch Geld verdienen und selbstständig werden."

Noch war Laura nicht entschlossen, die ihr auferlegte Lehre abzubrechen. Zu bewusst war ihr die Abhängigkeit von den Eltern, der Zwang, in ihrem Haus Unterkunft gewährleistet zu wissen – so verhasst ihr das auch war. Es gab nur noch einen gewissen Grad, in welchem sie die Eltern verstimmen durfte. Was bei Überschreiten dieses Grades die Folge sein würde, wusste sie nicht, aber fürchtete es ungemein. Dies, ohne zu wissen, dass Wilhelmine das gleiche in ihrem eigenen Leben mit „Existenzangst" bezeichnet hatte, ihre Mutter, die darüber hinaus noch elternlos gewesen war. Laura war verständlich, dass die beiden es mit ihr schwer hatten, dass sie lästig war. Die Eltern hatten viel erlebt und mitmachen müssen: Krieg,

Not, Evakuierungen, Front, Armut, Wiederaufbau. Sie selber war von ihnen bisher versorgt worden, so gut es eben ging – aber mal musste ja auch Schluss sein damit.

Laura dachte an das Leben im Krieg, das ihre Kindheit darstellte: Notunterkünfte, wenig zu essen, Detonationen, Sirenen, die Fremde, Bomben, ein Bauernhof in Westfalen – auf dem man nach der Zerstörung des eigenen Hauses untergekommen war und wo die fesche Wilhelmine sich langweilte. Kälte, Latrine, Anpassung, aber sie hatte sich und die Kinder durchgebracht. Eigentlich konnte man solchen Leuten nicht auch noch ein Kunststudium ihrer Tochter zumuten.

Und doch ließ das Vorhaben nicht locker in ihr. Die noch unbekannte Folge von Bestrafungen, die sie erwarten würde, wenn sie diese Lehre nun auch noch abbräche, führte zu der Frage: Kommt ein Rauswurf? Sie hatte von einer Bekannten gehört, dass es das gab. Dieses junge Mädchen war mit 17 aus dem Elternhaus hinausgeworfen worden und dann mittelos gewesen, sie hatte sich irgendwie gefangen und erzählte, es hatte sich der Schrecken zu ihrem Vorteil entwickelt! Denn sie sei schnell selbstständig geworden. So etwas betraf zunächst oder überhaupt immer das Geldverdienen, das nackt Notwendige, dachte Laura. Sie spürte, dass man sie zu Hause leid war, dass sie ihre Eltern und die Schwester überforderte, ja auch die Schwester, die eines Tages später ausrief: „Wir haben dich ja nicht gemocht! Du warst immer so anstrengend!“ Da war es raus. Und es war ähnlich wie der Ausruf ihrer Mutter, als diese einmal höchst gereizt war: „Ich wollte, du wärest tot!“ So war auch das raus. Laura brauchte nicht mehr zu mutmaßen, dass es so sei. Man empfand sie als andauernde Störung, als sonderlich, man erwartete nichts Gutes von ihr.

Laura konnte gottlob des Abends manchmal zu ihrem Freund Giorgio flüchten, schnell in den Bus, der vor der elterlichen Haustür abfuhr. Ein bisschen schwankend fahren, aussteigen, eine kleine Straße hinaufgehen – und schon war sie bei ihm, in seinem weltoffenen Café!

Später erkannte Laura, dass Giorgio für sie eine anhaltende Rettung dargestellt hatte. Er und seine Vorstellung vom Dasein, er und seine Kraft, sein Leuchten, sein Eigensinn. Was er damit auf die Beine brachte, immer wieder, unkonventionell und unwahrscheinlich, mit einer Courage, die sie an niemandem sonst kannte. Wie er angefangen hatte, die ersten Jazz-Platten zu produzieren, am Ende sollte er 400 Konzerte „auf eigene Gefahr“ organisiert haben! Laura blühte auf in seiner Nähe, Giorgio nämlich war auch von allem in ihr angetan, wovon man zu Hause nichts hielt. Giorgio hielt große Stücke auf ihre Talente, förderte sie und sagte es jedem. Ihn zu sehen, bestärkte Laura in ihrem eigenen Wesen. Umgekehrt bestärkte sie auch ihn, der seinerseits der Anerkennung entbehrte. Er wusste, wer sie war, und sie wusste, wer er war. Noch aber hatten beide keine Ahnung, von welcher Wichtigkeit das ist. Ihre Einigkeit sollte sich – von heftigen Streitereien unterbrochen – mehr als 55 Jahre als haltbar erweisen. Eigentlich noch länger, denn als Giorgio gestorben war, sprach er weiter mit ihr.

Zu Hause hielt man Laura allmählich für verstört. Nun war es auch schon gleichgültig, ob sich die Lage verschlimmern würde. Die Idee einer Flucht in ein anderes Leben begann heftig zu gären. Wilhelmine, welche querbeet belesen war und gerne mit Fremdwörtern umging, die sie nicht gelernt hatte, äußerte vor einem rasanten Architekten, Josua, der ihr großer Flirt war: „Laura ist ein Individualist, und unrealistisch. Sie hat Ideen. Menschenkenntnis hat sie keine.“ Was „Individualist“ bedeutet, wusste Laura. Das gefiel ihr. Obwohl die Mutter es nicht als Kompliment gemeint hatte. Sie würde noch aufgebrachter sein, als Laura von ihrer „halben Lehrzeit“ natürlich nichts als Existenzgrundlage übrigblieb. „Damit ist nichts anzufangen“, würde ihre Mutter rufen, „was hast du dir dabei gedacht? Wie willst du jemals dein Leben selber bestreiten?“ Dem fügte sie noch zu: „Du kannst überhaupt kein Geld verdienen, nie wirst du einen Pfennig verdienen. Dabei hast du Ansprüche! Du musst einen reichen Mann heiraten!“

Das empörte Laura, welche mit reichen Leuten nichts im Sinn hatte, aber es war sinnlos, etwas zu erwidern. „Abgebrochene Lehre“ verriet in Wilhelmines Weltbild einen schwachen Charakter, außerdem schlechte Manieren. So sah man, dass sich einer nicht anpassen konnte oder nichts durchhalten, wobei Erstgenanntes das Schlimmere war. Es bedeutete in ihren Augen eine eindeutig vorgewiesene Lebensuntüchtigkeit. Als sich Laura in einen gut aussehenden Mann verliebte, kam das mit dem „Ernährt-werden-Können“ wieder zum Vorschein. Wilhelmine rief: „Ein schöner Mann, ein feiner Mann – sett en opp dr Desch un frett davon!“ Manchmal bediente sie sich auch westfälischer Redensarten wie dieser vom Mann, den die Frau am besten auf den Tisch setzen und von ihm zehren soll. Später las Laura hoch erfreut, dass auch Prévert nie einen Beruf erlernte.

Bedenken

Zieht sich der Himmel über den Champs jetzt doch etwas zusammen? Laura ist in Gedanken bei der so mühsam errungenen Gebrauchsgrafik-Lehre. Hatte Wilhelmine nicht Laura mit viel Mühe und Schöntun im Werbebüro des Herrn Werner Blasius unterbringen können? Die Herrschaften sollten dem jungen verstörten Mädchen beibringen, Zeitungsanzeigen zu entwerfen, Reklamen und Schriften zu gestalten, das war doch was. Es hatte für Wilhelmine und andere praktische Menschen etwas vorhersehbar Folgerichtiges. Bei vielen Werkstudenten war es vor dem Kunststudium angeraten, in gewissen Fächern des Angewandten strikt gefordert. Nicht zuletzt aus einem realistischen Grund: Sollte das Kunststudium sie früher oder später in eine große Geldnot zwingen, würden sie zumindest etwas Anwendbares, Verwertbares gelernt haben; Fachwissen und Können, worauf sie zurückgreifen konnten.

Laura fand all das absurd, sie wollte freie Malerei und freie Zeichnung studieren. Das allein war ihrer Fähigkeit und ihren Interessen entsprechend, konnte also nicht falsch sein. Natürlich hieß es mit anderen Worten: weg von allem Angewandten. Und ihr hieß es: Ich muss nach Paris. Sie besuchte aber noch das Werbebüro, als sie diese Gedanken täglich hin- und herwälzte. Und obwohl sie ihren Lehrherrn, Herrn Blasius, gerne mochte, gedachte sie nicht, die ganze Lehrzeit „durchzuhalten“, auch nicht, um einen sogenannten „Lehrabschluss“ zu haben. Sie würde niemals Anzeigen entwerfen. Ein paar Versuche hatte sie gemacht, aber keine ihrer Ideen passte in das, was eine Anzeige erreichen soll. Sie hatte keinen Sinn für Reklame, eher stand ihr Sinn völlig gegen diese „Angeberei“, wie sie Reklame nannte, und alles An- und Aufzeigen von Vorteilen mit dem Hintergedanken von „Verkauf“. Eher noch hatte sie ein Talent zu Dekorativem. Sie könnte Tapeten, Stoffmuster entwerfen, wobei sie an den von ihr geliebten „duftigen" Raoul Dufy dachte. Später sollte sie auch darin scheitern, ein Volontariat auf diesem Gebiet abbrechen. Laura war allmählich im Scheitern geübt, nichts verstand sie besser.

Nur in der Volksschule, als Kind, hatte sie reüssiert. Da war sie, was sich ihre Mutter so wünschte, „willig und fleißig" – ja sogar begeistert gewesen jeden Tag. In die große Schule war sie gerne gegangen, denn Fräulein Winter war gütig wie eine Großmutter, vornehm und ein Vorbild. Laura hatte keine Großmutter und kein Vorbild gehabt. Sie lernte gern, die gütige Lehrerin mit großen dankbaren blauen Kinderaugen verschlingend. Sie bekam gute Noten, ließ stolz ihre Zeugnisse vom Vater unterschreiben. Aber am Ende dieser Volksschulzeit hatte Wilhelmine das brave Kind in ein fürchterlich strenges, katholisches Internat abgegeben; abgeschoben aus ihren Paradiesen, den Ruinen und ihrer ganzen Wildnis. Jetzt hatte sie Heimweh, weinte nächtlich und war am Tage ruppig gegen die Nonnen. So war sie denn das geworden, was ihre Mutter „extrem und obstinat" nannte und an ihr nicht verstehen konnte. Vielleicht würde ihr Lehrherr Blasius ihren Abbruch der Lehre besser verstehen als die eigene Mutter. Und in der Tat: Blasius sah, dass Laura auf seinem Gebiet gar keine Voraussetzung erfüllte. Aber Mühen, Freundlichkeiten, Beraten und Betteln um die Stelle von Seiten der Mutter hätten sich dann als umsonst herausgestellt. Er selber, Blasius, zwang Laura nicht in ein unpassendes Kostüm. Diese Laura, sein „Gretchen", war bei ihm in einer ganz unvorhergesehenen Weise gut untergekommen, und er würde ihr nicht im Weg stehen.

„Wie können die eigenen Kinder nur solche Spinner sein", hatte ihre Mutter vor Herrn Blasius geäußert. Denn sie war sicher, dass er mit ihr solidarisch sei. Sie ahnte nicht, wie solidarisch er mit Laura war. Abends klagte sie bei Johann: „Von mir hat sie das nicht. Laura hat verrückte Ideen und hält nichts durch! Vielleicht könnte sie später dann Muster entwerfen – sie sagte einmal so etwas. Also dass man das Gemalte zu etwas gebrauchen kann, denke ich. Zum Beispiel auch zu Stoffen schöner Kopftücher oder Tischdecken."

Der Vater sagte nichts dazu. Wilhelmine hatte längst das Regime in Geschäft und Haus sowie bei ihren gemeinsamen Kindern übernommen. Was sollte er sich damit befassen. Sie war beruhigt gewesen, für Laura diese Lehre aufgetan zu haben, bereits die zweite, nach einer schnell abgebrochenen in einem Keramikladen. Ganz zu schweigen von dem missratenen Lyzeumsbesuch bei den Nonnen nach ihrem Internatsaufenthalt, das war alles ganz schön teuer und umsonst gewesen. Zustande gebracht hatte sie nichts. War denn Laura so dumm? Im Internat hatte sie also Heimweh gehabt, das hatte ihr Vater gesehen. Sie hängte sich an sein Auto, wenn er nach den Besuchen abfuhr, und weinte jämmerlich – auch er holte sie nicht hier heraus. Dann war sie also „aufsässig" geworden, und die Nonnen notierten: „Laura stört den Unterricht." Wie sonderbar, in der Volksschule hatte sie doch im Zeugnis unter „Betragen" die Note „Eins" gehabt. Was machte dieses Mädchen nur so schwierig? Jetzt sieht Laura Mutter und Vater in ihren Betten jeden für sich nachdenken: Die Kinder kosten Geld und machen Sorgen, denkt Wilhelmine. War es überhaupt nötig, sie in die Welt zu setzen, und wenn schon, hätte nicht eines gereicht? Letzteres hatte sie auch einmal Hella, Lauras jüngerer Schwester gegenüber geäußert: „Was die Leute nur immer reden, von Einzelkind und so, und dass das nicht gut sei. Es ist Quatsch. Man braucht gar kein zweites Kind." Hella hatte darauf geantwortet: „Mama, ich bin das zweite Kind." Einmal muss das doch enden, wünscht sich Wilhelmine, ich stehe Tag für Tag im Laden. Wenn man hart arbeiten muss, gehen einem Flausen auf die Nerven.

Laura verstand das, sie hatte ein reges schlechtes Gewissen ihren fleißigen Eltern gegenüber. Sie sah, dass sie sich täglich mit Kunden plagten und nur sonntags an anderes als einträgliche Dinge denken konnten. Und ja, wenn die heimatliche, werkkunstorientierte Schule niemand ohne vorherige praktische Ausbildung annehmen wollte, war ihre Lehre erforderlich. Dann musste man eben an eine andere Schule denken.

Wilhelmine hatte in ihrer Jugend auch eine Lehre gemacht, in einem vornehmen Konfektionsgeschäft in Hamm in Westfalen. Damals war sie schon eine Waise gewesen. Und sie war beim Abschluss der Lehre in ihrem Zeugnis folgendermaßen gelobt worden: „Wilhelmine war willig und fleißig." Sie zeigte ihr Zeugnis stolz ihrer Tochter. Dieser Tochter, die es misstrauisch anschaute und dann rief: „Ich bin nicht willig und fleißig!" Dann sagte sie noch, zu allem Überfluss: „Ich habe meine eigenen Ideen."

Zuerst hatte sich Laura mürrisch gefügt. Es gab für die Zukünftigen der Werkkunstschule nur wenige geeignete Lehrstellen. Sie selbst hatte es in einer Druckerei versucht, auch das wäre geeignet gewesen, aber hier war nichts zu haben. Nun hieß es also: in einem Werbebüro sitzen, Tag für Tag, acht Stunden, drei Jahre lang. Wie lang drei Jahre sind. Für Laura war es die Vorstellung, eingesperrt zu sein, so ähnlich dem Gefühl im Internat, wie auch oft dem zu Hause. Sie wollte nun schon nicht mehr in die Werkkunstschule. Dort gab es den ihr völlig unsympathischen Grundklassenlehrer, der ihrer Mutter geraten hatte: „Lassen Sie das Mädchen Kaffee kochen und nähen lernen, sie wird ohnehin heiraten." Hatte der vielleicht ganz im Sinne ihrer Mutter gesprochen? Wie sich doch praktische Menschen schnell einig werden. Laura war wütend, hatte von Wilhelmine eine sie verteidigende Antwort erwartet. Die anderen, dachte Laura, die man „Spinner" nennt, werden mit dem sogenannten guten Recht der Praktischen überall schnell entmachtet. Sie wusste das schon lange, und obwohl die „Spinner" keine Macht anstrebten, also niemandem eine Konkurrenz bedeuteten, wurden sie angegriffen. Laura barg eine farblose Trauer in ihrem Gemüt, die sie niemandem mitteilen konnte. Wollte man nicht ständig all ihre Ideale, und besonders ihre Liebe zu Farben entmachten? Der Mann der Grundklasse der Werkschule hieß Wolf, Professor Wolf. Ein anderer Professor, Hußmann, hätte sie gleich für seine Klasse akzeptiert. Lauras Freund Paul war in dieser Klasse Meisterschüler geworden. Und Wilhelmine hatte mit Laura diesmal bereitwillig Professor Hußmann in seinem schönen Haus besucht – was Laura ihr hoch anrechnete. Hußmann aber schränkte ein, er könne „den Wolf nicht umgehen". Fortan sah Laura diesen als Musterbeispiel des bösen Wolfes aus dem Märchen, und er sollte es über Jahrzehnte bleiben, denn ihr Zugang zu Malerei und freier Grafik blieb ihr durch ihn versperrt. Seine Wirkung hielt ungeheuerlich lange an, auch viele Jahrzehnte später gelang es ihr nicht, sich in der Werkschule einzuschreiben. Man sagte, Wolf beliebe Mädchen gern zurückzustellen. Erst der neue Direktor half ihrem Wunsch endlich auf die Beine.

Aber war dieser Wolf nicht so eine Figur, die einem das Schicksal auf den Weg stellt? So eine „Schachfigur", deren Sinn und Macht man im eigenen Leben lange nicht verstehen kann, eine Art absurder Hürde? Solche Hürden können sich später auch als ein Segen erweisen. Aber Laura war zu jung, das zu erwägen. „Dieser Widerling!“, sagte sie zu Paul, der selber das Angewandte hasste, aber damit dann doch sein Brot verdiente als ein sehr guter Schriftgrafiker. Auch Paul kam erst im Alter zu seiner freien Kunst, über mühsame Umwege – und als er zu ihr gekommen war, mochte er sein Leben gar nicht mehr abgeben, starb mit verzweifelter Gegenwehr.

Als Gretchen im Schlaraffenland

Das Werbebüro war also jetzt mit aller Diplomatie und Schläue der Mutter erobert worden, endlich etwas Praktisches und Brauchbares, das ihrer Tochter den Kinderkram austreiben würde. Aus ihrem unrealistischen Kopf – das war das richtige Wort. Laura dachte dann stets: Was ist denn realistisch, nur das, was DU denkst? Aber sie hatte aufgehört, darüber zu diskutieren. Wilhelmine war nun endlich sicher: Die Tochter könnte nach der Lehre irgendwo angestellt sein und Anzeigen entwerfen, sie würde gegebenen Aufträgen folgen und ihr Geld verdienen. Das brachte sie immer wieder auf den gleichen Nenner: „Am besten, man passt sich freiwillig an. Damit kommt man am weitesten. So kommt man auch dazu, gut zu verdienen.“ Laura hasste solche „Leitsätze“, sie blieb verbockt, fuhr aber jeden Morgen zu der angenommenen Lehrstelle. Und ausgerechnet dort sollte sie endlich etwas Eigenes, ihr nicht Befohlenes machen können. Das Wort passte: etwas Eigenes. Wenn ihre Mutter ihren Vater rügte, nannte sie ihn „eigen“ und sagte: „Der Johann ist heute wieder so eigen.“ Immer dann war ihr Vater so, wie Laura ihn gerne mochte, stark und unangepasst, Wilhelmines Oberhoheit entronnen.

Zunächst verachtete sie die Firma – schon der Name: „Werbebüro“. Dieses war eines, das wöchentlich in der örtlichen Zeitung für örtliche Firmen Anzeigen entwarf, abdrucken ließ. Ein Unternehmen, das florierte und seine Angestellten tragen konnte. Die Zugehörigen zu diesem Werbebüro residierten in der Stadt im fünften und letzten Stock eines großen altmodischen Bürohauses. Laura fuhr täglich mit der Straßenbahn dorthin. Alle, die in dem Werbebüro arbeiteten, kamen offenbar gerne zu dem fünften Stock hinauf, die vielen Treppenstufen, es gab keinen Aufzug. Morgens war dort eine gute Stimmung, wenn alle angekommen waren. Laura sollte nun die Papiere im rechten Maß zurechtschneiden für die Zeichner, wie es auch die andern Lehrlinge taten, Textstellen der Anzeigen markieren, und versuchen, ab und zu eine Zeichnung für eine Anzeige zu machen. Meistens für eine nicht so wesentliche Anzeige, sodass die Zeichnung nicht ganz perfekt sein musste. Außerdem sollte sie mit Redisfedern verschiedener Stärke und Tusche Schrifttypen üben. Sie versuchte das willig ein wenig, es kam nicht viel Brauchbares dabei heraus; dann saß sie still da und verharrte. Man rügte sie nicht. Sie hatte Langeweile.

Bis sie eines Tages in dem Werbebüro ruhig angefangen hatte zu malen. Farbige Märchengebilde, skurrile surrealistische Geschehnisse. Sie hatte das alles in Aquarell auf das Papier des Werbebüros gebracht, Zeichnungen und Malereien, die alle erstaunten. Laura schwelgte in den reinen Aquarellfarben, schlug zu mit ihrem freien, illustrativen und auch skurrilen Strich, gebrauchte das kleine Tuschfederchen mit wahrer Wonne. Sie war stundenlang hoch konzentriert zugange und vergaß ihre Umgebung. Bald kamen die Werbegrafiker täglich nachsehen, was der sonderbare Lehrling Laura wieder gemacht hatte. Sie wunderten sich sehr. Wie war das Mädchen hierhingekommen? Der älteste von ihnen sagte eines Nachmittags: „Laura ist die Begabteste von uns allen." Aber mit Werbung, Anzeigen, Schriften und Reklameentwürfen hatte das, was Laura malte, nichts zu tun. Die teuren säurefreien Papiere lagen in einer Schiebeschublade im Grafikschrank. Es handelte sich um sorgfältig ausgesuchtes, glattes und raues Zeichenpapier in verschiedenen Stärken. Jeder einzelne Bogen war teuer. Er kostete so viel wie ein Brot, und ein Brot war viel wert in der Zeit nach dem Krieg. Einen solchen Bogen legte sich Laura nun jeden Tag auf ihr Zeichenbrett. Das Zeichenbrett war ihr das Liebste in dem ganzen Werbebüro, und dieses hatte sogar ihre Mutter bezahlt. Sie hatte ihr das Brett bewilligt, mit 35 Mark! Natürlich nur, weil die Lehrstelle es erforderte. Das schöne feste Brett mit zwei unteren Verstrebungen zum Halt und zur Schräge auf dem Tisch, sollte Laura von der Lehre an bis ins Alter begleiten. Dieses Brett sah am Ende selber aus wie ein Bild – vom Gebrauch der Aquarellfarben, der Stifte, der Tusche und der Nähe der Tempera-Töpfe.

Laura begann nun jeden Morgen mit aller Fantasie freudig zu malen. Sie stand gerne auf, sie war gerne in der Straßenbahn, sie lief gerne die fünf Stockwerke hoch. Und dann begrüßte sie strahlend die alten Zeichner und die noch ältere Sekretärin. Die Papiere nahm sie selbstverständlich weiter aus der Schublade, raue und glatte, je nachdem was sie damit vorhatte. In den schönen kleinen Kästchen mit den teuren Aquarellfarben stöberte sie herum und suchte sich die reinsten aus. Sie las aufmerksam unter den Kästchen, wie die Farben hießen: Krapplack, Echtrosa, Payne's Grey, Cölinblau, Pariser Blau, Sienarot, Echtorange, Echtgelb, Chromoxidgrün, Maigrün, Hellocker, Zinnoberrot und so weiter. Die Namen klangen ihr wie lautmalerische Poeme, die zu den Farben gehörten. Dass Van Gogh umgekehrt die Töne in Farben übersetzt hatte, wusste sie damals noch nicht, sollte es aber gut verstehen. Wenn sich der Tag neigte, wusch sie mit Seife alle Pinsel aus, auch die der anderen, wie sich das für einen Lehrling gehörte. Sie fuhr dann gar nicht gerne heim.

Der gesetzte joviale Lehrherr Blasius war um die 50, mittelgroß, hatte ein ovales Gesicht, wenige, gepflegte Haare und wache, ruhige, grünlich-braune Augen. Er trug sehr feine Schneideranzüge und dazu passende hellere Hemden, feste teure Schuhe. Blasius machte einen korrekten Eindruck durch und durch und wirkte doch unkonventionell, ohne dass man wusste, warum. Es war etwas Kluges an ihm, das man nicht leicht einordnen konnte: War seine Klugheit geschäftlich oder philosophisch? Blasius war so ein Chef, der ruhig durch die Räume geht und alles bestimmt, ohne autoritär zu wirken. Dabei blieb er undurchsichtig, geheimnisvoll. Äußerlich war er von einem Typus, der alles und nichts sein kann. Dass Herr Blasius ein Allerweltschef sei, glaubte allerdings niemand, der ihn kannte. Eines Morgens sagte er zu Laura: „Gretchen, würdest du einmal etwas Lukratives für mich tun und mir ein paar Papier-Formate vorschneiden?" Laura beeilte sich, gut und schnell seinem Wunsch nachzukommen. Sie brachte die geschnittenen Papiere in sein Büro. Er bedankte sich – und sie wusste nicht, was er dachte. Ob er gemerkt hatte, dass sie sein Papier vermalte? An einem anderen Tag fragte er sie: „Gretchen, kannst du einmal so lukrativ sein, meine Frau vom Flughafen abzuholen?“ Laura sagte fröhlich ja. Es schmeichelte ihr, dass sie etwas Privates für ihn tun durfte. Dann war sie lieb und freundlich zu der Dame, als sie sie abholte, die Frau ihres Chefs. Und die Dame war auch nett zu ihr. Das war ein schöner Tag.

Der kauzige Chef, vor dem sie bei der Vorstellung Angst gehabt hatte, gefiel ihr. Er war seriös, konnte streng sein, bestimmte und hatte dahinter gewiss eine Güte verborgen. Sie hatte keinen Widerstand gegen ihn, wobei sie sich wunderbar erholte. Bei dem Vorstellungsgespräch hatte sie erwähnt, dass sie sich ohne Erfolg in einer Druckerei beworben hätte. Da hatte Herr Blasius ganz fest gesagt: „Ja, Kind, was willst du denn? Willst du in eine Druckerei? Das hier ist ein Werbebüro.“ Da merkte sie, dass sie einen Fehler gemacht hatte. Ihre Mutter blickte bereits sehr böse. Sie hatte Herrn Blasius darauf ehrlich gestanden, dass sie für die Werkschule dieses brauchte, eine praktische Ausbildung. Damit hatte er sich zu ihrer Verwunderung zufriedengegeben. Auf dem Heimweg hatte ihre Mutter sie auf der Straße angezischt: „Musstest du das nun sagen, dass du zuvor in der Druckerei warst!“ Laura antwortete: „Ja, aber ich war doch wirklich da.“

Nun hatte sich alles eingespielt. Laura brauchte sich zu keiner Bereitwilligkeit zu zwingen. Was immer Herr Blasius von ihr wollte, sie tat es gern. Dabei fiel ihr ein, dass ihr Vater einmal in seinem rheinischen Dialekt gesagt hatte: „Wenn mer einer joot ligge kann, es alles anders.“ Wenn man einen gut leiden kann, ist alles anders. In Hochdeutsch gesprochen, hatte es weniger Kraft. Das alles bedeutete für Laura einen frohen Zustand, den sie bisher nicht kannte, oder doch? Einmal, bei Fräulein Winter, war sie auch ungezwungen bereit gewesen, alles gut zu machen – und damit glücklich gewesen. Sie wunderte sich jedoch weiterhin, dass Herr Blasius sie so einfach gewähren ließ. Warum tat er das? Nie rügte oder mahnte er sie. Er erteilte ihr auch keine Befehle. Laura fand ihren Chef wunderlich, geheimnisvoll und sympathisch. Insgeheim hatte sie ein bisschen Angst vor ihm, wegen ihrer Malereien, aber diese Angst erschien ihr ungerecht. Dabei gestand sie sich: Er hat mich manchmal so angesehen, als ob auch er mich wunderlich fände.

Nach einiger Zeit rief Blasius sie einmal zu sich und zeigte auf drei Bücher in seinem Bücherschrank. „Siehst du die Bücher da, Gretchen? Das sind die Statuten der Schlaraffen“, sagte er. Sie blickte auf die drei zusammengehörigen Bände und verstand ihn nicht. Bei dem Wort „Schlaraffen“ dachte sie sofort an „Schlaraffia-Matratzen“. Sie sagte nichts und dachte: Damit konnte es nicht zu tun haben. Jetzt kam ihr „Das Schlaraffenland“, ein Bild von Brueghel, in den Sinn. Das konnte es schon eher sein. Er sah sie an, sie blieb still, blickte auf die drei Bücher. Jetzt fuhr Blasius fort: „Die *Schlaraffia*, das ist eine Vereinigung, in der auch ein Freund von dir ist, der ungarische Musiker.“ Sie merkte, dass er den Gitarristen meinte, den sie liebte. Aber woher wusste er? „Weißt du, was man als Erkennungszeichen trägt, wenn man ein Schlaraffe ist?“, sprach er weiter. „Nein“, sagte das Gretchen. Er zeigte es ihr: Einen runden farbigen Stecknadelkopf in der Spalte seines Revers. „Das macht man zum Zeichen, so erkennen die Schlaraffen einander.“

Laura fühlte sich „eingeweiht“. Ihr Urgroßvater war Freimaurer gewesen. So musste das also sein, wenn man eingeweiht wurde. Warum hatte Herr Blasius es ihr erklärt? Und wieso, woher kannte er ihren ungarischen Freund? Das war ja ganz unheimlich – oder besser: geheimnisvoll, überraschend. Laura dachte: Da muss ich den Attila Zoller sofort fragen, den ungarischen Freund, der gerade in einer entfernten anderen Stadt war. Waren die Schlaraffen so etwas wie Freimaurer? Der Urgroßvater war in einer Loge „Zum hellen Licht“ oder so ähnlich, davon hatte Wilhelmine oft erzählt. Was aber war ein Schlaraffe? Und woher wusste Herr Blasius von dem Freund, dem Künstler – und dass auch er ein Schlaraffe sein soll? Überhaupt, wieso hatte er diese Statuten? Sie hatte Blasius nichts zu fragen gewagt, so erstaunt war sie gewesen. Und der schickte „das Gretchen“ wieder hinaus. Warum nannte er sie „Gretchen“? Weil sie einen blonden Zopf hatte? Was war er für ein Mann, was hatte er für ein Schicksal? Ob er vielleicht ein Jude war, es ein Drama in seinem Leben gab? Er war ihr geheimnisvoll, manchmal unheimlich, aber Laura wusste immer eines sicher: Er war ihr gewogen. Sie war neugierig, was der Lehrherr in seinem Leben sonst noch machte oder gemacht hatte. Sie bekam das nie heraus. Vielleicht hatte sie auch nicht recht nachgeforscht. Laura hatte das Gefühl, dass er von ihr alles wusste und sie von ihm nichts.

Herr Blasius erzählte jeden Morgen nach der Begrüßung im Werbebüro seinen Zeichnern und Lehrlingen einen Witz. Es sah so aus, als wolle er sie aufmuntern, und es mussten alle lachen. Das heißt, sie lachten nur, weil er es war. Sobald er draußen war, lachten sie wirklich: über ihn. Seine Witze fanden sie nur selten lustig. Laura verstand nicht, warum er das mit den morgendlichen Witzen machte. Sie konnte nicht beurteilen, ob seine Geschichten humorvoll waren. War er ihnen zu wunderlich, ihr Chef? Kam er deshalb bei den anderen nicht an? Denn das Sagen haben und wunderlich zu sein passte für Laura nicht zusammen. Nahmen sie ihn etwa nicht ernst? Laura jedenfalls lachte nie mit ihnen, wenn er hinaus war. Und dass sie zu ihm hielt, schien er zu wissen, obwohl er ja gar nicht ahnen konnte, dass sie nicht mitlachte.

Herr Blasius war nicht böse über ihre skurrilen Bilder auf seinem hauseigenen Papier. Er sagte sogar manchmal: „Das ist schön, was du da gemacht hast, Gretchen." Sie war sich, wenn er Gretchen zu ihr sagte, stets sehr blond und blauäugig vorgekommen, aber endlich einmal, ohne sich daran zu stören. Im Übrigen war Laura die Kombination „deutsch und blond" verhasst, obwohl sie einiges davon hatte. Gar nicht aufgefallen war ihr lange, dass auch die meisten Freunde, die sie um sich scharte, blond und blauäugig waren. Eine Freundin, auch sie blauäugig, hatte ihr einmal erklärt, die blauen Augen seien die rarsten auf der Welt und würden „aussterben". Paul, diese Freundin und Lauras Vater hatten solche besonders blauen Augen – was Laura insgeheim an die Himmelsfarbe und an schöne blaue Glasmurmeln erinnerte. Aber warum nur war sie für ihn das Gretchen? Hatte es mit Goethe zu tun? War nicht dieses Gretchen ein naives Ding und ziemlich reingefallen auf den Doktor Faustus? Warum er sie so nannte, sollte sie nie herausbekommen, sie war nicht gut im Nachfragen, es war ihr peinlich. Aber sie vergaß es nie.

Eines Tages trug sie Herrn Blasius vor, dass sein Werbebüro nicht der richtige Ort für sie sei. Er war überrascht. Die Lehre abbrechen, nach fast zwei Jahren? Dann sagte er ruhig: „Ich verstehe das. Aber mach doch den Abschluss. Du kannst ihn später zu irgendetwas verwenden, Gretchen." Er versuchte sie davon zu überzeugen, auszuharren. Sie spürte, dass er vielleicht Recht hatte; es ging ja um nur noch ein Jahr. Aber sie erklärte ihm rundheraus, sie hätte bisher nichts in seinem Metier, der Werbung, gelernt, es sei nicht ihre Sache, und ein Jahr, das sei lang. Blasius, der ja wusste, dass Laura auf eine Kunstschule wollte, fügte nun zu, dass der Lehrabschluss doch gerade dazu das Entree wäre. Aber Laura war voller Ungeduld. Sie wusste, dass es bisher niemand so gut mit ihr gemeint hatte; dieser sonderbare Mann war das Beste für sie, und er selber hatte von ihr nichts gehabt. Dennoch, sie hörte nicht hin. Laura war noch in dem frischen Alter, welches das Recht hat, auch das Beste und Notwendigste auszuschlagen. „Ich will nach Paris", stieß sie hervor, „auf die ‚École des Beaux-Arts' oder die ‚Académie Julian'."

Herr Blasius war nicht sonderlich erstaunt – was sie wunderte. Er lächelte schmal und weise, dann schüttelte er langsam den Kopf. „Ja, wenn du das wirklich willst, Gretchen. Aber ich bedaure es." Nun durchfuhr auch sie ein Bedauern, ja ein Traurigsein über ihre Entscheidung. Dass sie Herrn Blasius nicht mehr sehen würde – und eine Angst, was ihr alles zustoßen könnte. Die Zukunft blickte sie plötzlich an wie ein schwarzes Loch. Aber nun gab es kein Zurück. Sie versuchte, Herrn Blasius fest anzusehen.

Laura hatte eine Freundin im Werbebüro, den anderen weiblichen Lehrling. Ein schmales langgliedriges Mädchen mit schwarzen Haaren und blauen Augen. Renate Knuster. Ihr Name passte nicht zu ihrer Gestalt. Sie war sehr graziös, was Laura bewunderte. Sie hatte Ballettstunden gehabt. Neben ihr kam sich Laura wie ein großes Pferd vor, was natürlich übertrieben war. Renate wiederum beneidete Laura wegen ihrer hellen Ausstrahlung. Man sah Renates Bewegungen an, dass sie Ballettstunden genommen hatte, und wenn Laura sich ihr gegenüber grob vorkam, benahm sie sich mit Absicht vulgär. Das führte zu Querelen und Eifersüchteleien. Doch gerade weil die beiden Mädchen so verschieden waren, entdeckten sie nach und nach das Exotische der jeweils anderen. Sie wurden verschworene Freundinnen. Jede von ihnen merkte, dass sie sich ein wenig in die andere verliebt hatte.

Renate war bereits einmal auf der Werkschule gewesen, in der Klasse der Freien Malerei. Irgendwie war bei ihr alles umgekehrt. Bei aller Vertrautheit wurde Laura nicht klar, warum Renate hier eine Lehre machte. Dann gab es noch einen jungen Mann, auch Lehrling, einen frischen blonden, den die beiden Mädchen gerne mochten.

Als Laura nun vor Herrn Blasius vom Abbruch der Lehre gesprochen hatte und er seine Einwände kundgetan, fragte er nach einer längeren Pause: „Hat Renitente dich dazu überredet? War es ihre Idee?“ In der Tat hatte Renate, die Herr Blasius scherzhaft „Renitente“ nannte, Lauras Entschluss gefördert. Sie hatte beständig angemerkt, dass man an diesem Ort nichts lernen könne. Laura wollte nicht, dass dieses Herrn Blasius bestätigt würde, er hatte es vielleicht sogar beobachtet – nun war es ihr peinlich. „Nein!“, rief das Gretchen. „Ich wollte es zuerst!“

Herr Blasius sah das Gretchen nie wieder. Später dachte Laura oft über ihren Lehrherrn nach. Es war gewesen, als könne Herr Blasius schon alles erblicken, was auf Laura zukommen sollte. Sie legte noch eine Weile seine teuren Papiere auf ihr Brett, holte sich seine Aquarellfarben, malte Märchenhaftes und von Liebe träumende Feen, auch Mörderisches, Geköpfte, Leichen und Leichenteile. Sie zeichnet ihre wichtigsten Freunde, vor allem den ungarischen Gitarristen, aber auch andere Jazzmusiker, machte Karikaturen von Renate und sich selbst.

Laura sollte in den nächsten Jahren nie mehr in Ruhe einen ganzen Tag ihrer Kunst widmen können, so wie das in Blasius' Werbebüro möglich gewesen war. Manches zeichnete sie mit Bleistift oder mit dem schmalen schwarzen Federchen mit Tusche vor, an anderes wagte sie sich mit forschem Kohle- oder Pinselstrich. Das alles hatte sie niemand gelehrt, es sei denn die Zeichner des Werbebüros, sie, die mit den Federchen und den Farben völlig andere Bilder machten. Gerade darum war sie ebenso feurig wie willig bei der Sache. Ein gewöhnlicher Lehrherr hätte Laura „willfährig“ gemacht, ihr gesagt, was sie zu tun – und vor allem zu unterlassen – habe.

Die Werbegrafiker mitsamt der Modezeichnerin sahen noch eine Zeit lang erstaunt auf das, was das junge Mädchen aus ihrer Fantasie auf das Brett zauberte. Der älteste Grafiker, Herr Römer, welcher im Krieg nach Sibirien verschlagen worden war und in der Runde ständig „diese nächtliche sibirische weiße Weite“ lobte, so wie er – infolge dieser Weite – die Enge des Werbebüros hasste, hatte eigentlich auch ein freier Maler, Künstler werden wollen. Herr Römer war viel früher schon auf der heimatlichen Werkkunstschule gewesen. Im Werbebüro des Herrn Blasius „diente“ er, nach dem Dienst im Kriege, als Gebrauchsgrafiker. So konnte er seine wiedergefundene Familie ernähren. Obwohl Herr Römer blass, alt und verbraucht aussah, obwohl er klein und krumm war und obwohl nichts, aber auch gar nichts Anziehendes an ihm zu finden war, mochte Laura Herrn Römer sehr, und besonders wegen seiner freien Reden über die Kunst. Ihr gefiel aber auch die ständige Erwähnung seiner schönen italienischen Frau, von der er mit Liebe, Achtung, und Freude über ihre Kochkunst sprach.

Die Malerei war Herrn Römer offenbar ebenso heilig wie Laura. Wegen seiner klugen, künstlerischen und philosophischen Ausführungen erschien er ihr schön und wohlgeraten; sie empfand das arg zerrüttete Gesicht und seine vertrocknete Haut bald als ein Zeichen seiner Weisheit, und dass er bei seinen klugen Reden meistens den Kölner Dialekt sprach, war ihr nur recht. Denn ihr eigener Vater sagte ja auch die klügsten Dinge in diesem Dialekt. Herr Römer war es gewesen, der sie „die Begabteste von uns allen" nannte. So viel hatte noch nie einer von Laura gehalten. Ihre Kunstlehrerin im Lyzeum hatte zwar die farblich und kompositorisch gelungenen Bilder von ihr im Flur aufgehängt, was ihr erstmals auf ihr Talent zu deuten schien, aber was Herr Römer sagen sollte, kam aus dem Mund eines Mannes, der große professionelle Kenntnis auf dem Gebiet hatte. Er lobte sie, machte Vorschläge zur Wahl surrealistischer Themen. Laura war berührt und begeistert. Sie freute sich schon im Bett des Morgens zu Hause auf ihre Ankunft im Werbebüro.

Ihrerseits lauschte sie gespannt, wenn Herr Römer von der Weite und dem unvergleichlich hohen Sternenhimmel Sibiriens sprach. Es waren ihm dort Hände und Füße erfroren. Er erwähnte das und tat es als unwichtig ab. Gewiss hatte er in Russland auch gehungert. Laura verstand, dass ihm nach Sibirien – wovon doch alle andern ehemaligen Gefangenen eher wie von einer Hölle sprachen, einer weißen Hölle – in Deutschland alle Orte finster, eng und kleinkariert erschienen. Das Beste an seinem Leben war fortan, dass seine Frau herrlich italienisch kochte, und das schien Laura eine Art typisch rheinisches Leben zu sein. Sie mochte ihn noch aus einem weiteren Grund besonders, hatte er ihr doch einmal zugeflüstert: „Laura, in der Malerei kannst du alles tun, dir alles erlauben. Sie macht alles möglich. Es gibt hier praktisch keine Grenzen. Du kannst unter Wasser Motorradfahren, wenn dir danach ist." Das sollte ihr lebzeitlang ein wichtiger Hinweis bleiben, vielleicht ein „Kernsatz“ des Surrealismus, sie dachte dabei sofort an die Malerei von Salvador Dalí und Magritte.

Menschen sammeln in ihrer Jugend die ihnen passenden Kernsätze, die vertraute Personen ihnen sagen, ohne davon zu wissen. Indem später diese Sätze immer wieder auftauchen, merken sie, dass ein solcher ein Kernsatz war und geblieben ist. Jetzt schlich sich Laura eine Frage ins Gemüt, ob sie wohl später in einer Akademie einen Mann fände, einen Professor zum Beispiel, der solche Sätze wie der verbrauchte, alte Herr Römer zu sagen wüsste.

Herr Römer hatte im Werbebüro einen Kollegen, der wie er erst ab der Nachkriegszeit hier tätig geworden war. Auch dieser sah nicht aus wie ein Gebrauchsgrafiker. Ein älterer Herr, der immer Lackschuhe trug. Dieser Mitarbeiter, Herr Marvel, hatte wie Herr Römer auch einmal die Werkkunstschule der Stadt besucht, in die Laura jetzt hineinwollte. Herr Marvel hatte aber schon vor dem Krieg von der Grafik umgesattelt und war Musiker geworden, Barmusiker. Er war hochfein angezogen. Man konnte nicht enträtseln, woher er diese eleganten Anzüge, Hemden, Krawatten hatte. Waren sie vielleicht noch vor dem Krieg sorgfältig ausgesucht worden? Nach dem Krieg bekam man nichts dergleichen. Hatte er das alles sorgsam aufbewahrt, gehütet, noch aus seiner Pianobar-Zeit? Natürlich wollte er eigentlich Konzertpianist werden, wie alle Barmusiker. Natürlich war der Krieg schuld, dass es nicht dazu gekommen war.

Morgens kam Herr Marvel herein mit seinen Lackschuhen, schwarzem Hut über dem schweren grauen Haar und seinem imposant-interessanten, wenn auch müden Künstlergesicht. Den groß gewachsenen breitschultrigen Körper umfing der wehende lange Mantel, wenn er sehr langsam den Flur des Werbebüros betrat. Die Treppen machten ihm zu schaffen. Er war der Mann einer anderen Epoche und wirkte auf Laura tief beeindruckend. Herrn Marvels Bügelfalten waren auch nach vielen Stunden Werbebüro noch prägnant wie am frühen Morgen. Er schien nicht selten zu träumen, sah so aus, als ob er viel Romantisches erlebt hätte; vielleicht große und viele Liebesaffären, dachte Laura. An den Krieg, in dem vielleicht auch er gewesen war, dachte sie nicht, denn er war ein schöner Mann. Seine Hände auf dem Zeichenbrett wurden manchmal kalkweiß, und jemand meinte leise, Herr Marvel habe es wohl am Herzen. Dann dachte Laura über ihn nach, blickte sich nach ihm um. Er saß an seinem Brett hinten am Fenster zur Straße hin. So ein Grandseigneur, seine Lackschuhe und seine Manieren – wenn er auch hämisch werden kann, ging Laura durch den Kopf. Er war eine geheimnisvolle Gestalt, wie aus einem Film. Wie er so in seinem Winkel vor dem Zeichenbrett saß, gehörte auch er nicht hierhin. Wenn einer von den Zeichnern oder den Lehrlingen vor Herrn Marvel über Jazzmusik sprach, rümpfte er die Nase und ließ verlauten: „Sie spielen Saxophon. Das ist für mich eine Gießkanne."

Laura mochte diese bunte Gesellschaft. Herr Blasius, der als einziger Mensch an diesem Ort bürgerlich, streng und solide aussah, hatte sie alle ausgesucht und eingestellt. Gab es keine anderen – oder wollte er gerade diese haben? Wie aber gehörte sie, Laura, dazu? Nie hatte sie sich diese Frage beantworten können. Auch nicht, warum Herr Blasius nicht von sich aus einmal gesagt hatte, sie sei hier am falschen Ort. Sie sah sich später diese Kollegen vermissen, und sie wusste: Keiner von ihnen hatte das verhasste „Praktische" an sich gehabt. Obwohl sie doch der „angewandten Grafik" nachgingen! Dies waren keine Menschen ohne Traum.

Laura hatte noch etwas bemerkt: Auch die Sekretärin war nicht von der üblichen Art; das ältere, dünne, lebenskluge Fräulein Hoffmann, die so wackelte, als fiele sie jeden Moment auseinander. Tatsächlich war sie weniger betagt, als es aussah. Aber ihr Sichtfeld war derart eingeschränkt, dass sie ihre eigenen Schritte kaum sehen konnte. Immerhin tippte sie Herrn Blasius alle Geschäftskorrespondenz und machte vielleicht sogar noch die Buchhaltung. Wie lange war sie schon bei ihm? Man hörte sie den ganzen Tag an ihrer Klappermaschine. Manchmal bügelte sie auch im Büro Herrn Blasius' Hemden. Ihre Brillengläser waren so dick wie der Boden eines Whiskeyglases. Mit Renate und Laura ging das alte Fräulein liebevoll um, und sie lächelte über deren verrückte Streiche, die sie den alten Zeichnern spielten. Ihr Lächeln war ein Huschen, eine kleine feine Bewegung in einem von Fältchen übersäten Gesicht. Fräulein Hoffmann war von ebenso seriöser Führung auf ihrem Gebiet wie Herr Blasius auf seinem.

Waren in diesem Atelier, ihrem Werbebüro, das den Zuschnitt einer Wohnung hatte, waren hier – wie es Laura nun erschien –

vielleicht doch vorwiegend Künstler eingestellt? Aber welche Künstler? Verspätete, verhinderte, umgeleitete? Waren sie nicht am ehesten herumgetriebenen Zirkuskünstlern vergleichbar? Sie jonglierten sich durch ihr verpasstes eigenes, spät noch irgendwie zurechtgezimmertes, vielleicht aus dem Krieg gerade noch gerettetes Leben. Sie hatten magere oder schwach gewordene Körper, Galgenhumor und Widerstandskraft und alle ein Geheimnis, etwas Bedecktes. Sie waren Menschen mit Geschichte.

Daneben gab es auch einen jüngeren Texter und einen Schriftkenner sowie eine nur Teilzeit arbeitende Modezeichnerin, die sehr vornehm und wohl aus gutem Hause war und fesche Zeichnungen mit ihrem flottem Strich hinwarf – Zeichnungen von Kleidern und Kostümen für die Anzeigen oder Versand-Kataloge. Und es gab noch die Laura sehr sympathische und fröhliche fest angestellte Illustratorin. Die drei Letztgenannten waren für Laura die „Zeichner aus der Neuzeit".

Das tägliche, mindestens achtstündige Zusammensein aller Mitarbeiter und des leitenden Herrn Blasius war freundlich und etwas altfränkisch. Was den Stil der Werbung betraf, wagte man nicht viel Neues. Laura bemerkte weder Konkurrenzgedanken noch Neid noch Fragen des Rangs oder solche der Gehaltsstufen. Die Tage verliefen selbstverständlich friedlich, Unruhe kam nur auf, wenn Aufträge mit kurzfristigen Terminen drängten. Vor allem behielt Herr Marvel stets die Ruhe und streute humorvolle Anmerkungen unter die Mitarbeiter. Wenn Laura sich um den Mann mit den kalkweißen Händen Sorgen machte, merkte sie, dass Herr Marvel mit den Lackschuhen es keinesfalls gerne sah, dass sie ihn vielleicht für alt oder krank hielt. Wenn er sah, wie ihr ein Mitleid in die Augen stieg, griemelte er vor sich hin: „Ach Jottchen, ach Jottchen. Behüt' mir das Bubidottchen, vor Hunger und vor Sturm, und vor Marvels Hosenwurm." Auch das gehörte zu seinen Sonderbarkeiten.

Endlich waren die Tage des Berufslebens für Laura erfreulich geworden. Trotzdem blieb sie bei ihrer Entscheidung, brach die Lehre ab und verließ das Werbebüro. Zu Hause ließ sie sich erst recht nicht beeinflussen. Es sollte endlich vorangehen in ihrem Leben! Viel später regten sich traurige Fragen in ihr: Was war das für ein seltsames Grüppchen in dem Werbebüro gewesen? Kein „Personal" – es waren Individuen. Es gab keine Fehden und keine

Machtansprüche. Als Laura später einmal einsam in einem Pariser Café darüber nachsann, wurde Herr Blasius ihr noch wunderlicher. Mit Renate-Renitente hatte sie über die alten Leute gelacht, sie waren in beider Augen nur „alles alte Leute“ gewesen. Gerade die, die ihr jetzt wie vermisste Persönlichkeiten erschienen. Sie hatte sich wohlgefühlt bei ihnen, solchen, nach denen sie später in ganz anderen Kreisen vergeblich suchen würde.

Beim Abschied nahm Laura die Bilder mit nach Hause, die sie bei Herrn Blasius gemalt und gezeichnet hatte. Sie kam nicht auf die Idee, ihm eines davon zu schenken. Der Zug des Rigorosen des Jugendlichen ist immer begleitet von seinem vermeintlichen Recht, auf Rücksicht und Einfühlung verzichten zu können. Laura sprach auch nicht noch einmal mit Herrn Blasius, als sie sein Werbebüro verlassen hatte. Sie verkaufte aber die Bilder von dort nie und verschenkte nur einige wenige. Sie behielt ihre frühen Werke über alle kommenden Jahrzehnte und alle Umzüge in andere Städte bei sich, gab sie lebzeitlang nicht in Archive. Diese ersten Bilder hörten nicht auf, zu ihr zu sprechen, von ihren Wünschen, Träumen, Ängsten und ihrer eigensinnigen Begabung, die Herr Blasius hatte gedeihen lassen. Das Frühwerk erlaubt es dem alten Künstler, sich zu verstehen, es zeigt seinen Kern. Die Papierqualität war so gut, dass es kaum vergilbte und an keiner Stelle brach. Unter den Bildern waren solche, auf denen Jazzmusiker unter Wasser Saxophon spielten, umherschweifende Fische trugen Königskronen, eine Waldfee, „die kleine Feuerhexe“ (es handelte sich um Laura selbst) wollte den Wald anzünden und wurde von sanften Tieren davon abgehalten, eine Lilofee hatte im Schloss mit ihrem wilden Wassermann oben ein Zimmerchen für den kleinen Prinzen (von Saint-Exupéry), in dem er am Fenster saß. Unter Wasser spielte sich alles ab, nur kein Motorradfahren, was Herr Römer ihr vorgeschlagen hatte. Laura hatte es nicht mit Motorrädern. Die Bilder sprachen jedoch alle davon, dass es in der Malerei keine Grenzen gibt, alles erlaubt ist und jedes Vorgestellte sich bewegen, zu Leben kommen kann. Laura hatte außerdem erkannt, dass Aquarellfarben höchst geeignet sind, das Wunschleben unter der Wasseroberfläche darzustellen. Also gewissermaßen Wasserfarben zum Beleben von Wasserlandschaften.

Auch ihr geliebtes Brett nahm Laura mit.

les amants à Cologne
dans les ruines de la guerre

Teil II

„En arrière“

Rückwärts

Auf zur Tat – „un chemin long jusqu'ici"

Laura hat es bei Jean Cocteau gelesen; im Buch *Le Grand Écart – Der große Sprung*: „Es muss etwas geschehen, sprach der Floh, und sprang. Und dieser Sprung gehört zum großen Weltgeschehen." Vielleicht war auch dieser Satz schon auf dem Weg, Laura ein Kernsatz zu werden. Sie soll sich noch nach 50 Jahren an Cocteaus Floh erinnern. Wer hatte ihr das Buch empfohlen, wer las Cocteau? Damals viele Künstler. Das ihre stammte wahrscheinlich von Paul, der kein Französisch konnte, aber alles über französische Künstler wusste. Laura erinnert sich, dass Paul in diesen seinen frühen Jahren haargenau so zeichnen konnte wie Cocteau. Überhaupt vermochte sich Paul in allen Stilen auszudrücken. In der Kölner Werkschule galt er als eine Art Allround-Genie – und perfekt in Kalligraphie. Er vermochte sowohl streng und straff zu zeichnen als auch dekorativ. Die Zeichnungen in seinen Briefen fand Laura stets poetisch und delikat.

Sie hat nun alles vorbereitet. Jetzt ist nichts mehr zu ändern. Wie einen die eigenen Vorsätze manchmal überkommen – und uns ihr Eigenleben erfasst. Wir selber hinken noch nach, wir laufen dem nach, was wir selber angezettelt haben, manchmal in plötzlicher Furcht. Wer hätte es gedacht? Der Wunsch ist Laura zum Befehlsgeber geworden, seine Erfüllung nicht aufzuhalten. Rechnete sie wirklich damit, in Paris auf eine Akademie gehen zu können? Immerhin war sie von beiden eingeladen worden, sich vorzustellen. Nun ist es so weit. Sie würde reisen. Die Mutter schweigt dazu, sie denkt hämisch, vielleicht auch in Angst: Laura wird schon sehen. Wilhelmine soll weiterhin keinen Kommentar dazu geben. Kein Wort. Laura steckt das Ersparte in eine Briefmappe und packt ihren Koffer. Die Mutter bringt sie zum Zug, die Sache nimmt ihren Lauf. In Paris angekommen, werden die ersten Hürden vor Laura auftauchen.

„Académie Julian" – der Name war zu Hause in all den zusammengetragenen und ersparten Kunstbüchern aufgetaucht. Dazu hatte sich ein Bild der Bohème gesellt. Alles, was die berüchtigte, die wilde Bohème der Künstler betraf, fesselte sie. Das war kein Spießerleben! Keine Langeweile. Bohème, das war Mut und Armut und Kunst und Freiheit, morbide Schönheit! Sich mit den geistig Verwandten zu messen und sich zu verschwören. Laura hatte dazu alle rebellischen französischen Chansons auswendig gelernt, die ihr über den Weg kamen. Besonders jene berüchtigten und hoch musikalischen von George Brassens. Ihn würde sie in der Wohnung der Amerikanerin, bei der sie ihre Au-pair-Stelle antreten wird, fast täglich im Radio hören, angefangen mit seinem gerade in Paris sich verbreitenden Chanson: „J'suis le pornographe du phonographe.“ Manches Mal soll sie den Argot nicht verstehen, dieses vulgär-witzige Pariserisch, das von den „Hochgestellten“ als aus der Gosse kommend verachtet wird.

Sie wusste, dass Brassens aus kleinen Verhältnissen stammte, aber ein hoch belesener und gebildeter Mann und ein überall angesehener Künstler war. Einer, der die Rebellion gegen die Pharisäer, die Spießer nie aufgegeben hatte! Er sang auch Vulgäres, das sie erschreckte. Doch sagte man über ihn, er sei im Wesen scheu. Gelegentlich war Brassens extrem und obstinat, mancher sagte auch von ihm: impertinent. Seine Refrains hatten es in sich, das gefiel ihr. Brassens, das war die zarte Seele, extreme Leidenschaft, ungewaschenes Maul! Man liebt diesen Brassens hier natürlich ebenso wie ich die Pariser Kunstakademien, denkt Laura. Dahin passt er ja, der Bürgerschreck. Er drückt aus, was alle Künstler in der bürgerlichen Gesellschaft mitzumachen haben!

Sie hatte schon daheim nicht schlecht in ihren Pariser Ideen von der „Julian“ und der „Beaux-Arts“ geschwelgt. Welch feudale, edle Einrichtungen. Wer hatte hier schon alles im letzten Jahrhundert studiert. Ihr zergingen die Namen großer Künstler auf der Zunge wie eine Mousse au Chocolat, die wolkige Pariser Nachspeise. Die Kunstsammlung in ihrem Mädchenzimmer bestand aus herausgerissenen Drucken, Fotos, Skizzen, Wiedergaben der Ölgemälde von Matisse, Toulouse-Lautrec, Picasso, Rivera, Ingres, Rodin und dem schönen Italiener Modigliani, dessen 23-jährige schwangere Verlobte sich am Tag nach seinem Tode aus dem Fenster stürzte.

Laura wohnte quasi in diesen Kunstwerken. All ihre sorgfältig gesammelten und viel besehenen Bilder, diese Kopien der angebeteten Malerei hatte Laura zum Entsetzen ihrer Mutter mit Leim auf die Wände geklebt, über die eigens für sie angelegte brave Tapete. Laura wollte das für sie sinn- und geschmacklose Muster nicht sehen, es störte sie in einem fort. Weiße Wände wären schön, dachte sie, wie in einem Atelier. Ob sie jemals ein Atelier haben würde? Wie anders würde das sein als der zu ihr hoch ziehende Geruch der Metzgerei: Es roch nach Würsten, Geräuchertem, Fett, nach Küche, und vom Hof her manchmal nach leiser Verwesung, von Tierteilen in der Abfalltonne.

Sie hatte eine scharfe Nase, die alles wahrnahm. Laura schloss heftig ihre Türe ab, wenn zu Hause solche Gerüche hochkamen. Sie schloss besonders dann ab, wenn sie malte. Die Farben rochen gut und strömten Schönheit für sie aus, wie Blumen es tun. Sie schloss ebenso ab, wenn sie Bach oder Jazz hörte – und auch wenn sie Dostojewski las. Beim Lesen fühlte sie sich ihrer Mutter verbunden, die viel gelesen hatte, und sie bedauerte, dass diese Frau eine Metzgersgattin hatte werden müssen. Doch Wilhelmine, als sie Laura und ihre Bücher bemerkte, hatte gerufen: „Lies nicht so schweres Zeug. Das macht dich schwermütig." Dabei hatte sie selber *Der Spieler* von Dostojewski und *Krieg und Frieden* von Tolstoi gelesen. Wilhelmine sagte in einem anderen Ton häufig von sich: „Ich war immer melancholisch." Es konnte aber auch geschehen, dass sie harsch zu Laura hinaufrufen würde: „Hast du wieder abgeschlossen? Komm zum Essen herunter!" An solchen Tagen war Wilhelmine lediglich sachlich und praktisch. Hatte sie gar keine Fantasie? Welcher Schriftsteller, überlegte Laura, hatte denn geschrieben, dass die Fantasie des Menschen Bestes sei, war es Henry Miller?

Laura lebte, wie man sagt, in einer anderen Welt. Wilhelmine schien das gefährlich zu finden. Sie selber war in allem vorsichtig und abwägend. Vielleicht war sie so geworden. Auf einem Foto, das sie als Kind mit schön gedrehten Locken und Schleife zeigte an der Hand ihrer bereits todkranken Mutter, einer schönen vornehmen Frau, sah Wilhelmine in der Tat melancholisch und irgendwie jämmerlich aus. „Da bin ich ein richtiges Ömmerjöhnchen", hatte Wilhelmine einmal zu diesem Foto gesagt. Das Wort „Ömmerjöhnchen" kam nicht aus ihrem Dialekt in Westfalen, sondern war eines ihrer zweiten Heimat, dem Rheinland. Es bedeutete so viel wie ärmliches, bedauernswertes, trauriges Kind. Laura bewahrte dieses Bild und den Eindruck in ihrem Innern. Sie hatte das Foto mit furchtbar sich regendem Mitleid angesehen und einer ebenso sich regenden Ohnmacht, dass keiner diesem jämmerlichen Kind hatte helfen können – und auch sie würde ihr, diesem Kind, diesem mittlerweile volljährigen Mädchen, keinen Trost bieten können.

Sie tauchen auf, die Hürden

Die Hürden, die ihre Mutter Laura prophezeit hatte, sollten sich bald zeigen. Hürden, an die Laura nicht gedacht hatte. Solche, die Wilhelmine vielleicht längst aus ihrem Leben kannte. Aber als ihre Mutter mit hohler Stimme Lauras Ansinnen abgelehnt hatte, war Laura umso entschlossener, die Summe für die Reise zusammenzubekommen. Viel zu viel von dem ersparten Geld ging schon weg für die Fahrt und zwei Übernachtungen in einem kleinen Hotel. Laura hatte Praktisches nicht bedacht. Der Zeitpunkt der Abreise war falsch gewählt; es war absurd, nach Paris im Juli oder August zu fahren. Bekanntlich sind an den „Hundstagen" die meisten Pariser am Meer, und die Kindermädchen mitgereist. Die meisten Schulen sind geschlossen; aber die „Julian", das wusste sie, blieb den Sommer über für Kurse des Aktzeichnens geöffnet.

Sie hatte den Abgang aus dem Elternhaus geschafft, das war schon der schwerste Schritt für sie gewesen. Denn es gab ja auch das Schöne, das man zusammen hatte. Sonntagsausflüge aufs Land und dabei im Auto die alten Volkslieder, die ganze Familie beim Singen, dabei war jeder Kummer auf der Strecke geblieben. Laura sollte sich fortan und lebzeitlang nach diesem Singen sehnen – und sich dazu erinnern, dass man mit den Eltern in schöne Cafés gegangen war und der Papa alle eingeladen hatte zu riesigen Kuchenstücken.

Man kann nicht sagen, dass Laura bei ihrem Abgang wohl gewesen wäre. Aber sie hatte ihrem drängenden Entschluss nicht widerstanden und jede Angst in sich zu ersticken versucht. Ob so das Wesen der Courage ist? Ihre Freunde und ihre jüngere Schwester hatten viel von Lauras Mut gesprochen. Man hatte sie darum beneidet und andererseits doch auch nicht – denn ihr Mut war gefährlich. Laura wiederum hatte das Gefühl, dass ein Instinkt sie leite. Und noch mehr, dass es ihr Schicksal sei, dem sie folge. Zur Abreise war der Nachtzug vorgesehen. Man fuhr acht Stunden, über Namur in Belgien. Wilhelmine brachte Laura mürrisch zum Zug. Der Abschied entbehrte der Herzlichkeit.

Sie traf an diesem Abend auf dem Perron gegen neun Uhr abends eine ehemalige Mitschülerin aus Lauras Lyzeum. Die beiden Mädchen lachten überrascht und setzten sich gemeinsam in ein Abteil. Die Mitschülerin hieß mit Vornamen Lisa. „Du fährst auch nach Paris? Was machst du denn da?" – „Ich studiere Französisch, will Übersetzerin werden. Ich bin schon eingeschrieben", sagte die Mitschülerin. – „Und wie finanzierst du das?" – „Meine Eltern bezahlen das, es wird etwa drei Jahre dauern." Laura fiel das Hotel in der Rue Saint Sulpice ein, das sie vorbestellt hatte. Sie erzählte Lisa davon: „Da gehe ich morgen früh vom Bahnhof aus hin. Mein gespartes Geld wird schnell verbraucht sein. Ich werde wohl au-pair arbeiten." Lisa stieg eine Station vor ihr aus. Ins Abteil kam nun, morgens in aller Frühe, eine junge Französin. Laura begann sofort, mit ihr Französisch zu sprechen, und die junge Frau bot ihr an, später im Gare du Nord mit ihr einen Kaffee zu trinken, bevor Laura zur Metro gehen würde. Die Begegnung mit der Pariserin gefiel Laura. Es war ein schöner Zufall, einer, den sie mochte. Auch bei Giorgio waren immer wieder Menschen auf sie zugekommen, die sie spontan verstehen konnten, oder mit welchen sie eine Freude, ein Vertrautsein teilte. Ein amerikanischer junger Jazzmusiker, der in ihrer Heimatstadt Konzerte gab, hatte einmal zu ihr gesagt: „The man whom you love does'nt love you", womit er Attila Zoller meinte, „but you will always have friends – cause of your ideals." Sollte das auch so ein Leitsatz für sie werden?

Angekommen in der Lieblingsstadt

Laura und die Französin essen Croissants und trinken schwarzen Kaffee in der Nähe des Gare du Nord. Laura ist nicht müde, denn so lacht ihr ein guter Beginn: frühmorgens in ihrer Lieblingsstadt, die es immer bleiben soll. Die Französin sagt ihr, welche Metro sie zu nehmen hat und an welcher Station sie aussteigen soll. Laura geht zum Hotel. Hier sieht sie zum ersten Mal eine Concierge. Die Concierge gehört zu den Legenden von Paris, denkt sie. Jedes große Haus hat eine. Solche Eigenheiten einer Stadt gehören zu den Wundern, die junge Leute erleben wollen. Es geht weniger um spektakuläres Sightseeing als um solch feine Unterschiede von einem Land zum andern. In Deutschland gibt es keine Concierges, jedenfalls nicht solche. Das sind die Aufpasserinnen! Sie haben alle eine Katze und einen Vogel, denkt Laura weiter. Und wenn ein Liebespaar in ein Zimmer schleichen will, das nur einer der beiden gemietet hat, dann schreitet die Concierge ein. Sie ruft dann etwas mit spitzer hoher Stimme, wie die Concierge Madame Garmine in den *Kindern des Olymp*: Das Liebespaar erschreckt sich. Die Concierge sitzt den ganzen Tag hinter der Gardine und passt auf oder kocht etwas. Sie weiß immer, was in Flur und Hof und Treppenhaus geschieht. Alle haben Angst vor den Concierges. Sie gehören in Paris dazu, in jedes Hotel, und jedes Mietshaus verfügt über eine. Paris ohne Concierge ist undenkbar – und auch in den Romanen gibt es sie immer.

Laura wird in dem kleinen Hotel begrüßt. Erstaunlicherweise ist sie ihrer Madame Concierge sofort zugetan, wenn auch mit Furcht. Sie ist eine Dame mittleren Alters mit etwas unordentlicher Frisur, schnellem Blick und wider Erwarten einem freundlichen Ausdruck. Die Concierge erscheint Laura wirklich wie aus einem Film geschnitten. Natürlich hat sie sowohl Katze als auch einen Vogel im Käfig, was Laura sofort mit einem Seitenblick wahrnimmt: ein großer weißer Vogelkäfig mit schön geschwungenem Oberteil, der am Fenster steht, welches auf den Hof hinausgeht. Der Vogel ist nicht zu hören, aber Madame Concierge selbst hat eine hohe spitze Stimme. Sie führt Laura die Treppe hinauf, zum ersten Stock. „Voilà, Mademoiselle – votre chambre." – „Merci, Madame, c'est jolie, la chambre." – „Danke, es ist hübsch, das Zimmer", bringt Laura ohne Hemmung heraus. Sie horcht der eigenen Stimme nach, das sind ihre ersten Worte in einem Pariser Hotel! Sie merkt, sie hat es richtig ausgesprochen. Und das heißt: Jetzt fängt das andere, ihr eigenes Leben an!

Ihr Zimmer hat ein Fenster zur Straße hin, hier wird sich Laura abends das Pariser Leben ansehen. Als die Concierge fort ist, öffnet Laura sofort das Fenster und blickt hinaus. Als sie jetzt in der ihr unbekannten Umgebung steht und etwas zu betrachten hat, das sie selbst sich ausgesucht, erfasst sie eine große Freude. Als geschehe endlich in ihrem Leben etwas ganz nach ihrem eigenen Geschmack. Unten geht eine französische Frau, Laura beobachtet aufgeregt ihren Gang, die eleganten Schuhe, ihre Fesseln, den Rock. Die Französin – Pariserin natürlich – geht keck, mit Frauenstolz und leicht. Sie geht so, wie die Lieblingsworte von Jacques Prévert, die in Laura jetzt anklingen: *vivant, debout, souriant* – lebendig, aufrecht, lächelnd! So möchte sie auch einmal gehen können, bald – und dann immer. Natürlich trägt die Französin unten in der Straße feine elegante Schuhe mit hohen Absätzen. Laura nimmt dazu noch wahr: ein Kleid in taubenblau, auch eine ihrer Lieblingsfarben.

Sie blickt sich im Zimmer um. Da stehen eine altmodische Nachtkonsole mit Schublade und ein kleiner Schrank. Auf der Konsole liegt ein Spitzendeckchen. Den größten Platz nimmt das Bett ein, es ist weiß, weich und hügelig. Das Bett bedeckt eine durchbrochene Tagesdecke, die sich im Muster der Gardinen wiederholt. In der Nähe des Fensters steht ein Holztisch, davor ein alter Stuhl. Ihre Kleider kann Laura in einem Verschlag mit Vorhang bergen. Die Waschgelegenheit ist im Flur. Sie steht in dem kleinen Zimmer, als hätte sich ihr das Paradies aufgetan. Ihr Zimmer zu Hause ist geräumiger, aber dieses hier begehrter.

Laura hat jetzt großen Atem, vom Stolz, der sie erfüllt. Es ist still und gottlob keiner da. Laura hält inne, legt feierlich so etwas wie eine Gedenkminute ein, um ihren Stolz besser zu fühlen. Sie genießt ihre tiefen Atemzüge. Sie hat erstmalig etwas ganz von ihr selbst Gewünschtes erreicht. Zu Hause werden sie sagen: „Jetzt ist Laura da angekommen, wohin sie immer wollte.“ Aber das würde die Sache nur kümmerlich streifen, könnte keinesfalls den Zauber treffen, der gerade auf sie niedergeht. Paris ist nicht bloß, was sie gewollt hat, sondern sogar das, was ihr zu Recht geschenkt wurde, von den Göttern, die Begabungen verleihen.

Sie setzt sich an den Holztisch und zählt ihr Geld. Es ist jetzt französisches Geld, und sie zählt es auf Französisch. Viel ist es nicht mehr, was nach dem Hotel noch übrig bleibt und für den Traum von der Kunstschule doch reichen muss ... „Il faut organiser sa vie“, denkt sie im Pariser Ton, fast Jargon. Man muss sein Leben organisieren. Vielleicht hat sie es bei Maupassant oder sonstwo gelesen. Sie übt sich darin, wie hier die Leute sprechen, denkt dabei laut.

Es bleiben ihr zwei Tage in dem Hotel. Laura streift erst einmal durch Paris und geht in das Kaufhaus „Printemps“, wo sie einen Tag später von einem Büchertisch ein Buch von Prévert und dem Fotografen Izis kaufen soll, das sie sich nicht leisten kann. Es heißt *Grand Bal du Printemps,* und sie wird es ein Leben lang gut verwahren, es wird zu ihren Heiligtümern zählen. Danach kann sie nur noch Baguette mit Margarine und Knoblauch essen.

Sie macht sich nach kurzem Aufenthalt bei einer Schweizer Freundin auf ins Quartier Latin, zu einem anderen kleinen Hotel; dort wohnt ein Herr, dessen Adresse ihre Schwester ihr aufgeschrieben hat. Der sei auch ein Künstler, Sascha Leererklein. Ein Fotograf, die Schwester kennt ihn aus München. Laura könne sich vielleicht an ihn wenden, wenn sie Hilfe brauche. Sie sieht: Es ist ein einfaches Hotel – ohne Concierge – für Studenten und andere, die wenig Geld haben. Laura geht die Treppe hinauf, klopft an der Tür im zweiten Stock und trifft auf einen kleinen beweglichen Mann von großer Liebenswürdigkeit. Er heißt wirklich Sascha, spricht scheinbar mehrere Sprachen und ist sofort beflissen, ihr zu helfen. Er hat den Kopf voller Locken, ist ständig in Unruhe, geht hin und her, gestikuliert, lobt ihr schönes Gesicht.

Dann kocht Sascha Kaffee, und wie ein hurtiger Gnom geht er um sie herum, beteuert vor allem, er müsse sie unbedingt fotografieren. Ja, und dann würden sie gemeinsam überlegen, wo sie unterkommen könne, das sei alles gewiss nicht schwer. „Ce n’est pas un problème“, sagt Sascha, das ist kein Problem.

Laura sitzt auf dem kleinen Sofa und lächelt ihn an. Sie denkt, dass er ihr helfen wird. Sascha wieselt weiterhin aufgeregt im Zimmer herum, er serviert den Kaffee, steht auf, setzt sich wieder. Sie findet ihn etwas lächerlich, er ist ja auch so klein. Laura tut aber so, als nehme sie ihn ernst und hört ihm zu. Er fragt nicht, woher sie kommt und was sie hier will. Bald kramt er hinter einem Vorhang raschelnd herum, holt dabei ein kleines geflochtenes Körbchen mit allerlei Silberschmuck hervor. Er nimmt einen Armreif mit feiner Ziselierung und hält ihn Laura hin. „S’il vous plait, je vous donne cela comme cadeau.“ Bitte, ich gebe Ihnen das als Geschenk. Laura ist erschrocken: „Mais je ne veux pas un cadeau ... merci, Monsieur, c’est gentil ... mais ...“ Also das möchte sie nicht, ein Geschenk, es sei zwar nett aber ...Der kleine Mann nimmt schnell ihren Arm und schiebt den Armreif darüber, er sagt nur kurz: „C’est pour vous.“ Laura weiß nicht, was sie tun soll. Sie sagt vorsichtshalber erst einmal nichts.

Nun erklärt ihr Sascha, sie brauche sich keine Sorgen zu machen und sie könne zunächst einmal bei ihm bleiben. Laura sieht ihn erstaunt an, er verwirrt sie. Spinnt der? „Mais oui. Il ne faut pas payer pour la chambre ici.“ Ja natürlich, und sie brauche nichts zu bezahlen. „On va trouver une place pour vous …“, fährt er wieder fort, der Aufenthalt bei ihm gelte natürlich nur, bis man etwas für sie gefunden habe. Sie weiß plötzlich, dass sie gar nicht weiß, wo sie bleiben soll und für ein weiteres Hotelzimmer kein Geld hat. An so etwas hatte sie aber nicht im Entferntesten gedacht. Und wenn auch dieser Gnom gutmütig auf sie wirkt – hat nicht die Schwester ihr seine Adresse gegeben –, er weiß es und das bedeutet: Der wird nichts von ihr wollen. Laura blickt um sich. Das Zimmer ist so klein, wie soll das denn gehen?

Sascha redet jetzt noch schneller weiter, er müsse noch einkaufen gehen, damit sie etwas zum Abendessen hätten. Ebenso betulich und wie besorgt sieht sie ihn seinen Mantel holen. Was macht der, wer ist das eigentlich?, geht ihr durch den Kopf, und wie gelähmt bleibt sie sitzen. Er lächelt freundlich, wuselt sich Richtung Haustür, sagt noch mal, er wolle einkaufen. Was soll sie dazu sagen? Wo geht er nun hin? Dann erklärt er plötzlich, er schließe die Tür ab, damit ihr nichts geschehe und niemand eindringen könne. Er sei in einer Stunde spätestens wieder da. Und schwupp ist er raus und hat die Türe abgeschlossen.

Damit ihr nichts geschehe? Wie komisch … Laura merkt, dass sie nicht denken kann. Sie sitzt auf dem Sofa und langsam dämmert ihr, dass sie eingeschlossen ist. Aber er ist schon hinaus, es ging zu schnell, als dass sie hätte reagieren können. Die Tür ist zu. Der kleine fremde Mann hat sein Hotelzimmer verlassen und sie darin abgeriegelt. Sie sitzt wie eine Blöde noch immer auf dem Sofa, sie hat jetzt hierzubleiben, was sonst. Er ist ja nur etwas zu essen einkaufen. Was fällt diesem fremden Mann bloß ein? So etwas ist ihr noch nie passiert. Er hat es so schnell getan, ratsch, abgeschlossen. Wie kann ihr nur so etwas passieren? Was soll sie jetzt machen?

Lauras Angst vor dem Eingesperrtwerden ist größer als die vor ihm, Sascha. Sie nimmt ihn ja nicht ernst. Als Kind mit zehn Jahren war sie plötzlich in ein Internat eingeschlossen, von heute auf morgen. Das war etwas Unabänderliches, und die schlimmste Gewalt ist es ihr geblieben bis heute. Was hat er dagegen schon für eine Kraft, der Gnom?

Vielleicht denkt ihr Körper insgeheim, sie könne ihn verprügeln, sie sei stärker als er. Aber das gibt keine Antwort auf die Frage: Was tun? Sie hätte ihn ja fortdrängen können, schreien, einen Tumult verursachen. Es gab nur die hier angebrachte Wehr – oder abwarten. Aber ihre Angst, nach ihrer zweiten Nacht im Hotel nirgends bleiben zu können, war wohl größer. Noch weiß sie nicht, dass sie sich nur deshalb nicht wehrte, weil sie von der anderen – ihr von ganz früher bekannten – noch viel größeren Angst gelähmt wurde: die vor dem Eingesperrtwerden.

Bösartig wirkt er nicht, beruhigt sie sich. Ist er verrückt? Wie weit kann sie ihm trauen? Es ist ja kein Verbrechen, einem Mädchen ein Essen kochen zu wollen. Aber wie er das macht. Was tut der Kleine sonst noch, wenn er zurückkommt? Und wenn sie nun richtig Lärm macht, die Leute der Umgebung ruft? Nur, wo soll sie dann hin, da sie nichts mehr hat, blamiert sie sich mit solchem Geschrei. Der innere Tumult in Laura ist größer als der, den sie verursachen könnte. Laura redet auf dem Sofa mit sich selbst: Er ist ja gutmütig, der Kleine. Sie blickt sich wieder im Zimmer um. Hier ist ihr alles unangenehm fremd. Er ließ sie einfach in seinen persönlichen Sachen sitzen, also traut er ihr. Es ist sein Hotelzimmer, nicht ihres. Sie hat kein Hotelzimmer mehr. Das hier ist Fremde, nicht ihr Paris.

Was tun? Randalieren, Polizei rufen? Irgendwie zurückfahren zu den Eltern? Die Deutsche Botschaft aufsuchen, den Fall schildern? Nein. Sie wird nicht zurückgehen zu den Eltern, auf keinen Fall. So schlimm kann es gar nicht kommen. Der Kleine wird sie nicht in die Knie zwingen, sie wird auch nicht jammern. Und morgen zur Deutschen Botschaft ... Es gäbe vielleicht Hilfe für die Abreise – dann mit einer Anforderung an ihre Eltern, finanzieller Art. Es ist nun alles ohnehin nur peinlich – so hat sie es nie gewollt. Sie wird diesen Gnom Sascha nicht ihre Pläne durchkreuzen lassen. Sie wird nicht aufgeben. Es gibt immer eine Lösung, denkt Laura, obwohl ihr vieles schiefging und nicht zuletzt sie selber daran schuld war. Bleiben wird sie. Sie wird eine Möglichkeit zum Geldverdienen finden, es wird gelingen, ganz gleich wie. Es wird mir nichts passieren, denkt Laura, obwohl sie voll Schrecken ist und nicht eingestandener Angst. Es ist ja auch nicht alles logisch, was geschieht, denkt sie weiter. Ich werde erst mal abwarten.

Sascha Leererklein kommt zurück mit braunen Einkaufstüten aus Papier, ganz beladen. Er hat leise die Tür aufgeschlossen und geblickt, als sei es seine Gewohnheit, jemanden einzuschließen. Laura sitzt noch immer auf dem Sofa, starr. Jetzt ruft sie: „Qu'est-ce que vous faites, vous êtes fou? Je suis une personne libre! Pourquoi m'avez vous enfermée?"– „Was machen Sie, sind Sie verrückt!? Ich bin eine freie Person! Warum haben Sie mich eingeschlossen?"

So. Das ist nun raus. Sie sieht ihn forschend an. Einschließen, aufschließen – wieder einschließen? Was wird der noch im Sinn haben? Ruhig erwidert er ihren Blick und sagt: „C'était pour votre sécurité. Vous ne connaissez personne ici." – „Das war zu Ihrer Sicherheit, Sie kennen niemanden hier." Wie selbstverständlich geht alles weiter nach Plan, seinem, das hat etwas Magisches, denn sofort redet er wieder auf sie ein, er werde nun etwas Gutes kochen. Sie hat einen Bärenhunger und weiß nicht, was sie denken soll. Er stellt die Tüten in einer Nische ab, die sich als Kochstelle erweist, hat einen Vorhang davor weggezogen und ordnet nun, was er den Tüten entnommen hat. Laura sieht ihn vom Sofa her unsicher an. Draußen dämmert es.

Nun hantiert der kleine Fremde mit seinen Kochtöpfen. Er bereitet auch einen schönen bunten Salat vor. Dann holt er eine Flasche Rotwein aus den Tüten. Er spricht mit Laura Französisch, so wie ein sonderbares Deutsch: Jiddisch? Behände deckt er bald den winzigen Tisch. Laura sagt: „Ich möchte das eigentlich nicht." Sascha hört nicht zu, arbeitet weiter. Auf dem Tisch sieht alles sehr hübsch aus. Das Verrückte ist wirklich, dass Laura Hunger hat. Jetzt mehr Hunger als Angst. Als sie so auf den fein gedeckten Tisch blickt und wahrnimmt, dass es nach französischem Essen riecht, ist auch das hier doch eigentlich ihr Paris. Also praktisch ist sie in ihrer liebsten Stadt einfach in einem anderen Hotel, einem ebenso bescheidenen wie dem ihren vordem. Der Mann ist ja kein reicher Protz, er ist ein Künstler wie sie. Und sie ist nur hier, bis sie morgen Arbeit findet. Weiter denkt sie jetzt nicht mehr. Der Kleine wird ihr vielleicht einfach helfen, es kann ja Sympathie zu ihr sein, dass er sie so selbstlos umsorgt.

Laura findet plötzlich: Was er da zaubert, ist ganz nach meinem Geschmack. Er kocht mit sicheren Bewegungen, brät das Fleisch, wäscht den Salat, würzt und schneidet Zwiebeln und Knoblauch. Es beginnt, unanständig gut zu riechen. Er macht ihr ja nur ein warmes Essen. Und das mit dem geliebten Knoblauchgeruch, den ihre Mutter Wilhelmine verabscheut. Es gibt Fleisch, Wein, Gemüse, Salat auf den zwei großen Tellern. Er schenkt nun ein, einen guten Tropfen, wie ihr scheint. So gut kann sie selber gar nicht kochen, und es passt natürlich zu ihrem geliebten Paris, mehr als ihre eigenen Baguette-Mahlzeiten. Nun hat Sascha Leererklein angeordnet, wie sie sich beide bequem zum Essen niederlassen können. Am Ende überlegt Laura nicht mehr, es schmeckt ihr zu gut. Sie kann sich ja auch später noch wehren.

Dann ist er wieder unruhig, der ganze Körper in Bewegung. Er scheint sich an Lauras Besuch toll zu freuen. Da er so klein und schmächtig ist, hat er für sie auch etwas Rührendes. Und – so ein kleiner Mann kann sie doch gar nicht ängstlich machen. Laura taut auf, vielleicht ist es der Hunger, vielleicht der Rotwein. Es geht ihr bei seinem Essen endlich besser. Aber was soll sie tun, wenn das Essen aufgezehrt ist? Sascha lächelt lieb, seine Locken sind ganz durcheinander. Sie unterhalten sich. Laura schildert ihm ihre Situation, wie sie in Paris ankam und was sie vorhat. Wieder meint er, sie würden morgen nach einer Lösung suchen. Morgen? Wo bleibt sie denn diese Nacht? Darüber wird nicht gesprochen. Sascha bittet sie nach einer Pause, ob er sie fotografieren dürfe. Draußen ist es jetzt fast schon dunkel. Sie sagt zweifelnd und langsam ja. Sascha holt eine offensichtlich sehr teure Kamera aus einem Schrank hervor. Jetzt bringt sie es fertig, ihn anzulachen, und merkt sofort, dass das falsch war. Gleichzeitig denkt sie aber, dass hier ein Professioneller vor ihr sitzt und sie später Abzüge dieser Fotos erhalten würde. Jedenfalls hält sie das doch für selbstverständlich. Oder müsste sie das nicht vorher abklären? Immerhin wären es Fotos von ihren ersten Tagen in Paris. Sie darauf, denkt sie eitel: eine Pariserin. Und er ist Berufsfotograf, das hat die Schwester ihr erzählt. Sie merkt es auch an seinen Gesten und Einstellungen. Sie werden sicher gut, die Bilder. Sascha holt noch eine Flasche Wein – jetzt unter dem Bett hervor. Sie sind guter Stimmung und Laura nicht mehr beunruhigt, weil sie über den weiteren Verlauf des Abends aufgehört hat nachzudenken. Vielleicht hat der rote Wein das Seine getan.

Eine gemeinsame Sache verbindet sie nun: Sie möchten beide, dass es gute Porträts werden, der Fotograf und das Mädchen. Schwarz-Weiß-Fotografie ist Lauras Leidenschaft, sie weiß, dass sie selber gut fotografiert. So kann sie ihn – mehr als er ahnt –

beurteilen. Sie weiß außerdem, dass sie ein apartes Mädchen ist; und für einen Fotografen ein begehrtes Objekt. Laura könnte sich Saschas Fotos für später aufheben, vielleicht für Bewerbungen verwenden? Und sinniert dann plötzlich: Wenn ich eine alte Frau sein werde, sehe ich sie mir sicher oft an. Der kleine Sascha Leererklein hantiert wieder nervöser, läuft um sie herum, fotografiert konzentriert. Sein Gehabe ist etwas gehetzt, dann energisch, plötzlich wieder zerfahren. Laura fällt ein, dass Wilhelmine manchmal von „jüdischer Hast" sprach: „Nicht mit der jüdischen Hast!" – immer, wenn Laura keine Geduld zeigte. Ob seine, Saschas Hast so eine ist?

Was will er von ihr, von ihrem Gesicht? Er probiert alles, frontal, Halbprofil, Profil, Sicht von oben, von unten, er ist bei der Sache. Laura merkt, dass er sie erfassen kann, fotografisch, dass er sein Metier versteht. Das wäre einmal etwas anderes als all die Amateur-Fotos, die sie schon von sich hat: klare Bilder, technisch perfekt. Es wird ihr sein Fotografieren langsam wichtig, es ist ihr auch schmeichelhaft. Nun haben sie eine richtige Foto-Session. Nach und nach bringt Sascha Laura dazu, immer noch etwas mehr auszuziehen: erst das Jäckchen – und dann will er auch das Dekolleté auf dem Foto. Dazwischen noch ein Glas Wein. Er redet auf sie ein, man müsse die schönen Schultern doch auch abbilden. Weiter und weiter, bald auch die schönen Schenkel. Ob sie nicht ganz kurz einmal sein Aktmodell sein wolle, diese Fotos würden gewiss ausgezeichnet. Sie, Laura, habe einen Körper wie geschaffen für einen Bildhauer, das würden die Fotos zeigen. Sie weiß schon nicht mehr, wie ihr geschieht, und er bekommt, was er will, die Nackte. Sie erlahmt. Doch sie findet das alles nun gar nicht mehr gut. Ihr wird mulmig im Magen, sie ist nackt völlig hilflos. Was lähmt sie, wieso fühlt sie sich kraftlos? Es ist nicht, weil sie nicht weiß, wohin um Mitternacht, das ist es nicht! Es ist viel schlimmer, es kommt von etwas anderem. Sie könnte den Kleinen verprügeln, so kräftig ist sie. Aber das Gelähmte in ihr hindert sie, ihr ist unheimlich zumut. Sie kann diesen Zustand nicht benennen, aber sie kennt ihn. Dass sie nicht weiß, was es ist und woher es kommt, macht es noch schlimmer.

Er ist so klein, doch er hat sie in seine Gewalt bekommen. Sie wollte sich keinesfalls ausziehen. Es ist ihr jetzt unverständlich, peinlich, sie schämt sich. Es gibt keine Erklärung für ihr Nachgeben. Laura ist wie von sich selbst verlassen. Da merkt er, dass ihr übel ist. So ist nichts weiter mit ihr anzufangen. Sie zieht sich an. Nach Mitternacht schläft sie erschöpft auf dem Sofa ein. Der Schlaf kommt wie eine Erlösung. Erst später sollen die Au-pairs in der „Rotonde“ sich austauschen, dass es helfen kann, eine Übelkeit vorzutäuschen, wenn Männer zudringlich werden.

Am folgenden Morgen weckt sie der lockige Gnom und sagt: „Mademoiselle, je dois travailler maintenant.“ Ich muss nun arbeiten. Er hat wieder Kaffee gekocht, ihre Tasse steht auf dem Tisch. Laura ist noch nicht ganz wach, als er ihr neuerlich erklärt, er ginge nun und er schlösse die Tür ab, damit ihr nichts geschehe. Er sei am frühen Nachmittag zurück, sagt Sascha, und sie würden sich dann miteinander beraten, was sie in Paris anfangen solle. Laura hat nichts zu antworten, es ist ihr alles nur noch peinlich. Sie weiß nichts zu sagen, denn sie weiß nicht wohin. Und sie ist noch nicht fähig zu einem Gedanken der Entscheidung – da ist er schon aus der Tür, und klick, hat er sie abgeschlossen.

Laura zieht sich nun geschwind an, setzt sich aufrecht, trinkt etwas von dem heißen Kaffee, der ja ohnehin da steht und sie deutlich belebt. Sie beschließt, erst einmal „ordentlich nachzudenken“. Dann öffnet sie das Fenster. Dieses hat er ihr ja nicht verriegelt. Gegenüber befindet sich auch ein bescheidenes Hotel. Sie sieht niemanden in der schmalen Straße. Laura weiß nicht einmal, ob es in dem Hotel, in welchem sie eingeschlossen ist, eine Rezeption gibt. Es ist alles sparsam gehalten, und die Zimmer bringen wohl kaum etwas ein. Wie gut wäre es, wenn es hier eine Concierge gäbe! Wie soll sie sich nun wehren und wen verständigen? Danach erst taucht die Frage auf: Und wohin dann gehen? Zurück ins Hotel?

Jetzt fällt ihr plötzlich ein, dass sie ja gar nicht im Hotel übernachtet hat ... Würde man sie überhaupt noch auf ihr Zimmer lassen? Was soll die Concierge wohl von ihr denken? Zum Glück hat sie für beide Nächte im Voraus bezahlt, beruhigt sie sich. Und dass so etwas in Paris ja wohl öfter vorkommt und sie zumindest für heute noch eine Bleibe hat. Aber was soll sie morgen machen? Zu dumm auch, dass sie wegen der strengen Concierge dort nicht bei ihrer Schweizer Freundin bleiben kann – ob sie ihr trotzdem weiterhelfen kann?

Laura sortiert ihre Gedanken, beruhigt sich allmählich, die Pause tut ihr wohl – sie wird eine Lösung finden, er kommt ja erst am Nachmittag. Bis dahin muss ihr Plan stehen. Sie ist wach, gespannt und nicht mehr verzweifelt. Sie blickt auf das Hotel gegenüber. Lange, versonnen, es gefällt ihr. Die Straße, der Morgen, das ist ihr Paris. Da öffnet sich auf gleicher Höhe im Hotel gegenüber ein Fenster. Es erscheint ein wohlgeratener junger Mann mit intelligentem Gesicht. Dieser blickt auch in die Straße. Laura sieht ihn an. Plötzlich ruft sie hinüber: „Hallo! Monsieur! Veuillez m'aider? On m'a ... Do you speak english?" – „Hallo der Herr! Könnten Sie mir helfen? Man hat mich ... Sprechen Sie Englisch?" – „Yes, I do", sagt der junge Mann, er tut's, er spricht Englisch. Das freut sie. Sie lächelt, er gefällt ihr. Dieser auf der anderen Seite ist wach, natürlich, sympathisch, klar. Und alles ist in den nächsten zwei Sekunden entschieden. Wenn einer helfen kann, dann er. Laura sagt sachlich und nachdrücklich: „Somebody has locked me into his room. I can't get out. Would you please go to the reception in this house or to somebody else who could help me and lock me out?" – „Jemand hat mich in sein Zimmer eingeschlossen. Ich kann nicht hinaus. Würden Sie bitte zur Rezeption dieses Hauses oder jemandem sonst gehen, der mir helfen könnte und aufschließen?" – Da bittet sie einen wildfremden Mann, eine eingeschlossene Ausländerin zu befreien ... und kommt gar nicht auf die Idee, wie absurd sich das anhört. Entsprechend erstaunt erscheint ihr der junge Mann. Dann jedoch lacht er auf und ruft: „C'est qui? Comment il s'appelle?" Wer hat Sie eingeschlossen? Das versteht Laura, obwohl ihr ein Wort dabei fehlt. Sie muss plötzlich auch lachen. Wenn sie an den mickrigen Fotografen denkt, versteht sie sein Lachen noch mehr. Sie ruft hinüber: „Il s'appelle Sascha Leererklein!" – „Ahhh ...", sagt der junge Mann, „ah ce Sascha ... Il est un idiot ... Bon, je vais vous aider." Man kennt sich also in der Straße – ah, dieser Sascha. Und nun seine Meinung: Der ist ein Idiot. Ich werde Ihnen helfen. Dann lacht er wieder. „Il est impossible ..." Er ist unmöglich.

Sofort ist sie beruhigt. Es wird sich die Sache lösen. Zunächst aber tun beide nichts. Es ist zu überlegen, wie man es machen soll. In der Zwischenzeit unterhalten sie sich über die Straße hinweg von Fenster zu Fenster. Er fragt, wo Laura herkommt, was sie zu Hause in ihrer Heimatstadt gemacht hat und was sie in Paris tun wolle. Sie erzählt es ihm. Er stellt sich ihr vor und erzählt nun seinerseits, dass er Jura studiere und aus Haifa komme. Die Zeit vergeht wie im Flug, in der Straße tut sich nichts, außer dass einige Passanten ruhig auf den Bürgersteigen gehen. Da taucht Sascha Leererklein auf. Wieder wirkt er sehr beschäftigt und blickt hoch, als er ihre Stimmen hört. Nun nimmt er Laura und ihr Gegenüber wahr, das er zu kennen scheint. Erschrocken hält er inne. Laura merkt, dass der junge Mann aus Haifa von Sascha respektiert wird. Der spricht ihn nun an: „Monsieur Leererklein, je trouve cela impossible que vous avez enfermé cette jeune Demoiselle dans la chambre. Ouvrez vite et laissez la dame sortir. Autrement je vais appeler la police." – „Herr Leererklein, es ist unmöglich, dass Sie die junge Dame ins Zimmer eingeschlossen haben. Öffnen Sie sofort und lassen Sie sie hinausgehen. Andernfalls rufe ich die Polizei." Laura nickt dazu, sagt nichts, wartet. Sascha betritt nun das Haus, geht die Treppe hoch. Der junge Mann ruft ihr inzwischen aus seinem Fenster zu, wenn sie draußen sei, lade er sie nebenan im Bistro zu einem Kaffee ein und man könne sich weiter unterhalten.

Es ist früher Nachmittag, Sascha hat sich beeilt, zurückzukommen. Unwirsch schließt er die Tür auf. Laura hat ihre wenigen Sachen schnell zusammengesucht, sodass sie den Raum gleich verlassen kann. Sie hat ihm bereits einen Zettel geschrieben und darauf vermerkt, er solle die Fotos von ihr an ihre Heimatadresse senden, er dürfe sie auf keinen Fall verwenden zu anderen Zwecken, geschweige denn veröffentlichen. Sascha hat einige der Porträts schon mitgebracht, auch Abzüge für sie, zwei der besten. Vielleicht gedachte er, sich so ihr Vertrauen zu erwerben. Sie bleibt freundlich, steckt schnell diese beiden Abzüge ein – sieht sofort, dass sie gelungen sind. Dann eilt sie aus der Tür.

Sie soll nie mehr etwas von Sascha Leererklein und den übrigen Fotos hören. Manchmal beunruhigt es sie, was er damit gemacht haben könnte. Doch jetzt ist sie erst einmal in Freiheit, biegt um die nächste Straßenecke, wo sie das Bistro sieht. Maurice, der junge Mann aus Haifa, wartet schon auf sie. Laura hat plötzlich gute Laune. Es ist ja doch ihre Stadt, ihr Paris – und nichts wird ihr geschehen. Obwohl sie immer noch nicht weiß, wo sie die nächsten Tage bleiben soll.

Als sie miteinander sprechen und auch wieder darüber, was Laura in Paris machen könne, fällt ihr plötzlich eine alte Freundin ein. Diese muss wohl schon lange hier leben und bei Amerikanern als Au-pair arbeiten. Um die Adresse herauszufinden, könnte sie die Mutter der Freundin in Deutschland anrufen. Maurice begleitet sie zu einem Postamt und hilft ihr, die Nummer herauszufinden. Und tatsächlich geht die Mutter der Freundin ans Telefon und nennt ihr den Namen der amerikanischen Familie in Paris; Maurice hilft weiter beim Telefonieren. Endlich ist eine Lösung in Sicht. Sie erreicht die Freundin – und diese weiß zufällig von einer anderen amerikanischen Familie im Stadtteil Auteuil, die einen kleinen Jungen hat und dringend einen Babysitter braucht. Schon eine Stunde später stellt sich Laura der Amerikanerin vor. Sie wird freudig angenommen, die beiden Frauen sind sich sympathisch. Sie bekommt ein Zimmer, eine „chambre de bonne", und 40 Francs im Monat für ihre Halbtagsstelle als Babysitter. Also doch und wieder: Es ist geschafft! Laura trifft ein paar Tage später noch einmal den jungen Mann aus Haifa und bedankt sich herzlich. Doch erst einmal wird sie sich um die beiden Kunstschulen kümmern ...

Also doch: Die Bleibe ist gefunden

Wohnen wird sie nun in einem der besten Arrondissements von Paris, wo es die größten Wohnungen und edelsten Treppenaufgänge neben den schmalsten und düstersten für die Hausangestellten gibt; im fünften Stock eines modernen Hauses auf dem Boulevard Murat, Auteuil, 16. Arrondissement. Das dürftige Zimmerchen – und es gibt einen Aufzug – ist sofort ihr ganzer Stolz. Wenn auch das Glücksgefühl nicht jenem vergleichbar ist, mit dem sie nach ihrer Ankunft in dem Hotelzimmer am Fenster stand. Der Stolz auf das Eigene, das selbst Bezahlte und folglich auch selbst Verfügbare – wenngleich es sich auch hier oft um eine Illusion handelt – ist jedem Menschen, außer Nonnen und Mönchen, erstrebenswert. Das ist also eine „chambre de bonne", geht es Laura durch den Kopf, somit ist sie als Bewohnerin eine „bonne", eine „Gute", ein Haus- und -Kindermädchen. Wenn man in Deutschland in diesem Bereich gut ist, sagt man „Perle".

Hier ist sie keine Ausländerin mehr, die in Paris ein Hotelzimmer genommen hat, das spürt sie. In ihrem Zimmer ist Platz für ein sehr schmales Bett und einen Verschlag mit Vorhang für Kleidungsstücke. Vor einem winzigen wackligen Tisch steht ein wackliger Stuhl. Laura hat unter dem Bett eine alte Kochplatte gefunden, die noch funktioniert. Damit kann sie sich abends einen Tee kochen, obwohl das verboten ist. Sie darf den Aufzug benutzen, es ist ja ein moderner Bau, aber auch eine Hintertreppe würde ihr nichts ausmachen, was bedeutete das schon? Ein Zimmer in Paris ergattert zu haben ist ihr der größte Reichtum. Mit einem Nebengedanken streift sie die Tatsache, dass, wenn sie in einer amerikanischen Familie arbeitet, sie außer ihrem Französisch auch ihr Englisch verbessern wird. Sie spricht auch dieses bereits recht gut und flüssig. Fremdsprachen liegen ihr, sie ahnt, dass auch dies sie weiterbringt.

Als sie nun die Au-pair-Stelle ergattert hat, möchte sie so schnell wie möglich in ein Café, ein Bistro, um ihren Erfolg zu krönen. Ein Leben lang wird sie in Pariser Cafés diese Hochstimmung erfassen. Dort wird sie einen stolzen Brief an ihre Eltern schreiben! Darin soll anklingen: Ich habe all meine strengen Vorsätze in die Tat umgesetzt, jawohl. Mit Bangen und mit Bravour, denkt sie. Das wird sie ihnen natürlich nicht schreiben. Wilhelmine wird ihren Brief weder erwähnen noch kommentieren. Als sie einige Monate später ihre Tochter besucht, merkt sie nur an, dass man Laura wohl ausnutze, wenn man ihr zum Besuch ihrer Mutter nicht einmal einen Tag frei gäbe. Ob Laura zur Kunstschule geht und was sie zurande bringt, interessiert sie nicht.

Laura holt noch schnell ihre Sachen im Hotel – erstaunt über sich selbst, dass sie die Concierge einfach wie Luft behandelt. Diese staunt nicht schlecht, als Laura nur kurz auf dem Zimmer verschwindet und sich anschließend mit ihrem noch nicht ausgepackten Koffer kurz und knapp von ihr verabschiedet. Zurück in Auteuil bringt sie den Koffer in ihr Zimmerchen und geht in ein gewöhnliches Café, das ihr zuvor schon an der Porte de Saint Cloud aufgefallen war. Es ist schon Abend, und sie bestellt sich kühn in der Landesprache einen kleinen Rotwein: „Veuillez me donner un petit rouge, s'il vous plait." – „Würden Sie mir bitte einen kleinen Roten bringen." Die Höflichkeitsformen, die sie schon kennt, tun ihr selber wohl.

Ein kleiner Roter mit Beigeschmack

Während sie nun aufgeregt den Brief an ihre Eltern schreibt, wird vom „vin rouge“ ihr Gesicht ganz rot. Das ist ihr peinlich, und die Besitzerin des Bistros sieht es. Laura trank noch nie ein ganzes Glas Rotwein, und schon gar nicht so früh am Abend. Die Dame hinter ihrer Theke wundert sich, dass der „petit rouge“ auf die blonde Deutsche so eine große Wirkung hat. Laura denkt verzweifelt: Hoffentlich verzieht sich die Röte bloß bald aus meinem Gesicht! Sie weiß aber: Gerade, wenn man sich das wünscht, geschieht es nicht. Jetzt merkt man natürlich schon, dass ich eine Deutsche bin, denkt sie, ich wirke undiszipliniert und rot und betrunken, also „ohne Contenance“, wie die Franzosen sagen – und die Inhaberin gewiss über sie denkt.

Laura liebt das Wort Contenance. Ihr fällt auf, dass Menschen sich hier gut und geschmackvoll benehmen können, sowohl was die Sprache, die Kleidung als auch das Auftreten betrifft. Die beste Wirkung hat das natürlich, wenn die Contenance im Charakter steckt. Dass einer etwas auf sich hält, wie Lauras Vater gern sagt. Laura fehlt oft Disziplin, vielleicht ist sie zu früh eigene Wege gegangen. Sie merkt es sich an, es beschämt sie. Obwohl sie sich gut konzentrieren kann, still sein kann, lange. Das hat sie im Internat gelernt, im „Silentium“. Auch, wie man sich gut und zurückhaltend benimmt. Andererseits: Wenn etwas von Laura bisher höchst diszipliniert angegangen wurde, so war es das Umsetzen ihres Traums in die Realität, ins Mögliche. Viele Träume hatte sie nicht, aber ausgeprägte. Diese galten ihr mehr als ein „Weiterkommen“ im üblichen Sinne, oder ein „Verdienst“ und alles, was nach „Gewinn“ ausgerichtet ist.

Im Übrigen ist Laura gerne faul, liebt das sonnige Leben und das Herumstreunen, einer Katze ähnlich. Die Chansons der Franzosen, die von Katzen handeln, mag sie; sie weiß, wie Brassens seine Katze liebte und besang, das hatte sie auf den poetischen Fotos gesehen, die in den Magazinen von ihm veröffentlicht wurden. In Frankreich soll ihr die Katzenliebe so selbstverständlich erscheinen wie die Liebe zu ausgefallenen Gerichten. Katzen sind ja bekanntlich nicht zu bändigen, man sagt, sie seien Individualisten.

Sie blickt in das fast leere Rotweinglas und denkt an zu Hause. „Weltfremd, die Laura. Sie ist ein Fantast!“, hatte ihre Mutter vor ihren Freunden oft ausgerufen. Und dann wieder: „Du brauchst einen reichen Mann, bei deinen Ansprüchen!“ – Welchen Ansprüchen? Laura fand es absurd, denn erstens war sie in dem, was sie umsetzen wollte, realistisch, ja sogar stur. Zweitens mochte sie reiche Leute gar nicht. Obwohl etwas umständlich veranlagt und häufig wirren Zustandes, fand sie zu ihrer Sturheit stets innerlich beruhigt zurück. Und warum einen reichen Mann? Sie sehnte sich doch eher nach einem Lebendigwerden ihrer Ideale, nach Schönheit und nicht nach Grundstücken! Vielleicht aber war der Mutter gerade das – oder Lauras Zusammenstellung des Angestrebten – unpassend, unangenehm und unheimlich.

„Sie hat gewiss auch ihre Träume gehabt“, sagte eine Freundin über Wilhelmine. Wilhelmine sang und tanzte gerne und schön. Ihre Stimme war frisch, mutig und frech, ihre Bewegungen beim Tanzen mit ihrem Vater, der es ebenso gut verstand, gleitend und elegant. War es nicht wie im Lied: „Ich tanze mit dir in den Himmel hinein, in den siebenten Himmel der Liebe?“ Das sangen sie manchmal auch gemeinsam. Gegenüber ihrem Alltagsleben waren sie dann in einer Harmonie, Laura fand es fast unwirklich, die beiden beim Tanzen zu sehen. Dann waren alle andern draußen, auch die eigenen Kinder, auch die Herren, mit denen Wilhelmine gewöhnlich flirtete, dann waren die beiden ganz verbunden, leicht, schwebend, in einer anderen Welt, einer Welt, die sie ursprünglich zueinander erkoren hatte. War es nicht mehr noch wie in Lehárs Lied, das Beckett an das Ende seines Theaterstückes *Glückliche Tage* gesetzt hat: „Lippen schweigen, ’s flüstern Geigen: Hab mich lieb / All die Schritte sagen: Bitte, hab mich lieb! / Jeder Druck der Hände deutlich mir’s beschrieb / Er sagt klar ’s ist wahr, du hast mich lieb ...“ Und hatte ihr Vater nicht einmal liebevoll gesagt, der schönste Tag im Leben sei ihm der Hochzeitstag gewesen? Was doch eher Frauen sagen ... Beim Tanzen waren sie ein ideales Paar. Sie sahen beide gut aus, wohlgeratene Menschen. Dann war Laura stolz darauf, von diesen beiden Hübschen abzustammen. Plötzlich hat sie, in dem Bistro allein am Tisch, Heimweh.

Wilhelmine liebte schöne Kleider, Hüte und feine Complets, wie besonders gute teure Kostüme genannt wurden, Laura sah sie auf den alten Fotos von den Ausflügen mit dem Vater und den Freunden im Horch – vor dem Krieg. Der Vater stammte aus einer betuchten Familie, und sie, eher arm, hatte all ihr Geld in diese eleganten Kleider und Hüte gesteckt – oder die Tante, Direktrice eines Modehauses und Schneiderin, hatte sie ihr genäht. Laura fällt ein, dass Baudelaire einmal über seine kühle Mutter geschrieben hat, dass er an ihr einzig ihre Eleganz liebte.

Noch mehr begehrte Wilhelmine elegante Schuhe. Sie war sehr stolz auf ihre schönen Beine, und das Erste, was sie nach dem Kriege kaufte, als das wieder möglich war, waren seidene Strümpfe. Laura erinnerte sich deutlich, dass sie als kleines Kind mit ihren Händchen gern an der Mutter Seidenstrümpfen entlanggeglitten war, und auch ihr leichtes Chiffon-Sommerkleid gern berührte. Vorher, ärmer geworden nach Zerstörung des Hauses und nach den Fluchten, wartete Wilhelmine darauf, dass es wieder diese eleganten Schuhe gäbe. Und sobald möglich kaufte sie – was ihrem Mann als Verschwendung erschien – sofort wieder in vielen Farben feine Schuhe. „Chevro-Pumps“, sagte sie zu Laura, „die verlängern das Bein, und man hat einen guten aufrechten Gang in ihnen.“ Dabei strich sie sich selber liebevoll an den Beinen entlang. Laura wusste, dass ihre Mutter zunächst jedes neue Paar Schuhe hinten im Kleiderschrank versteckte, damit der Vater es erst mal nicht sähe.

Wilhelmine war eine anziehende Frau, lebendig und leuchtend, nach der sich die Männer umsahen und der sie nicht selten verfielen. Laura hatte beobachtet, dass dies die Kraft ihrer Mutter war, die heimliche Kraft des traurigen, verlorenen Kindes, der Waise, die sie gewesen war, vom Schicksal zu früh gezeichnet. Eine Gabe, magisch zu wirken. Laura war selbst verführt vom Charme ihrer Mutter, obwohl dieser doch eher auf Männer ausstrahlte. Wilhelmine war stolz darauf, wusste um ihre Macht und hätte nie auf ihre magischen Wirkungen verzichtet. Diese wurden ständig erprobt – Laura sah es, Laura ertappte Wilhelmine mit ihren Liebhabern, als ob sie von dunkler Hand geführt würde, ihre Mutter zu entlarven. Die aber zog Laura auf ihre Seite und von ihrem Vater fort.

Wilhelmine trumpfte gern auf. Sie zeigte sich anderen Frauen überlegen, ging zärtlich und kokett mit jedem gut aussehenden Mann um. Sie reizte, das war im ganzen Viertel bekannt. Ihre Kinder, beides Mädchen, waren sekundär. Aber sie zog sie hübsch an.

Hätte sie einen Sohn gehabt, er wäre in großer Gefahr gewesen. Vielleicht erwartete sie von ihren hübschen Mädchen, dass diese gut Geratenen eine gute Partie machen würden, um sich so der Sorge um sie entledigen zu können. Laura schlug sie wiederholt und meist hämisch vor, sie brauche den reichen Mann – und unterstellte ihr, selbst danach zu trachten. Mit den Berufswünschen ihrer Töchter beschäftigte sie sich nicht.

Wilhelmine war brünett und achtete sehr auf ihre Frisur. Sie ließ sich Locken legen und schminkte sich jeden Tag mit großer Aufmerksamkeit. Im Badezimmer stand die dekorative blaue Dose mit der goldenen Schrift „Soir de Paris" – der Gesichtspuder wurde stets aufgefüllt. Schon als Kind gefiel Laura diese Dose. Sie roch gerne daran und sah Wilhelmine beim Schminken und dem Nachziehen der Augenbrauen zu. Sehr viel später, ihre Mutter sollte längst verstorben sein, wird sie die Dose wiedersehen, in einem Antiquitätengeschäft in Paris. Im Alter wird Wilhelmine ihre Haare blond färben – aber die meiste Zeit im Leben war sie brünett gewesen.

In Lauras Jugendzeit hatte ihre Mutter eine sehr blonde, hübsche Freundin, die viele Jahre treu an ihr hing. Elfriede, die Freundin, empfand Laura manchmal, hätte wohl eher als Mutter zu ihr gepasst, auch in ihrer Erscheinung. Sie fühlte sich zu ihr hingezogen. Einmal schenkte ihr Elfriede ein großes Buch: *Rheinische Sagen* – mit feinen Illustrationen. Darauf war Laura sehr stolz. Elfriede war der einzige Mensch im Bekanntenkreis und unter den Verwandten, der Laura in der Jugend ein Buch schenkte; sie war beglückt und bereichert, ging mit diesem Buch besonders sorgfältig um, hütete es. Sie konnte sich vorstellen, dass mit der lieben blonden Freundin als Mutter sich alles viel einfacher und friedlicher gestaltet hätte.

Einmal sagte Wilhelmine zu Laura: „Ja ja. Elfriede ist hübscher als ich. Aber ich war immer Favorit." Sie meinte: bei den Männern – und es war so. Warum aber musste sie dies auch ihrer Tochter versichern? Dann fügte sie noch hinzu: „Ich habe das gewisse Etwas." Laura fand die Beteuerung lächerlich und wusste doch gleichzeitig: Es stimmte.

Was ihre Weiblichkeit betraf, hatte Wilhelmine keinerlei Hemmungen des Anspruchs und der Betonung. Sie fühlte sich allen anderen Frauen überlegen und sah auf diese von oben herab. Es war selbstverständlich für sie, Mittelpunkt zu sein. Laura sah und spürte das Tag für Tag. Sie hatte das Gefühl, dass sie den Liebreiz ihrer Mutter niemals selber erreichen könnte. Vielleicht barg ihr Vorbild für sie den Fluch, dass Laura sie später unwillentlich nachahmte, obwohl sie ganz anderer Natur war. Wilhelmine feierte gern und war gesellig, sie konnte eine große Gesellschaft geistreich und witzig unterhalten; ihr Charme und ihr Glamour füllten manchmal einen ganzen langen Abend. Dann war der schweigsame Johann stolz auf sie, er lachte beglückt wie ein Kind. Ja, er war überaus stolz auf diese besondere Frau; und hatte diese, ein fremdes Exemplar, wie es in seiner Familie noch nie vorgekommen war, unbedingt gewollt. Er hatte sie sich errungen, er, der brave, scheue Metzgermeister – sie, die fremde, redegewandte elegante Frau aus Westfalen. Er hatte es in der Familie durchgesetzt, sie einzuführen, dieses bettelarme Mädchen, die Waise, die nichts vorzuzeigen hatte, und sie zu heiraten. Wilhelmine war eine gute Geschäftsfrau, das hatte sich gezeigt und überzeugte die Verwandten. Gemeinsam führten sie ein Geschäft, in dem es merklich aufwärtsging. So hatte er sich mit ihr nicht, wie von seinem Vater befürchtet, geschadet, eher im Gegenteil.

Johann hatte gute Laune, wenn Wilhelmine die anderen Gäste und Freunde belebte in der Gastwirtschaft nebenan, die von ihrer Tante geführt wurde und in der er sie kennengelernt hatte. Da saß man zusammen, trank und redete. Am späteren Abend wurde häufig gesungen, zu Schallplatten mit Opern-, Operettenliedern. Und Walzer tanzte man, nach Johann Strauß, oder Foxtrott, nach Schlagern. Er war durch und durch von ihr angetan, und das hörte in seinem ganzen Leben nicht auf, so sehr sie ihn auch hinterging, beunruhigte und enttäuschte. Und auch wenn er mit ihrer „Erziehung" der Mädchen ganz und gar nicht einverstanden war, eine Erziehung, von der sie sagte: „Ich habe meine Kinder in Freiheit dressiert." Doch ihre Mädchen entgleisten häufig, und sie war ihnen kein gutes Vorbild. Johanns Momente der Freude, wenn er seine Frau in ihrem Glanz erstrahlen sah, wichen schnell wieder dem Alltag.

Laura konnte es nicht durchschauen. Das Wunderliche war, dass Wilhelmine, die nicht lieben konnte, ihn aber gern hatte, so oft sie auch über ihn herzog. Sagte ein anderer etwas gegen ihn, verteidigte sie seine Anständigkeit, seinen guten Charakter und seinen Fleiß. Sie hätte ihn nie verlassen. So blieb sie 40 Jahre an seiner Seite, wenn auch häufig ihm untreu. Sie fand es einfach unverschämt von ihm, dass er dann plötzlich starb. Und er starb, weil ihm endlich doch das Herz gebrochen war und sein Blut, noch vom Krieg her, vergiftet.

Bevor sie ihren Brief zu schreiben beginnt, spürt Laura jetzt, wie sich ihre schrecklich verschiedenen Eltern in ihr manifestierten und dass sie daran zu tragen hat. Ihre Eltern bleiben Laura ein Rätsel, halten sie in Spannung. Manchmal wünschte sie, die beiden würden sich trennen, damit dieses höllische und unlösbar Aufregende ihres täglichen Zusammenseins aufhöre. Aber diese Kampfhähne, ihrer Umgebung ein Gräuel, blieben unzertrennlich, was immer auch geschah. Und Laura war in den Spannungen ihres Innern ein Spiegelbild dieser beiden. Vielleicht folgte ihr Wunsch, Paris zu erreichen, auch einem tief verborgenen, unausgesprochenen Fluchtgedanken.

Es war ihre Natur geworden, starke Träume zu haben und diese zu verteidigen, ihre eigenen Träume. Was von Laura klar erträumt war, sollte festen Boden bekommen. Dafür würde sie schon sorgen. Solcherlei war Wilhelmine fremd. Laura wurde, wenn es um ihren Traum ging, daheim nicht schlampig – sie ließ nicht nach, sie ging sicher voran. Dann war das Mädchen völlig anders, als es in der Schule beurteilt worden war, dann war sie nicht mehr nachlässig, unordentlich, unkonzentriert; ihre schlechten Noten waren in Wirklichkeit eher Zeichen ihres Desinteresses und ihrer Widerborstigkeit. Was aber würde sein, wenn der Traum selbst brüchig würde?

Unwirkliche Wirklichkeit

Das Café an der Porte de Saint Cloud erscheint ihr, die sie noch immer ihre Röte im Gesicht spürt, in seiner Gewöhnlichkeit genau das Richtige zu sein. Hier kennt sie niemand. Was für eine übertriebene Vorsorge, denkt sie weiter vor sich hin, denn auch in anderen Vierteln in Paris kennt sie niemand ... Laura will Briefe schreiben. Sie beginnt, schreibt lange und ausführlich über ihren ersten Erfolg in Paris – was sie selber als Erfolg sieht – an die Eltern. Sie ist froh, ja begeistert über ihren eigenen Bericht. Und sie ist stolz darauf, sich einen „petit rouge“ bestellt zu haben, auch wenn er ihr nicht schmeckt, das ist ja etwas ganz Saures. Manchmal blickt sie hinaus auf den nahen Platz, auf dem die Metro endet, die Porte de Saint Cloud.

In Paris angekommen zu sein ist ihr immer noch unwirklich; zuvor hat sie lediglich gewusst, dass Paris existiert. Nie hätte sie gedacht, dass sie selber damit als Wohn- und Arbeitsort zu tun haben könnte. Es war doch nur ein Traum, der Traum von dieser Stadt gewesen, aber deshalb eben ihr Ansporn; sie war stur geblieben. Wilhelmine hat ein blasses Gesicht gehabt, blass und abgespannt, am Abend auf dem Perron, bevor der Zug abfuhr. Laura sieht es plötzlich vor sich. Sie denkt jetzt in tiefem Mitgefühl an ihre Mutter, in dem gleichen Gefühl, mit dem sie unendlich liebend ihre Mutter in der frühen Kindheit ansah. Sie vermisst plötzlich die, die ihr doch am nächsten ist. Laura möchte sich ihrer Liebe versichern, auch wenn sie gegen Wilhelmines Rat handelte. Sie schreibt ihr und dem Vater einen langen lieben Brief. Dann beginnt sie noch einen Brief an die Freundin, die ihr die Au-pair-Stelle vermittelt hat.

Ein Mann ist eingetreten, geht an Laura vorbei in den ansonsten leeren Raum. Bald hat er an der seitlichen Wand Platz genommen. Die Inhaberin ist hinter ihrer Theke hervorgekommen und hat Laura noch einen Rotwein gebracht. Laura wird von diesem zweiten nicht mehr rot, sie ist in Fahrt, in guter Stimmung. Die Ledermappe mit den Umschlägen liegt auf dem Tisch. Laura wird die Briefe noch absenden. Jetzt hat auch der Mann etwas bestellt. Er beginnt, als die Inhaberin fort und wieder im Eingangsbereich des Cafés ist, Laura zu beobachten. Sie übersieht es zunächst, aber der Mann starrt sie schon nach wenigen Minuten an und hört nicht auf damit. Er hat ein graues Gesicht, ist unrasiert. Seine Kleidung wirkt ärmlich und ramponiert. Die mittelgroße Gestalt hat etwas Verhungertes.

Laura schreibt weiter, ist aber nun unkonzentriert. Sein Stieren wird ihr unangenehm; sie beschließt, ihr Schreiben abzubrechen. Der Mann registriert es, er stiert noch heftiger. Laura nimmt ihre Ledermappe mit Umschlägen und Briefen unter den Arm und strebt dem vorderen Raum zu, um zu zahlen und sich zu entfernen. Dazu muss sie an dem ihr unangenehmen Menschen vorbei. Als sie auf seiner Höhe ist, steht er plötzlich auf und greift unter ihren Rock. Laura erschreckt sich, und so schnell sie sich erschreckt, reagiert sie auch. Sie hat mit der freien Hand die Ledermappe unter dem anderen Arm hervorgezogen und schlägt sie dem Kerl mitten ins Gesicht. Nun kommt ein Laut des jähen Erstaunens aus dem fremden Mann, er versucht, sein Verhalten zu kaschieren. Die Inhaberin eilt herbei und erkennt die Lage sofort. Laura sagt trocken zu ihr: „Je voudrais bien payer, Madame." Ich möchte bitte zahlen. Was wäre hier noch zu tun? Die Inhaberin und Laura erkennen die Lage, sie sind Frauen. Der Mann hat sich zurückbegeben, wieder an seinen Tisch gesetzt. Er tut, als ob nichts geschehen sei. Auch er wird in Kürze bezahlen und gehen.

Laura ist auf der Straße, es ist dunkel geworden. Sie strebt mit ihrer Mappe dem Briefkasten auf dem großen Platz in der Nähe zu, wirft den Brief an ihre Eltern ein und geht zurück zum Boulevard Murat. Sie ist über die Maßen ermüdet, abgespannt. Ein Zustand, in den Menschen von großen Enttäuschungen versetzt werden, die sie jäh erschlaffen lassen. Mein Paris, meine Cafés, denkt sie hämisch. Was habe ich mir für Illusionen gemacht ...

Da ist nichts mehr von der frohen Stimmung, in der sie die Briefe zu schreiben begann. Sie ist dankbar, dass der Boulevard hell erleuchtet ist. In der Haustür sucht sie nach ihrem Schlüssel und begibt sich zum Aufzug. Das Treppenhaus ist dunkel, eine Birne ausgefallen. Im neunten Stock verlässt sie den Aufzug, geht durch den Gang in Richtung ihres Zimmers. Zu beiden Seiten wohnen andere Leute, Bewohner, die sie nie gesehen hat. Es ist vollkommen still. Sie öffnet ihre Zimmertür, knipst die kleine Lampe auf dem Tisch an. Dann setzt sie sich erst einmal erschöpft auf ihr schmales Bett, blickt in den Flur. Das Licht dort hat sie ausgemacht, von ihrer Tischlampe fällt ein schwacher Schein auf den Boden vor ihrer Tür. Plötzlich steht ein großer schwarzer Mann darin. Laura schreit.

Der Mann bewegt sich langsam, entschuldigt sich sofort bei ihr, der Mademoiselle, die er keinesfalls habe erschrecken wollen. Seine Stimme klingt gut und seine Bewegungen sind ruhig. Laura fasst sich. Dieser ist wohl nicht von der Sorte wie der vorhin im Café.

Aber sie merkt: Es ist das alles zu viel für sie … Sie merkt, dass ihre „Nerven bloß liegen“, wie man sagt. Was will nun dieser große schwarze Mann in ihrer Zimmertür? Dieser hat wohl erfasst, dass ihr gerade so etwas wie ein Schock geschehen ist. Es ist so, als hätte er ihn selber erlebt – wenn er auch nicht weiß, warum. Das überträgt sich auf Laura, sein Verstehen. Auch seine beruhigende Art. Sie sieht ihren Nachbarn nun ohne Angst an. „Excusez, Mademoiselle“, sagt der Schwarze „on m'a laissé à ma porte un paquet de ‚Omo' …“ – Das ist ein Waschmittel, und weiter erläutert er, es sei ein Werbegeschenk, er könne nichts damit anfangen, wolle es ihr geben. „Je ne peux rien faire avec cela et voulais vous le donner.“ Er zeigt ihr das Waschmittelpaket. Wie harmlos … Sie ist nun wieder bei sich, dankt ihm freundlich. Dann schließt sie die Tür und legt sich in ihrer „chambre de bonne“ auf das schmale Bett. Sie hat sich fahrig ausgezogen und schläft in ihrer Ermattung sofort ein, fällt in einen traumlosen Schlaf.

„La terre qui est un astre“

Mit den ersten Sonnenstrahlen wacht sie auf und fühlt sich wohl: „Sur la terre qui est un astre“ – „auf dieser Erde, die ein Stern ist“, wie Prévert geschrieben hat. Laura sieht wieder die Schwarz-Weiß-Ansichtskarte von zu Hause vor sich: Paris mit Seine-Ufer und Notre Dame, eine eher konventionelle Ansicht von Paris, die sie doch begeistert hatte. Dazu natürlich die impressionistische und expressionistische Malerei sowie der Surrealismus. War das Postkartenfoto tatsächlich bei ihr zu Hause angekommen? Wohl kaum, fällt ihr jetzt ein, denn in ihrer Eltern Kreisen fuhr man nicht nach Paris. Vielleicht war die Karte ins Werbebüro gekommen, gesandt von einem Angestellten, der nach Frankreich gefahren war. Wer hatte sie geschrieben und abgeschickt? Laura versucht, sich zu erinnern, an eine Schrift, einen Text der Karte auf der Rückseite. Es war nun unwichtig.

Dieser Erinnerung machten nun Platz ihre vorgerochenen Pariser Gerüche, die sich zu Hause gegen den Geruch des Ladens aufgelehnt hatten. So etwas tun Gerüche miteinander, oder eben gegeneinander. Selbst das wilde Leben der Bohème hatte Laura bereits in der Nase gehabt. Das bedeutete Zigarettenrauch, Rotwein, alte Möbel, verkommene Bezüge, vielleicht mal ein billiges, mal ein teures Parfum. Und immer roch sie den Geruch von Morgengrauen, der ihr wenig später an diesem herrlichen – ihrem eigentlichen – Pariser Vormittag, auf den Champs in ihre Nase steigen sollte. Die Bohème mit ihren durchwachten Nächten, aber keinesfalls das offizielle „Pariser Nachtleben“, kein Montmartre, kein Moulin Rouge. Eher Jazz und Diskussionen, männliche zerzauste Typen, schamlose Nachkömmlinge des François Villon, und überall deren Aufbegehren gegen die Bourgeoisie. Wilde Weiber, die gebildet sind. Über allem thronten die uralten Kunstakademien, natürlich in edlen Gebäuden. Und in der Nähe Brunnen, schöne Plätze, vor allem der Place du Furstemberg, dann der herrliche Jardin du Luxembourg, der allen Menschen offensteht. Überall im Milieu Galerien und die wichtigen literarischen Cafés, Orte der Inspiration, der Wortgefechte. Alles war bereits vorhanden in ihrer vollständigen Vision: Armut und Größe, Anmut und Verkommen, Existenznöte und Existentialismus, Liebeskummer, sich Geld borgen, trotz der Sorgen spät abends an der Seine spazieren unter dem tiefst dunkelblauen Himmel mit feiner Sternendekoration. War das nun Pariser Wirklichkeit? Laura hatte Künstler, Dichter, Philosophen, Sänger vor sich gesehen, angesehene Pariser in bekannten Cafés oder bereits lange auf den großen Friedhöfen. Diese alle würde sie ohne Frage bald zu Gesicht bekommen.

Auch in Lauras Heimatstadt gab es das literarische, hier italienische Café. Dort hatte sie nur Giorgio davon erzählt, und auch ihm erst kurz vor dem Abschied. Denn kümmerlich ist es, vor den Freunden vorzeitig von Paris zu schwärmen. Man musste es tun. Wenn es nicht zur Tat würde, würde es ihr peinlich. Ein französischer Bekannter hatte vor kurzem in dem heimatlichen Café über die Deutschen gesagt: „Les Allemands – ce sont des lâches ...“ Die Deutschen, das sind Feiglinge. Dabei bildeten sie sich immer noch ein, die Tüchtigsten zu sein. Was die Deutschen wirklich waren, konnte Laura nicht recht sehen, empfand aber Abscheu vor ihnen.

Was sie erträumte, wäre sicher schon bei der Ankunft vorhanden. Es galt nur abzureisen, „reisen ins Ungewisse“, wie man sagt. Vielleicht wäre sie aber doch zu schüchtern, mit großen Künstlern zu sprechen. Aber das würden ihre Freunde daheim ja nicht merken. Immerhin würde sie dazugehören, sobald sie nur eines der Pariser Cafés betreten hatte. Und sie wollte es betreten, unbedingt. Endlich, und dann öfter. Laura wusste schon, wie sie aussehen, die Cafés. Von innen und von außen. Wichtig war das „Deux Magots", welches diese Zeile unter seinem Namen präsentierte: „Rendez-Vous de l'Elite Intellectuelle." In der Nähe war das „Café de Flore". Laura war sicher, dass es in keiner anderen europäischen Großstadt solch edle Cafés mit so bedeutendem Publikum gäbe. Sie sah dort den geliebten Dichter Jacques Prévert schon klar vor sich, obwohl sie damals noch nicht wusste, wie er aussah. Das „Café de la Paix" war nicht so wichtig, es beherbergte wahrscheinlich törichte deutsche Touristen.

Der Hund, der raucht – im Paradies auf Erden

Einige der Heiligen, welche aus den Ateliers und Räumen der „École des Beaux-Arts" und der „Académie Julian" hervorgegangen waren, sah Laura ständig vor sich. Nur in Paris gab es solche Schulen, also wie heilige Hallen. Auch Markthallen gab es, wie Laura noch erfahren soll. Diese waren ebenso etwas Besonderes, auch sie waren reich an Angeboten, eben Pariser Markthallen. Dort sollte es schon morgens um vier Fischsuppe geben. Natürlich französische Fischsuppe. Laura mochte keine Fischsuppe, wegen des Geruchs. Und obwohl französisch, wird sie hier keine Ausnahme machen, wird diese Suppen nicht essen, auch nicht morgens um vier und obwohl sie das Lokal begeistert: „Le chien qui fume", der rauchende Hund! Im Quartier Latin soll sie einen Jazzclub finden, ebenso berühmt und mit Namen „Le chat qui pêche", die fischende Katze. Was waren das nur für einfallsreiche französische Leute, das waren doch die reinsten Surrealisten aus dem Volk, die einfache Lokale so benannten! Laura sollte ab sofort keinen dieser Namen vergessen.

Das Wichtigste aber ist die Energie, die sie zum Einsenden ihrer Mappen und schließlich hierher gebracht hatte. Diese Energie hatte sich natürlich nicht aus der Ansichtskarte gespeist, sondern staute sich durch die Lektüre von Kunstbüchern, Besuchen in Museen und das Anschauen französischer Filme in ihr auf. Heftig und nachhaltig war das Feuer entfacht worden und keine Minute lang mehr erloschen. Alle Reden ihrer Mutter – in der Küche, im Badezimmer und im Laden – wie ausgelöscht. Laura erblickte vor sich diese Akademien, die sie auch schon jede einzeln in ihrem Zimmer errochen hatte. In den bekannten Quartiers hatte sie bereits die Künstlerateliers inspiziert, die meisten in den kleinen Straßen zur Seine hin. Dort besuchten Maler und Dichter einander. Also Maler, im kobaltblauen Kittel am Tage bei der Arbeit, standen vor ihren großen Atelierfenstern mit den weißen Vorhängen. Manchmal schnurrte in einem solchem Atelier eine dicke Katze auf einem abgewetzten Sofa. Zum Beispiel im Atelier von Picasso. Am Abend trugen die Maler Samt-Bérets und Samthosen, dazu rote Jacken. Besonders Chagall. Dichter kamen hinzu in schmalen Cord-Anzügen, Westen, darunter elfenbeinfarbenen Seidenhemden, die am Hals gerüscht waren. Diese Bilder hatte Laura auf den Silbergelatine-Abzügen in einem Fotobuch von Nadar gesehen. Darüber hinaus sammelte sie viel Aufschlussreiches aus allen Zeitschriften, die mit Paris zu tun hatten. Da ging es um französische Frauen, schöne französische Schauspieler und Schauspielerinnen, internationale Schriftsteller, Theaterschriftsteller, Jazzmusiker, Liebespaare, alte Damen in eleganten Roben, die bei wichtigen Vorstellungen erschienen. Es gab aber auch Bilder der rauchigen Keller, Bilder von eleganten Tänzern, farbigen und weißen; vieler Künstler, die in Paris lebten. An Lauras Zimmerwänden klebten dazu Ausschnitte aus dem Theaterprogramm: von Madeleine Renaud, von Ballett-Aufführungen des Roland Petit sowie Porträts der spatzenkleinen Balletteuse Zizi Jeanmaire und der ebenso kleinen „Spätzin“ Piaf de Paris. Besonders dieser Spatz Edith imponierte ihr. Laura betrachtete den Schatz in ihrem Zimmer oft, innig und bedacht. Außer ihr sah niemand darauf. Sie tat es so lange, bis sie ohne das Einsehen ihrer Eltern aus dem Zimmer abgereist war.

In der letzten Zeit vor der Abreise roch Laura daheim nichts mehr. Sie ließ sich nicht belehren, hörte nicht zu, hörte ihre Chansons. Sie las französische Dichter und Philosophen, drehte nachts ihre Jazzplatten auf zum Ärger des Vaters, der früh aufstehen musste. Sie verschlief bald ständig die Straßenbahn, die sie zu ihrem Werbebüro bringen sollte – ja, sogar das. Nur nach mehreren Aufforderungen gab sie dem Drängen der Eltern nach und nahm an den Mahlzeiten abends teil. Sie tat es wie eine Fremde, wortlos. Sie absolvierte die letzten Lehrmonate, ohne das Geringste zu lernen, verlor sogar die Freude an den märchenhaften Aquarellen, ihren sonderbaren Bildern, die Herrn Blasius bemerken ließen, sie hätte Talent – bloß nicht in seiner Branche.

Allein ihr eigenes Zimmer innerhalb des Elternhauses war Laura wichtig, bevor sie davonfuhr. Dieses Zimmer war mit der Zeit so etwas wie eine Kapelle geworden. In ihrer Kindheit war Laura recht fromm gewesen. Jetzt befanden sich die „Julian“ und die „Beaux-Arts“ auf ihrem Altar. Sie hatten sich dort als heilige Orte etabliert, und diesen galt Lauras Credo. Es war ihr eine leuchtende Wahrheit geworden, dass es durch sie das Paradies auf Erden gab. Das bedeutete ihr: Man kann da hin und seine gewohnte Hölle aufgeben. Ein wenig seufzte sie noch, dass es so fern läge. Inzwischen huschte sie täglich in ihren privaten Zufluchtsort, in dem Pariser Künstlernamen, Künstlerorte, Künstlercafés wie von allein ihre Namen tönten, sodass es in ihrem Kämmerchen hallte wie von Orgelmusik. Sie sollte aber auch viel später noch, ja ihr Leben lang wie entrückt verharren im Erstaunen, dass es wahre, ungeahnte Schönheit in den Werken der großen Maler auf dieser Erde zu erkunden gibt, und dass große Musik uns aus jedem Kummer zu erlösen imstande ist.

Das war aber nicht alles. Es war noch etwas anderes Wichtiges geschehen, das sie beeindruckte. Außer ihrem fast religiösen Entrücktsein in ihrem Zimmer mit seinen Fundstücken hatte sich ihr von außen her etwas genähert. Das geschah bei der Begegnung und Wahrnehmung des französischen Films *Les Enfants du Paradis*. In den *Kindern des Olymp* sollte sich ihr eine Weltanschauung auftun, die wie maßgeschneidert für sie war. Natürlich hatte Paul, ihr erster Dichter, sie aufmerksam gemacht. Das alles trug ungemein zu ihrer Wunschsicherheit hinsichtlich des Entkommens nach Paris bei. Laura plante so etwas wie eine Emigration, obwohl die Zeit der großen Emigrationen im Zweiten Weltkrieg, über die sie alles Mögliche erkundet hatte, längst vorbei war. Paul hatte ihr einen schönen Brief geschrieben mit der Empfehlung des Carné-Films und mit einer wunderbaren Zeichnung – als sei diese von Cocteau, das konnte er – von Lauras Gesicht, zwischen die Zeilen skizziert. Außerdem hatte er in Französisch, das er eigentlich nicht beherrschte, eine Gedichtzeile beigefügt. Sie lautete: „J'aime tes yeux comme un enfant aime un jou-jou – qu'on lui defaut." – „Ich liebe deine Augen wie ein Kind ein Spielzeug liebt, das man ihm vorenthält." Das war die reine Wahrheit. Laura sollte sich lebzeitlang diesem ihrem Dichter, der ihr immer treu ergeben blieb, vorenthalten. Laura bevorzugte häufig eher solche, die ihr schadeten. Paul war in dieser Zeit ebenso dem Französischen verfallen wie sie, obwohl keine Schule ihn das Französische gelehrt oder ihn in seine Lyrik-Regionen entführt hatte. Er hatte das alles selbst gefunden. Auf Pauls seltsamen, streunenden Erkundungen der Welten der Kunst und der Literatur, auf seinen leisen Wegen durch die Stadt, war ihm auch Laura begegnet. Paul und Laura waren einander geistig verwandt, darum konnte sie lebzeitlang nichts mehr trennen – wenn auch ihre Schicksalswege auseinandergingen. Sie fanden sich immer wieder.

Auf Pauls Rat hin steuerte Laura das Wesentliche an, den gelobten Film in einem in der Nähe des Bahnhofs gelegenen kleinen Kino. Das Kino hieß, als ob es zu ihrer Erleuchtung passe, „Lux am Dom", also: „Licht am Dom". Viel später macht sich Laura Gedanken darüber, warum man Kinos in ihrer Jugendzeit „Lichtspieltheater" genannt hatte; sie maß Namen starke Bedeutung bei. So wie es bei Marcel Proust bekanntlich den Namen von Orten, Dingen, Ereignissen geschieht. Als atmeten die Namen der Dinge einen Hauch ihrer Seele. Der Film dauerte vier Stunden. Laura fühlte sich im Kino von ihrem dunklen Platz erhoben durch die Musik, von der sie sich fortgezogen wähnte. Sofort war sie in die Welt der Gaukler versetzt, womit der Film begann. Alles, was die Personen in diesem Film sprachen, erschien ihr als eine passende Parabel. Jacques Prévert, ihr geliebter Dichter, hatte diese Sentenzen den Schauspielern in den Mund gelegt. So kam der Film hinzu zu ihrer Sammlung, in *Kinder des Olymp* war alles auf die Spitze getrieben. Carné, der Regisseur, war mit dem Drehbuch genial umgegangen, die Schauspieler alle ersten Ranges, und nie sollte Laura das Lächeln von Garance – Arletty – vergessen. Was für eine Frau. Auch im Leben ein besonders französisches Exemplar.

In der Tat war der Film mit der Crème de la Crème der Schauspieler in dieser schwierigen Pariser Zeit entstanden, schon während der Okkupation der Deutschen. Dieser Nazis, die ihn niemals verstehen würden. Weil sie ihn nicht verstanden, konnten sie ihn nicht aufspüren und nicht vernichten. Viel von dem hier Ausgesagten – und Laura sah den vierstündigen Film vier Mal, davon zwei Mal im Original – sollte sie auch Jahrzehnte später noch auswendig kennen. Der Film war ihr eine Art Lebenslehre. Er hatte direkt mit ihrem eigenen Geschmack zu tun. Eine Richtung, die niemand zu Hause ihr hätte aufzeigen können. Jetzt also eine, die sie absolut selbst gewählt hatte. Es hätte den Ihren auch wenig gepasst, was sie in diesem Film für richtig hielt. Das sollte sich bald tatsächlich herausstellen.

Die Sprache der Dialoge war einfach, Jacques Préverts Sprache. Kluge Sprache des Volks, wie sie unter Franzosen geschätzt wird. Aber auch die Sprache leidenschaftlicher Gegner der Bourgeois. Arletty in der Rolle der Garance erschien Laura anziehend wie noch nie eine Frau. Sie kam aus einfachen Kreisen und war dabei französisch-fein. Wie geheimnisvoll, wenn ihr langsamer dunkel-souveräner Blick unter den schweren Augenlidern auftauchte; eine nächtliche Dame mit gurrendem Lachen, von sinnlicher Sicherheit und Grazie. Was für ein wunderbar geschwungener Hals über dem runden Dekolleté. Und dann erzählte diese Garance ihrem Baptiste, dem Pantomimen, in der dunklen Straße an einer Mauer, ihre Mutter sei Wäscherin gewesen. Und dass ihr ganzes Glück mit ihr entschwunden sei. So sei aus ihr geworden, was nun vor ihm stehe: „Et depuis elle est allée, tout a changé …“ Könnte jemals ein anderes Volk diese Art weiblicher Hoheit hervorbringen?

Und wie sprach Garance weiter zu ihrem Geliebten – dem Schauspieler Jean-Louis Barrault in der Rolle des Baptiste, als sie sich endlich im billigen kleinen Zimmer in Ménilmontant, das sie schon einmal aufgesucht hatten, einander zuneigten? Garance: „Es sieht alles noch aus wie zuvor, nichts hat sich geändert …“ Er: „Und Sie auch nicht, Garance, sie haben sich nicht verändert. In Ihrer Stimme noch das Zarte. Und immer noch das gleiche Glimmen in Ihren Augen …“ Sie: „Ach, nur so ein kleiner Schimmer.“ Er: „Sie hatten recht, Garance. Sie ist einfach, die Liebe.“

Hier traten die Menschen in Rollen auf, aber jeder von ihnen selbst die Rolle. Die, die sich verstellten, verstellten sich auch im Leben, einem Muster gemäß. Also war alles echt, selbst die

Verstellten. Das sagte so viel wie: Die Lüge ist die Lüge. Der Mörder hatte seine Gründe, die Künstler hatten ihre Gründe und die Nichtswürdigen hatten nichts als üble Absichten, darin den Drang nach Vorteil. Es gab den schmutzigen Bettler, auch schmutzig im Geiste, und die Prostituierte mit edlem Gemüt. Laura merkte, sie empfand die Welt, wie Jacques Prévert sie empfunden hatte. Und sie erblickte die Menschengesellschaft so, wie Marcel Carné sie ihr bildhaft vorgestellt hatte. Laura war hingerissen, dass sich ihr in dem kleinen Kino „Lux" ein so großer Spiegel ihrer eigenen Vorstellungen zeigte.

Keine Erleuchtung, dafür Wut

Noch ganz begeistert von dem Ereignis wollte sie etwas davon ihrer Mutter mitteilen. Wilhelmine, von der sie annehmen konnte, dass auch sie die Dichter liebte, da sie ständig einige von ihnen zitierte. Sie wollte ihr davon erzählen, beim Frühstück oder nach dem Abendessen, wenn sie vielleicht zuhören konnte. Laura näherte sich ihr morgens und sprach von dem Film. „Die Verkäuferin ist wieder ausgefallen", rief die Mutter, „es ist zum Wahnsinnigwerden mit dem Personal!" Laura sagte: „Mama, ich möchte dir von einem wirklich wichtigen Film erzählen." Wilhelmine rief, noch immer aufgebracht: „Wenn du mir wenigstens mal einen Nachmittag lang im Laden helfen würdest – dann könnte ich auch einmal einkaufen gehen!" Nach ein paar Tagen war Wilhelmine aber doch von Laura überredet – als nämlich der selten aufgeführte Film zum zweiten Mal im „Lux" auf dem Programm stand. Wilhelmine ging mit Laura ins Kino. Es war das erste Mal – und blieb das einzige Mal. „Bitte", hatte Laura gesagt, „du hast doch einmal erzählt, du wärest so gerne Schauspielerin geworden! In dem Film ist eine gute Schauspielerin und überdies schöne Frau zu sehen. Sie heißt Arletty. Sie hat auch etwas von dir, schwere Augendeckel. Du sagst doch, das sei etwas Schönes an dir." Letzteres hatte sie gesagt, um Wilhelmine zu schmeicheln und sie geneigt zu machen, sich Arletty anzusehen.

Ihre Mutter schüttelte vor dem Kinobesuch den Kopf, sie war abgespannt vom Geschäft, ahnte, es würde sie das alles nicht interessieren. So ein Film über Gaukler, hatte Laura ihr erklärt. Was sollte sie damit? Aber sie hatte sich nun mal erweichen lassen. Also verbrachte sie tatsächlich diese vier Stunden neben Laura, die sich fragte, was ihre Mutter beim Ansehen des geliebten Films fühlte. Hernach gähnte Wilhelmine mehrmals in die nächtliche Straße. Dann bemerkte sie: „Das war ja fast doppelt so lang wie jeder andere Film." Das Mädchen wartete. Aber das war alles. Ihre Mutter sagte nichts weiter. Laura war innerlich erschrocken, dann aufgebracht. Sie hätte gern an ihrer Mutter herumgerissen und gerufen: Hast du denn gar nichts gemerkt? Über ihre enorme innere Wut war sie jedoch ebenso erschrocken. Wie weit sie ging, diese Wut. In ihr wirbelten Wortfetzen, Beschimpfungen, Worte wie Fußtritte. Diese waren aber gottlob noch nicht ausgesprochen, beigelegt von einer ihr bekannten Ohnmacht. Die Ohnmacht sprach: Es gehört sich nicht, lass es. Und da war noch etwas: Sie wird dich auf der Stelle strafen. Laura fürchtete Wilhelmines Bestrafungen, sie ließ nie eine aus. Und ihre Bestrafungen zeigten ihre Macht und einen bestimmten Einfallsreichtum; Laura fühlte sich durch Wilhelmines verbale Raffinesse und Verächtlichkeit kleingemacht. Wilhelmine blieb überdies immer diszipliniert.

Laura hatte es öfter schon als Qual empfunden, auch an bestimmten nahen Verwandten nicht herumreißen zu dürfen. Den Tanten mit dem dummen Gerede, die sie übertrieben aufbrachten im Gemüt und mit denen sie keinerlei Geduld hatte. Sie konnte keinen Abstand nehmen und bezog deren Abneigungen auf sich, sodass ihr die bloß Dummen zu Feinden wurden. Es fragt sich aber, ob die Dummen nicht auch in der Tat die Bösen sind. Sie haben stets ein Alibi, sie können nicht anders als dumm sein. Sie müssen sich nicht entscheiden. Und der Kluge hat sich ihnen anzupassen, weil es umgekehrt nicht geht. Vielleicht ahnte Laura diesen Sachverhalt schon früh.

Die Plattitüden, Banalitäten und überflüssigen Redensarten ärgerten sie so, dass es in ihr tobte, obwohl das – solchen Banalitäten gegenüber – vollkommen unangemessen war. Sie wollte solchen Leuten entkommen, es gab zu viele von ihnen. Die Masse solcher Menschen nahm ihr den Atem. Laura wusste, ihre Empfindlichkeit war übertrieben. Sie ahnte auch, dass ihre Wut daher rührte, dass sie selber sich mit fadenscheinigem Gerede und Schöntuereien ein

Auskommen mit Wilhelmine zu verschaffen suchte. Mit ihr, die keinen ihrer echten Ansprüche duldete. Laura hätte die Bestrafungen, denen sie ausgesetzt war, Wilhelmine gern zurückgegeben. Aber ihre, Lauras Stärke, nutzte ihr nichts – die Mutter war ihr durch Schlauheit überlegen. Im Ton des Hohns eröffnete Wilhelmine sodann vor Bekannten, was Laura in sich selbst als eine Gefahr spürte, die wiederum Wilhelmine ihr überlegen machte: „Laura ist immer so übertrieben ...“ Wenn sie im Sinne ihrer Mutter „übertrieben“ war, bedeutete das eine Spannung, die sie für sich selbst als „kurz vor dem Durchdrehen“ erkannte. Aber was hätte das genutzt. Sie beruhigte sich, es gelang ihr noch immer.

Die Atmosphäre in *Les Enfants du Paradis* war ihr eine Rettung. Das Erscheinen einer andern Welt, in der auch Laura ihren Platz hätte und sich nicht selbst Banalitäten und dummes Gerede aufbürden müsste. Ausgerechnet diese Welt hatte Laura ihrer Mutter zeigen wollen. Wilhelmine hatte nichts von den Dialogen und den Geschehnissen in diesem Film verstanden. Wie konnte das nur sein, es war doch ihre Mutter. Waren sie denn gar nicht miteinander verwandt? Der war das alles zu viel, zu lang, zu uninteressant. Auch die Musik hatte sie nicht berührt. Die Bilder des Films waren an ihr vorübergezogen wie lästig zupfende Winde an einem grauen Tag auf dem Land. Aber es gab diesen Film, und Laura würde ihn sich wieder ansehen.

Die Figuren entsprangen einer Art weiser Menschenkenntnis. Einsichten, die ihr niemand aus ihrer Umgebung hätte vermitteln können. Die menschliche Welt, Elysium und vorwiegend Hölle. Die Kunst war Elysium, das sich zu behaupten hatte in einer furchtbar mächtigen Überzahl, ja Unzahl an Menschen, die der Macht des Allgemeingültigen frönten. Darüber noch das mächtige Schicksal, verhängt über alle gleichermaßen. All diesem gegenüber stand – und hielt sich bisweilen sogar – der winzige, schlecht ausgestattete Einzelne: Barrault, der Pantomime, ein Verlorener. Sein Gehen auf der Stelle, überhaupt sein Gang, sein markantes Gesicht und seine so besonders geschnittenen Augen würden ihr lebzeitlang Schönheit und Anmut bedeuten. Sie würde diesen „Baptiste“ immer wieder zeichnen und malen.

Verloren sein und dann doch aufsteigen: Zunächst war Barrault in diesem Film so ohnmächtig wie sie selbst. Baptiste, der Träumende; Baptiste, der Garance anlächelte aus seinem weißen Gauklergesicht, der Tölpel auf der Tonne, der sie lange nicht erreichen konnte, ihre Blume in seinen Händen versonnen drehte. Die kleine Blume, die sie ihm zugeworfen hatte. Nun wurde er eifersüchtig befragt: „Qu'est-ce que c'est avec cette fleur?“ Und er antwortete nichts als: „Ah ... une fleur ...“ Jede Szene dieses Films hätte Laura präzise beschreiben können. Und ihre Mutter hatte nicht eine von ihnen wahrgenommen.

Vielleicht war Baptiste von Göttern erkoren, durch sie begabt und ausgesondert. Dieser unscheinbare Einzelne hatte Kräfte, die Laura noch nie wahrgenommen hatte. Seine leise Poesie war seine größte Stärke. Auch wenn sie ihn mordeten, würde er nicht ausgelöscht. Sein Anderssein hatte geheimnisvollen Bestand. Wenn ein solcher seiner Liebe erlag – mochte sie auch scheitern – so hatte er zumindest ein einziges Mal Elysium in sich gefühlt, woher er vielleicht kam und wohin er wieder gehen würde. War also das vollkommene Elysium in der vollkommenen Liebe zu finden?

Laura wusste: Dieser Film, das war ihr Weltbild, ihre Philosophie. Sie war sicher, nicht mehr allein zu sein. Es gab die wenigen ihr vertrauten Anderen. Die Ruhe, die das so Erfahrene ausstrahlte, war ihr neu; und sie merkte, dass sie diese Ruhe in ihrem Leben immer wieder suchen, brauchen würde. Sie gehörte nicht zu denen, die Ruhe finden, weil die Bibel allezeit im Schlafzimmer auf der Konsole liegt. Sie hatte immer mit ihren Eltern und Verwandten in dem Kölner Vorstadtviertel gelebt. Dort, wo sie auch geboren war und eine Kriegs-Kindheit erfahren hatte. Da die Eltern danach täglich sehr beschäftigt waren, wussten sie wenig über ihre Tochter. Sie betrieben ihr Geschäft, das Einkünfte brachte und ihnen tägliche harte Arbeit abverlangte. Laura nahm das alles wahr, auch sie lebte von diesen Einkünften. Das war ihr peinlich, sie wollte es am liebsten nicht wissen. Sie wusste aber noch nicht, warum sie es nicht wissen wollte.

In ihrer winzigen eigenen „Kapelle“, die sie so oft hinter sich abschloss und die in Wahrheit ein winkliges kleines Zimmer mit schrägen Wänden war, schien wirklich die andere Welt aufzutauchen; was vielleicht ungerecht gegen die Eltern war, die so viel arbeiteten und von solch anderer Welt nichts wussten. Es war eine Welt, die nicht erst verdient werden musste. Und sie tauchte nur auf, wenn Laura allein war. Das hatte im Anfang nichts mit Kunstakademien zu tun gehabt. Als Kind versteckte Laura in ihrem Zimmer kleine Marmeladengläser mit Rosenblättchen und Blütenblättern in vielen Farben, die sie in Wasser getaucht hatte. Sie wusste, dass diese darin zu einem besonderen Leuchten kamen und auch etwas länger hielten. Sie hielt die Gläschen ins Licht und fühlte sich sehr reich beim Betrachten ihrer Kostbarkeiten, von denen niemand etwas wusste. In ihrem Zimmer gab es damals auch Dinge, die der Welt der Eltern entkommen waren. Besonders die Geschenke ihres Vaters, welche sie ebenso sorgsam versteckte. Da war ein Kaleidoskop, beklebt mit Packpapier, das er wahrscheinlich beim „Zauberkünstler" – einem von Laura bewunderten Laden in der Kölner Innenstadt – erstanden hatte. Sie konnte es schütteln und durch das Rohr tausendfache Bilder erblicken, welche die kleinen Glasstücke, die unten enthalten waren, zu blumigen Mustern machten – wie, wusste sie nicht. Das Kaleidoskop war für sie ein Wunder dieser Welt. Der Vater hatte es gewusst, das Klicken damit brachte Farben, Licht und Ornamente wie Kirchenfenster zum Vorschein. Auch die Holzflöte und die Mundharmonika, die der Vater ihr geschenkt hatte, gehörten zu ihrem hohen Reichtum. Einmal bekam sie die Flöte, als sie wegen ihrer „Polypen" im Krankenhaus lag – und einmal die Mundharmonika von „Hohner", als ihr die Mandeln entfernt worden waren.

Als Laura sich viel später einmal an seine Geschenke erinnerte, wusste sie, dass der Vater sie im Geheimen tief verstanden hatte, und dass sie ihm ähnlich war. Er hatte ihr kein Geld für ein Studium angeboten, wusste nichts von akademischen Lebensläufen und hatte auch vielleicht nicht die ausreichenden Mittel dafür. Aber der abgekämpfte Mann, der aus Russland heimkam, hatte sein Haus wieder aufgebaut nach dem Krieg, damit die Familie ein Dach über dem Kopf hatte. Er hatte sich verausgabt und strebsam vorwärts geschaut, so erschöpft er auch war. Ihr Vater Johann hatte getan, was er konnte. Und sein Herz war so sensibel wie seine Ohren. Der Metzgermeister nahm viel mehr wahr, als man ihm zutraute. Mit ihm fühlte Laura sich verwandt – und als sie noch klein war, liebte sie ihn herzlich; was Wilhelmine vielleicht gar nicht gerne sah. Sie machte böse Bemerkungen über ihn, die Laura verwirrten. Er sprach kaum, das war das Schlimme. Sie konnte ihn nichts fragen, und er erzählte nichts von sich.

Vorrangig war das Geschäft, das sie alle ernährte. Johann hatte viel Notwendiges zu tun, von morgens bis abends. Und es war mit ihm und Laura so wie bei den Königskindern, die nicht zusammenkommen konnten, weil das Wasser viel zu tief war. Ein großes Schweigen trennte sie, glatt und tief wie ein See. Nun war Laura älter, ihre Träume größer geworden. Langsam und heimlich hatten sich die Bilder von Paris in einer alten hölzernen Zigarrenkiste angesammelt, und ihre Idee, eine Akademie in Paris zu erobern, war unbändig gewachsen. Vielleicht auf dem alten Beet der feuchten, vielfarbigen Rosenblätter. Und vielleicht hatte sich anderes dazu entfaltet im konischen Gebilde des alten Kaleidoskops und seiner erstaunlichen Muster. Dann waren die Bilder und Gedichtbände ins Zimmer gekommen sowie die großen Schellack-Schallplatten mit Tschaikowski-Kompositionen, Musik von Bach und Jazz.

Erst später sollte sie bemerken, dass die klassische Musik für ihre Eltern sehr wohl wichtig war; dass diese zwar nichts von den Pariser Akademien wissen wollten, aber die „Blumenarie" der Carmen von Bizet, den „Hochzeitsmarsch" von Mendelssohn-Bartholdy und Borodins „Polowetzer-Tänze" mit Begeisterung hörten. Wagte sie jedoch vor ihren Eltern von ihren kühnen Kunst-Vorhaben zu sprechen, hatte ihre Mutter noch jedes Mal gerufen: „Ach, die Laura hat wieder Ideen!"

Der Sprung ins Wahre?

Es war ein langer Weg gewesen, ihr Weg vom Fleischerladen auf die Champs. An der Place de la Concorde angekommen, geht sie schneller, sinniert nicht mehr, sieht nicht die Tuilerien und nicht die Seine, die sie überquert.

Als Laura Wassenberg die „École des Beaux-Arts" – die „Staatliche Hochschule der Schönen Künste" – betritt, sträubt sich plötzlich etwas in ihr, als habe es sich umgekehrt. Dass man ihr mitteilt, sie sei angenommen, könne hier studieren, verschließt sich ihrer Wahrnehmung – so wie sie früher die Gerüche des Ladens oft bewusst nicht wahrgenommen hat. Lauras Erstaunen über das Wahrgewordene ist zu groß. Es ist wie ein Erschrecken.

Rasch ruft sie einer Gruppe Studenten, die ihr entgegenkommen, die Frage zu, wo der Raum des Aktzeichnens sei. „Où est la classe pour les nus?“ Ein junger Franzose lacht sie aus, denn sie hat gefragt: „Wo ist die Klasse für die Nackten?“ Wenn sie zu schnell übersetzte, passierten ihr Patzer, über die die Franzosen lachten. Sie meinte aber auch, es irgendwo gelesen zu haben, dass die Franzosen es eben „Klasse für Nackte“ benennen, das Atelier, wo das Aktzeichnen stattfindet.

Der Student ruft ihr nach: „Pour les nus? Prenez donc MOI!“ – „Für die Nackten? Nehmen Sie mich!“ Sein lautes Lachen schockiert sie, er lacht wie über eine Blöde. Sie wird rot und verlegen. Jäh weiß sie, dass da wohl etwas nicht stimmte. Und sie weiß auch, dass sie nicht mehr hierherkäme, nie mehr! Laura flüchtet durch das Tor auf die Straße. Wie zynisch doch die Franzosen sind! Sie denkt jetzt plötzlich das, was sie schon einmal von einer Freundin gehört hatte. Ja natürlich, es stimmt also, dass sie zynisch sind. Und lästerlich und oberflächlich sind sie auch, die Franzosen. Hatte nicht schon Heine über sie geschrieben: „Das leichte Volk wird mir zur Last.“

Vor den Franzosen empfindet sie jetzt Angst, vor ihrem Lästern, ihrer Überlegenheit. Der Student in der geliebten „Beaux- Arts“ hat sich über sie lustig gemacht, der dachte sicher: kleine törichte Deutsche. Das war also ihre geliebte Kunsthochschule, solche Leute studierten da. Dem würde sie sich nicht noch einmal aussetzen. Wie gut nur, dass sie auch der „Académie Julian“ ihre Mappe geschickt hatte und die Antwort bekam, dass sie sich dort jederzeit vorstellen könne. Dort haben es schließlich vor ihr schon viele Ausländer geschafft, macht sie sich Mut. Äußerlich kerzengerade, aber innerlich getroffen, geht sie in Richtung Rue du Dragon.

Voilà, da ist es! Auf der anderen Seite des Boulevard Saint-Germain hat sie das angestrebte Gebäude der „Julian“, diese altehrwürdige Schule sofort entdeckt. Die einfache hölzerne Eingangstür steht halb offen. Sonderbar, denkt sie, so war es nicht gedacht. Aber freundlicher, als das gebieterisch mächtige Portal, das sie vorausgesehen hatte ... Laura tritt langsam in den Flur. Das ist es also, was sie seit Jahren wollte, dieses oder die „Beaux-Arts“. Hier muss es gelingen, wenn sie in Paris studieren will!

Malerei, freie Malerei! Das beginnt bekanntlich mit dem Zeichnen, und Aktzeichnen und Porträtzeichnen ist das wichtigste, so viel weiß sie schon. Sie verharrt in dem unbeleuchteten Flur, blickt starr. Ist es überhaupt wahr? Oder geschieht es doch nur im Traum, dass sie durch diese Tür hereinkam? Es sieht hier so sonderbar normal aus.

Der Flur hat einen muffigen Geruch. Das sollte das lange schon vorempfundene Odeur der „Julian" sein, das sich immer wieder in ihr Mädchenzimmer geschlichen hatte – und sich jetzt als eine solche Enttäuschung herausstellte? Dieser muffige Staubgeruch in dem belanglosen Treppenhaus?

Sie steigt Stufe für Stufe hinauf. Ist das ein ihr bekannter Geruch? Oder vielleicht einer, der überall belanglos daherziehen könnte? Sie hat doch geglaubt, ihn in der Nase zu haben. Was soll sie nun von dem Geruch dieses Flurs halten? Was für eine Aufregung auf dem Weg hierher – oder hat sich vielleicht ihre Nase getäuscht? Kann eine Nase sich täuschen? Ist der tatsächliche Geruch im Flur der Akademie nicht doch der, den sich ihre Nase vorgestellt hat? Lauras ausgeprägte Nase hat sich schon viele Gerüche gemerkt und andere im Voraus „errochen". Auch den Geruch der Straßen im fernen Paris hatte ihre Nase vorweggenommen. Das war ein gewissermaßen graurosafarbener Geruch. Der Geruch, der von ihr für die „Julian" angenommen wurde, war aus den Bildern von Paris und den Kunstpostkarten aufgestiegen, die sie in ihrer Schublade wie Kleinodien aufbewahrte. War das alles plötzlich fragwürdig geworden?

In der zweiten Etage angekommen, hält sie vor der Klasse „Aktzeichnen" an. Dieser höher gelegene Raum soll also das zukünftige Atelier, die Klasse für das Studium werden? Außer ihr ist niemand da. Sie öffnet vorsichtig die Tür. Es ist ein kahler Saal, in welchem Studenten nach einem nackten Modell zeichnen. Der Raum teilt sich den muffigen Geruch mit dem Hausflur. Das Modell, eine bestellte posierende Nackte, wird von der Runde Studenten mit stumpfen Kohlestiften und scharfen Blicken wahrgenommen, zu Papier gebracht. Man nimmt kurz von Laura Notiz und zeichnet weiter. Kein Laut im Raum außer dem Scharren der Kohle auf dem Papier. Das hat gleichzeitig etwas Andächtiges und Nüchternes. Die Studenten sind hoch konzentriert, eine Fähigkeit, die Laura noch fehlt. Später soll sie an anderem Ort in ihrer Heimatstadt zum Aktzeichnen gehen, inzwischen gut vorbereitet. Doch hier fragt sie sich unvermittelt: Was haben die hier oben, diese trockenen Studenten, was haben die mit Brassens zu tun?

Laura ist leise eingetreten. Sie wird nicht nach ihrem Begehren gefragt. Hier wird nicht gesprochen. So kann sie das Geschehen erst einmal in Ruhe betrachten. Sie denkt bei sich stolz: Keiner von denen, welche eben über die Champs-Élysées schlurften, könnte hier heraufkommen! Sie stellt sich nicht die Frage, ob diese überhaupt hier heraufkommen wollten; für sie ist es selbstverständlich, dass eine Kunstakademie für jeden Menschen etwas Anzustrebendes ist. Sie ist nun ganz allein hier angekommen und verharrt eine Weile bei den Aktzeichnern, dann geht sie wieder hinaus, steigt die Treppe hinab bis zum Verwaltungsbüro. Dieses liegt eine Etage tiefer. Sie klopft, tritt ein, stellt sich vor. Die Dame hinter dem Schreibtisch kennt ihren Namen, aus der Korrespondenz. Sie besprechen, dass Laura Wassenberg die „Académie Julian" besuchen möchte.

„120 Francs, jeweils für drei Monate im Voraus", sagt die Dame und gibt an, welche Stunden Laura belegen könne. Sie erwähnt die Mappenvorlage. Laura könne die Mappe jetzt wieder mitnehmen. „Veuillez vous inscrire, Mademoiselle!" – „Wollen Sie sich bitte einschreiben!" Sie kann also als Studentin angenommen sein, hier in der „Julian". Und hätte es ja auch in der „Beaux-Arts" sein können, hätten ihr das die Studenten dort nicht gerade gründlich verpatzt. 120 Francs, das stand doch auch auf dem Formular, mit dem sie sich beworben hatte – und die sie sich hier eisern aufgehoben hat von dem Ersparten. Sie könnte sich also sofort einschreiben. Das Geld von der Amerikanerin würde sie zurücklegen, keinen Centime für etwas anderes ausgeben, und – voilà – ihr Studium wäre finanziert!

Laura bedeutet nun der Dame im Verwaltungsbüro, dass sie es sich überlegt und später wiederkommt. Sie geht hinaus und die halb beleuchtete Treppe hinunter. Das soll die „Académie Julian" sein? Laura ist der kühne Traum plötzlich in einen muffigen Flur gefallen. Und sie findet sich in Gegenwart dieser uninteressanten, zeichnenden Studenten wie in eine völlig fremde Umgebung versetzt. Da sitzen sie angespannt vor ihrem Modell, brav, denkt sie. Laura denkt plötzlich nicht mehr daran, dass Aktzeichnen die schwierigste Aufgabe des Zeichners ist – und ist doch schon im Begriff, sich diese Gelegenheit, an der sie sich messen könnte, zu verderben. Ihre hart erkämpfte Gelegenheit. Sie mokiert sich innerlich, die stille Runde da oben hätte nun gar nichts Erregendes. Die Beobachtung könnte von ihrer Mutter sein, die gewiss fragen würde: „Was findest du denn an den sturen Typen und der blassen nackten Figur?"

Kunst hatte Laura erregt, aber dieses – das war doch ohne jedes ihr so begehrte Flair des Künstlerischen! Die Spannung der Farben in der Malerei, der Schwung gekonnter Skizzen. Laura fragt jetzt nicht nach Können, wie schwer man es sich erarbeiten muss, obwohl sie es weiß. Sie hat die Klasse gesehen; im Stockwerk darunter die Dame im Büro. Dieser könnte sogleich das Schulgeld gezahlt werden, für drei Monate, die Einschreibung wäre damit erledigt, sie wäre angenommen. Das hatte sich Laura erträumt – nur darum hatte sie ihr Weg hierhin geführt. Doch plötzlich ist sie erleichtert, den Flur der „Julian" verlassen zu können.

„Et maintenant" – was soll nun werden?

Sie hat keine Einschreibung vorgenommen, möchte das Gebäude nicht mehr sehen: Weg von diesen trockenen Studenten und der Verwaltungsdame! Im Treppenhaus erinnert sie sich kaum noch, wie freundlich diese Dame zu ihr war. Und die Sicherheit der gesparten 120 Francs in der Tasche interessiert sie jetzt auch nicht mehr. Sie hat nichts eingezahlt, das Geld erst einmal zurückgehalten.

Aber warum ist ihr plötzlich so schlecht? Es ist doch der alte Wunsch Wirklichkeit geworden ... Wo bleibt die Freude darüber? Laura versteht sich selber nicht. In ihr ist graue Leere. Was ist es denn, dass sie das seit Jahren so ersehnte Institut erleichtert verlässt? Laura weiß nicht, dass sie einen Glauben verloren hat. Der Glaube, dass etwas Unwahrscheinliches geschehen könnte, ist größer als das Unwahrscheinliche selbst. Jetzt sieht sie das Unwahrscheinliche nicht mehr, es ist entmachtet. Ist ihr Traum dahin? Haben nicht soeben die Paradiese beide ihre Tore der törichten Deutschen geöffnet? Hat sich nicht vor ihr der Himmel aufgetan –

und war nicht aus diesem aufgerissenen Himmel eine Stimme erschollen: „Du kannst kommen!“ Sie war von dieser Stimme plötzlich wie vor den Kopf geschlagen, horchte noch einmal nach; „Ja, du! Du kannst zu uns kommen! Es ist nur noch ein Schritt, der ganz von dir abhängt ...“ – Das heißt, man hat ihr ganz einfach gesagt: „Wollen Sie sich bitte einschreiben!“

An dem ersehnten Ruf „Komm!“ hört sie jetzt vorbei, er liegt außerhalb ihres Fassungsvermögens. Hatte sie solches wirklich erwartet? Indem das Elysium sich geöffnet hat, ist ihr viel zu groß geratener Wunsch wie ein Papiergehäuse eingeknickt. Es war also möglich, auf die eine und wahlweise auf die andere Akademie zu gehen? Das hieß: Ihre Werke hatten also gut auf beide Gremien gewirkt – oder ob diese ihre Mappe nur oberflächlich durchgesehen hatten?

Baracke der Kindheit

Der erträumte Aufenthalt im Olymp, der Besuch der beiden Kunstschulen, war ihr zum Greifen nahe gekommen – das aber war nun plötzlich eine Ebene, in der zu denken sie nicht gelernt hatte. Keiner ihrer Vorfahren, kein Onkel, keine Tante, auf die sie sich hätte berufen können, hatte irgendwo studiert. Geschweige denn in Paris. Keiner von ihnen hatte Abitur gemacht, Jura oder Wissenschaft angestrebt. Oder gar einen künstlerischen Beruf ausgeübt – geschweige denn einen solchen für eine ernst zu nehmende Arbeit gehalten. Künstlerisches galt in ihrer Familie als Beiwerk, Schnickschnack, Überflüssiges. Konnte ja manchmal ganz nett sein. Aber was kommt denn dabei herum, hätte jeder von ihnen gefragt.

Eine lose Freundin im Lyzeum hatte Laura einmal ein Foto ihres Vaters gezeigt und erzählt, wie sehr er sie gefördert habe und weiter fördern würde, was immer sie beruflich anstrebe. Der Mann hatte eine hohe Stirn, ein kluges ruhiges schönes Gesicht und ein Stethoskop in der Hand. Er trug einen weißen Kittel. Die Freundin hatte noch gesagt, ihr Vater habe schon mit 23 promoviert und bald schon an der Universität gelehrt. Auch ihr Großvater sei Arzt gewesen. Die Familie war betucht, lebte in einer großen Villa.

Unter dem Bild stand in „Englischer Schreibschrift“: Professor Dr., drei Vornamen und der Familienname. Dann hatte die Freundin ein kleineres Jugendbild von sich selbst daneben gehalten. Laura sah, wie sehr diese beiden miteinander verbunden, verwandt waren, sie passten gut zusammen. Und die Freundin war reich, in einem großzügigen Haus und gebildeten Kreis geborgen. Laura lobte die schönen Fotos. Innerlich durchfuhr sie ein jäher, stechender Schmerz. Sie wandte sich um, damit die Freundin ihre nassen Augen nicht sähe. Als sie später einmal den Werdegang dieser Freundin betrachtete, dieser Freundin, vor der im Gegensatz zu ihr die Chancen von Anfang an schon ausgebreitet lagen, hatte deren Lebenslauf für Laura gar nichts Interessantes oder Beneidenswertes. Er war allgemein, die Freundin bürgerlich strebsam und in der Reihe geblieben, Ärztin geworden.

Mit einem guten Freund wird Laura einmal über unüberwindbare Standesunterschiede sprechen. Der homosexuelle Freund, schön, hochbegabt, hochempfindlich, kam aus einer Bergarbeiterstadt – der Vater Arbeiter und Trinker. Laura sah dieses Elternhaus als Handicap, ähnlich wie das ihre. Obwohl sie ahnte, dass sie damit übertrieb und in der Übertreibung vielleicht eine Ungerechtigkeit gegenüber ihren Eltern steckte. Die beiden fühlten eine tiefe traurige Einigkeit miteinander, sie betranken sich bei philosophischen Gesprächen allabendlich mit billigem Rotwein, bis ihm schlecht wurde. Sie vertrug mehr. Und während sie sich erklärten, was das Leben sei, rauchten sie wie die Schlote bis in die Morgenstunden. Dieser Freund sagte einmal, dass die nie gefühlte Förderung und das Fremdsein in der eigenen Familie nicht zu heilen seien. Dabei merkte er an: „Wir geben uns keine Blöße – wir haben eine. Wir haben eine, und sie ist ein Leben lang zu bedecken.“ Laura nahm kritiklos an, dass auch sie diese Blöße habe, obwohl sie doch erst seit den gemeinsamen Gesprächen mit diesem Freund sich so recht asozial fühlte. Wenn sie ihr unheilbares Ausgangsschicksal wieder einmal aufs Korn genommen hatten, sprach er von etwas, das er „seine Baracke der Kindheit“ nannte. Der Ausdruck gefiel ihr.

Andererseits wusste Laura seit früher Jugend unter ihren Freunden den Italiener Giorgio. Dieser nahm im Gegensatz zu dem Homosexuellen mit seiner „Baracke der Kindheit“ stets seine

Eltern in Schutz, so sehr diese ihm auch zuweilen zusetzten. Niemals hätte er einen Psychiater deren Geschichte aufstöbern lassen; obwohl auch ihm – mit seinen nagenden Minderwertigkeitskomplexen in der deutschen Gesellschaft und deren häufigen Anwürfen gegen ihn – eine Therapie gewiss gutgetan hätte. Giorgio liebte seine Eltern so, wie das Leben überhaupt: ganz unangreifbar, was immer auch geschehen mochte. Er war energisch und strahlend, hatte starke Ideen und konnte sie in die Tat umsetzen. Er hatte in Italien Architektur studiert, was sich in schönen Entwürfen, Zeichnungen und ihren Verwirklichungen zeigte. Die Familie besaß ein geräumiges Haus in Italien am Comer See – und das Eiscafé an der Hohen Straße in der Kölner Innenstadt. Er hatte es auf Bitte seiner geliebten Mamina übernommen und wurde für den Rest ihres schweren Lebens ihr Kompagnon. Laura fragte ihn einmal, ob er nie Querelen mit ihr gehabt hätte. „Nein“, sagte Giorgio, „ich war immer sehr nett zu ihr.“

In dem Eiscafé trafen sich, von Giorgios heller Anziehungskraft und Begeisterung erwärmt, nahezu alle geistig regen Menschen der Stadt – und Kosmopoliten aus der übrigen Welt, soweit sie seine Stadt besuchten. Diese kamen, um hier Theaterstücke zu inszenieren, Bücher vorzustellen, Musik und Literatur in der großen Radiostation in der Nähe auszusenden. Aber auch, um im Flur des Cafés Schach zu spielen, an den kleinen Tischen über Politik zu diskutieren. Man konnte sicher sein, einen Teil der Freunde immer hier zu treffen, nirgends anders. Giorgio selbst scheute keinen Mangel an Bettruhe; selbst dann nicht, wenn sich in seinem Café das Leben wieder eine Nacht lang im großen Gespräch zeigte– und dazu seine „First Class Jazz Music“ aus den Lautsprecherboxen schallte. Diese hatte er mit den besten Jazzmusikern der Welt auf Schallplatten gebannt. Ja, er hatte sogar seine eigene Band ins Leben gerufen und eine Plattenfirma gegründet. Ein Wagnis für einen Privatmann. Aber Wagnisse waren seine Sache ebenso, wie Wagnisse in Lauras Leben eine bedeutende Rolle spielten. Das betraf bei beiden auch hohe Wagnisse in der Liebe. Nie hörten sie auf, sich in Liebschaften ungeahnte Höhen und romantische Inseln zu erobern. Dabei übertrafen sie sich gerne gegenseitig, aber immer waren beide lustig und spitzbübisch, wenn sie sich die jeweils neue Errungenschaft ausmalten. Zu Beginn hatte er ihr den

Hof gemacht, Laura hatte ihm gefallen. Allem Weiteren ging sie geschickt aus dem Wege, als hätte sie geahnt, dass hier etwas Unantastbares zu bewahren sei.

Ständig besuchte sie ihn in seinem Café: bei den Jazz-Konzerten, bei sonstigen Veranstaltungen und Treffen. Giorgio hielt aber auch gern einmal einen Smalltalk unter Freunden, bei dem man sich leicht und munter unterhalten fühlte, etwas zu lachen bekam, gemeinsam gesellig sich die Zeit vertrieb, als gäbe es all die Katastrophen nicht, die in der Zeitung standen. Quatschmachen musste auch sein, meinte er. Und zu seinem Quatsch gehörten unter anderem zahlreiche sonderbare Ausdrücke des Dialekts, die besonders komisch, treffend, bildhaft und in der Lautmalerei stimmig waren. Da lachte er laut auf, wenn er so einen Ausdruck zum Besten gab.

Der Italiener und Laura waren ein Herz und eine Seele, wie man sagt. Besonders, wenn ihrer beider kenntnisreiche Ohren zusammen Jazz hörten. Sie wussten, dass der Jazz das Leben selbst repräsentiert. Und das wussten sie in tief verwurzelter, unantastbarer Klarheit. Sie kannten, Giorgio und sie, das nie endende Glück, das erfährt, wer Jazz hört und versteht. Und mehr noch, wenn er viel von ihm erkundet und ein hochachtungsvolles Gehör für ihn lebzeitlang behält. Laura sollte später für Giorgios Magazine und ein Jazzmagazin, das auf eine lange Tradition blickte, regelmäßig schreiben. Dank seiner Anerkennung und Wahrnehmung ihres Talentes hatte sie später literarisch und journalistisch arbeiten können. Auch das brachte ihr Genugtuung und Freude, den beiden eine Vertiefung der Freundschaft. Da auch sie seine Talente höchst achtsam gewahrte und anerkannte, all seinen Texten ihr Auge und Gehör schenkte, lernten sie sich unmerklich immer besser kennen. Es sollte sich in den folgenden 55 Jahren gesund erhalten, was sie miteinander hatten. Und auch vor anderen, die es spürten, immer neu bestätigen. Sie fielen einander um den Hals, wenn einer von ihnen den andern gewahrte. Die Umgebung war sich völlig klar über die unerschütterbare Sympathie, die sie verband – und je länger es dauerte, desto mehr erkannten sie, dass es wohl Liebe war. Sie blieben in Verbindung, stritten sich heftig und laut, sie lachten ausgelassen zusammen. Die beiden saßen immer nebeneinander – wenn Laura hereinkam, machte man ihr Platz. Er war stets großzügig mit ihr und lud sie zu Wein und Essen ein, und sie war zuverlässig im Redigieren seiner Texte und im stundenlangen Besprechen. Giorgio war zehn Jahre älter als sie, was sich als schmerzliche Tatsache erst zeigen würde, als er vor ihr starb.

Als er alt geworden war, seine und ihre Freunde großen Formats nach und nach schon von dannen gegangen waren, besprachen sie jedes Mal den Riss, den das für sie bedeutete: Beide maßen der Freundschaft, besonders der unter den Besonderen, hohe Bedeutung bei. Es war schrecklich, wenn wieder einer der begabten, verrückten, liebenswerten Großen das Zeitliche gesegnet hatte. Und Chargesheimer hatte damit begonnen, als er sich mit fünfzig Jahren selber den Rest gab. Eines Tages sagte Giorgio zu Laura: „Unsere Ära geht zu Ende." Da lief noch einmal alles in ihr ab, die vielen warmen, erleuchteten Abende, die schönen Orte, die er geschaffen hatte, seine eher kühlen weiten Wohnungen, sein aufrechter straffer Gang, wenn er hereinschritt, seine permanente Eleganz und Gepflegtheit, sein Farbgefühl, seine grotesken Erzählungen, besonders darüber, was er mit der Band auf Tourneen und daheim erlebt hatte, aber auch seine innigen Geschichten über seine Eltern und die Kindheit, sein aufrechtes politisches Engagement, sein eher verzweifeltes Engagement in der Stadt, die ihn nie recht wahrgenommen hatte. Was Giorgio von dem „melting pot" der Musiker aller Farben aus aller Herren Länder zu beschreiben verstand, war weltweit wohl einzigartig.

Laura bekam auch immer wieder seine großen Liebesgeschichten, Romanzen, Dramen und Affären zu hören. Er hatte in der Liebe gewagt wie im Leben. Seiner Familie, für die er immer gesorgt hatte, war Giorgio ein schwer zu ertragender Mann – und hatte sie doch, wie alle anderen, mit seiner strahlenden Kraft ohne Ende bereichert. In seinem Buch *Klook* über Kenny Clarke hat Mike Hennessy ein Campi-Porträt verfasst mit dem Titel: *The man who made it all happen*. Und genau das war Giorgio. Ein Mann, der primär Schöpfer, was die dumme Welt in seinem Fach einen „Promoter" nannte: ein Beschleuniger, ein Antreiber, der Wunder ins Leben rief. Er sollte auch Lauras Leben mit Wundern bekränzen. Dank seiner mutigen Taten und seiner funkelnden Gegenwart, seines Vorbildes – dabei seiner zuverlässigen Kameradschaft – war sie eine Glückliche geworden. Sie war eine geworden, deren Dasein von großer Musik durchzogen war und von verstandenem Wort, von liebevollem Ansehen. Das hatte Giorgio ihr jahrelang geschenkt.

Als er endlich, nach heftigen Kämpfen um seinen eigenen Rest schmerzlichen, aber immer noch erstrebenswerten Lebens, doch durch einen Sturz umkam, herüberkam, gestorben war, hörte sie ihn sagen: „Wir waren so reich." Da weinte sie um ihn und hatte doch nichts von ihm verloren.

Mit Freunden hatte Laura das Glück des Daseins, den Humor, den Mut, die Freude an der Kunst geteilt von Jugend an. Es war wie in Brassens' Lied: „Les Copains d'abord" – „Die Freunde zuerst." Das soll sie aber erst vollkommen und mit großem Erschrecken bemerken, als die besten Freunde gestorben sind. Sie dachte in den Zwischenzeiten nicht darüber nach, und es lag auch in ihrer Freundschaften Natur, ein Ende nicht zu erwägen.

Was wird aus den Ideen?

Damals, im Eiscafé, hatte sie sich in den Kopf gesetzt, Paris zu erobern. Aber Laura konnte nicht wie Giorgio die anderen derart begeistern, dass sie seine Pläne für die ihren hielten. Er dagegen hat sogar seine eiserne Mutter von seinen Waghalsigkeiten stets überzeugt und sie nachgiebig gemacht.

„Ideen!" In abfälligem Ton erwähnt waren sie das, was Wilhelmine an Laura rügte. Sie galten ihrer Mutter als Überflüssiges, Fantastisches, mit dem man nicht weiterkommen kann. Ihr Ruf: „Ideen!" bedeutete insgeheim immer: „Lauras spinnige Ideen." Indem sie das diffamierende Wort ausließ, war sie nicht anzugreifen, oder brauchte ihren eigenen Angriff nicht zu verteidigen. Solche „Touren" Wilhelmines fürchtete Laura, sie war ihnen nicht gewachsen. Und darum sprach sie auch nur zaghaft über ihre „Ideen", nie mit Begeisterung, wie Giorgio es zu Hause tat. Nur, wenn sie Giorgio besuchte, konnte sie ihrem Mut und ihrer Begeisterung, sich auf die Reise ins Ausland zu begeben, freien Lauf lassen. Er war ihr Vertrauter in allem, was ihre Mutter für „hanebüchenen Unsinn" hielt.

Immer wieder kam das abfällige Wort „Ideen!“ in Wilhelmines Reden vor. Ihre Tochter überlegte: Hatte keiner von Lauras Verwandten jemals Ideen gehabt? – Vielleicht der Verrückte aus Westfalen, der ihrer Mutter Legende nach sich wie ein Baron benahm und weiße Waschlederhandschuhe trug, obwohl er auf einem Dachboden hauste. Einer, der nur abends ausging, wenn es dunkel war, weil sein Vater ihn hasste und ihn nicht sehen wollte. Seine Mutter versteckte ihn. Er kehrte nachts zurück auf den Dachboden, wo er sich eines Tages, noch jugendlich, erhängt hat. Dieser ferne Verwandte von ihr war vielleicht der einzige, der „Ideen“ gehabt hatte, und Wilhelmine tat manchmal die Befürchtung kund, dass auch Laura verrückt werden würde – wie dieser Verwandte aus Westfalen. Wenn sie aber gerade bei dieser Überlegung war, fiel Laura auch noch ein Verwandter in der väterlichen Familie ein. Das war derjenige, der im Krieg einen empörten Brief an Hitler geschrieben hatte, darauf ins Gefängnis gekommen und dort, wie man sagte, „durchgedreht“ war. Wilhelmine meinte, auch diesem wäre Laura ähnlich und Ähnliches könne ihr widerfahren. Laura fragte sich, ob der Verwandte wohl „vergast“ worden war – nach Hause jedenfalls kam er nie zurück.

Jetzt war sie in Paris. Wie konnte es nur möglich sein, dass es möglich war? Etwas vibriert in ihr, wie in einem Tier, das auf dem Sprung ist. Laura will plötzlich verschwinden, schnell, als wüsste sie sich nicht zu lassen, sich nicht zu benehmen unter den fremden Herrschaften, die alle nur französisch sprechen und aus guten Kreisen kommen. Aber ist es nicht ihr über alles geliebtes Französisch? Und was sollen diese Herrschaften auf einmal gegen sie haben? Laura denkt: Sie müssen sich irren – es war nur, weil sie nicht wussten, wer sie war und woher sie kam. Wieder fällt ihr jetzt hilfreich ein, dass Wilhelmine manchmal gesagt hatte: „Meine Laura sieht so fein aus.“ Und sie hatte noch hinzugefügt: „Sie ist ja auch meine Tochter.“ Die Herren in der Akademie – haben sie vielleicht etwas von diesem Feinen gesehen? Oder beruhte Wilhelmines Ansicht auf einem Irrtum?

Der Vater von Wilhelmine kam aus sogenannten guten Kreisen, war Offizier gewesen. Und war ihr, Lauras Vater nicht auch aus einer guten, anständigen und begüterten Familie gekommen, in der man wusste, was sich gehört? Der Krieg hatte ihr Vermögen und ihr Ansehen als Deutsche zerstört. Laura kam aus den Trümmern, in denen sie als Kind gespielt hatte. Und sie kam aus einem Land, das die Nazis ihre ganze Kindheit lang regiert hatten. Einen Feuersturm hatten sie über die Welt gebracht, einen Sturm der Verwüstung und des Mordens. Aus diesem Land kam sie. Vielleicht war es darum, dass Laura sich fühlte wie aus finsterem Haus, aus ungeratenem, verwüstetem Land. Was war ihr nur eingefallen, dass sie sich hierher – nach Paris gewagt hatte? Und doch war es ihr eigener, ganz ihr eigener Traum gewesen, bei den kultivierten geliebten fremden Franzosen zu leben, am liebsten für immer. Bei diesen Franzosen, die so geschliffen sprachen in ihrem melodischen Französisch, in das sie selber verliebt waren. Diesen, die aufrecht standen in ihrer „Grande Nation“. Hatten sie vielleicht alles, was ihr fehlte?

Die Franzosen, die ausgesuchte, delikat zubereitete Speisen aßen, lange Mahlzeiten schätzten, lange Gespräche, gute Weine. Diese Pariser, die weltoffen in ihrer Stadt die größten Künstler beherbergt hatten, und ihre von Legenden durchzogenen Häuser nicht an den Krieg verloren, wenn auch die Nazis mit der Okkupation ihnen schwer zugesetzt hatten. Dass sie bei diesen angekommen war in ihrer eleganten Metropole – war das überhaupt wirklich?

Hinabsteigend hatte sie das Muffige im Flur der „Académie Julian“ noch aufmerksamer gerochen. Das war nicht der Geruch, den sie zu Hause schon in der Nase gehabt hat – sondern ein Geruch, der eigentlich gar nicht hierhin gehörte; wenn man bedachte, wer hier alles studiert hat. Laura sieht jetzt wieder die blinden Fenster im Aufgang vor sich, die auf sie wirkten wie eine Schande; sieht die traurigen, staubigen Treppenstufen, die sie mit Unmut erfüllten. Sie gewahrt die Enge des glanzlosen Hauseingangs, und es ist ihr, als hätte sie sich in der Adresse geirrt. Sie sieht sich selber böse blicken beim Verlassen des Gebäudes, so wie es die Enttäuschten tun, ohne es zu merken. Nicht genug damit, dass man sie in der „Beaux-Arts“ ausgelacht hatte – nun hier dieses Kümmerliche, Verkommene …

Dann eben nicht! Es muss ja nicht sein. Kein Mensch hat sie gebeten, hier zu studieren. Auch nicht für die mühsam gesparten 120 Francs, die sie noch in der Tasche hat. Sie sieht sich weiter die Treppe der „Julian“ hinabgehen wie benebelt von einem Wirbel diffuser Gedanken, Ansichten, Tatsachen, Meinungen, Gelesenem, Gewünschtem, Tatsächlichem, Französischem und Deutschem, Einfachem und Kompliziertem.

Na gut, 120 Francs sind viel Geld für sie. Aber vernünftig betrachtet doch eine geringe Gebühr für eine so berühmte Akademie und ihre Aktmodelle. Sie streift diesen einzig klaren Gedanken kurz und tut ihn ab. Dass sie an der Summe Anstoß nahm, war hergeholt. Etwas anderes machte sie böse, aber was? Sie wusste genau: Es wurden von dem Schulgeld lediglich die Modelle bezahlt.

Laura fühlte sich jetzt abgeschlagen, einsam und fremd in Paris. Wenn eine wie sie hier angenommen würde, dann war das eben in Wahrheit gar kein Olymp! Es würgt sie, was sie schon immer gewürgt hat: Was einer wie mir möglich gemacht wird, das kann nichts Besonderes sein. Besser aber würde sie es sich anders erklären, vielleicht so: Also, was für Gestalten, erbärmlich! Die dort oben zeichneten, bleiche Studenten, beflissen, es gut zu machen. Aber ganz gewöhnliche Menschen. An das Modell erinnerte sie sich schon nicht mehr. Hatte da ein Mädchen oder eine Frau gesessen? Und wie sie ihre Kohlestifte vorsichtig angesetzt hatten ... Keiner hatte einen feschen Schwung riskiert, so wie sie es jahrelang in den Zeichnungen eines Matisse, eines Renoir gesehen hatte. Bei diesem Modell war auch nichts von deren Modellen: kein zartes orangefarbenes Fleisch, keine feinen Rundungen, und keine anmutigen Bewegungen; keine Gesten, die mit Eleganz in einem Zug auf das raue Blatt geworfen worden wären. Die wussten nichts von sicheren Skizzen, und natürlich auch nichts vom Abenteuer Kunst! Da würde es nichts von einem Bohème-Leben geben, keine Sinnesfreude, nichts von einer schöneren Welt. Die musste es aber doch gegeben haben, außerhalb der grauen gewöhnlichen Bürgerwelt!

In der „Julian“ hatte sie doch nur eine „Künstlerwelt“ gefunden, die staubig und abgestanden war. In diesen Flur kam kaum Licht durch die kleinen Fenster, alles war milchig. Und oben nur die blasse Frau, die starr saß. Außer dem Schaben der Kohle auf dem Papier kein Laut. Und wenn sie danach miteinander sprachen, war es sicher auch nichts Gescheites. Von Bohème keine Spur. Aber einer hatte den Daumen gehoben, um die Maße zu peilen, mit dem Auge über den Daumen zu peilen. Das kannte sie.

Vielleicht war dieses Peilen das Einzige noch gewesen, was eine Spur von dem Wunderlichen hatte, was ihr Streben in diese Schule lenkte. Sie war angelangt an dem so schrecklich abgelegenen Ziel. Da hatte einer die Maße der Nackten über den Daumen gepeilt, und sein Über-den-Daumen-Peilen hatte sie am wenigsten enttäuscht. Aber das reichte nicht.

Laura erfasst jetzt eine alles niedermachende Abspannung. So als habe ihr das Atelier allen Mut verschlagen. Ein Grau hatte sie dort ergriffen, das sie von zu Hause kannte. Ein Grau, in dem es die Malerei nicht gibt, nicht zu geben braucht. Jäh wurden sie hier zu Legenden degradiert, die Bilder ihres Jungmädchenzimmers; dieses ihr zu Hause gegebene Zimmer, das dreimal so groß ist wie ihre „chambre de bonne".

Was ist geworden aus ihren Ideen? Aus den Plänen, die ihr den Kopf erhoben haben aus Haus und Laden daheim? Aus dem Haus mit den fettigen Türklinken, den Ladengeräuschen, der Ladenklingel, dem Eilen der Verkäuferin und des Gesellen, den gemeinsamen Essen, den schmerzlichen Sätzen, die immer wieder gesagt wurden. Sie ist diesen Sätzen nun weithin entkommen, diesen Sätzen, vor denen sie den Schlüssel ihres Zimmers von innen her abrupt umdrehte. Aber wohin ist jetzt der Schwung, der sie hergetragen hat? Wo ist die Leuchtkraft der Ideen, die sie erhoben haben aus dem, was die krummen Figuren der Vorstadt ihr Leben nannten? Menschen ohne Augen und Ohren, hatte sie von denen gedacht, Menschen ohne Himmel, ja nicht mal einem einzigen Stern. Dass es unter ihnen keine Ausnahme gab, keine einzige.

Jetzt ist doch alles erreicht, und sie schaffte es selbstständig, allein, ohne Hilfe der Eltern, hat es mit dieser Energie geschafft, die man daheim ihre Verrücktheit genannt hat. Plötzlich ist sie vollkommen freudlos – von einer widerlichen Freudlosigkeit.

Beim Verlassen der „Julian"

Der Schrecken ist groß. Hat sie die Heimatstadt nur anscheinend für immer verlassen? Wird sie zurückmüssen? Wo soll sie nur hin? Wird man ihr wieder eine Lehrstelle besorgen? Sie fürchtet umzufallen, so schlecht ist ihr. Sie sieht sich sehr langsam aus dem

Flur der Académie treten. Draußen blickt sie farblos umher, ist kaum bei sich. War sie es je? In der Handtasche die 120 Francs gespartes Geld, es ist immer noch da, nichts hat sie eingezahlt. Warum dieses: „C'est pas encore décidé." Ich habe mich noch nicht entschieden. Warum? War es nicht feige? Dieses Unentschieden, das doch nicht mehr war als ein armseliges kleines Nein. Wie sie das kennt. Sagte nicht Wilhelmine oft von ihr: „Laura, das schwankende Schilfrohr im Winde?"

Hat sie sich nicht so sehr gesehnt, hier angenommen zu werden? War das etwa nur ein schöner Schein? Und wenn nicht die Akademie, was wünscht sie sich dann? Was ist los mit ihr? Das Geld ist wirklich, sie hat es. Will sie denn nun gar nicht mehr zeichnen lernen? Wie ernst war es ihr je damit? Oder was ist das: zeichnen? Hat sie nicht gewusst, dass das richtige Arbeit ist? – Das Talent nur der kleinste Teil, die Voraussetzung – der Rest Arbeit! Wer hatte das noch gesagt? – Doch, sie hat es doch gewusst. Hat sie überhaupt jemals etwas fertig gebracht, fertig gemacht, ernst genommen? Was hat sie je auf sich genommen? Immerhin, die Reise hierher hat sie geschafft.

Wenn sie bloß nicht so schwach wäre. Es ist, als stünde sie ihrer sie rügenden Mutter gegenüber und bekäme weiche Knie. Hämischer Gedanke jetzt, dass diese auch noch Recht hatte. Lauras Aufstand knickt in sich zusammen. Sie könnte aufschreien, sich hinwerfen, wie sie es als kleines Kind getan. „Laura hatte wieder einen Ausbruch!", hört sie Wilhelmine rufen. Sie fühlt sich einig mit ihrem Vater in dieser Schwäche – wenn sie plötzlich gebrüllt hatten, weil sie Wilhelmines herablassende Redewendungen nicht mehr ertrugen. Immer hatte sie es „einen Ausbruch„ genannt. Laura dachte jetzt: Was für ein Ausbruch? Aus dem Gefängnis? War sie bei den „Ausbrüchen" zu Hause auch immer so schwach gewesen? Denn: „den Ausbruch bekommen", das hieß schwach sein, sich nicht mehr halten können, aus dem Rahmen fallen. Sie hatte es auch an ihrem Vater beobachtet, der ihr mit jedem „Ausbruch" mehr leidtat. Ihre kleine Schwester beängstigte es – ihr war es innerlich vertraut. Er wusste das.

Hier konnte sie nun keinen Ausbruch bekommen, es blieb alles unheimlich still, sie ging eben doch nur weiter verstört die staubige graue Treppe hinunter.

Also, das Geld würde erst einmal für drei Monate Aktzeichnen reichen. Es würde möglich sein, auch weiterhin die Schule zu besuchen. Ein Jahr, wenigstens ein Jahr. Das wäre vernünftig. Sie hört das alles in sich, aber wie von einem Automaten gesprochen. Wieder erinnert sie sich, wie man im Lyzeum ihre Bilder in den Flur gehängt hatte. Aber die Erinnerung hilft ihr nicht weiter. Warum hat sie nichts eingezahlt? Sie hat sich hinausgemogelt. Nichts in ihr ist fest geblieben, alles um sie herum verschwimmt. Laura betritt die Straße, ohne zu wissen, wo sie ist. Das Orientierungslose hat sie wieder ergriffen, es ist ihr gut bekannt, nur hat es noch keinen Namen. Sie geht fort und fort, in eine andere und wieder eine andere Straße. Sie verirrt sich.

Teil III

„Continuez!“

Weiter!

Seltsames Erwachen

Laura findet sich wieder auf dem schmalen Bett in ihrer Chambre. Es klopft. Sie öffnet – es ist die Amerikanerin. „Ein Telegramm für Sie", sagt sie freundlich – und dass Laura am Montag um acht Uhr mit dem Babysitten anfangen könne.

„Freitag, 24. August, 20 Uhr, Blue Note, Gruß, Noel", steht in dem Telegramm. Ihr geliebter Freund, der Pianist, erwartet sie, in der „Blue Note"! Sie hat es mit Musikern. Da fällt ihr ein, dass auch Wilhelmine oft von Vorfahren sprach, die Musiker waren, unter ihnen auch Frauen. Laura hatte diese Künstler – es gab also doch „richtige" Künstler in der Familie! – auf schönen alten Fotos entdeckt. Endlich hatte sie Verwandte, die ihr als solche erschienen, auch wenn sie diese nicht mehr kennenlernen konnte. In Lauras Leben wird sich der Eindruck fortsetzen: Musiker, denen Laura begegnet, kommen ihr verwandt vor, sie werden ihr schnell vertraut. Attila Zoller war nach Amerika gegangen. Liebeskummer folgte, sie lernte Noel kennen. Laura weiß: Er kann dem ungarischen Genie zwar nicht das Wasser reichen, aber für eine schöne französische, zarte Romanze würde es schon reichen. Etwas ganz anderes, aber es gefiel ihr gerade jetzt, da sie so dringend trostbedürftig war.

Schluss jetzt mit dem Grübeln! Es ist Freitagnachmittag, und ich werde Noel in der „Blue Note" treffen! Er wird mich ansehen mit seinem hellen Blick. Auch sein Pianostil hat etwas Helles, Gläsernes. Er hat ein charmantes Gesicht, und sehr fein. Wenn er spielt, werden wir flirten. So leise, dass keiner es merkt. Noel ist ein besonders heller Jazzer!, denkt sie nun lachend. Er hat helle Haut, helle Haare, helle Augen, besonders helle Hände.

Noel kommt aus Brüssel. Sie hat ihn in ihrer Heimatstadt nach einem Konzert getroffen, vor einem Jahr, im Café ihres Freundes Giorgio. Bis um Mitternacht haben sie zusammengesessen, über die Welt und die Welt des Jazz geredet. Danach hat er ihr das ganze Jahr lang romantische Briefe geschrieben, in einer steilen Schrift auf dünnem Papier. Schönes Französisch! Sie hat ihm aufmerksam geantwortet, immer das Lexikon neben dem Brief. Alle seine Schreiben hat sie sorgsam aufbewahrt, wieder und wieder gelesen. Eine feine Schrift hat er, ja! Und eine feine Statur. Feine Finger, feine Figur! Sie ist stolz, dass er ihr Freund ist. Dass sie ihn nicht mit zu sich nach Hause nehmen wollte, bereitete ihr ein schlechtes Gewissen den Eltern gegenüber. War es nicht die Gastfreundschaft, die dieses Haus, das ihr manchmal so unheimlich war, offen und lebendig hielt? Laura schätzte diese Offenheit von Kindheit auf sehr. Aber Noel? Der hätte da nicht hineingepasst. Er war zu gewählt im Ton, sie würde sich genieren.

Laura ahnt noch nicht, dass ihr zerbrechlicher Freund, der im Übrigen nie mehr nach Köln kommen würde, schon lange heroinsüchtig ist. Sie wird allerdings manchmal eine Schwäche in seinem Gang beobachten, eine Blässe des Gesichts und eine unerklärliche Unruhe darin. Aber jetzt ist sie glücklich, Noel hier zu treffen. Nach dem Konzert wird sie ihn begleiten in das Hotel „Saint André des Arts“, wo ja aus allen Zimmern die hervorragende Schallplattenmusik ertönte. Sie erkennt Bud Powell und Ornette Coleman, ist begeistert von der neuen Musik und kennt sich durch aufmerksames Hören bald gut darin aus. Schon zu Hause hatte sie sich von ihrem wenigen Geld ab und zu eine Schallplatte geleistet.

Sie liebt den Jazz. Sie liebte ihn sofort, als ihr die ersten Jazzmusiker begegnet waren, zu Hause, im Eiscafé, aber auch in einem anderen Viertel in einem Jazzkeller. Die Jazzmusiker sind doch das Lebendigste, die lebendigsten unter den Künstlern! Eigentlich dachte sie nicht darüber nach, warum ihr der Jazz so wichtig war. Aber sie wusste, dass die Nazis die Jazzmusik verachtet hatten. Und trotzdem hat man es hier geschafft – unvergleichlich in der Welt – , die Jazzmusik weiter zu hören, in Paris. Wie sie es machten in dieser Metropole, ganz schön raffiniert. Aber auch dezent und gediegen; das Paris des Zweiten Weltkrieges hat es eben verstanden, traditionell wie untergründig kosmopolitisch zu bleiben! Ja, bei aller Belagerung, aller Gefahr, den Fremden die Kultur nicht preiszugeben und in derart schwierigen Zeiten den Ruf der Weltstadt zu wahren, das war ein starkes Stück. Die „Kunstmetropole Europas“ zu erhalten, bedeutete ein Vabanque-Spiel: Viele begabte, verfolgte Menschen fanden hier noch im Krieg heimliche und offene Unterkunft, Versteck oder eine Durchgangspassage. Das war nun schon 15 Jahre her, aber die Verbindung von einer Ära – oder auch einem Stil – zum anderen bleibt. Laura weiß schon jetzt, dass die Wurzeln halten und weiter wachsen.

Immer wenn Laura an Jazz denkt, über ihn nachdenkt, ist sie guter Dinge. Es bleibt die alte Welt des Jazz mit der neuen verbunden. Natürlich ist die Zeitspanne des Jazz in ihrem Frankreich noch kurz im Vergleich zu den langatmigen Epochen Pariser Weltoffenheit. Es hat ja gerade erst begonnen, dass schwarze und weiße Jazzmusiker aus den USA diese Stadt zu ihrem Lieblingsort erkoren haben. Das geschah weniger „roaring" als „relaxed". Die Jazzmusiker, die herübergekommen waren – von denen Laura einige kennenlernen wird –, aber auch solche, die später aus vielen anderen europäischen Metropolen kamen, sahen Paris als ihre „Bienaimée", die „Vielgeliebte"; noch mehr als die „Reine", wie die Franzosen sagen, die „Königin". Paris, das sich dem Jazz zuwandte, als hätte die Stadt seit eh und je auf den Swing aus Amerika gewartet! Das war ja auch ein Zug der Anziehung, die Attraktion wuchs ihnen zu aus einem Land, das sie im Übrigen wenig schätzten. Aber zur Aufnahme der Musik, die wesentlich „aus dem alten New Orleans" stammte, das ja von Franzosen gegründet wurde, war Paris bereit. Es zeichnete diese sonderbare Entente aus, dass sie in der Weltstadt Paris wie auf einer einsamen Insel stattfand. Es hatte sich eine schwarze Kultur, ein Ton, der Swing hierhergerettet. Laura und Noel mussten allerdings manchmal darüber lachen, dass die Franzosen IHR New Orleans ganz allein für den Ursprung des Jazz hielten.

Alle, die ganze Crème der europäischen Kunst und Literatur, ja sogar die der Politik, alle haben sie in Paris einen Narren am Jazz gefressen. Es sollte die zerstrittenen Nachkriegseuropäer ungemein beleben, sich hier so zu vereinen, sie waren versessen auf swingende Sessions in ihren Pariser Nächten. Das brachte die sonderbarsten Leute zusammen, und auch die verschiedenen Generationen sowie Studenten aller Nationen. Versessen war man auf den Swing in der Nacht – und auf die gleiche Jazzmusik am Tage von Schallplatten in den Cafés und Hotels. Wer es konnte, zahlte die hohen Eintrittspreise für die „Blue Note" oder andere Konzerte in den Kellern.

Laura wird sich schnell zugehörig erkennen zu dieser Runde. Hier fühlen sich die Amerikaner wohl. Sie haben das berühmte „relax" erfunden, wie es im New Yorker Slang heißt, und Laura mag ihre Gelassenheit, ihren Humor.

Vielleicht liegt es ja an der Diskriminierung daheim, dass die Schwarzen gerade hier so „relaxed“ sind – und vielleicht ist dieses „relaxed“ dem französischen „laisser-aller“ und „laissez-faire“ verwandt. Laura wird es später ärgern, dass der Jazzer-Ausdruck relaxed von Werbeteams der Urlaubs- und Wellness-Branche gestohlen wird und man ihn überall in den Reiseprospekten wiederfindet. Die Musiker, die Laura kennenlernen wird, haben aber nicht etwa Wellness im Sinn, oder das „Einmal-in-Paris-gewesen-Sein“ der Touristen, sondern allenfalls ein Engagement in der „Blue Note“ oder im „Chat qui pêche“; Stätten, von wo aus Kenny Clarke mit dem „Besen“, der Snare-Drum, und Oscar Pettiford am Bass ihre neue Art von „rhythm“ in die ganze Welt bringen sollten. Das Zusammentreffen des Jazz mit Paris an der Seine, der steinalten Kunstmetropole, war reichlich sonderbar, aber der Jazz fasste Fuß auf Pariser Boden – nicht in Marseille oder Tanger, den Hafenstädten. In Paris, in welchem sich nun die 21-jährige Laura befindet, heißt das: Es gibt sich die schwarze und die weiße Elite täglich die Hand, all die Musiker der First Class aus New York und Chicago. Auf den Pariser Trottoirs wird ein Farbiger aus Amerika – obwohl der Farbige der französischen Kolonien keinesfalls das gleiche Privileg genießt – als Mensch besser behandelt, anerkannt und gewürdigt als in seinem eigenen Land. Laura liebt die Stadt für ihre Offenheit dem Jazz und den Musikern gegenüber, und obwohl dies keine Logik hat, fühlt sie sich in dieser Offenheit inbegriffen.

Was aber, wenn der Jazz verschwindet?

Diese Offenheit wird ihr an Paris immer wunderlich, erstaunlich bleiben – auch wenn sie den endgültigen Ausklang der unvergleichlichen Ära zunehmend fürchten wird. Aber wird sie das auch 40 Jahre später noch hier spüren? „Nein“, antwortet ihr die Duchesse de l’Avenir, die Herzogin der Zukunft, die weiß, was Laura Wassenberg 1999 für das „Jazz Podium“ schreiben wird: „Fini. Es ist fast alles vergangen. Die Fassaden im damaligen Milieu der Jazzclubs und -Keller sind von nächtlichen Sprayern grell übermalt. Touristen. Kein einziger heller oder dunkler Musiker geht da mehr langsam einher, so relaxed wie ehedem. Kein Jazzfan, kein bescheidener Student. Es swingt nicht mehr. Aber bevölkert sind sie sehr, die Rue de la Huchette, die Rue Saint André des Arts. Das geliebte, einst so traditionelle und immer frisch auflebende Quartier Latin – wirklich nur noch bevölkert. Die Plätze, wo nachmittags die Schriftsteller sich in ‚ihren' Cafés getroffen haben: Cocteau, Jacques Prévert, Jean Paul Sartre und deren Gang, manchmal die kleine Tänzerin Zizi Jeanmaire im ‚Deux Magots'. Ich glaube, sie lebt noch. Aber gewiss geht sie nicht mehr oder nur höchst selten noch da hin."

Aber zumindest auf der Suche nach einem Laden mit Jazz-Schallplatten wird sie fündig, in der Nähe des Pantheón, Rue de Navarre. Was für ein Schild hier, „Paris Jazz Corner", der große klare Schriftzug, ein Eckhaus, was in ihr aufgeregtes, noch ungeklärtes Erstaunen wecken soll. Woran nur erinnert mich das? Ein Blick in den Laden. Schmale, freundliche, offene Eingangstür. Schallplattenhüllen, lockere Ordnung, Kästen, Plattenspieler, alte Jazzer-Fotos in Familienrahmen an der Wand. Auch Plakate von früheren Jazz-Konzerten. Die Musik läuft. Viel Zeit im Raum.

Wie damals in Köln nach dem Krieg!, wird ihr dann einfallen. Im kaputten Köln, wo fast nichts übrig war; wir jungen „Nachkriegler" mit dem trotzigen Jazzgefühl. Ja, genau, das da vor mir sieht aus wie bei Toni Fürth! Der erste Jazz-Laden, das „Musikhaus Fürth". Ein alter Herr Fürth mit Baskenmütze hatte – es muss vor ihrer Gebrauchsgrafikerlehre gewesen sein – in Köln die Absurdität eines Jazz-Schallplattenladens eröffnet, mitten in dieser noch nicht recht auferstandenen Innenstadt. Die Stadt zeigte sich damals als ebenso brüchige wie bedürftige Schuttarena mit gelegentlichen Neubauten, und das waren zumeist Versicherungen. Laura wird sich ganz plötzlich wieder innerlich in dieser Stadt sehen, sich und die Spielkameraden, deren Kindheit Krieg gewesen war. Und von Bildern weiß sie, dass dort – wo in der Nähe des Kölner Rudolfplatzes einmal ein prächtiges, das schöne alte Theater gestanden hatte und nun ein banales „Holiday Inn Hotel" wachsen sollte –, dass es eben dort in der Nähe diesen „Papa Fürth" gegeben hat. Sie wird sich seines Ladens besinnen, der auch so eine ähnliche schmale Eingangstür hatte wie jetzt die vor ihr, die Tür des „Paris Jazz Corner". Man konnte jederzeit hineingehen, man konnte hören, musste nicht kaufen. 40 Jahre später erinnert sich Laura, dass sie sich in diesem „Musikhaus" in der Nähe des Hahnentors, das noch erhalten war, also bei Fürth, auf ein karges Holzbänkchen setzen und in aller Ruhe diese „amerikanische Negermusik" anhören konnte, die noch kurz zuvor absolut verboten war. Das „Multikulturelle" fand ständig statt. Heute wird es betont. Indem man es betont, ist es schon fort. Unter Jazzern hat man sich diese Frage nie gestellt. Man stellt sie nie da, wo es swingt.

Laura wird durch die offene Tür das „Paris Jazz Corner" betreten und ihren Eindruck bestätigt finden. Es ist wie bei Fürth. Schnell kommt sie ins Gespräch mit Maxime Hubert und Arnaud Boubert, denen dieser und noch ein zweiter Laden zusammen mit Etienne Lacoste gehört. Der geraume Zeitabstand, die gemeinsame Liebe zum Jazz bringen bald die gewohnte „relaxte" Heiterkeit hervor. Hier natürlich auch einen „bavarder franco-allemand", den „deutsch-französischen Gedankenaustausch" wie in einer von Adenauer und De Gaulle erfundenen Manier. Ja, das begann zu deren Zeit, dass die Franzosen und die Deutschen sich endlich einmal mochten, mögen durften. Vorher musste man amerikanische Standards, im Text auf Französisch als Chansons unkenntlich gemacht, den okkupierenden Deutschen in Paris vorspielen. Da sie von der Jazzmusik ohnehin nichts begriffen, merkten sie es nicht.

Boubet wird einwerfen, dass die von den Nazis angeordneten Übersetzungen oft ganz verrückt gewesen seien. „Wenn man so mit Gewalt die Standards ins Französische gebracht hat, wie zum Beispiel *In the Mood*, ein Titel, den man in *Dans l'Ambiance* (*Im Ambiente*) umtaufte." Vieles, das einfach nur blödsinnig war, habe die Franzosen sehr amüsiert. Sie hätten dem keinerlei Bedeutung beigemessen und mit solch blöden Texten die Musik „grinsend gespielt". Die Nazis wiederum hätten dann auch die Texte der Franzosen zensiert. „Natürlich sprach niemand von ihnen ausreichend Französisch. Die Piaf hat laut ein Lied gesungen, das von den „grand blonds et un petit brun" handelte – „den großen Blonden und dem kleinen Braunen". Das war eine Persiflage auf die blonden deutschen Nazis und den kleinen braunen Hitler. Diesem Chanson haben die Deutschen in den teuren Clubs brav zugehört! Es dauerte, bis sie verstanden und es verboten haben."

Gewöhnlich seien Franzosen nicht in die Clubs gegangen, in denen deutsche Offiziere verkehrten. Im Vichy-Regime wurde zudem auch noch das Tanzen untersagt, und man hätte die Songs nur sitzend anhören dürfen in den Nachtclubs. Damals existierten aber schon die heimlichen Keller, die von außen verbarrikadiert und von innen nur über eine Leiter nach unten zu erreichen waren. So gab es die „Concerts de la Cave", die „Revue Jazz Hot". Dazu versandte man offizielle, aber fingierte Einladungen auf einer Seite des Briefpapiers – und auf der anderen war die Ankündigung des echten Konzertes unter der Sparte „Nouvelles pour les Membres" verklausuliert als „Nachrichten an die Clubmitglieder". Er fährt fort, es habe unter den deutschen Offizieren aber auch solche gegeben, die Jazz liebten. Diese hätten nie etwas verraten. „Richard Tauber haben sie auch verboten, im Zuge der Jazzverbote, konnten vieles nicht unterscheiden. Wir haben von seinen Platten schnell noch Kopien gemacht. Django Reinhardt ist in der Zeit der Nazis zirkuliert zwischen Brüssel und Paris, um ihnen zu entgehen. Einmal ist er aber gefangen worden. Und einer der deutschen Offiziere, die Jazz mochten, hat Reinhardt aus dem Gefängnis geholt."

Nach ein paar Tagen wird sie Paris wieder verlassen, fast 40 Jahre nach ihrer ersten Ankunft dort zur Gare du Nord gehen. Sie wird die Durchsage über einsame Gepäckstücke hören und auf den roten langen Zug „Thalys" sehen, diese Raupe von heute, und plötzlich denken: Doch, doch. „Paris, la Reine" – noch immer. Flaneur oder Flaneuse ist, was man bleiben soll in dieser Stadt. Gegen die stete Beschleunigung, die „accélération", wie es heute heißt. Zum Beispiel, um einen trotzigen Ort zu finden, einen Laden, einen Platz, ein anderes Café, wo Jazz zu hören ist. Sie wird wissen: Den Ort, wo die „Swingin' Few" sich treffen, gibt es heute wie eh und je. Vielleicht in einem andern Viertel von Paris, in einer anderen Straße, vielleicht jetzt in der Nähe des Place du Contrescarpe. Sie sind stets nicht mehr genau da, wo sie waren, ein „Musikhaus Fürth" oder ein „Paris Jazz Corner", vielleicht woandershin verzogen oder woanders neu entstanden. Wer aber wagte zu behaupten, es gebe keinen Jazz mehr?

Wie schnell wird doch das Leichte schwer

Die Frage an der Hotel-Rezeption, ob Laura mit Noel „hochgehen“ darf – oder die Frage nach der notabenen Aufenthaltsgenehmigung – beschäftigt Laura nicht. Sie weiß solches zu umgehen, hat keine Aufenthaltsgenehmigung, sich um sie zu bemühen, wäre ihr lästig gewesen. Sie hat sich einfach hier niedergelassen. Eine Arbeitsgenehmigung, Krankenkasse oder sonstige Versicherungen wären dem ehemals wilden Kind erst gar nicht in den Sinn gekommen. Auch die Frage der Übernachtungs- oder gelegentlichen Restaurantrechnungen werden mit Noel nicht erörtert, beide haben kein Geld. Es erledigt sich manches auf dem Wege der Toleranz. Bei den zugereisten Schwarzen aber endet manches doch in Ausweisung und Tragödie. Die Drogenszene lauert mit Sog und Abstieg manchem Musiker erfolgreich auf. Laura wird die zwei Damen beobachten können, wie sie kleine weiße Briefchen in den Jazzer-Hotels verteilen, oft am Morgen bei zugezogenen Vorhängen. Den Inhalt nennen die Musiker „horse“, das ist Heroin. Zehn Jahre später wird sie in einer Zeitung ihrer Heimatstadt lesen, dass man die Damen gefasst habe. Ihre noch immer schönen Porträts werden auf der ersten Seite des billigen Boulevardblättchens abgebildet sein. Eine habe man „die schwarze Tutta“ genannt. Die andere hieß Irène Skierski, Letztere wird Laura oft gesehen und über sie nachgedacht haben. Sie war die Frau eines Jazz-Musikers.

Früh schon merkt Laura, dass manch ein noch junger Musiker der Spannung, in Paris zu sein und bleiben zu wollen, finanziell und seelisch nicht gewachsen ist. Das verbissene Bleibenwollen wird ihr einmal – zumindest für die Schwarzen – ein amerikanischer Jazzer so erklären: „Ich kann hier in jedes Bistro gehen, in jedem Studentenrestaurant essen, ich kann überall ein- und ausgehen. Nirgends ist eine Barriere, die mich fernhält wie bei uns – nirgends ein Schild: „No coloured“. Ich habe dieses Gefühl von Gleichheit, Freiheit nie gekannt – und möchte es nie mehr missen.“

Noel ist groß und schlank, ein gut aussehender Mann, für Damen auffallend seine vorbildlichen Manieren. Er spielt so edel Klavier, wie er aussieht. Als Pianist hat er sich einen Namen gemacht, daher kann er mit berühmteren in der „Blue Note“ auftreten. Sie ist stolz auf ihn und darauf, dass sie es ihm angetan hat. Noels Briefe haben ihr jedes Mal einen Festtag bereitet, die ihren ihm sicher auch – und jetzt das Telegramm, Noel in der „Blue Note"! Das würde nun der Höhepunkt der Erfüllung ihrer beider Wünsche, denkt Laura. Als hätte ich es geahnt, dass er gerade jetzt nach Paris kommt ... Sie wird sich zu ihrem Rendezvous einen kühnen Hut anziehen, wird mit Noel über den Boulevard Saint Germain gehen – und ein Straßenfotograf wird sie beide für immer festhalten. Schon bald werden sie ein Paar geworden sein, nachts in dem Musiker-Hotel. Dass dieser Höhepunkt zeitlich arg begrenzt sein und Noel auch weiterhin ein Vagabundenleben führen würde, kann sie nicht voraussehen. Ihres Geliebten Kunst ist hoch und ehrenhaft, wie die Paläste, die sie vor sich sieht. Und sein Spiel ist manchmal auch warmherzig, wie die Musik der Schwarzen – er hat eben den Jazz gewählt. Wer weiß, ob das seiner Familie recht war. Die Mutter muss ihm immer wieder Geld schicken. Als sie von den Drogen erfährt, soll das einer der Gründe des Vergehens ihrer Träume werden. Wie doch einer der alten Griechen über solche und andere Ereignisse so richtig bemerkt hat: „Ach, diese Glücklichen, sie haben die schlimme Botschaft noch nicht vernommen."

Wie aber konnte, geht es ihr plötzlich durch den Kopf, Noel eigentlich wissen, dass sie hier wohnt? Und wie war sie überhaupt in ihr Zimmer zurückgekommen? Jetzt fällt Laura die alte Dame von vorhin wieder ein. „Continuez, Mademoiselle!" – „Gehen Sie doch weiter, mein Fräulein", hatte diese ihr zugerufen. Laura musste stehen geblieben sein, als sie nach der „Julian" endlich zurück auf die Champs gefunden hatte.

Sonne scheint, Regen rinnt

Da klopft es abermals. Nun ist es die „Duchesse du temps passé", die Herzogin der Vergangenheit, die eintritt – und über Laura erneut die betörende elysische Pracht dieses sommerlichen Tages ausbreitet. Von der alten Frau aus ihrer Ermattung gerissen, sieht sich Laura plötzlich wieder gelassen auf den Champs flanieren – entlang der noblen Auslagen, die sie am Morgen nicht beachtet hat. Ob sich hier einer der fremden spazierenden Menschen etwas davon kaufen kann, ist für diese vielleicht nicht wichtig. Die Avenue allein schon verbreitet eine beglückende Impression. Es kommt auf den eigenen Stolz, die eigene Wärme an, denkt Laura; kommt man sich geborgen vor in guten Gefühlen, braucht man sich nichts zu kaufen. Ist aber einer unsicher, durch Mangel, Enttäuschung, Missgunst, durch eigene Unentschlossenheit oder einen verlorenen Traum – so kann der Erwerb eines teuren, glänzenden Gegenstandes ihn sicher erst einmal retten.

Sie denkt, dass die Reichen sich oft mit Käufen beruhigen über das, was ihnen innerlich fehlt. Und dass jeder nicht so „Reiche“, der hier aus den teuren Auslagen etwas kauft, vielleicht eine verführerische Macht fühlt, dass etwas aus dem Leben der Begüterten auch in seinen eigenen Besitz gelangt und er so an deren Geschmack und Lebensstil teilnimmt. Das richtet ihn erst einmal auf – oder verleiht ihm den Glauben, sich erhoben zu haben. Sie bemerkt auf ihrem Weg in Richtung ihrer Metrostation beim Weitergehen: Außerhalb der eleganten Auslagen in den großen Schaufenstern gibt es auch kleinere Sachen zu erstehen, in nahen Seitenstraßen. Etwas, das Ärmeren eher erschwinglich ist – ein Trost für Bekümmerte. In den „Nischen“ gibt es „nourriture“, Nahrung: Eis, kleine Kuchen, Crêpes, italienische Pizza und Pommes frites an den Ständen. Laura fällt auf, dass sich solche Läden in der Nähe exzellenter Geschäfte besonders häufen. Vielleicht zur Beruhigung des Magens der Mittellosen. Und das sind Produkte, welche zu Einkünften kleiner Händler gut beitragen können.

Auf den splendiden Champs spaziert wie immer das gemischte Volk. Früher waren sie vielleicht den Vornehmen vorbehalten. Laura sieht mit Abneigung erneut eine Gruppe Touristen und verzieht den Mund, bemerkt aber auch Schüler und ältere Pariser, elegant frisierte Damen mit wohlbedachter Gesichtstönung. Hier treffen sich Grazie und Unbeholfenes, Laura erkennt eine glänzende Sicherheit in so mancher französisch-wohlausgestatteter Erscheinung. Ein junger Herr zeigt die seriöse Eile des Geschäftslebens, einige junge Damen machen einen elegant-exquisiten Eindruck und geben sich sehr überzeugt davon. Wie schön ist der Gang der Pariserin, denkt Laura – zum wievielten Male bloß? –, jetzt, da sie eine Kokotte beobachtet, von deren Gewerbe sie nichts ahnt.

Dann sieht sie wieder junge Leute, welche ein Eishörnchen tragen und an den kalten Kugeln lecken. Dazwischen streifen Herren mittleren Alters vorüber in perfekten Anzügen, mit kostbaren kleinen Koffern aus Leder in der Hand, deren Blicke ernst und streng sind. Mittelalte Damen mit besonderen Hüten, die sehr unnahbar sind und als Erscheinungen eher malerisch wirken. Zwischen ihnen huschen ihre Pariser Kinder vorbei, die keck und einfach Kinder sind. Laura sieht anmutige junge Mädchen, die sich eingehakt haben und kichern, aber auch solche, die wie Laura einzeln erwartungsvoll ausschreiten. Gelegentlich auch schwarze Damen. Was die für einen Sinn für Farben haben!, denkt Laura; die rosa oder blaue Kleidung gegen ihre dunkle Haut – wie schön! Dass einiges auf dieser splendiden Avenue mit Geld zu tun hat, nimmt sie nicht wahr.

Die Maler haben häufig schöne Prostituierte gemalt, wie sie ja weiß. Sie sieht einige solche, bewundert deren Aufmachung, erkennt sie aber nicht in ihrem Metier. Daneben beobachtet sie ältere Mamsells mit festgesteckten Hüten und Netzhandschuhen, das stark gepuderte weibliche Pariser Alter, das sich vorsichtig auf dem Trottoir vorwärtstastet. Diese Damen mit ihren kleinen Schritten haben dafür gesorgt, dass man das Distinguierte, womit sie sich in Kleidung und Gesten ausgestattet haben, wahrnimmt. Man ist noch auf der Welt, scheinen die mit der dünnen Haut und den gewählten Haarfarben mit ihren schmalen roten Lippen zu sagen: Man lebt noch immer in der Hauptstadt, aufrecht, stolz bis zum Schluss. Die fest zum täglichen Straßenleben in Paris gehörenden Alten strahlen Stärke aus: Man ist wer und bleibt wer, Parisien, Parisienne! Sie halten auf sich, genießen das schmaler gewordene Essen, natürlich jeden Tag. Sie pflegen hochnäsig ihr gewohntes „bavarder“ – also das, was bei den verhassten Engländern „smalltalk“ heißt. Laura sieht auch sie, die älteren Herren mit Strohhüten, in Streifenanzügen oder englischen Jacketts. Sie werden sich bald niederlassen in einem Café zu einem Apéritif, um angesehene Zeitungen groß auszubreiten und sie halb oder ganz zu lesen.

Und doch sieht Laura Wassenberg ihr geliebtes Paris jetzt anders als zuvor. Sie weiß: Ich gehe die Champs-Élysées entlang zu meiner Metrostation. Ich habe das Geld für die „Académie Julian“

nicht bezahlt. Dabei ist ihr leer zumut, noch leerer, als sie denkt: Ich fahre heim. Heim? Was ist das denn, „heim“? Nein, besser nicht, noch nicht. „Heim“ ist die „chambre de bonne“, das erbärmlich winzige Studenten- und Kindermädchenzimmer im fünften Stock. Oder hat auch das jetzt seinen Sinn verloren?

Die schon tiefer stehende Sonne trifft sie plötzlich schmerzlich. Wie erschreckend ... Ja, es gibt das Paradies auf Erden, aber was habe ich damit zu tun? Sie kennt sie ja in- und auswendig, ihre eigenen Beteuerungen, dass sie, Laura, nach Paris gehört. Aber an diesem Nachmittag bekommen sie etwas Brüchiges. Warum eigentlich hat sie, ausgerechnet sie, auch jetzt wieder den Weg über die Champs gewählt?

Laura ist verwirrt, versucht, sich gegen ihre Enttäuschung im Angesicht der Prachtstraße zu schützen. Ist sie nur eine Hergelaufene? Ist das die lang ersehnte französische Stadt oder eine ganz gewöhnliche Fremde? Was hat sie in dieser letzten Stunde so verunsichert? Die von großen Architekten angelegte Metropole aus den Zeiten der Könige und des Feudalismus bekommt für Laura einen faden Beigeschmack. Einen, den das kühn geplante Paradies schwerlich haben konnte. Liebte sie nicht die Eleganz der Menschen hier wie Baudelaire, der an seiner Mutter bekanntlich einzig die Eleganz geliebt hat? Des Dichters *Paradis Artificiels* hatte sie in großer Erregung gelesen. Auch, was seinen Rausch, den Liebesrausch mit Jeanne Duval betraf. Darüber dachte Laura intensiv nach. Auch über Baudelaires wenig erwähnten Mut gegenüber der Bourgeoisie, der aus seiner Biografie hervorging, und wie die Bourgeois ihrerseits Baudelaire verabscheuten. Sie wusste um seine Kühnheit gegenüber dem eigenen Untergang. Ein Genie, das die Pariser damals kaum erkannt hatten. Und Baudelaire, der Poet, hatte es gewagt, an seinen *Paradis Artificiels* zu sterben (wozu natürlich beitrug, dass er ohnehin ein schwerkranker Mann war). Sie wusste: Der Dichter-Poet wurde reichlich betrogen, nicht zuletzt von Duval. Schätzten denn die Pariser wirklich ihre Genies?

Laura sieht nun eher bekümmert in die schönen Auslagen, dieses Vollendete in Schnitten und Stoffen. Ihre Mutter hätte viel von all dem verstanden. War es nicht auch die Eleganz, die Laura von Paris überzeugt, sie betört hatte? Würde auch diese ihr jetzt feindlich werden? Sie will heute kein Eis. Das wäre ihr jetzt zu billig. Sie fragt sich an diesem Nachmittag, ob sie jemals wieder etwas Zukünftiges so ganz und nur freudig erwarten soll. Es steht aber nicht mehr zur Debatte, wie sehr sie die Einschreibung in der Kunstakademie ersehnte, sie ist matt und nicht mehr jung, plötzlich viel älter und ärmer als die vor ihr flanierenden gepflegten Herrschaften und selbst die Touristen. Auf der Avenue dreht sich niemand nach ihr um, wie gewöhnlich. Ihre blonde Frische ist verschwunden. Aber das wird bestimmt nicht lange dauern, Laura weiß sich zu zäh zum Aufgeben.

Ihr ist jetzt eher langweilig, der Glanz macht sie müde. Sie geht zögerlich weiter vor sich hin, hat es nicht eilig, zu ihrer Metrostation zu kommen. Sie, die sich schon als Studentin sah, fühlt sich entschlusslos, da ist keinerlei Auftrieb mehr geblieben. Sie will nicht an den staubigen Flur, das milchige Licht in der „Académie Julian" denken, dieses Gebäude, das sie sich so anders vorstellte. Das ist es also, für das sie alles zu Hause aufgegeben hat. Zu Hause? Welches Zuhause – und was hat sie dort aufgegeben? Auch an ihr gespartes Geld möchte sie nicht mehr denken. Sie wünscht sich nur, dass sich das Farblose verzieht, das sich in ihr ausgebreitet hat. Die Sonne verliert schon an Kraft, Laura möchte keine Uhrzeit wissen. Es wäre besser für mich, denkt sie, ich säße im Grünen. Wenn ich einen Vogel hörte ... Dann könnte ich eher glauben, dass ich zu den Lebenden gehöre. Diese „chambre de bonne" ist doch fürchterlich und mir fremd. Und wen kenne ich denn in Paris, was tue ich hier? Ob Noel mich besuchen wird?

Sie hat begonnen zu schlurfen, auch ihre Beine sind müde. Jetzt sieht sie mit einem halben Seitenblick ein schönes Schuhgeschäft. Damenschuhe, fein zurechtgestellt. Schuhe aus Chevro-Leder – ähnlich den Schuhen, die ihre Mutter heimlich kaufte. Pumps ... Wilhelmine sprach das Wort „Pumps", so lächerlich es Laura auch erschien, stets genüsslich aus; sie liebte aber auch elegante Sandalen oder andere Schuhe, die sie manchmal nur kurz angesehen, anprobiert und schnell bezahlt hatte. Laura kannte ja ihr Geheimnis, dass sie diese Schuhe vorerst nicht trug, die geliebten kostbaren Schuhe, passend zu ihren schönen Beinen, sondern erst einmal vor dem sparsamen Vater im Kleiderschrank verbarg.

Dem Schuhgeschäft nähert sie sich wie in Trance. Sie blickt in das Schaufenster, sieht genauer hin: Drapiert auf Velours dort feine Damenschuhe, hochhackige und flache. Laura sieht das betörende Chevro-Leder, weich und feinporig – sie weiß, wie es riecht. Unter ihnen sogar ein Paar grüne. Grüne Schuhe, resedagrün, und so schmal! Ideal für ihre schmalen Füße. Schuhe, welche die Beine verlängern und sie betonen im seidenen Strumpf. Der Schuh, direkt im Schaufenster vor ihr, hat die Form eines schnittigen Bootes. Der Absatz ist im richtigen Winkel angebracht, nicht zu weit hinten, nicht zu weit vorn. Auch nicht so hoch, dass es den Gang versteift und unnatürlich macht. Ein Kunstwerk, diese Schuhe! Die Stöckel schön im Schwung. Eine Liebeserklärung an den Frauenfuß – und vornehm die mildgrüne Farbe. Resedagrün, perfekt!

Sie geht nun schnell weiter, die ganze Avenue entlang bis zum Arc de Triomphe. Dann kehrt sie um. Laura Wassenberg hat noch nie allein ein teures Geschäft betreten. Sie öffnet die gläserne Tür. Sie ist sicher, geht aufrecht, ist schön – und erscheint im Raum des vornehmen Schuhgeschäfts auf den Champs-Élysées, als wäre es für sie das Normalste auf der Welt. Sie wird höflich begrüßt: „Bonjour Madame. Vous désirez?“ – „Guten Tag, Madame. Was wünschen Sie?“ Laura deutet auf die Schuhe im Fenster, sie spricht glänzend Französisch, nennt ihre Schuhgröße. Dann lächelt sie und plaudert mit der korrekten Verkäuferin. Sie wird zu einem der kleinen Sessel gebeten, setzt sich gelassen hin. Die Schuhe kommen, werden aus dem Karton genommen. Laura zieht die resedagrünen Pumps an. Sie sind in der Tat wie für ihre schmalen Füße gemacht, sitzen sofort eng anliegend. Die Verkäuferin enthält sich einer freundlichen Floskel, sie sieht, dass die junge Kundin, die sie selbstredend für eine Französin hält, etwas von Schuhen versteht. Vor dem Spiegel geht Laura langsam auf und ab. Ihre Beine? Schöne Beine!

Ich werde in die „Blue Note“gehen, meldet sich in ihr die Herzogin der Zukunft zu Wort. Noel wird es bemerken, er wird mich groß ansehen. Und vielleicht spielt er ja sogar das wunderbare *Laura*, den Song, den ich so mag. Er wird es natürlich nur für mich spielen, das Lied mit dem Refrain: „I say Laura – but she's only a dream.“ Wenn sie dann diese Schuhe trägt, ist sie kein

„Traum“ mehr, dann ist sie, sind ihre Beine wirklich schön. Seinen hellen Blick möchte sie auf ihrem Gesicht haben, aber auch auf diesen Beinen, den kostbaren Schuhen. Und küssen soll er sie. Den Preis hat sie schon im Schaufenster bemerkt: 120 Francs. Sie legt die Schuhe bedachtsam zurück in das Seidenpapier und in den Karton. Sie sagt: „Veuillez me donner ces souliers verts, Madame. Merci.“ – „Geben Sie mir bitte diese grünen Schuhe, Madame. Danke.“

Magisch schreitet sie, wieder in ihren eigenen, praktischen Schuhen, den Weg zur Kasse. Sie bezahlt, nimmt den Schuhkarton in ihren Arm wie ein Kind und tritt hinaus. Die Glastüre schließt sich hinter ihr. Da liegen vor ihr wieder die Champs-Élysées. Es wird dunkel. Mit bleiernen Füßen geht sie zur Metrostation.

Nachwort

Nach dem Kauf meiner grünen Schuhe 1960 blieb ich noch 14 Monate als Au-pair in Paris. Später sollte ich meine Lieblingsstadt Jahr für Jahr wieder besuchen; immer etwas erkunden – und fotografieren –, das ich noch nicht kenne. Ich besuche die Nationalbibliothek in der Rue Richelieu, wo man angefangen hat, meine Werke zu sammeln, meine Grafiken und die Pariser Fotos, auch die Bücher – im „Département des Gravures". Ich habe den kühnen Treppenaufgang und das historische, Legenden atmende Gebäude kennengelernt, den Leseraum, in dem schon Walter Benjamin still unter der Lampe saß. Bald wird mir die alte Bibliothek eine vertraute Insel, ein Ort, wohin ich mich immer retten kann, wo ich respektiert bin und hingehöre. Dort ist alles beschaulich, riecht vornehm, die Geister der Jahrhunderte scheinen hier weiter zu atmen. Paris hat sich mir geöffnet, mehr, als Laura Wassenberg es sich erträumen konnte.

•

Tatsächlich war mir jedoch, als ich mich im Sommer 1960 bei der „Académie Julian" vorstellte, ein muffiger Geruch störend in die Nase gestiegen – jener Geruch, der Laura Wassenberg so über die Maßen abgestoßen hat und den sie von zu Hause aus nie dort „vorausgerochen" hätte. Erst bei den Recherchen sollte ich eine Erklärung dafür finden: Während des Zweiten Weltkrieges – also von 1939 an – bis 1959 war die „Julian" geschlossen gewesen, was ich damals nicht wusste. Möglicherweise standen die Räume lange leer, und möglicherweise wirkte dieser Leerstand bei Lauras Besuch – olfaktorisch und was den baulichen Zustand des Gebäudes sowie dessen Ausstattung betraf – noch deutlich nach.

•

Welchen Geruch die 1959 von Guillaume Met de Penninghen und Jacques d'Andon übernommenen, altehrwürdigen Räume der „Julian" in den folgenden Jahren annahmen – und wie es in der daraus hervorgegangenen „École supérieure de design, d'art graphique et d'architecture intérieure" in der Rue du Dragon heute riecht, entzieht sich meiner Kenntnis. Doch für mich stand damals fest: keine Bohème, keine Kunst, fade Modelle, keine Malerei. Nein, einen solchen Muff hatte ich nicht vermutet, so ein graues

Abgestandenes. Nicht bewusst war mir, dass ich diesen Geruch nur allzu gut aus meiner Heimatstadt Köln kannte: aus ausgebombten, leer stehenden und ebenso grau „gähnenden" Gebäuden, den kriegszerstörten.

•

Mehr als 40 Jahre nach dem Kauf der grünen Schuhe sitze ich im Restaurant des Musée d'Orsay an einem Fenster, das goldene Griffe hat – und blicke auf die Seine. Nachmittags dient das noble Restaurant als Café, der Kellner ist fröhlich und liebenswert, ich lache ihn an. Ich trinke einen Crème und esse ein kleines Eis mit drei farbigen Bällchen und einem Blättchen Pfefferminz. Dieses Eis, das mir unvergesslich bleiben wird, sei von einem besonderen Eisbäcker in Paris, erklärt mir der Kellner. Ein Eis, das zehn Euro kostet – früher wären es 20 Mark gewesen, ein enormer Preis, den sich Laura damals nicht leisten konnte. Jetzt kann ich ihn mir leisten. Meine Eltern leben nicht mehr und haben mir ein kleines Vermögen vermacht. Es half mir, dass ich an der Kunsthochschule und der Universität studieren konnte.

•

Laura Wassenberg verzehrt also das teure Eis und ihren Crème dazu, was sie jetzt als spendiert betrachtet von ihren Eltern. Sie, die in ihrem Laden schwer dafür gearbeitet haben, vermisst sie wehmütig. In dem schönen Raum im d'Orsay, am Fenster mit den goldenen Griffen.

INHALT

Teil I: „En avant“ – vorwärts!

„L’aurore s’allume“ – der frische Morgen 7
Frühe Lehren 20
„La vie est dure“ – das Leben ist hart 26
Wäre ich besser daheimgeblieben? 30
Das Leben hat Farbe bekommen 34
Graue Tage – auch im Café 36
Die Akademie ist nicht mehr weit 41
Poesie und Contenance 46
Im Anfang war das Wort? 47
Papa war stumm 49
Die Heimat verlassen? Ja! 52
Brüderchen und Schwesterchen 53
Der Mutter gefallen 58
Ganz Paris träumt von der Liebe? 68
Wie ich mich auf das „Chamäleon“ freue 79
Pariser Damen und die Kurtisanen 82
Ich bin hier nicht auf Urlaub – ich wohne hier 84
Meine erste Demoiselle: das Fräulein Winter 97
Ob das alles einmal untergeht 103
„Mademoiselle – de l’Allemagne“? 104
Wie das mit den Männern ist 106
„Oh, Champs Élysées!“ 110
Der „Spatz“ im kleinen Schwarzen 114
Ist sie noch golden, die „jeunesse dorée“ 120
Diese Sprache ist ihr ein Gedicht 124
Krieg ist Schweinerei: „quelle connerie la guerre!“ 130
Marlene liebe ich – und die Arletty 133
Jetzt ist die Seine ihr schöner Rhein 137
Die Gärten der Tante 142
Neue Farben: vom *Pelikan* und den Kamellen 147
Das Fest – nach braunen, grauen Jahren 154
Eine ungesunde Veränderung 160
Die Gleichgesinnten – „les copains“ 161
Im Heimatland war etwas schiefgegangen 166
Verhasste Skeptiker, heute fallen sie aus 172

Blick zurück ohne Zorn 175
Ich werde es schaffen 178
Die ganz andere Welt 180
Schicksalsfäden 185
Blick zurück in alte Wünsche 190
Paris – und seine Ehrlichkeit 196
Maler und Zeichner kennen diese Freude 198
Das prekäre Geständnis 211
Bedenken 224
Als Gretchen im Schlaraffenland 228

Teil II: „En arrière“ – rückwärts
Auf zur Tat – „un chemin long jusqu'ici“ 242
Sie tauchen auf, die Hürden 245
Angekommen in der Lieblingsstadt 246
Also doch: Die Bleibe ist gefunden 258
Ein kleiner Roter mit Beigeschmack 260
Unwirkliche Wirklichkeit 265
„La terre qui est un astre“ 268
Der Hund der raucht – im Paradies auf Erden 270
Keine Erleuchtung, dafür Wut 275
Der Sprung ins Wahre 280
„Et maintenant“ – was soll nun werden? 284
Baracke der Kindheit 285
Was wird aus den Ideen? 290
Beim Verlassen der Julian 294

Teil III: „Continuez!“ – weiter!
Seltsames Erwachen 298
Was aber, wenn der Jazz verschwindet? 301
Wie schnell wird doch das Leichte schwer 305
Sonne scheint, Regen rinnt 306

Nachwort 313

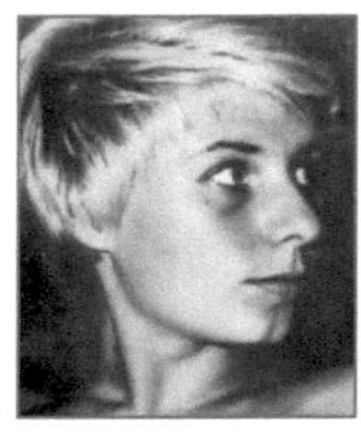

Dr. Ingeborg Drews, geb. Weiser, Kölnerin, Jahrgang 1938. Lehre als Gebrauchsgrafikerin, 1958 bis 1960 Studium Malerei und Grafik an den Kölner Werkschulen und der *École des Beaux-Arts* in Paris. IHK-Abschluss Handels-Englisch und -Französisch; beruflich u.a. bei der Deutschen Welle engagiert. Erneutes Studium 1975 bis 1978 mit Abschluss in Freier Grafik an der FH für Kunst und Design Köln sowie 1991 bis 1995 Kunsttherapie und Psychologie an der Universität Köln, Dissertation 2003. Seit 1958 journalistisch, literarisch und künstlerisch tätig. Veröffentlichungen u.a. *Die gewöhnliche Sternstunde (Gedichte); Verboten, Verbannt, Verbrannt (Porträts verfemter Autoren der Nazi-Zeit)* und regelmäßige Beiträge im *Jazz-Podium*. Für ihre Lyrik und satirische Fotografien wurde die Autorin mehrfach ausgezeichnet. Ingeborg Drews ist 2019 in Köln verstorben.

Mein Paris trägt grüne Schuhe entstand, als die Autorin im Winter 2010/11 sechs Wochen in Südostindien festsaß: „Meine ursprünglichen Reisepläne hatten sich zerschlagen, wegen der Ferienzeit bekam ich aber keinen Rückflug. Notgedrungen blieb ich in einer Villa, die an Touristen vermietet wurde und einer Frau mit 37 Katzen gehörte. Um dem zu entkommen, blieb mir nur die glühend heiße Terrasse. Ich hatte meinen Laptop dabei, mit einer Kurzgeschichte über grüne Schuhe und einem Text über die Lieblingsautos meines Vaters (siehe unten). Plötzlich sah ich meine Kindheit in Köln und die Zeit in Paris mit einer Präzision und Eindringlichkeit vor mir, die mich noch heute erstaunt. Die Terrasse verließ ich nur noch, um mit einem klapprigen Fahrrad zu einem Schnellrestaurant zu fahren, ein wenig zu schlafen und unterdessen den Rechner-Akku aufzuladen."